민주주의, 복지국가, 그리고 재분배

저자_ 강명세

고려대학교 철학과를 졸업하고 동 대학 정치학 석사를 받은 후 뉴욕사회과학대학원에서 역사학과 정치경제학 석사를 수료했으며 UCLA에서 정치학 박사학위를 취득했다.

선진국 코포라티즘을 학위논문으로 연구한 후 최근에는 민주주의와 복지체제의 연구에 집중해왔다. 지난 10년 동안 두 권의 저서와 한 권의 역서가 있다. 저서는 『한국의 노동과 복지의 정치』, 『노동시장과 정치시장』이며 역서는 『글로발라이징캐피탈(저자 Barry Eichengreen)』이다. 그 외 많은 논문을 집필했다. 최근에는 경험적 자료를 기반으로 민주주의와 복지국가, 그리고 정치제도의 복합적 인과관계에 대한 분야에 집중하고 있다. 관련 논문으로는 「한국복지국가를 어떻게 접근할 것인가?」, 「불평등한 민주주의와 교육」, 「재분배의 정치경제」, 「빈곤의 정치경제」, 「복지국가와 정치적 수용」 등이 있다.

민주주의, 복지국가, 그리고 재분배

초판 1쇄 발행   2014년 6월 30일

지은이 ㅣ 강명세
발행인 ㅣ 윤관백
발행처 ㅣ 도서출판 선인

등록 ㅣ 제5-77호(1998.11.4)
주소 ㅣ 서울시 마포구 마포동 324-1 곳마루 B/D 1층
전화 ㅣ 02)718-6252 / 6257   팩스 ㅣ 02)718-6253
E-mail ㅣ sunin72@chol.com
Homepage ㅣ www.suninbook.com

정가   29,000원
ISBN   978-89-5933-730-9   93300

이 책은 2012년 정부(교육과학기술부)의 재원으로 한국연구재단의
지원을 받아 수행된 연구임(NRF-2012S1A3A2033775)

민주주의, 복지국가, 그리고 재분배

강명세

머리말

이 책의 주제는 민주주의와 복지국가(재분배)의 관계에 관한 것이다. 민주주의와 재분배는 외형상 독립적으로 보이지만 서로 긴밀하게 얽혀 있다. 이 둘을 매개하는 것은 정치제도이다. 나는 많은 나라의 일반적 경험을 기초로 이 매개에 대해 접근하려 했다. 경험적 분석을 구상한 것은 오래 전이지만 구체화한 것은 7년 전이다. 2007년 연구년을 맞아 보건사회연구원 방문연구원으로 지내면서 본격적으로 경험분석에 돌입했다. 당시 유럽과 미국에서 활발하게 불평등 연구에 활용되고 있었던 룩셈부르크소득연구 기관이 제공하는 소득관련 자료에 접근한 것은 중요한 계기가 되었다. 한국에서는 지금도 (적어도 학문적으로는) 크게 다르지 않지만 재분배에 대해 귀를 기울이지 않았다. 전반적으로 민주주의에 대한 관심에 비해 복지국가와 재분배 문제에 대한 낮은 관심을 반영하는 것이다.

민주주의를 총체적으로 이해하기 위해서는 재분배와의 관계를 말하지 않을 수 없다. 민주주의는 절차상 1인 1표를 기준으로 하지만 대중이 수적 우위를 점하기 때문에 대중의 사회경제적 요구를 어떻게 수용하는가에 따라 민주주의의 지속성과 안정이 달려 있다. 정치제도는 민주주의와 사회경제적 요구를 매개하는 기제이다. 절차적 민주주의가 사회적 요구의 실질적 내용으로 전환되는가는 정치제도에 달려 있다. 나는 1990년대 후반부터 민주주의가 제도적으로 다양한 모습을 띠며 제도적 측면은 정치과정과 분포에 중대한 영향을 준다는 가설에 관심을 가졌다. 이후 여러 학회발표를 통해 제도가 한국정치에 주는 의미에 대해 논의했다.

민주주의와 복지국가의 다양한 공생관계를 파악하는 데는 이 둘에 관한 자료를 동시에 분석해야 한다. 민주주의는 정치학의 교유한 영역이며 방대한 자료를 망라한다. 한편 재분배는 경제학 분야로서 통계자료를 기반으로 한다. 나는 비교연구를 지향하지만 한국의 경험은 언제나 중요한 사례이다. 비교연구의 이론적 및 경험적 성과는 한국의 미흡한 초기의 복지국가 현실을 이해하는 데 유용한 프레임을 제시한다.

제1장은 제도주의적 관점에서 책 전체의 흐름을 개괄한 것이다. 나는 민주주의와 재분배가 어떻게 정치제도를 매개로 하여 상호작용을 하는지를 이해하고자 했다. 제1부와 2부에서 추진한 이론적이고 경험적 연구는 한국 민주주의가 복지국가를 수용하는 데 겪는 어려움이 어디서 오는지, 그리고 현재의 구조에서 어려움을 처리할 수 있는가를 밝히고자 시도했다. 박용수(연세대)와 조영재(명지대)는 제1장을 친절히 읽고 날카로운 조언을 제시했다.

제2장은 정부형태, 정당, 그리고 노동시장제도 등 책 전체를 아우르는 주요 구성물이 어떻게 상호 얽혀 있는지를 개관하였다. 이는 2014년 초 『국가전략』 20권 1호에 게재했던 것을 대폭 수정한 것이다. 제2장의 기원은 2010년이다. 2010년부터 3년에 걸쳐 행했던 유럽정당과 정책지향과 복지국가에 대한 공동연구는 나의 관심을 더욱 진척하는 데 도움이 되었다. 심지연(경남대), 안재홍(아주대), 마인섭(성균관대), 김영태(목포대), 김영순(서울산업대), 김종법(대전대), 손영우(동국대) 등과 함께 한 공동연구의 시간은 귀중한 자산이 되었다. 이 연구의 성과는 2011년 4월 목포대학교에서 개최된 선거학회와 프랑스정치학회의 공동학회에서 사회정책의 정치제도적 기반에 대해 발표함으로써 나타났다. 나의 논문에 대해 임성호(경희대), 김욱(배재대), 김미경(조선대), 지병근(조선대) 등이 아낌없는 조언을 제공했다. 이 글

은 2011년 말『동북아연구』에 서구 복지체제의 변화에 대한 정치제도적 설
명으로 발표했다. 나는 이를 수정하여 2011년 5월에서 유럽학회에서도 발
표한 후 재수정하고 발전시켜 제3장으로 만들었다.

나는 이 책에 2012년 출범한 '좋은 민주주의' 공동연구의 성과를 반영하
고자 했다. 마인섭과 이희옥 등 성균관대 교수를 중심으로 한 공동연구에
참여하여, 축적한 지식과 논의는 민주주의와 재분배적 측면을 이해하는데
많은 도움이 되었다. 이 공동연구를 수행하면서 민주주의와 복지국가에 대
해 이론적 심화작업을 추진해왔으며 제4-5장은 그 성과물이다. 좋은 민주주
의 프로젝트는 여러 학회에서 몇 차례 발표로 발전되었다.

2013년 10월 복지국가연구회에서 LIS 미시자료를 이용한 양적 연구를 발
표하고 그에 대한 반응을 기반으로 하여 2013년 12월 한국정치학회보에 게
재했다. 복지국가연구회의 조영재(명지대), 은민수(고려대), 김상철(한세
대), 권혁용(고려대), 양재진(연세대) 등은 귀중한 조언을 서슴지 않았다. 제
4장은 이를 수정한 것이다. 당파성 이론과 제도주의 이론에 경험적 자료를
적용함으로써 이론의 경험적 적실성을 검토하고자 했다. 2014년 1월 "아시
아에서의 좋은 민주주의"를 주제로 한 국제회의가 개최되었는데 나는 불평
등의 정치경제에 대해 발표했다. 이 발표문은 공동연구의 일환으로 작업해
왔던 것으로 2013년 12월『한국정치학회보』에 게재된 바 있다. 제4장은 이
논문을 대폭 수정한 것이다. 나는 제도주의와 당파성 이론을 불평등 분야
가운데 보다 세분화된 영역인 빈곤율에 적용하고자 했다. 제5장 빈곤의 정
치경제는 2014년『세계지역연구논총』제33집 1호에 실렸던 것을 수정·보완
하여 만들었다.

제2부는 2010년부터 집중해왔던 것의 결실이다. 나는 유럽과 선진국의
복지국가 문헌을 연구하면서 민주주의의 근간을 구성하는 중간계급을 경
험적으로 조사할 필요성을 품었다. 최근 선진국이 직면한 공통의 문제는
중간계급의 하락과 사회적 양극화인데 이는 전통적으로 중대한 정치적 결

과를 함축하기 때문에 정치학자로서 늘 관심이 가는 분야이다. 나는 룩셈
브르크소득연구가 제공하는 소득자료를 통해 중간계급이 실제로 어떤 변
화를 겪었는지를 조사한 후 마인섭(성균관대)과 함께 공동연구를 통해 발
전시켜 2014년 유럽연구 제32권 1호에 게재했다. 이 글은 제8장의 밑거름이
다. 나는 2014년 5월에는 유럽정치연구회 춘계학회에서 "중간계급은 사라
지는가?"의 주제를 발표하고 이에 대한 연구회의 비판과 논의를 거쳐 최종
단계를 다듬었다. 유럽정치연구회의 김학노(영남대), 윤기석(대발연)과 구
춘권(영남대) 등 회원의 비판적 논의는 제8장을 만드는데 도움이 되었다.

　제2부의 대부분은 한국복지국가연구회와 월례회에 참여하여 논의했던
것을 구체화시킨 것이다. 지난 10년 이상 연구회에 참여하면서 민주주의와
복지국가와 관련한 광범하게 배울 수 있었다. 2011년 11월 베이징 포럼 및
북경대이 공동주최한 학술대회에서 불평등한 민주주의가 어디서 비롯하는
지에 대해 발표했다. 나는 2012년 복지국가연구회가 한국정치학회와 공동
으로 개최한 특별국제학술회의(서구복지국가의 변화와 기로에 선 한국복지
국가)에서 인적자원과 민주주의의 관계를 대해 글을 발표했는데 이는 부분
적으로 이 책 6-7장에 스며있다.

　제3부는 한국정치의 새로운 현상으로 떠오른 복지국가의 요구를 주제로
한다. 나는 한국복지의 정치에 대해 2011년, 2012년 한국정치학회의 특별학
술대회에 발표했는데 제3부는 이를 반영한 결과물이다. 2012년 정치학회 특
별학술대회에서 당시 좌우를 불문하고 핵심적 키워드가 된 복지국가 문제
를 제도주의적 관점에서 접근했다. 이 문제의식을 2012년 7월 정당학회(회
장 이현출)에서 발표하고 박찬욱(서울대)과 강원택(서울대) 등의 소중한 조
언을 들을 수 있었다. 마찬가지로 2013년 정치학회 관훈클럽 공동학술대회
에서는 박근혜 정부가 제시한 복지공약을 민주주의와 복지국가의 일반적
틀 속에서 논의하는 글을 발표했다. 토론자 이연호(연세대)는 귀중한 제언
을 제시해주었다. 제3부의 내용은 2014년 6월 사회과학협의회(회장 임현진)

가 주최한 학술회의에서 나눔의 정치제도적 기반'이라는 제목으로 발표한
부분을 담고 있다. 이 발표문은 제9장의 기초를 이룬다.

　제10장은 2011년 12월 정치사회학회가 개최한 한국복지정치의 대전환 학
술대회에서 발표했던 글이 기초로 한다. 발표문은 김용복(경남대)의 '강력
한' 추천으로 2012년 『동북아연구』제17권에 게재되었는데 이는 2010년 지
방선거 이후 한국사회의 태풍의 눈으로 자리한 복지국가에 대한 고민과 관
련을 맺고 있다. 나는 제도주의적 시각에서 한국민주주의와 복지국가의 연
계를 적용해보려 했다. 한국사례의 연구는 다양한 기회의 학회발표를 통해
진행했다. 복지국가의 문제를 민주주의 체제의 틀 속에서 처음으로 논의한
것은 베이징 포럼이다. 이 부분은 2011년 동북아 연구에 게재했다. 후자를
수정하여 2014년 부다페스트 중앙유럽대학(CEU)에서 개회한 학회에서 발
표했고 이를 다시 수정하여 제10장으로 발전시켰다. 발표문에 대한 임혁백
(고려대)과 김동춘(성공회대)의 관심과 격려에 감사한다.

　이 책의 출간은 지난 7년 동안 앞서 언급했던 여러 학회와 학술회의에서
가졌던 동료 전문가와의 소통이 아니었다면 불가능했을 것이다. 다시 한
번 나의 주장과 논의에 조언을 아끼지 않았던 동료 학자들에게 진정으로
고마움을 느낀다. 지난 10년 간 세 권의 책을 쓰면서 동료와 함께 했던 소
통이 얼마나 소중한 가치인지를 알 수 있었다. 동료와의 소통에서 얻는 격
려와 위안이 아니었다면 연구의 고통은 그 결실을 맺을 수 없다는 점을 가
슴깊이 새긴다. 끝으로 성실히 교정작업에 임한 선인출판사 직원 분들과
정수진(성균관대 박사후보생), 그리고 강동균(성균관대 유동학부생)에게 감
사드린다.

판교에서

목 차

2부

제1장

민주주의 및 복지국가 연구를 위한 제도주의적 제언

들어가는 말

이 책을 통해 나는 제도주의적 관점에서 민주주의와 복지국가의 연관성을 이해하려 했다. 제1장은 제1부와 2부에서 다루는 전체 논의의 흐름을 개관하고 제3부에서 다룬 한국정당과 정치가가 앞다투어 약속하고 있는 복지국가와 재분배가 언제 어떻게 가능할 것인가를 제시하고자 한다. 제1부와 2부는 이론적이고 경험적 연구이며 각각 독립적이면서 동시에 제3부의 주제인 한국의 민주주의와 재분배를 이해하는 디딤돌과 같다. 국가의 공공정책이 만들어지는 블랙박스는 제도로 구성된다. 〈그림 1-1〉에서 보듯 다양한 사회적 요구는 제도를 거쳐 실제 정책으로 나타난다. 자유주의는 국가를 투입과 산출이 이루어지는 블랙박스로 보았으며 일부 마르크시즘은 국가를 지배자의 도구라고 잘못 이해했다. 그러나 국가는 정치제도의 집합이다. 지배집단은 자의적으로 지배하지 않고 제도를 통한 지배를 선호한다. 정치제도는 다양한 세력이 힘을 다투어낸 결과를 반영하는 점에서 다양한 모습을 띤다. 힘이 개인에게 집중될 경우 일인독재가 등장하며 대중적 동의가 필요하면 민주주의가 지배한다. 민주적 정치제도는 사회적 요구를 정책으로 환원시키는 필터이다. 사회적 수요는 제도의 필터를 거치면서 굴절된다. 필터가 다르면 그곳을 통과하는 내용물이 달라지듯 제도가 다르면 동일한 요구라도 그 결과는 달라진다.

그림 1-1: 정치제도와 자원의 분포

한국 민주주의는 지금 거대한 도전을 마주하고 있다. 민주주의는 공정한 선거경쟁에 머물지 않는다. 거대한 도전은 복지에 대한 사회적 요구이며 이는 민주주의를 가장 먼저 도입한 곳에서도 경험한 바이다. 과거 수십 년 지속되었었던 국가주도의 하향식 경제성장은 생산요소를 효과적으로 결합하여 고도성장에 성공했으나, 생산요소 투입방식의 성장은 한계에 봉착하고 양극화로 인한 사회적 불만은 증폭되었다. 새로운 기술과 결합한 생산성 향상이 없으면 더 이상의 성장은 불가능하고 따라서 낙수효과는 기대할 수 없다. 고도성장이 제공하는 낙수효과는 오랜 권위주의의 지속을 가능케 했었다. 낙수효과를 통한 소득증대가 사라지면 이제 빈곤을 탈피하는 유일한 길은 재분배뿐이다. 이제 더 이상 사회적 요구를 억압했던 권위주의 체제는 없다. 재분배는 기본적으로 복지국가를 통해서 실현되어야 하며, 국가의 복지기능은 민주주의와 연결된다. 민주주의와 복지국가가 연계되지 못하면 '로빈 훗'이 등장한다. 고도성장으로 '쿠츠네츠 곡선(Kuznets curve)'이 말하듯 소득불평등은 완화되지만 성장세가 약화되면 불평등은 증가하여 복지국가가 등장하여 해소하지 않는 한 사회질서를 위협한다.

1. 자본주의와 다양한 민주주의

민주주의는 콜리어(Collier 2006, 119)에 따르면 두 가지로 구분할 수 있다. 하나는 체제 유형으로서의 민주주의이며 자유로운 선거나 민권 등 제도를 의미한다. 이는 절차적인 민주주의의 대표적인 분야에 속한다. 다른 하나의 민주주의 영역은 보다 실질적인 차원으로 인민주권(sovereignty)으로서의 민주주의이다. 주권영역의 민주주의는 민주주의 연구의 오랜 전통을 갖지만 경험적으로 접근하기 곤란하다. 예를 들어 '인민은 누구이며, 인민의 지배는 무엇을 의미하는가?' 등의 난제를 제시해왔다. 이 두 가지 영역은 시기적으로 선후의 관계에 있다. 민주화 이행연구가 활발했던 1980년대 동안에는 민주주의를 체제유형으로서 접근하는 것이 일반적이었으며, 이 단계가 지나면서 민주주의가 무엇을 추구하는가의 본질에 대한 의문으로 이어졌다. 체제유형은 일단 민주화가 지나면 민주주의가 수행해야 할 다른 문제, 즉 사회경제적 평등을 대면하지 않을 수 없다. 권위주의 체제의 기득권 세력이 민주화 과정을 주도할 경우 자신의 이익을 온존하거나 확대하는 데 성공하여 사회경제적 변화가 불가능하게 된다. 이 단계에 오면 자연스레 민주주의를 누가 지배하는가의 문제를 다루어야 한다. 민주주의를 표의 등가성을 보장하는 제도로 이해했던 초기의 로버트 달도 시간이 흐르면서 민주주의와 자본주의의 불일치에 주목했다(Dahl 2007). 절차적 민주주의가 양적 평가에 기초한다면 사회적 불평등의 정도는 민수수의의 질을 설성하는 중대한 요소이다(Ringen 2010). 질적 차원에서 민주주의를 보면 동일한 민주주의 체제라도 민주주의의 정도는 내부적으로 커다란 차이가 있다.

오도넬은 민주주의 이행을 연구하면서 최소한의 절차를 넘어 인민주권의 요소를 자각한다. 민주주의와 복지국가는 정도의 차이가 있으나 장기적으로 일정한 친화성이 있다. 근대복지국가의 초석은 19세기 말 독일에서 놓여졌고 영국에서 가장 먼저 시작한 근대민주주의 역시 비슷한 시기에 유럽 전역으로 번졌다. 민주주의와 복지국가는 산업화와 근대화 과정에서 제기된 '사회문제(social questions)'에 대해 국가와 사회가 상호작용하여 만들어진 역사적 산물이다. 민주주의의 진화는 단일하지 않게 다양한 속도로 이루어졌다. 전후 수십 년 미국을 풍미하던 다원주의는 사회의 힘이 불균등하게 분포한다는 점을 간과했다. 복지국가 역시 산업화와 근대화에 대한 획일적 대응이 아니라 각 사회의 역사적 조건에 따라 굴곡을 거치면서 형성되었다.

자본주의와 시장은 불평등을 낳는다. 부와 소득이 불균등하게 분포되면서 불평등은 더 커진다. 역사가 보여주듯 불평등의 악화가 지속되면 민주주의체제는 견디지 못한다. 정치적 민주주의는 평등을 지향한다. 한편 불평등은 민주주의가 계속 작동하는 것을 어렵게 만든다. 바울즈는 불평등이 시장의 작동에서 불가피한 것이 아니고 협력게임의 여부에 달려있다고 주장한다(Bowles 2010). 첫째, 불평등은 행위자의 동기부여에 영향을 줌으로써 시장의 역동성 자체를 위협할 수 있다. 불충분한 계약 상태에서 잠재적 이익을 극대화하는 협력게임이 아니라 현상을 유지하는 내쉬균형이 보편적이다. 시장의 효율성이 떨어지면 생산성이 감소하고 이는 다시 소득감소로 이어진다. 같은 민주적 조건이라면 소득향상이 감소보다 좋다. 둘째, 평등은 상호신뢰를 조성함으로써 시장거래를 활성화시킬 수 있다. 평등이 생산성향상에 기여한다는 점은 협력적 관계 속에서 일을 할 때 생산성이 높다는 점에서 비롯한다. 비협력적 관계는 상호감시의 비용을 초래하여 효율성은 불필요하게 떨어진다. 셋째, 동일한 정치적 조건 하에서 경제적으로 보다 평등한 사회가 실현된다면 그것은 불평등한 사회보다 낫다. 즉 경제학에서 말하는 파레토, 최적 수준의 향상이 가능하다는 것이다. 불평등을 지속시키는 구조를 유지하기 위해 많은 비용이 발생하며 이로 인해 생산성은 하락한다.

독일의 사회과학자 볼프강 스트릭(Wolfgang Streeck)은 2006년 전후 유럽

지식인의 고민은 미국주의 이념으로부터 독립하여 나름의 질서를 갖추는 것이었음을 회고한다. 그의 회고는 획일적 사고로부터 탈피하여 다양성의 공존을 의미한다. 최근 몇 년 동안 민주주의의 내용을 놓고 고민해야 할 시점에 있는 한국은 스트릭의 성찰에 귀 기울일 필요가 있다. 1987년 민주화 이후 선거는 한국의 '유일한 게임'이 되었으나 한국 민주주의의 공허함은 사회적 저항에 봉착해 있다. 스트릭에 의하면 유럽은 두 가지 점에서 미국과 다르다. 유럽은 이미 1960년대 미국적 질서의 정상주의(normalism)를 거부하고 유럽의 사회과학은 유럽의 정체성을 모색하기 위하여 두 가지 유럽적 특성을 자각한다. 하나는 노동이 사회적 관계에서 갖는 중요성이다. 미국과는 달리 유럽에서 20세기 이후 노동은 조직화된 세력으로서 작업장뿐 아니라 정치권력에서도 현실적 대안으로 존재한다. 둘째는 계급정치의 역사이다. 유럽의 계급정치에서 노동과 그 정치적 제휴세력인 정당은 조세 및 공공정책의 결정을 두고 국가와 자본과 마주하고 있다. 노동, 국가, 그리고 자본은 근대사회를 엮어가는 삼대 행위자이며 이들의 상호작용을 이해하지 않고서는 사회가 어떻게 작동하는지를 이해할 수 없다. 스트릭의 유럽이 미국과 다른 두 가지 점은 미국과 유럽의 민주주의가 다른 노정을 가게 했다. 미국은 개인주의 가치와 시장의 효율성을 강조한 반면, 유럽은 형평성과 시장과 국가의 균형을 중시한다. 그 결과 미국에는 불평등한 민주주의가 자리했고, 유럽에서는 상대적으로 평등한 민주주의가 존재한다.

한국은 어떠한가? 한국은 노동과 자본, 그리고 국가의 세 행위자의 상호작용을 준거로 할 때 유럽보다는 미국 모델에 가깝다. 사실 한국노동은 권력자원 면에서는 미국의 수준에도 미달한다. 조직화된 노동의 역량은 지속적으로 하강하고 있으며 노동을 포함한 진보를 대표하는 정치는 실질적으로 배제되어 있다. 더구나 지역주의 구도로 인해 진보세력은 정치적으로 더욱 주변적 위치에서 벗어날 수 없다. 1997년 외환위기 이후 정착한 고도성장의 종식은 과거 민주화 운동에서 보여주었던 노동운동을 불가능하게 만들었다. 복지국가의 수립에서 노동이 했던 역사적 기여를 감안하면 한국의 노동이 왜 이렇게 무기력하게 되었는가를 이해하는 것이 필요하다. 노동 및 중간계급이 정치적으로 취약하면 이들을 위한 정책은 도입되지 않는다. 보수정치는 어쩔 수 없는 경우를 제외하면 사회정책을 요구하는 아래로부터의 요구에 양보하지 않는다. 의미있는 수준의 사회정책을 시행하는데 필요한 재원을 마련하려면 보수정당을 지지하는 집단에게 조세를 부과해야 하기 때문이다.

2. 민주주의와 재분배의 정치제도

제1부에서 나는 민주주의와 자본주의가 어떻게 정치제도를 매개로 하여 공생하는지를 설명하고자 했다. 민주주의와 시장은 서로 중첩되어 있으며, 이 둘의 상호관계는 역사적 맥락에서 확인될 수 있다. 마르크스가 자본론과 역사적 저작에서 하부구조와 상부구조의 관계에 대해 서로 엇갈린 인과성을 언급한 것도 민주주의와 자본주의가 하나의 총체를 형성하고 있어 양자간의 인관관계를 설정하는 일이 어렵기 때문이었다. 제도는 하나로 얽힌 복합적 관계를 이해하는데 방향타 역할을 한다. 정치제도는 힘의 균형을 반영한다는 점에서 재분배에 영향을 미친다.

최근 자본주의와 민주주의의 관계에 대한 재조명이 활발하게 이루어지고 있다. 일군의 정치학자와 정치경제학은 '자본주의 다양성' 논의를 어떤 시장질서가 어떤 점에서 '우수한가'를 제시[1]하는 한편, 또 다른 경제학자들

---

1) 홀과 소스키스의 논의(2001)는 이후 후속연구의 큰 흐름을 열었다는 뜻에서 이 정표적 역할을 했다. 이들이 주도한 다양성 논의는 이후 다양한 분야에도 영향을 끼쳐 민주주의의 다양성으로 확산되었다. 아이버슨은 에스핑-앤더슨의 복지국가 유형화에 생산레짐의 틀을 결합하여 미시적 기반을 보강하는데 기여했다 (Iversen 2005).

은 경제적 불평등의 제도적 기원과 효과에 대한 연구를 주도하고 있다.[2] 자본주의와 민주주의 사이의 복합적 관계는 '자본주의의 다양성' 문헌에서 다시 한 번 드러난다. 이러한 연구는 자본주의가 제도에 따라 다양하게 존재한다는 점을 설득하는데 성공했으나, 양자 간에 존재하는 분명한 긴장을 무시한다는 점에서 부분적 성과에 머문다. 제도와 긴장의 양 측면을 보다 역동적으로 보여준 것은 애쓰모글루 외의 연구이다. 이들은 효율성과 분배를 하나의 통일된 프레임 속에서 동시에 처리한다. 사회를 세 가지 계급 혹은 소득집단(상중하)로 나누고, 이들의 관계가 제도를 통해 재생산되는 메커니즘을 보여준다. 시장에서 가능한 생산성의 향상은 역사적 국면에서 재분배의 정치와 맥을 닿는다. 지배엘리트는 생산성이 재분배를 압도할 수 있다고 확신할 경우 아래로부터 요구되는 수적 압력에 양보한다. 역사에서 혁명은 양보하지 않을 때 발생한다. 구조와 행위자의 긴장관계는 제도를 통해 해소된다. 제도는 서로 다른 전략이 합해져 만든 균형이다. 제도는 그저 주어진 것이 아니라 결정적 국면에서 전략이 충돌한 결과라는 점에서 내생적(endogenous)이다. 제1부는 민주주의와 재분배의 다양한 관계에 대한 경험적 분석으로 구성된다. 내생적 제도주의의 관점에서 출발하되 정치제도가 갖는 영향력을 경험자료의 분석을 통해 평가하려 했다. 정치제도의 효과는 사회집단이 동원할 수 있는 권력자원과 대비된다.

〈그림 1-1〉은 정치제도가 경제적 자원의 분포에 미치는 경로를 설명한다. 노사관계, 교육정책, 그리고 금융기관의 성격을 결정하는 것은 정치제도의 경제제도와의 상호작용이다. 한편 정치제도와 경제제도를 결정하는 것은 정치권력의 분포이다. 사회적 세력분포를 결정하는 가장 궁극적 원인

---

2) 페르손과 타벨리니(Persson&Tabellin 2005i)의 제도주의는 내생적 효과를 강조하는 점에서 과거의 외생적 제도주의와 선을 긋는다. 애쓰모글루와 로빈슨(Acemoglu& Robinson 2006)은 정치제도가 어떻게 자본주의 발전에 인과성을 갖는지를 보여주었다. 애쓰모글루는 이후 많은 저작을 통해 제도주의 연구를 활성화하는데 크게 기여했다.

은 정치권력의 분포인데 이는 역동적 관계에서 보면 다시 경제적 자원의 분포에 의해 결정된다. 정치와 경제는 이처럼 순환관계 속에 공존하며 정치제도의 변화는 순환관계의 변화를 의미하며 역사적 국면에서 간혹 발생하지만 특권층이 동기가 바뀌지 않는 한 흔치 않다. 권력자원이론은 권력자원의 분포 자체에 주목하지만 그것이 어떻게 자원의 분포에 영향을 주는 메커니즘인지를 제시하지 못한다. 이에 비해 제도주의 이론은 권력자원이 정치제도를 통해서 스스로를 재생산하고 유지하는가를 이해하는 데 도움을 준다. 권력자원이론은 1990년 '복지자본주의의 세 가지 세계'의 기념비적 연구(Esping-Andersen)에서 복지국가와 계급연합이 역사적 조건에 따라 어떻게 관계하는지를 제시한 바 있다. 그러나 권력자원논의는 왜 어떤 곳에서는 좌파연정이 지배하고 또 다른 나라에서는 우파 정부가 지배하는가에 대한 분명한 답을 주지 않는다(Iversen 2005). 제도주의는 연합정부의 당파성(partisanship)을 정치제도의 차이에서 비롯한다고 본다. 선거제도가 다르면 당파성의 인센티브는 달라지고 투표에 영향을 준다. 다수제 하의 선거에서 지역주의 정당은 안전한 자신의 지역보다는 격전지 지역구에 자원을 집중한다. 격전지는 중도성향의 투표자가 캐스팅 보트를 쥐고 있다.

　이 책은 민주주의와 복지국가의 연관에 대해 넓게는 민주주의와 권위주의 사이의 체제효과를 파악하며 민주주의 내부에서는 정부형태, 선거제도, 그리고 정당정부의 형태가 복지에 미치는 영향력을 이해하려 했다. 이 영향력을 분석하는 데 대표적인 두 이론이 각축하고 있다. 권력자원논의는 다음과 같은 자문을 한다: 노동계급이 조직화되고 동시에 높은 수준에서 자본과 임금협상을 할 수 있을 때 자신에게 유리한 재분배를 도출할 수 있는가? 노동계급의 지지를 기반으로 하는 정당이 단독 혹은 연합정부에 참가하여 저소득층을 위한 정책을 제안하고 실행하는가? 노동계급이 중간계급과 연대하여 집권한다면 중간층에게도 혜택이 돌아가는 재분배정책이 실시될 것인가? 한편 제도주의는 정치제도를 통해 유사한 의문에 대해 해

명하고자 했다. 비민주주의에서보다 민주주의에서 재분배가 더 잘 이루어
지는가? 대통령중심제는 의회중심제에 비해 빈곤을 퇴치하는데 효과적인
가? 연합정부와 단일정당정부 중 어느 것이 재분배에 적극적이고 중산층을
두텁게 하는가? 제1부에서 상세히 논의한 것처럼 이런 의문은 자본주의와
민주주의의 관계를 관통하는 핵심사항들이며 구조적 권력자원과 제도 사
이의 상호작용을 매개로 하여 해명된다. 재분배에 대한 정치경제 경험연구
의 대다수가 보여주듯이 행위자와 제도는 상호작용하며 재분배에 영향을
주는 요인 간에 강력한 상관성이 존재한다. 권력자원과 제도 사이의 상관
성을 초월하여 인과성을 이해하는 것은 해결해야 할 숙제이다.

3. 민주주의, 교육과 중간계급

제2부는 제도주의 틀을 민주주의와 교육, 그리고 중간계급의 규모에 적용
하는 시도이다. 교육은 복지국가의 핵심적 일부이면서도 지금까지 복지국
가 문헌이 제대로 다루지 않았던 소외된 영역이다. 근대화 이론은 민주주의
가 제대로 작동하려면 교육이 우선하고 중간계급이 육성되어야 한다고 가
정했다. 즉 교육과 중산층이 민주주의 수준을 결정한다고 믿었다. 그러나
제2부는 정반대의 관계를 주장한다. 교육에는 비용이 들며 저소득 부모는
자녀교육을 담당할 재정의 여력이 없다. 초기 근대화 과정에서 초등교육을
누가 부담하는가는 중대한 사회적 쟁점이었다(Lindert 2009). 민주주의에서
는 다수가 사회적 비용으로 보편교육을 실천할 것을 결정한 반면 엘리트가
권력을 독점한 시대와 장소에서는 대중의 압력이 작동하지 않으며 교육은
소수 특권층 부모의 자녀에게만 해당되었다. 보편선거권의 도입 등 초기 민
주화는 공적 교육의 확장을 도왔다(Engerman & Sokoloff 2001, Engerman,
Sokolof, Harber, Marsical & Zolt2011). 민주주의와 교육을 인과성의 관계로

보면 민주주의에서 공교육이 발전하는 선순환의 관계에 있다. 반면 근대화론이 제시한 교육과 민주주의는 빈익빈 부익부와 동일한 악순환의 관계이다(Ansell 2008). 소수 엘리트만 부와 특권을 기반으로 교육을 받으며 이를 통해 더 많은 부와 권력을 소유한다. 부와 소득은 이들로 하여금 정치참여에 더욱 적극적이게 만드는 반면 저소득집단은 공교육을 받을 기회가 없으며 재산을 증식할 인적 자본을 형성할 수 없다. 시간과 재산이 부족한 사람은 정치참여에 적극적일 수 없다(Bartels 2008). 정치가는 보통 투표자보다 정치자금을 제공하는 집단의 압력에 더 충실하게 반응한다.

　교육은 인적자원의 양성과 제공이며 일정한 투자기간을 필요로 하지만, 교육의 수료 후 인적자본이 형성되면 반대급부가 크다는 점에서 미래지향적 복지이다. 즉각적 수혜가 예상되는 현금급여나 주거급여 등의 복지서비스와는 달리 교육은 노동시장 단계에서 소득을 증대시키며 인적자본이 높은 수준에 도달할수록 시장에서의 보상규모는 교육비용 이상으로 크다. 또한 미국의 저소득층 지원의 삭감이 잘 보여주듯 급여복지나 사회서비스가 납세자의 반발을 불러 결국에는 복지국가를 축소하는 결과를 낳는 것과는 달리 교육은 외부효과를 통해 사회적 기여를 한다고 인정받는다. 교육은 정보를 확산하고 축적한다는 점에서 교육수준이 높을수록 사회구성원 간 상호이해가 더욱 원활해지며 정보 빈곤에서 비롯하는 불필요한 갈등은 감소한다. 교육은 유아사망을 줄이고 공중보건의 질을 높이는데 기여함으로써 경제성장에 기인한다. 교육의 필요는 소득에 따라 다르다. 대학교육을 조세로 지원하는 정책에 대해 저소득집단은 고소득층과 다른 생각을 갖는다. 소득이 적은 사람의 관점에서 보면 대학교육의 대상은 사실상 중산층 이상이기 때문에 수익자가 사적으로 부담해야 한다. 교육의 공적지출에 대한 선호는 대학교육뿐 아니라 조세재정이 아닌 사적 부담을 필요로 하는 모든 교육에 해당된다. 인적자본의 형성과 관련하여 조기교육의 필요성이 널리 인정되지만 교육비용을 사적으로 부담해야 한다면 저소득층은 유아교육을 부담할 수 없다. 따라서 5세 이하 교육에 대한 공적 부담 문제는 소득집단 사이에 갈등이 존재하는 중대한 복지영역이다. 교육에 대한 선호는 권력자원과 정치제도의 틀을 통해 분석한다: 조직화된 노동이 강력하고 정치적으로 노동계급과 저소득층을 대표하는 정당이 유력할 경우 공교육이 활발하게 될 것인가: 즉 공적 투자와 재원으로 유아교육과 대학교육을 지원할 것인가?

중간계급이 성장하면 극소수에 한정되었던 고등교육의 문호를 개방할 것을 요구한다. 중간계급의 자녀는 대학교육에 접근할 수 있게 되었고 따라서 중간계급은 더욱 늘어났다. 그러나 중간계급의 규모는 시대와 나라마다 다르듯이 그들이 공적 고등교육을 요구할 수 있는 능력도 다르다. 중간층 규모는 대학교육의 사적 지출에 어떤 영향을 주는가? 민주주의에서 중간계급은 중대한 역할을 한다. 중간계급은 양극화로 인한 사회의 분열화를 사전에 방지하는 사회적 완충제 역할을 한다. 최근 경제적 곤란이 세계적 현상으로 고착하면서 중간계급이 사라지고 사회적 양극화가 심화된다는 비판이 확산되었다. 그렇다면 중간계급의 규모를 좌우하는 요인은 무엇인가? 정치제도는 중간계급의 규모에 차별효과를 보이는가? 중간계급의 소득은 모든 나라에 공통적으로 영향을 주는 경제적 요인 이외에 정치제도에 따라 크게 다르다. 특히 경제가 하강할 때는 중간계급의 하위집단은 국가의 재분배가 없으며 빈곤층으로 떨어진다. 경제적 불확실성의 시대에서 중간계급의 미래는 복지국가에 달려 있다. 제8장에서 논의하는 것처럼 미국과 유럽은 중간층 규모에서 대조적 모습을 보인다. 미국처럼 취약한 복지국가는 중산계급의 하락을 멈출 능력이 없다.

4. 한국의 정치가, 정치제도, 그리고 복지국가

제3부의 의도는 제1부와 2부에서 논의한 민주주의와 재분배의 관계에 대

한 이론적 및 경험적 논의를 기반으로 한국복지국가의 가능성을 이해하는 것이다. 핵심의문은 '현재 폭발적으로 제기된 복지국가의 출현에 대해 한국 민주주의의 정치제도는 어떤 역할을 할 수 있을 것인가?'이다. 18대 대선이 보여준 것처럼 정강정책이나 이념과 관계없이 모든 후보가 복지확대를 공약했다. 일등을 뽑는 경쟁에서 중위 투표자의 지지를 얻는 후보가 승리한다. 중위투표자 이론은 정부의 규모를 예측하는 이론이 제기하는 것처럼 수적 다수가 사회적 지원을 요구하는 조건에서 복지공약은 가장 좋은 득표 전략이다(Meltzer and Richard 1981). 정치제도는 사회적 관계를 결정짓는 데 영향을 주고 이러한 관계는 다시 정치제도가 왜 만들어지고 변화하는지를 말해준다. 한국사례는 제도의 중요성이 가장 분명하게 작용하고 있음을 확인할 수 있는 기회의 창이다. 앞에서 제시한 일반적 논의는 한국민주주의와 복지국가의 관계에 대해 세 가지 상호 관련된 요인을 제공한다. 첫째 소득의 본포는 정치지형에 영향을 준다. 복지를 필요로 하는 집단은 저소득층이다. 저소득집단이 시회복지정책을 실현하려면 이를 정책결정집단에 요구하고 청원해야 한다. 정치엘리트는 정치적 참여가 활발한 투표자의 요구에 민감하다(Verba 2004). 저소득층은 고소득층에 비해 정치적 지식이 부족하며 각종 정치적 참여에 적극적이기 힘들며 정책을 결정하는 정치엘리트의 관심대상에서 멀어진다. 둘째 한국은 4.19혁명 직전 의회중심제, 권위주의 체제가 도입한 중대선거구제 경험을 제외하면 대통중심제와 소선거구제를 결합한 정치제도를 근간으로 해왔다. 이 같은 정치제도의 결함은 한국사회가 급속한 산업화에 이은 드라마틱한 민주화의 굴곡에도 불구하고 현상유지와 기득권을 유지하는 데 기여했다 정치제도 역시 저소득층이 원하는 사회정책에 호의적이지 않다. 소선거구제는 일인의 대표만을 선출하기 때문에 소수정당은 지배적 정당에 비해 의석을 얻기 거의 불가능하다. 또한 대통령중심제에서 소수정당의 후보가 대통령으로 당선되는 것 역시 불가능하다.

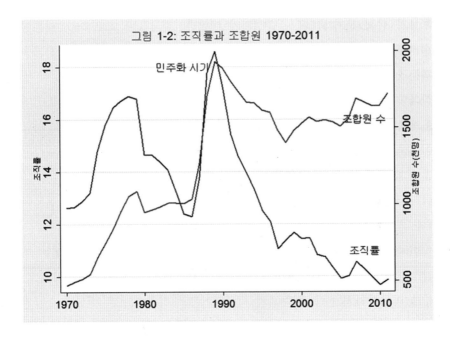

그림 1-2: 조직률과 조합원 1970-2011

셋째, 권력자원이론을 빼고 한국의 정치균형을 이해할 수 없다. 한국의 권력자원은 극도로 불균등하게 분포되어 있다. 한국사회는 저소득층의 권력자원이 빈곤하며 이마저 시간이 갈수록 더욱 취약해지고 있다. 이는 노동계급의 조직화가 갈수록 취약해지는 데서 잘 드러난다(그림 1-2). 1987년 민주화 운동에서 최대능력을 동원하여 18%의 조직률을 갖췄던 조직노동운동은 2011년 현재 10%에도 이르지 못한다. 1980년대 1백만 명에도 미치지 못하던 조합원 수는 1987년 2백만 명에 육박하는 등 200% 성장했으나 민주화 기간이 끝나면서 조합원 수는 지속적으로 감소하였다. 〈그림 1-2〉에서 보듯 조합원 수 역시 1990년대 후반 이후 정체를 벗어나지 못하는 등 권력자원이 빈약해지고 있다. 노동계급이 조직화되지 못하고 정치적으로 강력한 정당의 지지를 받지 않는 곳에서 사회경제적 요구는 용인되지 않는다. 민주주의를 불평등하게 만드는 요인의 하나는 바로 아래로부터의 압력이 행사할 수 있는 체력의 부족이다. 복지국가의 요구를 대변하는 정당이나 후보가 현행 선거제도에서 당선되기 어렵다. 전국을 무대로 하는 대통령 선거에서 진보 대통령은 나올 수 없다. 한편 〈그림 1-3〉에서 보듯 소선거구제는 양대 정당이 지배적 지위를 차지하며 진보정당 의석은 3%를 넘지 못한다.[3] 아이버슨(2008)과 애쓰모글루 외(2006)가 날카롭게 지적하듯 소선거구제 하에서 노동계급과 중간계급이 연대하기 어렵다. 자신의 독자적 정당이 없는 중간층의 관점에서 보면 노동계급보다는 고소득집단과 연대하는 것이 유리하며 저소득집단의 요구에 동참하지 않는다. 중간계급의 눈치를 살피느라 어느 후보나 정당도 복지세 도입을 정면 거론하지 못하는 이유이다.

한국의 정치엘리트는 시간이 될 때마다 정치개혁이 필요하다는 데는 공감하면서도 정치개혁의 핵심을 관통하는 선거제도에 대해서는 피상적 수준을 벗어나지 않는다. 현재까지 제시되어온 개혁의 내용은 대선과 총선의 선거주기를 일치시켜야 한다든지 대통령 4년 중임을 허용할 것인가, 또는 정부통령제 여부 등 주변적이다. 이런 제도개혁은 개혁이 지향해야 할 정치지형의 민주화와 복지국가의 실현과는 동 떨어진다. 민주주의에서 개혁은 권력의 민주화이며 이는 현상유지를 선호하는 기득권의 양보에서 가능하다(Acemoglu& Robinson 2006). 선거제도는 권력의 민주화에 기여하며 권력의 민주화는 복지국가와 재분배에 기여한다.

---

3) 2012년 국회의원선거에서는 정책스펙트럼에서 극우성향의 선진자유당이 약 3% 의석을 얻었으며 새누리당과 합당했다. 통합진보당은 김석기 제명사건으로 정의당이 이탈한 후 의석이 감소했다.

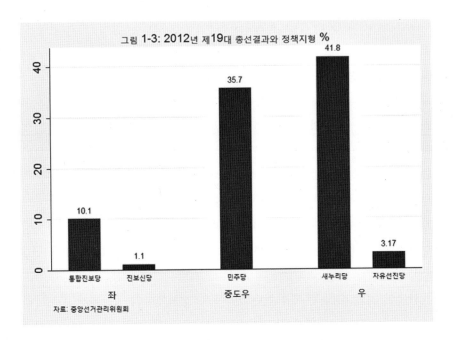

그림 1-3: 2012년 제19대 총선결과와 정책지형 %

자료: 중앙선거관리위원회

선거제도의 본질적 변화가 현상유지를 뒤흔들어버린다는 점을 잘 알고 있기 때문이다. 개혁이 어떤 결과를 가져올 것인가에 대해서는 많은 논쟁이 있으며 적지 않은 연구성과가 제시되었다. 19세기 말/20세기 초 서유럽의 선거제도개혁에 대한 논의는 두 가지 점을 보여준다. 하나는 선거제도, 즉 소선거구제 혹은 비례대표제의 선택은 정치대표 체제를 결정한다는 점에서 전략적 사고와 불가분의 관계이다. 새로이 부상하는 대중정당사회주의 정당의 도전과 기득권 정당의 수성전략이 어떻게 상호작용했는가에 의해 결정되었다(Boix 1999, 2008; Rokkan 1970). 둘째, 보편선거권의 도입으로 역사상 처음으로 대중적 사회당이 부상하는 것을 보다 심층적으로 이해할 필요가 있다는 관점이다. 비례대표제 도입은 사회경제적 조건에 따른 좌파정당의 역사적 프로젝트라는 것이다(Iversen and Soskice 2010). 선거제도는 커다란 역사적 조건의 산물일 뿐이다. 비례대표제는 단순히 좌파의 도전이 아니라 민주화 전 과정에서 대중적 요구를 실현하는데 가장 적합한 도구이다(Alesina and Glaeser 2004; Acemoglu& Robinson 2006). 위 두 가지 입장 모두 정도는 다르지만 서유럽 민주화의 경험이 핵심쟁점을 보여준다. 선거제도 선택과 관련한 최소한의 합의는 기생정당이 새로운 대중정당이 얼마나 강력한가에 따라 양보한 종류가 다르다는 것이다. 나아가 일부 연구는 최소한의 합의를 초과하여 선거제도가 생산레짐, 공동체, 그리고 정당 간의 복합적 진화를 표출하는 것으로 해석하려 한다. 비례대표제 도입은 보다 근본적으로 노동시장의 운용과 관련한다. 즉 노동계급과 사용자가 자본주의 이전의 역사적 경험을 기반으로 하여 양측의 이익에 가장 부합하는 선거제도를 합의하에 선택한 것이다. 비례대표제도가 다수제에 비해 합의적 경제정책을 지탱할 수 있는 선거제도로 본 것이다(Cusack, Iversen, and Soskice 2007).

한국이 지난 수십 년 경험했던 민주화와 정치개혁의 입장에서 이해하려면 역사적으로 처음 발생했던 민주화 경험에 대한 이해는 중대한 함의가 된다. 현재 발생하고 있는 것의 근원은 과거 일어났던 것의 연장이다. 과거 발생했던 것을 이해하지 않고는 왜 오늘날 비슷한 현상이 재현되는지를 알 수 없다. 한국의 정치를 제도적으로 규제하는 대통령중심제와 소선구제가 어떻게 존재하게 되었는지를 밝혀야 한다. 정치제도는 정치적 균형이다. 각각의 역사적인 정치적 갈등과 긴장관계 속에서 정당과 정치엘리트가 어떻게 자신의 이익을 극대화하기 위해 전략적으로 행동했는지를 이해해야 한다. 인류의 초기 민주화에서 선거제도의 균형을 만든 정당의 전략과 역사적 진화는 한국의 경험에 적용가능한가? 가능하다면 어떻게 적용할 것인가? 각각의 역사적 조건은 다르고 행위자가 선택할 수 있는 선택의 폭은 다를 수 있지만 역사적 국면에서의 전략과 행위는 한국의 민주화 경험이 정치제도와 갖는 관계를 이해하는 프레임이다.

해방 후 보편선거권이 하루아침에 도입된 후 각 정파는 어떤 제도를 통해서 자신의 정치권력을 극대화하려 했을까? 제헌의회에서 왜 지금과 같은

정치제도를 선택되었는가? 초기 정치세력에 대한 지식은 지극히 불완전하
다. 건국 초기 정당과 사회경제적 지지세력에 대한 논의는 전무하다. 한국
전 이후 냉전구도가 극도로 경직화되고 반공법 등이 도입되면서 사회주의
계열의 정당은 실질적으로 선거경쟁에 참여할 수 없었다. 분단한국에서 강
력한 안보국가가 구축되면서 사회주의 정당은 크게 위축되었으며 군사 쿠
데타를 통해 등장한 권위주의 체제는 경제개발을 최우선적으로 집행하면
서 자원의 효율적 집행을 이유로 재분배를 기반으로 하는 복지국가가 성장
할 수 있는 기회는 거부되거나 미루어졌다. 국가는 안보정책과 성장정책을
추구하는데 필요한 정치제도를 구축했다. 집권엘리트는 안보와 성장에 이
의를 제기하는 세력이 정책결정에 참여할 수 있는 기회의 창을 제공하는
정치제도를 허용하지 않았다. 유신체제는 극단적 배제의 정치였다. 극단적
배제는 독재체제의 자중지란으로 붕괴되었으나, 보수세력과 군부는 곧 권
력을 수습하여 권위주의를 연장했다. 군부 권위주의는 건선 대통령제 하에
서 동반당선의 선거제도를 만들어 절대권력을 유지했다. 1987년 민주화는
기득권과의 합의에 의한 민주화였으며, 기득권은 7년 단임제 대통령중심제
를 관찰시켜 핵심을 양보하지 않았다. 소선거구제와 다수제 선거제도는 진
보나 중도지향의 정당이 지지를 넓혀가는 것을 불가능하게 했다. 더구나
자유주의 세력이 지역기반을 중심으로 분열되면서, 민주화 세력이 특정 지
역을 제외하면 1등으로 당선되는 것은 불가능하다. 2004년 부분적 비례대
표제의 도입으로 진보정당이 의회에 소수 진입할 수 있었으나 도입된 비례
대표제에 내재한 한계로 인해 더 이상의 의석은 늘어나지 않았다. 비례대
표제가 진보정당에게 유리한 것은 진입의 장벽이 낮아지는 것 외에 향후
확장의 잠재력이 크게 늘어나는데 있다. 한편 소선거구제나 일등을 뽑는
다수제에서 진보정당이나 후보는 어차피 당선가능성이 없기 때문에 잠재
적 지지자를 현실적 지지자로 동원할 수 없다. 비례대표제는 바로 이 점에
서 가장 큰 차이를 만든다. 한국의 양대 중도정당은 지역주의를 기반으로

일정 의석을 언제나 차지할 수 있으며 비례대표제는 진보세력의 확장을 돕는 '독배'라고 판단할 것이다. 그러나 대통령중심제에서는 의석을 축소시키는 '독배'이지만 의회중심제에서는 연합정부를 통해 집권할 수 있는 기회의 '독배'이다.

민주주의와 재분배

들어가는 말

　제2장은 이 책 전체의 주제를 관통하는 줄기에 대해 전반적으로 논의하고자 한다. 민주주의는 여러 가지 종류가 공존하며 각각의 유형은 다양한 복지국가의 발전에 관련을 갖는다. 민주주의와 복지국가는 여러 방식으로 연결되어 있으며 재분배 기제는 핵심고리의 하나이다. 민주주의 체제의 정당경쟁, 정부형태, 그리고 노동시장제도는 재분배가 작동하는 데 영향을 주는 행위자와 제도를 포괄한다.

　나는 구체적으로 다음과 같은 두 가지 목표를 추구하고자 한다. 첫째, 정치제도를 포함한 넓은 의미의 제도가 다를 경우 복지민주주의 체제가 수행하는 재분배 기능에 차별적 효과를 낳는가를 규명할 것이다. 제도는 지난 10년 동안 사회과학 분야에서 가장 많은 관심을 받았다. 제도가 새삼 주목을 끌게 된 것은 우연이 아니라 과거의 일방통행에 대한 반작용이다. 새로운 제도주의는 1950년대의 제도연구가 그랬던 것처럼 공식적 기구나 법만을 대상으로 하지 않는다. 1960년대 행태주의가 태동하기 전 초기 정치학은 규범적 원칙으로서의 제도를 연구했었다. 이들은 헌법적 또는 도덕적 가치의 관점에서 제도가 정치현상을 어떻게 구속하는가를 파악하고자 했다. 그러나 행태주의 혁명으로 고전적 제도주의는 박물관으로 사라졌었다. 행태주의는 정치행위를 직접적으로 관찰함으로써 정치과정을 정치학의 핵심으로 간주했다. 미국정치학은 투표행태의 연구가 주류를 형성했으며 비교정치는 경제발전과 민주주의의 관계에 대한 정치발전에 집중했다. 과거 제도주의가 제도는 외적으로 주어진 것으로 보았다면 행태주의는 행위를 통해 쉽사리 주조 가능한 것 또는 외적으로 주어진 것으로 믿어 제도의 중요성을 간과했다. 나는 제도 가운데 노동시장제도와 정치제도의 역할에 집중할 것이다. 소득불평등에 관한 자료는 룩셈부르크소득연구(LIS: Luxembourg Income Study) 자료를 근거로 하고 정치제도는 다양한 출처를 통해 수집하고 필요에 따라 가공했다. 제도의 중요성을 각성한 이후 세계 곳곳에서 제도의 자료를 축적하는데 많은 노력을 기울이고 있다.[1]

제1장의 두 번째 목표는 민주주의의 정치적 안정에 기여하는 것으로 평가되는 중간계급의 존재를 국제비교적 관점에서 분석하고 무슨 요인으로 인해 각국의 중간계급이 시간과 더불어 변화하는지에 대해 논의할 것이다. 제1장의 순서는 다음과 같다. 첫째, 이 두 목표를 실행하기 전에 사전작업으로서 민주주의와 복지체제의 관계에 대한 선행연구를 간략히 살펴보는 것으로 시작한다. 둘째 부분은 신구조주의적 이론을 통해 기존의 논의를 점검하고 경험적 연구를 위한 이론적 틀로 삼는다. 셋째는 시장경제에서 불가피하게 발생하는 소득불평등에 영향을 주는 요인들에 대한 경험적 조사이다. 40개국 1969-2010년의 기간을 대상으로 한 통계분석을 통해 정치제도의 중요성을 발견한다. 넷째는 민주주의와 복지국가 사이의 연결고리 역할을 하는 중간계급에 관한 것이다. 중간계급 규모의 역사적 추세를 서술하고 그 크기가 어떻게, 왜 변화하는 것인가를 분석한다. 다섯째는 결론으로서 앞에서의 논의를 정리하고 미진한 부분에 대해 향후 어떤 보완이 필요할 것인가를 논의한다.

---

1) 자료 축적에서 선구적 역할을 했던 Polity 외에 제도에 관한 다양한 자료가 모아지고 있어 제도가 미치는 효과를 탐구하는 데 크게 기여를 한다. 그 중에서 이 책이 빈번히 의존한 일부만 소개하면 다음과 같다: Polity IV Project: 1800-2013; CPDS - Comparative Political Data Set III; Comparative Welfate State Dataset; Database of Political Instiutions 2012; Quality of Government Dataset Luxembourg Income Study; QoG 2013; World Development Indicators.

1. 복지국가는 왜 서로 다른가?: 전통이론과 수정주의

민주주의와 복지국가는 서로 불가분의 관계를 맺는다. 역사적 경험을 고찰해볼 때 민주주의의 성숙은 복지국가 단계로의 진입을 의미한다. 1인 1표를 기반으로 하는 민주주의에서 대중의 요구는 복지국가를 향한다. 자본주의에서 복지국가는 시장의 경쟁이 만들어내는 불평등한 결과가 사회적 통합을 저해하지 않게 한다. 그러나 민주주의와 복지국가의 상관성은 단선적이지 않으며 복합적 관계를 갖는다. 민주주의가 획일적이지 않듯이 복지국가 역시 다양한 모습으로 진행해왔다.[2]

정치적으로 평등한 민주주의 체제에서 시장이 야기하는 경제적 불평등은 국가별로 그리고 역사적으로 정도의 차이는 있으나 그대로 방치되지 않는다. 1인 1표에 기반하는 민주주의 체제가 독재나 권위주의 체제와 다른 점은 바로 복지국가를 강화하거나 적어도 그 점을 완전히 무시하지 않는다는 데 있다. 그 이유는 투표자 다수가 복지정책을 선호하기 때문이다. 멜쩌와 리차드는 시장소득의 불평등이 심각할수록 재정적 재분배가 발생한다는 기념비적 가설을 제시하여 복지국가의 불가피성을 설명하려 했다(Meltzer and Richard 1981). 후에 많은 경험적 연구가 이들의 재분배 가설을 논증하였으나 그 경험적 결과는 엇갈린 사례로 나타났고 한 연구는 이를 가리켜 '로빈 훗 역설(Paradox of Robin Hood)'이라 불렀다.[3] 그러나 같은 민주주의 체제에 속하는 국가라도 복지국가의 규모는 일률적이지 않으며 상당한 편차가 존재한다. 이는 전통적으로 사회지출의 비중에서 잘 드러난다. 〈그림 2-1〉에 포함된 OECD 국가들을 대체로 민주주의라 평가하는 데 큰 이견이

---

2) 복지국가 연구의 신 고전 반열에 오른 에스핑-앤더슨이 제시한 세 가지 모습이 탄생한 것(1990)은 민주주의가 복지국가를 시작한지 거의 한 세기가 지난 시점이다. 한편 민주주의 고전인 무어(Barrington Moore)는 1967년이다.

3) 복지가 이미 풍부한 곳에서 재분배가 활성화되는 반면 정작 필요한 곳에서는 재분배가 이루어지지 않는다는 역설적 상황을 언급한 것이다(Lindert 2009).

없다. 이들은 프리덤 하우스(Freedom House) 지표가 제시한 정치권과 시민권 모두에서 2 이하의 값을 갖는다. 이처럼 민주주의 내부에서도 재분배 정책은 크게 다르다. 에스핑-앤더슨은 바로 이러한 차이를 가장 설득력 있게 설명한 최초의 시도로 평가된다(Esping-Anderson 1990). 민주주의는 '인민의 복지'를 향상시키는 정치이다. 반면 독재나 권위주의는 대중이 아니라 소수 지배 엘리트의 복지를 더욱 중시한다. 이런 점에서 보면 일반적으로 복지국가는 민주주의 국가이지만 민주주의 국가라고 복지국가는 아니다. 민주주의 체제라도 복지의 수준은 동일하지 않고 천차만별이다. 1980-2010년의 기간 동안 OECD 회원국의 사회지출 규모를 보면 스웨덴은 GDP 대비 평균 30.2%를 지출한 반면 한국의 지출은 불과 5.9%에 불과하다. 〈그림 2-1〉에서 수직선은 OECD 평균값 19.1%를 표시한다.

많은 연구가 복지국가의 모습이 왜 이처럼 다른가에 대해서 고민을 해 오고 있다. 연구방향은 크게 두 가지 요인, 즉 정치적 행위자와 정치제도를 중심으로 전개된다.[4] 복지국가연구의 오랜 전통은 권력자원이론(power resources theory)이 주도했다. 좌파는 전통적으로 계급간 힘의 균형이나 우열이 복지국가의 형태를 결정한다고 주장했다. 전후 복지국가의 생성과 발전의 경험에 기초한 권력자원이론은 사회정책의 강도는 좌파세력이 얼마나 정책에 영향력을 행사할 수 있는가에 달려 있다고 주장한다(van Kersbergen 1995).[5] 선구적 연구를 주도한 에스핑-앤더슨은 복지국가의 세 가지 모델, 즉 북구에서 발현한 사민주의 모델, 유럽대륙의 비스마르크 모델, 그리고 영미의 자유주의 모형을 상정한 바 있다.[6] 에스핑-앤더슨은 유형화의 기준

---

4) 최근 이러한 대조적 전통을 비판적으로 검토하려는 노력이 다음과 같은 문헌에서 시도되었다: Bradley 외(2003); Iversen(2008); Korpi(2006), Moller 외(2003).
5) 코르피는 전통적 권력자원이론을 제시한 바 있는데, 이의 결정론적 성향이 문제시되자 재반론을 통해 권력자원이론의 역사적 정당성을 옹호한다(Korpi 2006).
6) 복지국가 유형론에 대한 비판적 논의 가운데 최근 문헌은 Arts and Gellisen(2012), Scruggs and Allan(2008) 참고.

으로서 좌파의 세력화와 아울러 좌파의 연대가능성을 강조했다. 이 점은
사민주의 모형에서 가장 잘 드러난다. 에스핑-앤더슨 이후 유형론은 보다
세분화 방향으로 진행한다. 최근 캐슬(Castles)은 남유럽을 하나의 새 모형
으로 추가했다(그림 2-1). 역사가 보여주듯 노동계급은 투표권을 획득한 이
후 과거 마르크스가 했던 예언과는 달리 단독으로는 다수를 차지할 수 없
었다(Pzreworski and Sprague 1988). 사회당은 집권하지 못하면 자신을 지지
해주는 노동계급의 복지를 향상시킬 수 없다. 집권을 위해서는 다른 계급
및 이해를 대표하는 정당과 연대하지 않을 수 없었다. 잠재적 연대세력은
중간계급 외에는 없다. 다른 세력과의 연대는 '순수한' 계급이익을 양보하
고 중간계급의 이익을 감안하여 타협해야 했다.

　한편 독일과 프랑스 등 유럽대륙에서 자생한 복지자본주의는 노동시장
에서의 경력을 보존하고 연장하는 비스마르크형 복지국가를 설계했다. 이
러한 대륙형 복지국가에서도 중간계급의 정치적 중요성은 마찬가지였다.
그러나 대륙의 중간계급은 노동시장에서 신분과 직업을 기반으로 하는 사
회보장제도를 형성해 왔으며 정치적으로도 종교적 정당과의 일체성을 유
지해 왔다. 이 같은 역사적 조건으로 인해 대륙의 노동계급은 중간계급과
연대하기 쉽지 않았다. 유럽대륙에서 사회당과 자유주의 세력의 연대는 북
구와는 달리 구조적 모습의 논리가 아닌 국면적 상황의 산물이었다.[7]

---

7) 대륙에서는 종교정당이 계급정당과 동시에 착근하면서 북구처럼 사민당이 강
　력하지 않았기 때문이기도 하다. 이에 대해서는 Korpi(2006), Manow and van
　Kersbergen(2012) 참고.

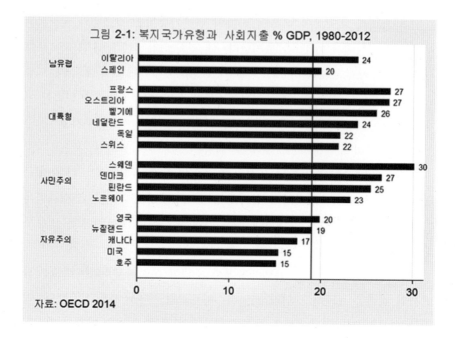

그림 2-1: 복지국가유형과 사회지출 % GDP, 1980-2012

자료: OECD 2014

한편 영미권의 자유주의 복지국가는 복지국가의 주변적 한계를 극복하지 못했다. 자유주의체제에서 중간계급은 개인은 스스로의 노력을 통해 신분이동이 가능하다고 믿으며 사회주의에 대해서는 노동계급만의 프로젝트라고 보고 반대했다. 그 결과 사민당은 영국의 노동당처럼 노동계급의 지지를 확보하는 데 급급하거나 미국의 노동자 정당은 중도를 표방한 민주당에 압도당해 뿌리를 내릴 수 없었다. 과반의 다수를 형성하자면 노동계급과 중간계급의 연합은 필수적이다(Prezworski and Spraque 1988). 노동계급과 중간계급의 연대가 불가능한 자유주의 체제에서 복지국가는 성장할 수 없었고 사회정책은 최소한의 단계에 머물렀다. 에스핑-앤더슨은 권력자원이론에 착안하면서 힘이 역사 속에서 표출되는 역사적 긴장을 부각시켜 결정론적 문제를 극복하고자 했다.[8] 그러나 여전히 노동시장의 분화에서 등

---

8) 에스핑-앤더슨이 복지국가 문헌에서 차지하는 비중에 대한 비판적 논의에 대해서는 Iversen(2008) 참고.

장하여 더욱 심각하게 발전하는 노동 내부의 이견을 고려하지 않았다(Iversen and Soskice 2010; Rueda 2008).[9]

신구조주의적 제도주의는 정당정치와 제도의 융합을 통해 복지민주주의의 변화를 설명하려 한다. 구조주의는 권력자원이론이 제기한 사회세력의 균열이 변화의 견인차라는 점에 동의하면서 이러한 사회적 균열은 제도의 종류에 따라 다르게 전환된다는 보는 점에서 제도주의를 흡수한다. 신구조주의 이론은 사회세력의 갈등이 주요한 변동의 추진체라고 믿는 구조주의적 시각으로 파악하면서도 미시적 근거에서는 개인적 편익-비용을 기초로 한다. 최근 경제학자 애쓰모글루는 구조주의를 전통 경제학의 논리를 통해 부활시키는 데 공헌했다. 애쓰모글루는 경제학에서 흔히 그런 것처럼 개인은 생산요소를 기준으로 다시 집단으로 묶고 집단 간의 대립을 통해 역사를 해석하려 한다. 정치체제가 제도를 만들고 제도는 인간행위를 제한하는 점에서 정책은 정치적 산물이다. 이때 제도는 행위와 정치의 중간에 존재하는 여과장치와 같다.

권력자원이론은 에스핑-앤더슨 이후 약점으로 지적되어 온 부분을 일부 수정하였다. 자본주의 다양성(Varieties of Capitalism) 논의는 권력자원이론이 지나치게 결정론에 빠져 역사적으로 열린 공간을 포착하지 못한다는 문제점을 제기했다(Hall and Soskice 2001). 1980년 들어 전세계적으로 경제상황이 나빠지면서 시장논리가 국가의 역할을 압도하기 시작했다. 시장의 위력은 시간이 흐르면서 더욱 가파르게 상승했으며 새로운 위험(new social risks)이 등장했다. 전후 지속적으로 팽창했던 복지국가는 시장의 요구에 의해 축소 또는 조정되었다. 세계화와 탈산업화는 노동과 가족의 새로운 균

---

9) 탈산업화 시대 가속화된 노동시장의 이중구조, 즉 정규직 대 나머지의 이중구조에 대해서는 다양한 논의가 제시되었다: Iversen and Stephens(2009); Iversen and Soskice(2010); Kenworthy and Pontusson(2005); Martin and Thelen(2008); Palier and Thelen(2008); Rueda(2005; 2009).

형을 요구했다. 맞벌이가 아니면 중간계급은 소득과 신분을 유지하기 어려워졌다. 이혼의 급증으로 한부모 가정이 늘어났고 이들은 쉽게 빈곤층으로 전락했다. 고용이 악화되어 장기실업이 구조화되었고 장기실업자는 노동시장으로부터 영구히 배제되었다. 자본이나 사용자는 정책을 수동적으로 수용하는 것이 아니라 주어진 조건에 따라 적극적으로 자신에 유리한 정책을 만들기 위해 노력한다(Swenson 2002). 과거와는 다른 리스크의 출현은 노동시장을 더욱 이질적으로 만들어 노동계급이 일치하여 자원을 동원하기 어렵게 한다.[10] 장기실업자, 여성노동자, 그리고 비정규노동 등은 과거 복지국가의 주요 수혜자였던 정규직 노동과는 다른 이해를 갖기 때문에 복지에 대한 요구는 다르다. 루에다(Rueda)가 말한 국외자(outsiders)는 전통적 리스크로부터 보호받는 인사이더와는 달리 새로운 리스크에 시달린다(Mares 2006; Rueda 2007). 한편 정규직을 중심으로 하는 인사이더는 귀중한 자원이 아웃사이더만을 위해 쓰여지는 것을 달가워하지 않는다. 스웨덴의 정규직 노동은 실업으로부터 상대적으로 자유롭기 때문에 실업자 및 잠재적 실업자를 위한 적극적 노동시장정책을 지지하지 않는다. 적극적 노동시장은 전통적으로 스웨덴 노동이 완전고용을 추구하는 기둥 역할을 해왔다.

에스핑-앤더슨의 시도는 유형화 이상을 벗어나지 못했다. 에스핑-앤더슨은 왜 그러한 패턴이 발생했는지에 대해서 말이 없다. 유형화는 설득력을 발휘하지만 왜 그와 같은 모습으로 귀착되었는지를 인과적으로 설명할 수 없다. 그의 유형이 기반하는 권력자원과 연대가능성, 그리고 계층화(stratification)는 복지국가의 유형적 형태를 보여주는데 적절하지만 왜 그런 형태가 가능했는가를 설명하지 않는다. 에스핑-앤더슨이 의존했던 구조를 벗어나려는 노력은 역사적 국면의 중요성에 과도하게 의존하게 되었다. 왜 서로 상이

___

10) 에스핑-앤더슨은 1999년 전후 수립된 전통적 복지국가의 경우 실업, 의료, 노령화 등과 같은 전통적 리스크로부터 노동계급을 보호하는 역할을 했으나 탈산업국가에서는 새로운 리스크로부터 사회적 보호를 제공해야 한다는 점을 제기했다.

한 복지체제가 등장했는가를 인과적으로 분석하기 위해서는 구조의 재도
입은 불가피하다. 그러나 권력자원이론이 가정한 구조는 행위자의 상호전
략적 행동이 작동하는 국면적 조건에서 강제력을 갖진 않는다. 신구조주의
는 행위자 전략의 상호작용을 구조에 포함시키는 점에서 과거의 권력자원
모델과 다르다. 신구조주의를 본격적으로 제시한 것은 애쓰모글루와 로빈
슨이었다(Acemoglu and Robinson 2006: 또는 A&R). 신구조주의는 구조를 기
본으로 하고 제도는 구조를 반영하는 그릇으로 가정한다. 경제는 폴라니가
말한 것처럼 정치에 배태되어 있다. 소득분포와 재분배는 정치체제의 산물
이다. 정치체제는 법, 정책, 그리고 제도 등을 통해 영향력을 발휘한다. 한
편 정치체제가 어떤 제도와 정책을 조성하는가는 사회세력의 힘이 어떻게
분포되었는가에 달려 있다. 정치권력이 일인이나 소수 엘리트가 독점하는
조건 하에서는 다수의 이해는 무시되고 따라서 불평등이 발생한다. 반대로
정치권력이 골고루 분산된 곳에서 엘리트의 자의적 권력행사가 불가능하
며 불평등은 심각하게 발전하지 않는다.

  본질적으로, 상이한 정치적 결과가 발생하는 까닭은 이러한 사회가 저변
을 형성하는 경제구조가 전혀 다르기 때문이며, 이 점은 애쓰모글루와 로
빈슨이 자신들의 연구를 "독재와 민주주의의 경제적 기원"이라고 명명한 점
에서 드러난다.[11] 그러나 최종적으로 경제구조는 정치체제에 의해 결정된
다는 점에서 애쓰모글루는 구조주의에 속한다.[12] 그러나 애쓰모글루의 구
조에서 행위자는 제도를 통해 서로를 견제하여 균형에 도달한다. 구조 하
에서 "정책을 둘러싼 갈등은 정태적이며 오늘 발생하는 것에 대한 갈등이
다. 합리적 행위자는 미래를 염려한다. 여기에 정치제도 ―지속적이고 따

---

11) 경제적 기원을 강조한 것은 1960년대 배링턴 무어(Barrington Moore)가 역사구조주
    의적 관점에서 제시했던 "독재와 민주주의의 사회적 기원"을 염두에 둔 것이다.
12) 애쓰모글루는 미국의 헌법을 경제적 관점에서 해석한 경제학자 커먼즈(Commons)
    야말로 초기 구조주의라고 변명한다. 커먼즈는 조야한 맑스주의자로 평가되기도
    했다.

라서 정치적 행동과 정치적 균형에 영향을 미칠 수 있는 능력을 갖는— 가 들어온다."(A&R 2006, 173). 다시 말해서 정치제도는 실질적 정치권력을 규제하며 갈등하는 선호를 취합하는 과정에서 언제나 영향을 미친다.

A&R은 사회를 세 집단, 즉 엘리트, 중간, 그리고 서민으로 삼분하고[13] 이들 간의 갈등을 통해 역사적 변화를 포착하려 한다.[14] 변화의 동학은 사회집단 간의 연대에 있다. 변화는 세 집단이 역사적 국면에서 연출하는 합종연횡에서 읽을 수 있다. 보편선거권이 확립된 이후 조세 혹은 복지의 규모는 노동계급의 수에 달려 있다. 노동계급이 투표자수에서 과반 이상이면 수의 힘을 기반으로 노동계급은 누진적 과세를 부과할 수 있다. 그러나 과반에 미달하면 정책의 행방은 중간계급을 대표하는 중위투표자의 선호에 따른다(2005, 8장). 역사는 노동계급의 수가 마르크스의 예측과는 달리 과반에 미달됨을 보여주었다.[15] 이 때 정책의 방향은 중간계급이 얻는 지분에 달려 있다. 중간은 상층과 연대하여 집권층의 일부가 되거나 아니면 하층과 협력하고 지배엘리트 집단에 적대적으로 대립할 수도 있다. 중간계급의 소득이 전체 평균소득보다 많다면 중간계급은 과세의 대상이 되기 때문에 상층과 연대하여 조세를 피하려 한다. 중간-상층의 연합은 조세를 최소화하며, 따라서 노동계급에 대한 복지 역시 최소화된다. 다른 한편 중위소득이 평균소득보다 작다면 노동계급 혹은 서민과 연대하여 부유층에 대한 과세를 강화하는 동시에 스스로에 대한 복지혜택을 최대화한다. 제도화는 지속적 변화를 확고히 보장하는 장치이다. 오늘 자신에게 유리한 정책을 끌어낸다 해도 이 같은 정책이 내일에도 지속될 수 있는 보장이 없다면 정

---

13) A&R이 표현한 세 집단은 the rich, the middle, the poor이다(2006, 256).

14) 이들이 제시한 간단한 모델로서는 엘리트 대 시민의 갈등을 전제로 한다(제1장 참고). 이 밖에 확장 모델은 중간계급을 포함하는데 책의 제8장에서 다뤄진다.

15) 사회당은 선거에 참여할 경우 역사적으로 노동계급의 유권자 비중과 정치참여를 기초로 하여 전략을 마련한다. 이에 대한 고전적 논의는 Przeworski and Sprague(1988) 참고.

책은 오래 갈 수 없다. 따라서 제도화를 통해 변화와 개혁을 보장받으려 한
다. 초기 민주화에서 발생한 보편선거권 도입은 권력을 분점하려는 대표적
제도화이다. 노스와 와인가스트(North and Weingast 1989)가 제시한 바와 같
이, 제도화는 정책의 번복을 방지하는 약속장치(a commitment device)이다
(2005, 177).

최근 경제학이 편익의 시각을 통해 제도의 중요성을 강조하고 있으나 제
도주의는 정치학의 전통적 영역에 속했었다. 최근 정치학은 경제학의 주도
에 자극받아 복지국가의 생성 및 변화와 관련하여 제도의 역할을 보다 집
중적으로 재조명하고 있다. 애쓰모글루가 강조한 계급연대를 비슷한 시점
에 아이버슨과 소스키스(Iversen and Soskice 2008)는 복지국가의 모습에 중
대한 영향을 주는 요소라는데 동의했다.[16] 이들은 A&R이 제시한 연대를 정
치제도를 매개로 하여 보다 구체화하는 데 기여한다. 선거제도 가운데 대
조적인 양대 제도인 비례제도와 다수제는 각각 연합정부의 가능성에 전혀
다른 확률을 부여한다. 비례대표제는 다당제 경험을 가지며 다양한 정책정
당이 경쟁하며 복지국가의 확대를 선호하는 정당에게 보다 많은 입지를 허
용한다. 다수제에서 중위투표자를 위해 경쟁하는 과정에서 정치적 대표와
투표자 사이에 내재하는 신뢰성 문제가 나타나지만, 비례대표제 하에서 정
당은 자신을 지지하는 이해세력을 동원하여 집권하기 때문에 앞에서와 같
은 문제가 발생하지 않는다. 실제 역사적으로 비례대표제를 실행한 유럽에
서 연금이나 실업보험이 잘 발달할 수 있었다. 반면 다수제는 승자독식제
도로서 양당제도가 형성되는데 이때 노동자는 잡권정당이 선거캠페인 기
간 동안 득표전략으로 노동계급을 상대로 제시했던 공약을 실천할 것으로
믿지 않는다. 양당이 복지정책을 핵심적 정책과제로 추진하지 않는다면 복
지국가는 강력해질 수 없다. 이처럼 선거제도는 공약의 구속력을 의미한다.

---

16) 이들은 각자 혹은 공동으로 다음과 같은 일련의 저술에서 정치제도의 중요성을
   역설하고 있다.

〈표 2-1〉 정치제도와 불평등

	대통령제	의회제	비례대표제	다수제	연정	단정	자유주의	조정주의
시장소득불평등	47.33	44.83	44.7	41.4	44.83	45.22	47.87	44.76
가처분소득불평등	40.68	29.29	30.24	39.6	30.55	32.72	33.12	25.95
재분배	5.2	15.53	14.45	1.76	14.28	12.49	14.75	18.81

자료: LIS 2013, CPDS(Comparative Political Data Set) III 1990-2010, Polity IV, Freedom House, Latin America and Caribbean Political Data Set 2008, DPI(Database of Political Institutions) 2010, Democracy Time-Series Data 2009, ParlGov 2012, POLCON 2010, The QoG Social Policy Dataset.

복지국가 연구문헌 대다수는 최근 정치제도가 사회지출에 미치는 영향을 분석하려고 노력해왔다.[17] 사회지출에 많은 관심을 보인 이유는 자료획득이 가장 쉬운 탓이다. 사회지출은 궁극적으로 소득불평등의 완화를 목적으로 한다. 따라서 정부정책이나 정당의 지향을 구체적으로 평가하는 것은 사회지출이 소기의 성과를 달성했는가를 보고 판단해야 한다. 그러나 최근까지는 조세와 소득이전 이후의 소득자료가 최근까지 얻기 불가능했기 때문에 차선책으로 사회지출에 의존했다. 그러나 룩셈부르크소득연구가 지속적으로 더 많은 국가의 소득자료를 축적하고 공개함에 따라 보다 정확한 자료입수가 가능해지고 있다. 자료가 주어짐에 따라 왜 소득불평등이 발생하는가에 대한 이론적 및 경험적 연구가 확산 중에 있다(Alberts 외 2011; Boix 2010; Brandolini and Smeeding 2006; Bradley 외 2003; Iversen and Soskice 2009; Iversen and Stephens 2008; Mahler and Jusuit 2006; Moller 2003; Persson and Tabellini 2003; Robinson and Torvik 2008; Scheve and Stasavage 2009). 정치제도는 정부형태, 선거제도, 그리고 정당정부의 형태 등을 포함3

17) 경제학의 일부는 제도가 경제성장에 주는 역학을 분석하기 위해 많은 시도를 하고 있다. 복지 역시 경제성장과 밀접한 연관을 갖는 점에서 두 문헌은 상호 소통하고 있다. 다음은 제도를 중시하는 경제학 문헌의 최근 성과이다: Acemoglu (2005); Acemoglu & Robinson(2005); Chechi and Garcia-Penalosa(2008); Savoia, Easaw, and McKay(2010).

한다. 〈표 2-1〉은 정치제도와 소득불평등의 정도를 동시에 보여준다. 첫째 칸은 가구 단위의 소득불평등, 즉 지니계수이다. 지니계수는 가장 평등한 0에서 가장 불평등한 100의 구간으로 형성된다. 첫째 열은 불평등에 영향을 주는 주요 정치제도이다. 소득불평등을 측정하는 수단으로서 통용화된 지니계수는 조세효과를 파악하기 위해서는 세전지니와 세후지니를 명확히 구분해서 이용해야 한다. 최근까지 국제적 비교가 가능한 자료가 부족했던 탓에 세전 및 세후 소득의 변화를 통시적으로 검토하기 불가능했으나 1985년 이후 소수의 서구 국가를 대상으로 출범한 LIS 자료가 축적되면서 자료문제는 완화되고 있다.[18]

세전지니계수는 시장에서의 활동으로 얻은 소득을 기초로 하고 세후 불평등은 조세와 소득이전 이후의 소득분포를 기초로 한다. 마지막 칸은 세후지니와 세전지니의 차로서 재분배의 정책효과를 의미한다. 각각의 정치제도에 따라 세후의 소득불평등이 다르다면 다른 정책적 효과가 있다고 유추할 수 있다. 경험적 자료에 따르면 시장소득의 소득불평등은 사회지출과 정의 관계에 있다. 〈그림 2-2〉는 OECD 회원국을 대상으로 2009년 연금을 제외한 사회지출과 1995-2000년 사이의 세전 불평등의 관계를 표시한다. 시장소득의 불평등은 X축에 국민총생산 대비 사회지출은 Y축 위에 있다.

---

18) LIS 자료는 아직까지 광범하게 사용되고 있지 않으나 소득에 관련 국제비교에서는 유일한 자료이다. LIS 자료를 이용한 경제적 불평등과 관련한 최근 연구가운데 나의 연구와 밀접한 관련이 있는 연구는 다음과 같다: Atkinson and Brandolini (2011); Brady, Baker, and Finnigan(2013); Dallinger(2011); Jesuit and Mahler(2010); Kenworthy and McCall(2008); Kumlin and Svallfors(2008); Mahler(2004/2006); Osberg, Smeeding, and Schwabish(2003); Schwabish, Smeeding, and Osberg(2004).

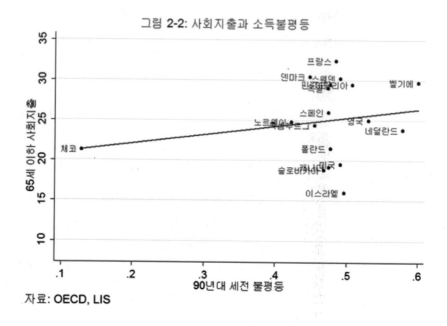

그림 2-2: 사회지출과 소득불평등

자료: OECD, LIS

〈그림 2-3〉은 선거제도, 정부형태, 정당정부의 형태, 그리고 이익조정의 체제 등과 소득불평등의 관계를 보여준다.[19] 첫째, 정부가 재분배정책을 추구하는 정도와 역할은 정부형태에 따라 크게 달라진다. 대통령중심제는 전국을 하나의 선거구로 가정하며 대통령은 국가적 차원에서 정부지출을 고려하기 때문에 의회중심제에서 나타나는 경쟁적 예산요구를 하지 않을 가능성이 많다. 한편 의회중심제는 각각의 선거구에서 당선된 의원을 가정하며 의원은 각각의 지역구 사정에 따라 정부지출을 요구한다. 지역구가 많을수록 총지출은 커질 가능성이 높다. 〈표 2-1〉에 의하면 대통령중심제에서 시장 불평등은 47.3%이나 가처분소득불평등은 40.6로 낮아짐에 따라 5.2%의 재분배 효과가 있다. 한편 의회중심제의 경우 세후 및 세전 불평등

---

19) 선거제도와 정부형태 등이 경제적 결과에 주는 영향에 대해서는 다음의 대표적 성과를 포함한 많은 연구가 시도되었다: Bourguignon and Verdier(2000); Milest-Ferretti 외(2002).

은 각각 44.8%와 30.8%로서 15.5%의 재분배 효과가 있다. 의회중심제가 대
통령중심제에 비해 재분배가 강력한 힘을 발휘한다.

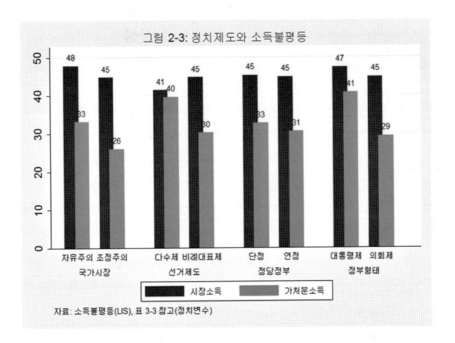

그림 2-3: 정치제도와 소득불평등

자료: 소득불평등(LIS), 표 3-3 참고(정치변수)

   둘째, 선거제도의 차이는 불평등의 정도와 밀접한 연관을 갖는다. 선거
제도는 크게 비례대표제(PR: Proportional Representation)와 다수제(majority
rule)로 양분되며 나머지는 양 제도의 혼합이다. 이 분류에 의거하여 소득불
평등의 정도를 보면 차이를 발견한다. 차이는 비례대표제는 다양한 소수이
익의 대표성을 포용하는 제도이며 다수제는 분명한 다수결집의 특징을 갖
는다는 점에서 비롯된다. 따라서 비례대표제는 다당제의 정당체제, 그리고
다수제에서는 양당제의 정당구도가 일반적 현상이다. 역사적으로 노동계급
을 대표하는 정당은 소수정당으로서 출발하여 비례대표제에서 의회에 진
입하기 쉽다. 다수제 선거제도였다면 노동계급의 정당세력화는 훨씬 지연
되었을 것이다(Boix 2002; Iversen and Soskice 2009). 비례대표제는 사회적

소수가 정치적 목소리를 내는 것을 허용하는 점에서 다수제에 비해 상대적으로 재분배의 요구를 수용하기 용이하다. 비례대표제에서는 세전 지니가 44.7%였으나 세후 지니는 14.5% 하락한 31.9%이다. 한편 양당제의 다수제 선거제도에서 세전 지니 및 세후 지니는 각각 41.4%, 39.6%로 불평등 완화 효과는 1.7%에 불과했다.

연정(coalition government)이 복지팽창에 유리한 제도적 조건이라면 정당 체제의 성격을 결정하는 것은 선거제도이다. 연정은 다당제에서 이루어지며 비례대표제는 다당제를 낳는다. 반대로 다수제는 양당제를 생산하며 양당제는 미국의 경험이 말해주듯 단독정부(single party government)가 보편적이다. 〈그림 2-3〉에서 알 수 있듯이 연합정부에서 시장소득의 불평등 계수는 44.8%였으나 세후 소득의 불평등 계수는 30.5%로서 불평등 지수는 무려 14% 이상이 감소했다. 한편 단독정부의 경우 세전 및 세후 불평등 지수는 45.2%, 32.7%이며 불평등 계수는 12.5% 감소했다. 정책효과는 연립정부가 약 2%가 많다. 시장소득에서는 비슷한 불평등 계수를 기록했으나 연합정부에서 불평등 감소가 더 컸던 것이다.

노조의 권력자원은 소득분포에 중대한 영향을 준다.[20] 노조가 행사할 수 있는 자원의 정도는 중위소득의 규모를 결정한다. 정부의 소득이전 정책이 중산층을 확장하는 데 기여를 하는 것과 같이 노조는 임금투쟁과 협상을 매개로 하여 조합원을 중간계급으로 격상시키는데 기여한다. 전통적으로 코포라티즘 체제에서 복지국가가 발전한 것도 같은 맥락이다. 노동시장의 구조적 변화는 중간계급의 존재에 영향을 준다. 첫째, 실업률은 일자리를 빼앗는 점에서 중산층의 처지에 영향을 미친다. 실업자가 되면 소득이 감

---

20) 코르피(Walter Korpi 1998; 2003) 이래 권력자원과 공공정책의 관계는 정치학에서 전통적 흐름으로 자리 잡았다. 노동운동이 노동시장이나 정치시장의 작동에 대해 미칠 수 있는 영향력의 정도는 노동계급의 경제적 위치에 중대한 효과를 낳는다.

소하고 중간계급에서 탈락하기 쉽다. 둘째, 여성의 노동참여확대는 여성노
동이 대부분 저임 업종에 속한다는 점에서 소득불평등을 악화시키고 이는
따라서 중간계급을 위축시킨다. 셋째, 임금 및 노동조건에 영향을 미치는
제도는 소득의 정도에 막대한 영향을 준다. 1980년대 이후 소득분포가 지속
적으로 양극화되었는데 이를 기술변화와 세계화의 산물로 이해하려고 했
지만 더 중요한 요인은 단체교섭의 존재 유무와 그 역할이다(Wallerstein and
Moene 2003). 세계화 등의 구조적 조건의 변화로 인해 저숙련 노동은 임금의
하향압력을 받는 한편 수요가 많아지는 숙련기술의 임금은 상승한다. 그러
나 임금변화는 국가별로 노동시장제도의 특성에 따라 다르게 나타난다.

이처럼 최근 선행연구는 정치제도와 노동시장제도가 불평등이나 계급갈
등에 미치는 영향을 파악하는데 많은 노력을 투입해왔다. 그러나 경험적
연구는 이론적 예측과 부합하지 않는 경우가 흔하다. 날이 갈수록 소득에
대한 자료가 축적되고 확산됨에 따라 경험적 조사를 통해 보다 객관적 결
과를 얻을 필요가 있다. 2절의 목적은 최신 자료를 기초로 하여 제도적 효
과를 점검하려 한다.

2. 경험조사결과: 어떤 정치가 재분배에 적극적인가?[21]

나는 세후 및 소득이전 이후의 지니계수를 종속변수로 하고 복지국가에
영향을 주는 것으로 알려진 정치제도를 독립변수로 하는 모형으로써 상관
성을 검증하고자 한다. 1978-2010년 동안의 LIS 자료를 기반으로 다음과 같
은 모형 (1)의 패널회귀분석을 실시했다. 통시적 자료는 부록 〈표 2-1A〉에
기술한 것처럼, 연구대상인 40개국은 1969-2010년의 전체 기간에서 서로 다
른 기간에 위치한다.

---

21) 정치제도와 권력자원이론을 경험적으로 검증한 연구는 강명세(2014) 참고.

지니계수의 변화 = F {정부형태, 선거제도, 정당정부형태, 노동시장레짐, 그리고 통제변수} (1)

〈표 2-2〉 회귀분석 모형: 종속변수(세후 및 소득이전 후 소득불평등)

독립변수	Pooled OLS	Fixed Effect	Random Effect	Mixed Effect
시장소득 지니	0.269***	0.221**	0.221**	0.341***
민주주의	-0.165***	-0.152***	-0.152***	-0.101***
비례대표제	-0.047***	-0.045**	-0.045**	-0.033
실업률	0.001	0.001	0.001	0
성장률	0.039	0.199	0.199	0.141
일인당 소득	0	-0.000*	-0.000*	0
연립정부	-0.004	0.005	0.005	0.003
의회중심제	-0.061***	-0.018	-0.018	-0.054**
선거구크기	0	0	0	0
최소득표	-0.001	-0.006*	-0.006*	-0.002
상수	0.415***	0.406***	0.445***	0.330***

Note: *** $p<0.01$, ** $p<0.05$, * $p<0.1$

앞 절에서 상세히 논의한 것처럼 정치제도가 구체적으로 소득불평등 완화에 미치는 효과를 포착하기 위해 정부형태 더미변수(대통령중심제, 의회중심제), 선거제도 더미변수(비례대표제, 단순다수제), 정당정부형태 더미변수(연합정부, 단독정당정부), 그리고 노동시장의 특성을 뜻하는 더미변수(조절적 시장경제, 자유시장경제)를 포함시켰다. 통제변수는 실업률, 경제성장률, 일인당 국민소득 등을 포함한다. 고용은 소득창출의 근거라는 점에서 실업이 상승하면 소득지원에 대한 수요가 증가하여 결국에는 소득불평등이 증가한다. 실업보험 급여의 지출이 상승하여 실업자 소득을 지원함에 따라 세전에 비해 세후지니계수는 감소할 것으로 예상된다. 성장률이 증가하면 고용이 상승하고 소득이 발생함에 따라 소득불평등이 상대적으로 낮을 것이며 따라서 정책적 지원에 대한 수요가 감소한다. 일인당 소득이 증가하면 불평등은 감소하므로 역시 소득지원의 수요는 감소한다. 〈표 2-2〉는 회귀분석결과를 보여준다.

　회귀분석에는 OLS 외에 고정, 확률, 그리고 혼합방식 세 가지 모두를 시도했다. 세 가지 추정방식 어느 것을 사용해도 결과는 대체로 비슷하다. 민주주의 체제는 권위주의체제에 비해 조세나 사회정책을 통해 지니계수를 평균 10-15% 낮추는 것으로 해석된다.[22] 비례대표제는 모형에 따라 3-4%의 불평등 감소효과를 보인다. 의회중심제에서는 대통령중심제에 비해 1-6% 정도 불평등을 감소한다. 실업률과 성장률은 예상한 방향으로 추정되었다. 간단히 정리하면 불평등을 감소하는 정치제도는 선거제도로는 비례대표제, 정부형태로는 의회중심제이다. 이 같은 결과는 아이버슨과 소스키스(Iversen and Soskice 2006)가 제기했던 가설을 지지한다.

　다수제 선거제도에서 양당제가 일반적인 현상이다. 양당제 정당체제 조건에서 중간계급은 좌파정당이 집권할 경우 노동계급의 이익을 최우선으로 삼을 것을 예견하여 선택은 우파정당을 향한다. 이처럼 다수제에서는 우파정부가 집권할 가능성이 높으며 따라서 강력한 사회복지가 실현되기 어렵다. 한편 비례대표제의 경우 다당제 정당체제가 성립하고 중간계급을 대표하는 정당이 존재한다. 중간계급은 자신의 정당을 지지하며 선거가 끝난 후 자신의 이익을 최대한 보장해주는 연합정부에 참여한다. 중간계급은 노동계급 정당과 연합하거나 아니면 보수정당과 연합가능하다. 노동-자유 연대는 보수-자유 연정이나 보수단독정부에 비해 복지국가를 지지할 가능성이 높다. 매노우와 반 커스베르겐(Manow and van Kersbergen 2009)은 비례대표제에서 연합정부가 빈번히 등장했던 까닭은 노동-자본의 균열 외에 종교적 균열이 지속가능했기 때문이며 이것이 복지국가의 확대를 낳았다고 본다. 북구에서는 농민정당이 좌우의 대립에서 중간계급의 정당으로 후

---

22) 민주주의는 유럽과 비교하여 미국의 왜소한 복지국가 지출을 설명하는데도 중대한 역할을 한다. 역사적으로 참정권의 정도는 소득이전에 중대한 영향을 준 것으로 평가된다. 또한 보편선거권 이후에는 투표율 수준이 중요하다. 복지국가의 잠재적 수혜층인 저소득층의 고소득층에 비해 낮은 투표율은 사회지출을 늘리지 못하게 하는 요인이다.

일 적녹연정에 참여했다. 비례대표제는 유럽대륙에서 종교정당의 존립을 허용하며 종교정당은 제3당으로서 노동정당과 연합하여 복지국가를 만들었다. 매노우와 반 커스베르겐은 또 스웨덴의 농민당(후에 중간당)은 꽤 빈번했던 사민당의 소수정부(minority cabinet)를 허용하는 대가로 복지확대를 얻어냈었던 사실에서 농민정당이 복지국가의 확대에 기여한 점을 강조한다(2009, 116).[23] 중간계급이 이처럼 민주주의 발전에 중대한 영향을 미친다면 그들은 누구이며 그 규모를 정확히 파악하는 것이 복지국가는 물론이고 민주주의 행로를 이해하는 데 중요하다.

3. 민주주의, 복지국가, 그리고 중간계급

1) 중간계급은 누구인가? 그리고 규모의 추세

무어(Moore 1966)가 기념비적 연구에서 부르주아지라고 표현한 중간계급은 민주화 여정에서 핵심적 역할을 한다. 무어는 근대화의 장기 여정을 유형화하면서 영국처럼 강력한 중간계급이 존재하는 곳에서 민주주의는 공고화될 수 있었다고 말한다. 독일에서처럼 부르주아지가 강력하지 못할 때 지주와 연대하여 권위주의를 발호하게 된다. 또 러시아에서처럼 부르주아지가 거의 무력한 곳에서는 농민혁명이 발생하여 독재로 귀착했다. 립셋과 벤딕스(Lipset and Bendix 1959)나 달(Dahl 1971)은 중간계급을 엘리트와 노동계급 간의 중재자로서 정치적 안정에 필수적이라고 보았다.

한편 중간계급은 지배계급 및 하층집단과의 역관계 속에서 태어난다. 지

---

23) 농민당이 암묵적으로 사민당이 주도하는 소수내각을 지지했던 1950년대는 복지국가가 한참 건설되기 시작했던 시기였다. 이후는 의석이 증가한 공산당이 사민당 소수정부를 허용했다.

배집단의 입장에서 보면 중간계급은 아래로부터의 저항과 압력을 약화시
키기 위해 부분적 개혁을 실시한 결과로 생겨난다. 지배엘리트는 일정 소
득이나 재산을 보유한 집단에게 투표권을 허용함으로써 중간계급이 하층
과 연대하는 것을 사전에 봉쇄한다(Bourguinon and Verdier 2000).

　중간계급에 대해서는 다양한 정의가 혼재한다.[24] 경제학은 소득의 정도
를 통해 중간계급을 정의하려 하는가 하면 사회학은 역사적으로 형성된 문
화를 포함한 '신분(status)'으로 정의하려 한다. 정치학은 다운즈(Downs)의
전통을 따라 중위투표자의 정치적 중요성을 강조한다. 소득의 정도를 둘러
싸고도 일치된 목소리는 없다. 일부는 100분위 선상에서 20-60분위 구간을
중간계급으로 설정한다. 한편 다른 쪽에서는 중위소득의 정점으로 75-125%,
70-150% 구간을 차지하는 집단이 중간계급으로 본다.

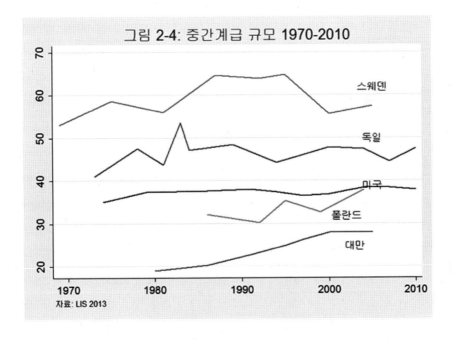

그림 2-4: 중간계급 규모 1970-2010

자료: LIS 2013

---

24) 중간계급의 정의에 대한 문헌검토는 다음 참고: Atkinson and Brandolini(2011).

  최근 일부 연구가 중간계급의 몰락과 양극화를 강조해왔다. 특히 미국에서는 중간계급의 몰락을 주장하기도 한다(Blank 2011; Krugman 2009). 이 논쟁은 진행 중인 현상에 대한 것이므로 최근의 자료를 통해 경험적으로 분석할 필요가 있다. 첫째, 나는 다양한 정의를 수용하여 중간계급의 크기와 최근의 추세를 분석할 것이다. 연구의 둘째 단계는 중간계급의 크기를 결정하는 요인을 발굴하는 것이다. 중간계급의 범주는 국가의 개입 이전과 이후에 크게 다른 모습을 보인다. 조세정책과 소득이전 정책이 있기 전에는 중간계급의 구간은 국가개입 이후에 비해 작다. 〈그림 2-4〉는 세후 및 소득이전 후 자료에 의한 중간계급의 크기로서 5개국 중간계급 규모 변화 중국, 일본 및 한국의 위치를 지시한다. 중간의 크기를 규정하는 데는 불편의 원칙이 없으며 중위소득을 중심으로 정한다. 여기서는 중위소득의 75%에서 150% 구간에 있는 소득집단으로 정의한다.

  〈그림 2-4〉에서 우리는 중간계급의 규모논쟁과 관련한 두 가지 특징을 발견한다. 첫째, 중간계급의 크기는 국가별로 일정한 차이가 지속된다. 중간계급이 가장 큰 스웨덴은 50%에서 60% 초반을 유지하는 반면 가장 규모가 작은 대만의 중간계급은 1981년 16%에서 서서히 증가하여 2000년 25%에 도달한 후 2005년까지 변화가 없다. 탈공산화의 폴란드는 서서히 증가하여 1986년 28%에서 2004년에는 34%로 성장했다. 독일의 중간계급은 1973년 37%를 차지한 후 성장을 유지하다가 1990년대 약간 축소되었으나 후반 이후 반전하여 2010년 45%를 유지했다. 미국의 중간계급은 32-36%의 사이에 위치한다. 둘째, 중간계급의 규모는 국제적으로 일정한 차이가 지속된 반면 국내적으로 뚜렷한 변화가 있다. 1970년대에는 중간계급이 성장했으나 2000년 이후에는 거의 고정적이거나 감소한다. 미국은 1980년대 후반 이후 1990년대 중반까지 중간계급이 1% 감소했다가 이후 증가했으나 2008년 대공황을 계기로 하향점을 보여주는데 이는 많은 미국학자의 우려와 일치한다.

중간계급의 크기는 고정적이지 않고 역사적 조건에 의해 변화한다. 그 규모는 나라별로, 그리고 한 나라에서도 시대마다 차이가 난다. 나는 중위소득을 거점으로 중간계급을 정의한다. 중위소득의 어떤 범주를 중간계급으로 확장할 것인가에 대해서 정해진 것은 없다. 연구목적에 따라 중위소득의 70-150% 또는 75-125% 구간을 중간계급으로 정의한다. 나도 이 두 기준을 적용하여 중간계급을 정의한다.

<표 2-3> 지역별 중간계급의 규모[25]

지역	2000년 이전		2000년 이후	
	시장소득 기준	가처분소득기준	시장소득 기준	가처분소득기준
영미권	31.4	33.6	34.2	35
서유럽	35.2	40.5	32.7	39.8
남미	21.3	19.3	24.4	24.1
동구	32.1	29.2	30.8	32.9
동아시아	22.2	19.6	30.8	26.2
북구	37.8	52.3	33.5	51.8

자료: LIS data center

소득을 기준으로 할 때 중간계급의 규모는 한 나라에서 내부에서도 역사적으로, 그리고 국가 간에도 크게 다르다. 75-150%를 기준으로 하면 중간계급의 규모는 75-125% 기준에서 보다 늘어난다. 조세 이후 소득의 75-150%를 기반으로 분류하면 국가는 몇 가지 범주로 나누어진다. 중간계급 규모가 가장 작은 나라는 15%의 남아공화국이다. 한편 중간계급이 가장 많은 나라는 57%의 스웨덴이다. 중간계급의 규모가 큰 것은 보편주의복지국가의 공통점으로 스웨덴을 위시한 북구는 중간계급의 규모가 가장 큰 국가집단을 이룬다. 중위소득의 75-125%를 기준으로 해도 마찬가지이다. 가장 높은 나라는 역시 스웨덴(47%)이고 가장 작은 나라는 12%의 남아공이다. 그러나 스웨덴과 남아공의 중간계급 규모는 각각 10%와 3% 감소한다.

25) 분석대상의 국가와 년도는 부록 표 <2-1A> 참조.

조세이전 중위소득의 75-150%를 기준으로 하여 1969-2010년 동안 40개국을 대상으로 조사할 때 중간계급의 규모는 15%(아일랜드 2010)에서 88%(스웨덴 2005)까지 분포한다. 한편 조세 이후 가처분소득에 적용하면 14%(남아공 2008)에서 63%(스웨덴 1987) 사이에 분포한다. 이처럼 스웨덴에는 가장 두터운 중산층이 존재한다. 스웨덴 중간계급은 복지국가의 근간을 형성하고 있으며 좌우 어느 정당이 집권하더라도 선거를 포기하지 않는 한 중산층의 이익에 반하는 반복지정책을 실시하기 불가능하다. 복지국가는 중간계급을 육성하며 중간계급은 복지국가를 정치적으로 지지하여 양자는 선순환고리를 형성한다.

중간계급의 규모가 가장 작은 나라 집합은 남미와 동아시아 지역이다. 남미는 브라질, 콜롬비아, 멕시코, 그리고 우루과이 등의 자료가 포함되었고 동아시아에는 대만, 일본, 한국 및 중국이 포함된다. 시기별로도 2000년을 전후로 특징이 보인다. 1998년은 전반적으로 세계경기의 위기가 발생한 시점이다. 북구는 전 시기에 걸쳐 중간계급이 가장 크지만 2000년 이후에는 약간 감소했다. 중간계급의 축소는 서유럽에서도 발견된다. 영미권은 미미한 증가를 보인다. 한편 남미지역 중간계급 규모는 시장소득 기준 2000년 이후 3.1% 증가했다. 이는 남미의 민주화가 기여할 결과일 것이다. 가장 큰 변화는 대만에서 보인다. 여기서 중간계급 가구의 가처분소득은 19.6%에서 26.2%로 약 7% 증가했다. 남미에서와 마찬가지로 대만은 경제개방과 정치적 민주화를 실시한 결과 중간계급의 몫 자체가 늘었다. 시장소득을 기준으로 한 가구소득이 2000년 이전 22.2%에서 2000년 이후에는 30.8%로 8% 증가했다.

2) 중간계급과 정치제도

제도의 중요성을 일찍부터 간파했던 노스와 토마스에 따르면 '제도'는 "인간의 상호작용을 형성하는 제한으로서 인간이 고안해낸 사회의 규칙"이다 (North and Thomas 1976, 2). 제도는 정치적, 사회적 혹은 경제적 상호작용에서 인간의 행위동기에 영향을 미친다. 경제제도는 경제적 동기를, 그리고 정치제도는 정치적 동기를 주물하기 때문에 다른 제도가 도입되면 그에 따라 동기에 영향을 주어 행위도 바뀐다. 특히 중요한 제도는 인과사슬의 최정점에 위치한 정치제도이다. 정치제도는 정치적 자원의 배분에 영향을 줌으로써 행위자 사이의 관계에 영향을 준다. 정당이나 정치인의 행위와 전략은 대통령제 및 의회제에서 각각 다르다. 최근 일단의 경제학은 경제제도의 차이를 통해 경제발전의 다름을 설명하는데 이는 과거 신고전파 경제학이 포착할 수 없었던 성과를 거두었다.[26] 경제학자로서 헌법이 미치는 경제적 효과를 이론적인 동시에 경험적으로 분석했던 페르손과 타벨리니는 정치제도는 경제성장과 정부지출에 막대한 영향력을 행사한다는 가설을 제시했다. 대통령제에서는 지출이 5% 감소하고 다수제에서 역시 정부지출은 5%, 복지지출은 2-3%, 그리고 재정적자는 2% 감소한다고 주장했다 (Persson and Tabellini 2003). 20세기 후반 이후 나타난 민주주의와 자본주의의 공존은 재산권 보호와 정치권력에 대한 제약 등을 보장하는 제도가 동시에 존재했기 때문이다. 경제발전을 견인하는 기술은 기술개발을 가능하게 하는 제도가 없으면 만들어지지 않는다(Acemoglu 2005).

정치제도는 정치학의 전통적 영역이다. 그러나 과거의 제도주의는 정태적 존재로서 행위를 규제하는 정도로 간주하여 제도가 만들어진 이후의 효과에 대해서는 주목하지 않았었다. 그러나 제도는 정치경제학의 소통을 통해 정치학에서도 새롭게 각광을 받게 되었다(Boix 2006). 특히 아이버슨

---

26) 노스와 토마스는 처음으로 제도의 중요성을 본격적으로 제기하였다. 이후 애쓰모글루는 경제발전에 대한 제도적 접근은 체계화하여 빈부의 차이가 제도적 차이에서 발생한다는 사실을 밝히는데 기여했다(Acemoglu & Robinson 2005; 2012). 제도주의에 대한 문헌논의는 Sheplse(2008) 참고.

(Iversen)과 부아(Boix)는 정치학자로서 제도의 효과를 분석하는데 주도적 역할을 한다. 이들은 정치제도가 소득불평등, 복지정치, 그리고 정당정치의 구조에 주는 영향에 주목한다. 중간계급은 정당정치와의 관련을 통해 재분배와 복지의 향방에 관여한다.

중간계급 규모와 관련하여 복지국가의 역할은 조세를 통해 실현된다. 한편 조세 이전의 소득을 기준으로 한 중간계급은 조세 혹은 소득이전 이후의 소득을 기준으로 한 중간계급의 규모와도 큰 차이가 있다. 조세 및 이전정책이 각 계급에 미치는 효과는 차별적이다. 재분배 정책은 일반적으로 저소득 집단에게 소득을 지원하고 고소득 집단에는 과세를 통해 소득을 감소시킨다.

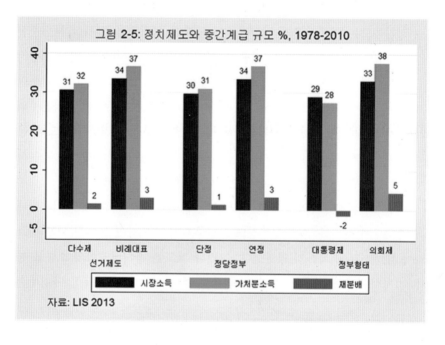

그림 2-5: 정치제도와 중간계급 규모 %, 1978-2010

자료: LIS 2013

그렇다면 무엇이 중간계급 규모의 변화, 즉 국가 간 혹은 시간에 따른 변화를 만드는 것일까? 이를 해명하기 위해 우선 중간계급의 크기가 어떤 조건과 어느 정도 결부하는지 살펴보자. 중간계급이 늘어나려면 하층 소득이 증가하여 중간계급으로 상승하거나 고소득층의 소득이 감소해서 중간층으로 편입되어야 한다. 크루그만은 전후 지속적으로 증가하던 미국 중산층이 1970년대 이후 축소하는 까닭은 공화당 정부가 소득재분배에 미온적으로 대처했기 때문이라고 분석한다(Krugman 2009). 중간계급의 가처분소득이 늘어나려면 시장활동에서 얻은 소득이 적은 가구에 대해 소득이전정책을 펴야 한다. 복지국가의 재분배정책이 아니면 중간계급은 성장하기 어렵다. 재분배정책의 근거는 사회의 평균소득과 중위소득의 차이에 있다. 중위투표자 가설은 민주주의 선거에서 중위투표자의 역할을 결정적이라고 간주한다(Meltzer and Richard 1981). 중위투표자의 소득이 고소득 집단에 비해 떨어진다면 중간계급은 재분배정책을 요구하고 이를 공약하는 정당을 지지한다. 중위소득과 고위소득의 차이는 재분배정책의 여부에 영향을 준다. 페르손과 타벨리니(Persson and Tabellini 2003)와 알레시나와 로드릭(Alesina and Rodrik 1994)은 평균소득에 비해 중위소득이 더 떨어지는 경우 정치적 압력을 통해 재분배를 실현할 동기가 더 강해진다고 설명했다. 세전 소득의 불평등이 높아지면 다시 말해서 지니계수가 상승하면 이를 완화하는 재분배정책이 도입된다(Lindert 2004; Milanovic 2000).[27]

한편 정치학에서는 중간계급이 정치과정에 미치는 결과에 주목한다. 아이버슨과 소스키스는 재분배정책을 하층계급과 중간계급의 연대가 이뤄지는 연결고리로 판단한다. 노동-중간계급의 연합은 복지국가를 확대하는 정치적 기초이다. 사민당 정부가 재분배정책에 적극적인 반면 보수정부는 증세 자체를 반대하는 점에서 중간계급에 대한 소득이전을 하지 않는다.[28]

---

27) 한편 중위소득과 하위소득의 격차가 벌어지는 겨우 재분배의 요구는 상승하지 않는다. 중간집단이 고소득과의 격차가 벌어질 때와는 반대로 저소득집단과 연대하지 않으려 한다.

28) Pressman(2009; 2007)은 중간계급의 일부는 정부의 조세 및 지출정책의 산물이라고 주장한다.

다시 말해서 재분배정책이 강력할수록 중간계급의 규모는 증가한다. 〈표 2-4〉는 중간계급의 크기를 결정하는 요인들이다. 종속변수는 가처분소득의 중간계급 규모이다. 독립변수는 세 범주로 나뉜다. 즉 통제변수군과 노동시장제도, 정치제도 등이다. 통제변수는 시장소득을 기준으로 한 중간계급의 크기, 세후 및 소득이전 후 지니계수, 민주주의, 실업률, 성장률, 그리고 일인당 소득 등을 포함한다. 우리가 중간계급 규모에 영향을 미치는 것으로 포착하려는 정치제 변수는 정당정부형태, 선거제도(비례대표제 다수제), 정부형태(대통령제, 의회중심제) 등이다. 소득불평등 회귀분석 때와 마찬가지로 3가지 모형을 적용했다.

　그 결과, 시장소득기준의 중간계급의 크기는 가처분소득 기준 중간계급 크기와 정의 관계를 갖는다. 중간계급이 시장에서 소득창출에 일단 성공할 경우 그 규모는 국가의 재분배정책에 의해 감소하지 않음을 의미한다. 우선 통제변수를 간단히 보자. 일인당소득의 증가는 거의 영향을 주지 않는다. 65세 이상 노년층 인구의 증가는 중간계급을 늘리는 데 기여하는 것으로 나타난다. 노년층에게 제공하는 연금이 노년빈곤화를 방지하는데 효과적 역할을 한다는 뜻으로 해석가능하다. 실업의 변화 역시 중간계급 변화에 영향을 주지 않는다. 한편 관심의 대상인 노동시장제도는 어떤 통계모형을 사용하든 일관된 추정을 제시한다. 노조조직률의 상승은 중간계급의 규모를 늘리는 역할을 한다. 노조의 존재여부가 임금상승에 영향을 주는 것이다. 노조와 마찬가지로 좌파정당의 누적적 집권경험은 중간계급의 확대에 기여한다. 이 두 변수는 통계적으로 1% 수준에서 유의미하다. 한편 '자본주의 다양성 이론'이 제시한 시장경제의 조직화 정도 혹은 코포라티즘의 여부를 지시하는 생산레짐의 효과는 모형에 따라 다르다. 통계적으로 유의미하지 않으나 고정효과 모형에서는 부의 관계를 보이는 반면 OLS 및 확률모형에서는 정의 관계를 보인다. 결국, 노조조직률과 좌파의 집권경험은 중간계급의 성장을 촉진하는 효과를 발휘한다. 한편 노사협약의 정도

(코포라티즘)를 의미하는 시장경제제체의 효과는 중간계급을 감소시키는 것이지만 통계적 유의미성은 없다.

〈표 2-4〉 중간계급의 규모

	OLS	고정 효과	GLS
시장소득 중간계급	0.350***	0.315***	0.243***
노동시장제도			
노동조직률	0.078**	0.109**	0.104***
좌파정당 집권	0.237***	0.438***	0.333***
자유시장경제	-0.453	-0.561	-0.456
정치제도			
민주주의	4.775*	1.429	2.272
대통령제	0.34		-2.469
비례대표제	-2.577	0.662	-0.674
연립정부	2.31	-1.617	-0.887
통제변수			
노년층인구	71.344***	40.579**	51.562***
실업률	-0.310**	0.007	-0.092
일인당실질소득	0	0	0
상수	7.266*	11.872**	13.650***
Adj-R^2	62.8	57.8	60.7

자료: 〈표 2-2〉와 동일

　노동시장제도의 분명한 효과와는 대조적으로 정치제도의 효과는 통계모형의 추정방식에 따라 큰 편차를 보이며 불안정하다. 우선, 민주주의 체제는 독재나 권위주의의 체제에 비해 중간계급의 성장을 도모한다. 대통령중심제의 경우, OLS와 GLS의 추정방향이 정반대이다. OLS는 정의 효과를, 확률효과 모형은 반대로 부의 효과를 제시한다. 그러나 고정효과모형은 더미의 효과를 추정할 수 없는 점에서 분석의도에 부합하지 않기 때문에 참고사항이다. 비례대표제의 효과는 OLS와 GLS 두 모형에서 동일하게 부의 방향을 보인 반면 고정효과 모형은 정의 방향을 보인다. 정치제도의 효과는 들쑥날쑥하여 일관된 추정값을 얻을 수 없다. 이처럼 아이버슨과 소스키스 등이 제시한 비례대표제와 연합정부 등의 효과는 경험적으로 발견할 수 없다. 대통령제도의 효과 역시 통계적으로 유의미한 결과를 보이지 않는다. 한편 노동시장제도는 분명하고 강력한 효과를 제시한다. 왜 정치제도는 중간계급의 규모를 설명하지 못하는 것인가? 앞에서 본 바처럼 정치제도는 소득불평등의 변화에는 영향을 주지만 중간계급의 규모에는 분명한 영향을 주지 않는다. 첫째, 정부의 재분배정책이 주로 중산층에 호의적인 방향으로 가는 것이 아니라 시장소득이 현저히 낮은 저소득층을 보호하는 데 보다 효과적인 것으로 해석가능하다. 둘째, 통계모형이 이론적으로 기반한 중위투표자 이론이 가정하는 일차원적 공간과 완전한 정치참여는 현실과 부합하지 않는다. 소득은 중위투표자의 선택에 영향을 주지만 단독으로 결정하는 것은 아니다. 정치적 선택은 소득 위에 종교, 지역, 그리고 성 등 여러 가지 다차원적 공간에서 행해진다면 중위소득에 한정한 설명은 부정확할 것이다.

4. 결론: 향후 과제

이 연구는 신구조주의적 관점에서 민주주의와 복지국가의 상호연관성을 파악하고자 했다. 나는 신구조주의가 주장하는 바, 즉 시장경제의 구조가 정치적 선호를 제약한다는 가정에서 출발한다. 정치적 선호는 각종 규제가 시장경제를 제약하는 것처럼 경제적 배분을 결정한다. 자본주의에서 비롯되는 시장질서는 소득수준에 따른 계층사회를 주조한다. 그러나 경제적 위계는 정치질서로부터 자유롭지 않다. 오히려 애쓰모글루와 로빈슨의 연구가 보여주듯 정치질서가 자본주의의 운용과 국부의 창출을 좌우할 수 있다 (Acemoglu and Robinson 2012). 이 글의 둘째 관심은 민주주의와 시장경제에서 중요한 연결고리 역할을 하는 중간계급의 규모를 재조명하고 했다. 민주주의와 복지국가의 관계는 중간계급의 역할에 따라 크게 변화한다. 복지국가는 민주주의 체제에서 태어나지만 복지국가의 성장은 민주주의의 구체적 제도에 의존한다.

경제적 변화를 결정하는 궁극적 힘은 정치에 있다. 독재체제에서 더 이상의 성장이 불가능한 이유는 독재자가 다수의 이익이 아니라 자신을 포함한 권력층 소수의 이익을 최우선함에 따라 자원의 효율적 배분이 되지 않기 때문이다. 이처럼 경제성장이 정치적으로 결정되지만 소득재분배는 특히 그렇다. 최종적으로 다수가 권력을 갖고 있는 민주주의 체제에서 소득분배 문제는 사회세력이 어떻게 정치에 관여하고 있는가를 결정하는 정치제도에 달려 있다. 선거경쟁에서 캐스팅보트를 쥐고 있는 중간계급의 중위투표자는 선거제도에 따라 미칠 수 있는 힘은 전혀 달라진다. 양당제 정당정치에서는 캐스팅 보트를 행사할 수 없다. 양당제 정당체제 하에서 중간계급은 스스로의 정치적 세력으로 조직화되어 있지 않고 좌/우 진영의 어느 한쪽을 선택해야 한다. 그러나 중간계급이 정당으로 행동하는 다당제정당체제에서는 어느 일당이 과반의 지지나 의석을 차지할 수 없는 게 일반적이며 따라서 중간계급이 정치적 선택 폭은 더 넓다. 상층을 대표하는 보수당과 연대하거나 아니면 사회당과 연대하여 정부를 장악할 수 있다. 선거결과 사회당이 승리하면 사회당과 공동으로 연합정부를 만들고 복지국가의 혜택을 중간계급으로까지 확대한다. 노동-중간계급은 연합정부에 참여하여 자신들에게 유리한 증세정책을 통해 중간계급을 확대하고 복지국가를 강화한다. 누진적 조세정책이나 소득이전은 중간계급의 소득을 증가시키는 동시에 저소득층을 중산층으로 만든다.

제1장은 제도에 따라 현실적 이익이 상충하는 결론을 제시했다. 복지국가의 확대를 모색하려는 정치가나 정당은 투표자에게 지킬 수 없을 말을 하기보다 자신들의 진의를 전달할 수 있는 방도를 제시해야 한다. 정치가

가 자신의 공약을 전달하는 방식은 제도화 여부에 달려 있다. 복지국가의 확대를 가능하게 해주는 정치제도로 개혁할 것을 약속하면 된다(강명세 2012; 2013). 공언(空言: cheap talks)은 선거가 끝나면 사라지지만 제도는 지속되고 복지국가를 강력하게 할 것이다. 복지확대를 희망하거나 그로부터 혜택을 입을 수 있는 투표자를 대표하는 정당이 정치권력에 접근할 수 있는 제도로의 개혁을 말한다. 기성정치가 개혁으로 피해를 입는다면 개혁은 어렵다.

  제2장이 남긴 또 하나의 과제는 이론과 경험자료 간의 불일치를 해소하는 것이다. 경험적 조사는 이론적 예측이 정확히 일치하지 않는 점을 제시했다. 우선 이론적으로는 멜쩌-리차드의 중위투표자 가설이 예측했던 것과는 달리 민주주의에서 불평등이 약화되지 않는 것에 대한 연구를 보강할 필요를 확인했다. 이들이 가정했던 일차원의 공간으로부터 다차원의 공간으로 시야를 확대할 필요가 있다. 민주주의 하에서 소득불평등이 완화되지 않는 까닭은 중위투표자의 선택에 영향을 주는 것이 단순히 소득만이 아니라 종교, 세대, 그리고 지역 등 다양한 요인이 상호작용하기 때문이다. 둘째 과제는 경험적 연구의 소관이다. 앞으로 경험적으로 자료를 보다 축적하는 동시에 통계적 모형을 적용하여 국제비교연구를 시도할 경우 각국의 역사적 조건에 대해 보다 많은 연구가 필요하다. 관찰할 수 없으나 많은 영향을 미치는 요인에 대한 대리 요인을 광범위하게 구하는 작업이 절대적으로 필요하다.

정치제도와 복지국가

들어가는 말

　제3장의 목표는 서유럽 등 선진국 복지국가가 외적 환경의 급격한 변화에 어떻게 대응해 왔는지를 분석하는 것이다. 복지체제의 성과와 기능에 막대한 영향을 주는 외적 환경은 근래 커다란 변화를 경험했다. 이 같은 외부적 충격으로 복지국가는 여러 가지 곤경에 직면해 있다. 고실업, 소득불평등, 고령화, 조세경쟁, 재정적자악화, 국가부채증대, 저성장 등은 복지국가를 축소시키는 방향으로 진행하고 있다. 그러나 외부 환경이 획일적 결과를 만드는 것은 아니다. 복지국가는 변화하는 외적 조건에 대해 각각의 역사적 조건에 따라 다양하게 반응하고 있다. 현실적으로 외부 압력이 복지국가를 축소시킨 것은 아니다. 총 사회지출은 줄지 않았고 급여 수준 역시 크게 삭감되지 않았다. 유럽 대부분에서 복지는 노동계급 뿐 아니라 중산층을 포괄하기 때문에 삭감하기에는 피어슨(Paul Pierson 2001)이 잘 지적한 것처럼 정부의 정책적 지향과 관계없이 정치적 부담이 너무 크다. 제3장은 다음의 순서로 진행한다. 첫째 부분은 최근 복지국가의 변화를 각종 지표를 중심으로 점검하고 그 패턴과 국가별 편차를 살펴본다. 두 번째 부분에서는 최근 복지국가의 변화에 대한 논쟁을 중심으로 위기에 대한 대응을 중점으로 논의한다. 세 번째 부분에서는 복지체제의 변화는 사회 및 정치제도에 따라 각각 다른 방향으로 간다는 점을 강조할 것이다. 제도주의의 영향력에 대한 최근 연구 성과는 노동시장과 정치시장이 재정정책 등을 포

함한 거시경제는 물론이고 사회복지정책의 정향에 중대한 영향을 주는 점에 분석의 초점을 두고 있다. 넷째는 요약 및 결론으로 주요 부분을 재정리한 후 선진민주주의의 역사적 경험이 1998년 이후 대전환점에 서 있는 한국의 복지국가 발전에 주는 함의를 제시할 것이다.

〈표 3-1〉 OECD 30개 국가의 사회지출 평균 및 표준편차[1]

	GDP 대비 평균 사회지출 %	표준편차
1980	17.2	5.88
1985	18.3	6.86
1990	17.2	7.41
1995	18.7	8.38
2000	19.8	5.58
2005	20.3	5.99
2006	20.1	5.79
2007	19.8	5.55
2013	23.5	4.59

자료: OECD, Social Expenditure Data, 2014

1. 세계화 및 탈산업화 시대의 서구 복지체제

복지국가는 자본주의의 작동에 대한 반작용의 일환이다. 시장활동은 언제나 승자와 패자를 낳으며 폴라니가 말한 바처럼 시장을 원형대로 방치하면 자본주의 자체가 위험에 빠져 결국에는 붕괴할 수 있기 때문이다. 서구 복지체제는 자본주의의 변화와 더불어 역사적 변곡점을 형성한다. 변곡점은 생산성의 움직임을 반영한다. 전후 자본주의 황금기에 해당하는 1960년대까지는 생산성이 꾸준히 상승하고 국민생산은 총량과 개인당 모두에서 지속적으로 증가했다. 이와 같은 지속적 경제성장은 복지국가의 구축에 대

---

1) 2007년까지는 35개국을 대상으로 하고 2013년 자료는 30개국 평균임.

해 긍정적 토양을 제공했다.[2] 산업화와 도시화를 동반하는 경제성장이 지속되면서 국가는 사회복지문제와 같이 과거의 국가로서는 감당할 수 능력을 보유하게 되었다. 그러나 자본주의 황금기는 오래가지 않았다. 1970년 두 차례의 석유위기를 겪으면서 자본주의의 황금기는 종식되고 그에 따른 경제침체의 장기화는 제1차 '복지국가의 위기'를 초래했다. 이후 일반적으로 복지국가는 미국의 레이건과 영국 대처 총리의 등장으로 상징되는 '긴축시대(era of austerity)' 동안 후퇴해 왔다(Pierson 1994, 1996, 2001). 많은 나라는 시장개혁을 통해 복지예산을 삭감하고 소득대체율을 낮추고 노동시장의 유연화를 도모했다(Martin and Swank 2012; Swank 2002). 이 현상을 관찰하면서 일부 문헌과 저널리즘은 신자유주의의 공세 앞에서 복지국가의 해체를 예견하기도 했다.[3] 복지국가해체론은 수렴론과 궤를 같이 한다. 수렴론은 세계화의 경쟁과 탈산업화로 인해 고용이 감소하며 고용감소는 다시 복지재정문제를 야기함으로써 복지국가는 보편적 후퇴를 경험한다는 전망을 제시했다. 〈표 3-1〉은 OECD 34개 회원국을 대상으로 1980-2013년 기간 동안 GDP 대비 총 사회지출 수치이다. 평균 사회지출은 1980년 17.2%에서 2013년 23.5%로 약 7% 상승했다. 7% 상승은 수렴론자의 오류를 지적하는데 충분한 값이다. 복지국가의 규모는 신자유주의 이념적 공세가 예측한 것과는 반대로 축소하지 않았다 않았으며 반대로 늘어났다.[4]

복지국가의 위기를 예견하는 수렴론은 〈표 3-1〉의 둘째 줄에 포함된 총 사회지출의 편차에서 위안을 찾을 수 있을지도 모른다. OECD 30개국의 사회지출은 1990대 초까지 서로 다른 방향으로 가다가 이후에는 차이가 감소

---

2) 실제로 복지국가 용어 자체는 1950년대 자본주의 황금기 동안에 처음 유통되었다.
3) 세계화와 복지국가의 관계에 대한 논쟁과 논의에 대해서는 Glaeser & Rueschemeyer (2005).
4) 많은 경험연구는 복지국가의 다양한 발전경로가 지속되는 점을 강조한다: Haggard and Kaufman(2008); Starke 외(2008); Scruggs and Allan(2008).

하고 있다. 그러나 표준편차의 차이는 수렴론이 제시하는 것처럼 하향평준출은 전세계적으로 늘어났으며 2013년 자료가 말하듯 국가 간 편차도 감소했다. 〈그림 3-1〉이 지시하는 것처럼 남유럽의 사회지출이 1980년 이후 지속 상승하여 북유럽 수준에 근접하고 있는 반면 영미의 자유주의 복지체제는 실질적으로 평탄한 수준을 유지하고 있다. 결국 총 사회지출의 전반적 변화 형태는 남유럽이 북유럽 수준으로 쫓는 것으로 정리된다. 그러나 이는 경험적 사실과 부합하지 않았다. 복지국가의 후퇴는 획일적이지 않으며 국가별로 큰 차이로 나타났다. 이와 같은 국가별 편차는 복지국가의 형성기 동안 구축된 각종 제도적 틀에 따라 상반되는 방향으로 진행했다.[5] 오히려 서유럽 일부 국가의 경우 사회지출의 총량은 증가하기까지 했다. 수렴론의 "레토릭이 말하는 것처럼 복지국가는 후퇴한 것이 아니라 시장의 불평등을 보상하기 위해 국가의 재분배가 강화되었다"(Kenworkty and Pontusson 2005). 〈그림 3-1〉이 보여주는 것처럼 복지체제는 유형별로 다르게 분화하고 있다. 〈그림 3-1〉은 1980-2013년 기간 동안 OECD 20개국을 지역별 특성에 따라 세 집단, 즉 북구 유럽, 남유럽 및 영미권으로 분류한 후 각 집단의 총 사회지출을 비교한 것이다. 한국자료는 참고로 보충했다.

이처럼 세계화와 탈산업화에 대한 국가의 대응은 획일적이지 않다(강명세 2006). 각국이 경험한 역사적 궤적은 쉽게 사라지지 않고 정책방향에 영향을 미치기 때문이다.[6]

---

5) 제도주의는 국내적 제도를 여과하는 과정에서 중대한 변화가 발생한다고 가정한다. 행위자의 이해가 어떻게 정치제도를 통해 반영되는가에 대한 방법론적 논의는 다음 문헌 참고: Mahoney & Rueschemeyer(2003).
6) 유럽과 미국의 차별적 대응에 대해서는 방대한 논의가 있으며 다음은 그 중 최근의 문헌이다: Albert(2006); Alesina and Glaeser(2004); Castles(2010), Pontusson(2005).

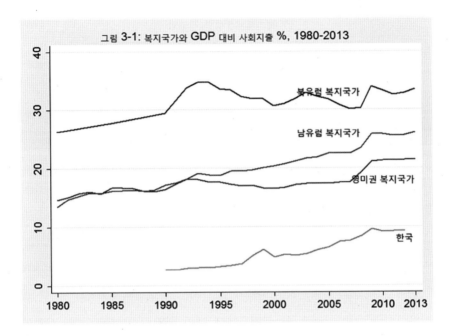

〈그림 3-1〉과 〈표 3-1〉에서 보는 것과 같이 사회지출추세는 국가별로 그리고 고유한 복지체제의 특성에 따라 다른 편차를 보인다. 〈그림 3-1〉이 보여주는 1980년부터 2013년 동안의 자료에 의하면 전체적으로 사회지출의 규모는 축소하기보다 약간 증가했다. 즉 OECD 평균을 보면 GDP 대비 총 사회지출은 1980년 17.2%에서 2013년에는 21.9%로 늘었다. 한편 표준편차는 1980년대 크게 늘다가 2000년 이후에 다시 급감하고 있다. 이처럼 OECD 회원국의 사회지출은 수렴론이 전망하는 것처럼 하향평준화가 아니라 전반적으로 상향 수렴하고 있다. 한편, 수렴현상은 복지체제 내부 분화에서 더욱 분명히 나타난다. 〈표 3-2〉는 에스핑-앤더슨(Esping-Anderson)의 유형론과 후버와 스티븐즈(Huber and Stephens) 유형화를 기반으로 하여 기민주의(Christian Democracy), 사민주의(Social Democracy), 그리고 자유주의(Liberal) 복지국가로 3분한 뒤 각 유형의 사회지출과 표준편차를 기록한 것이다.

〈표 3-2〉 복지체제유형별 평균과 표준편차

	사민주의 복지국가		기민주의 복지국가		자유주의 복지국가	
	평균	표준편차	평균	표준편차	평균	표준편차
1980	21.8	4.3	20.5	3.4	15.2	1.6
1985	23.4	4.1	22.5	3.8	17.9	3.0
1990	25.9	2.6	23.0	2.7	16.0	1.6
1995	29.2	3.1	25.3	3.6	17.7	2.1
2000	25.5	2.4	25.4	3.1	16.0	2.2
2005	26.5	2.4	26.4	3.8	17.6	2.2
2006	25.8	2.6	26.0	3.2	17.6	2.1
2007	25.2	2.1	25.6	3.3	17.8	2.1
2013	28.2	3.68	28.5	3.48	21.4	2.26

자료: OECD, Social Expenditure Data, 2011

또한 사회지출은 경로의존적 경향을 보인다. 〈표 3-2〉에서 나타나듯, 사회지출의 형태와 모습은 각 체제유형에 따라 여전히 차이가 난다. 사회민주당의 세력이 강한 북구 유럽에서는 사회지출이 여전히 높으면서 2000년 이후 약간 변화를 보인다. 특히 2000년대 후반에 오면서 표준편차가 상승하는 등 내부적 차이가 다소 크게 벌어진다. 한편 유형별로 볼 때 가장 큰 내부적 변화는 기민주의 복지체제에서 나타난다. 기민주의 복지국가는 총 사회지출 면에서 2000년 이후 북구 사민주의 유형의 지출을 능가했다. 또한 표준편차의 규모가 말해주듯 2000년대 후반부터 내부적 차이가 점점 커지고 있다. 한편 자유주의 복지국가를 형성하는 미국, 영국, 캐나다 및 아일랜드는 여전히 가장 '인색한' 복지체제를 유지한다(Scruggs 2006). 대륙형 복지국가 가운데에서 네덜란드는 예외적이다. 상병수당을 사용자의 부담으로 전환함으로써 사회지출의 비중은 GDP 대비 3%나 줄었다(Gatti and Glyn 2006, 307).

〈그림 3-1〉이 보여주는 가장 큰 둘째 특징은 남유럽 국가의 사회지출이 대폭 증가하여 북유럽 수준에 근접했다는 점이다. 세계화와 탈산업화의 영

향에도 불구하고 남유럽 복지체제는 자유주의 복지체제에서처럼 하락하는
것이 아니라 북유럽 유형처럼 상향 이동했다. 이 같은 전환은 에스핑-앤더
슨이 제시했던 사민주의, 기민주의, 그리고 자유주의 복지국가 유형을 보면
더욱 분명하다. 〈그림 3-2〉는 이 세 유형별 사회지출을 표시한다. 〈그림
3-2〉는 2000년 이후 기민주의 복지체제가 사민주의 복지체제와 거의 유사
한 형태를 보인다는 점을 보여준다. 이처럼, 전반적으로 강도 높은 경제적
압박과 신자유주의의 이념적 공세에도 불구하고 복지체제는 크게 흔들림
없이 유지되고 있다. 이는 서베이 결과에서도 재확인된다(Cusack, Iversen,
and Rehm 2006). 복지를 삭감하는 정책에 찬성하는 사람은 소수인 반면 사
회지출의 현상유지나 확장을 요구하는 쪽이 다수를 차지한다.

　복지국가의 황금기였던 1940-50년대 복지의 사회적 권리를 제창했던 마
샬은 탈상품화와 사회적 연대의 두 가지 기준으로 새로운 복지국가 개념을
확립하려 했다(Marshall 1950; 강명세 2006).[7] 복지는 참정권과 마찬가지로
사회적 권리에 해당한다. 탈상품화는 자본주의에서 발생하는 노동과 재화
의 상품적 성격을 가능한 약화시키는 것을 목표로 한다. 복지국가는 시장
에 대한 부정적 역할을 수행하는 것으로 제시되었다. 한편 사회적 연대는
개인주의와 원자화로 인해 공동체가 붕괴되는 것을 막기 위해서는 사회적
연대 차원에서 사회적 권리로서의 복지를 강조하는 것이다. 공동체 구성원
의 종교, 신분 및 계급과 관계없이 평등한 권리를 말한다.

---

7) 1940-50년대의 자본주의 황금기에 영국에서 복지국가 이론이 처음으로 제기된
　것은 우연이 아니다. 자본주의시장을 가장 오래 경험한 영국에서 복지에 대한
　수요는 오랫동안 논의되었고 2차대전 동안 희생했던 노동계급의 요구를 더 이
　상 미룰 수 없었다. 마샬에 이어 1960년대 티트머스(Richard Titmus 1974) 또한
　영국 런던 경제학부에서 복지담론을 대중하는데 기여했다.

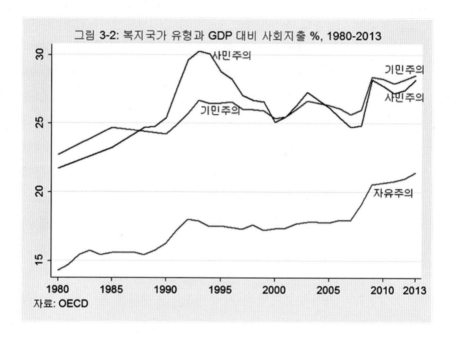

그림 3-2: 복지국가 유형과 GDP 대비 사회지출 %, 1980-2013

자료: OECD

　이 같은 마샬의 개념화는 1990년 에스핑-앤더슨에 의해 더욱 정교히 발
전되었다.[8] 에스핑-앤더슨의 개척적 연구 이후 복지국가는 탈상품화 정도
에 따라 세 가지로 구분된다. 그가 제시한 사회민주주의 복지국가, 기독교
민주주의 국가, 그리고 자유주의 유형이 널리 수용되고 있다. 에스핑-앤더
슨의 분류기준인 탈상품화는 복지국가의 잠재적 수혜계층인 노동자가 노
동시장에 의하지 않고 소득을 확보하는 정도를 의미한다.[9] 사회민주주의

---

8) 1990년 앤더슨이 제시한 복지자본주의의 세 가지 유형(Three Worlds of Welfare
　　Capitalism)은 이후 복지국가의 유형화에 중대한 영향을 끼쳤다. 최근의 문헌동
　　향을 조밀하게 정리한 설명은 Carnes and Mares(2009); Hicks and Esping-Anderson
　　2005); Huber and Stephens(2005)를 참고할 것. 이 중 Huber & Stephens(2001)는
　　사민주의에 스칸디나비아 4개국, 기민주의 국가에는 오스트리아, 프랑스, 독일,
　　네덜란드, 이탈리아, 벨기에, 그리고 스위스 등 7개국, 그리고 자유주의 유형에
　　는 미국, 영국, 캐나다, 아일랜드 4개국으로 유형화했다.
9) 캐슬(G. Castles 1993) 또한 비슷한 유형화를 제시하고 대중화시켰다.

복지국가는 노동시장에서의 경력이나 실적과 관계없이 모든 시민에게 보편적 복지를 제공한다. 탈상품화 정책의 목표는 보편적 급여와 접근을 허용하며 사회적 평등을 촉진하는 것이다. 한편 독일 등 유럽대륙에서 광범하게 시행되는 기독민주주의 복지국가에서는 수혜자격과 급여의 정도는 노동시장에서의 활동과 기여와 연계되었다는 점에서 탈상품화의 정도가 약하다. 나아가 대륙형 복지체제는 특정 직업이나 노동시장에서의 지위와 신분에 따라 사회보장의 정도를 결정하는 점에서 계층화를 유발한다. 공적 및 사적의 비중을 보면 기민주의 복지국가는 사민주의에 비해 사적 역할을 강화한다. 자유주의 복지국가는 자산조사를 통해 사회복지의 수급권을 엄격히 제한하는 등 탈상품화와는 거리가 가장 멀다. 자유주의 복지국가에서 복지는 기본적으로 시장 내부에서 해결할 수 있다고 보기 때문에 공적 복지는 최소한으로 제한된다. 또한 가장 취약한 계층을 겨냥한 자산조사를 통해 최소한의 급여만을 허용하는 선별주의가 강해서 보편주의와는 정반대의 길을 걷는다.

이처럼 초기의 복지국가 이론은 공적 복지를 핵심개념으로 하여 발전했다. 그러나 공적 복지는 시장경제의 변동에 따라 영향을 받는다. 1970년대 이후 자본주의 경제의 전반적 침체가 계속되자 초기의 관대한 복지에 대해 역작용이 발생했다(Scruggs 2006). 노동시장의 변화로 인해 초기 복지국가가 간과했던 부분이 드러났으며 이에 대한 새로운 접근을 필요로 했다. 서비스 경제의 확대는 과거에는 존재하지 않았던 새로운 리스크를 낳았고 후자는 새로운 복지를 필요로 했다(Esping-Anderson 1999; Iversen 2005; Taylor-Gooby 2004). 새로운 리스크 개념은 복지체제의 유형을 새로이 규정하게 만들었다. 이제 복지체제의 유형은 리스크와 재분배의 양대 차원을 중심으로 어느 특성이 강한가에 따라 분류된다. 기민주의형 또는 비스마르크 방식의 대륙형 복지국가는 리스크에 대한 보험가입적 특성이 강하며 사민주의 복지는 자신이 기여한 것과는 관계없이 (탈상품화) 조세를 통한 재분배를 뜻한다(강명세 2004). 그러나 현실적으로 복지체제 유형은 보험과 재분배의 상대적 혼합에 따른다. 자유주의는 보험상품적 특성이 가장 강하고 재분배 기능이 극히 취약한 유형의 복지체제이다.

새로운 리스크는 노동시장의 변화에서 비롯한다. 특히 대륙형 복지체제는 기성 노동시장에서의 균형을 반영하는 점에서 새로운 변화를 담아낼 수 없다. 노동시장 외부에 머무는 실업자, 장애인, 그리고 노인 등은 원천적으로 노동시장으로부터 배제되어 있으며 복지가 노동시장 활동과 연계되었을 때 이들에 대한 복지는 존재하지 않는다. 후자는 여성노동과 관련된다. 제조업이 축소하고 서비스 부분이 팽창하는 탈산업화 시대에는 여성 노동력이 필요하다. 여성의 노동참여가 본격화되면서 기존 복지국가가 가정했던 남성중심의 소득을 기반으로 하는 복지는 현실과 맞지 않게 되었다. 여성에게는 탈상품화보다 탈가족화가 더욱 요구되었다. 여성이 가족을 위해 행하는 가족노동 역시 상품으로 인정되어야 여성의 복지가 향상된다는 것이다. 다시 말해 사회적 소수인 노동시장 외부자(outsider)에게는 일자리가 필요하다는 점에서 탈상품화가 아니라 재상품화가 더 필요하다는 주장이다.

복지국가는 공적 복지를 핵으로 하지만 공적 복지가 기반하는 탈상품화는 새로운 시대의 수요를 충족시키지 못한다. 이러한 새로운 수요를 충족시키기 위해서는 복지국가가 아니라 사적 복지와 시장 및 공동체 모두의 참여를 기반으로 하는 복지레짐이 요구된다. 초기의 복지국가와는 달리 자본주의가 다양하게 변화함에 따라 복지 역시 다차원적 접근이 필요하게 되었다. 국가, 시장 및 가족 등이 각각의 역할을 하는 복지체제에 대한 연구가 제기되었다. 복지레짐은 복지국가를 체제의 공적 기둥으로 수용하며 복지체제를 시장과 가족의 기둥과 더불어 세 가지 기둥의 상대적 중요성에 따라 재인식한다.

2. 서구 복지국가 이론

복지는 민주주의와 불가분의 관계에 있으며 민주주의를 먼저 실천한 선진시장경제에서 복지국가가 먼저 탄생했다. 선진국은 지난 수십 년에 걸쳐 사회적 보호를 위해 국민총생산 대비 나라마다 최소 30%에서 최대 65%까지 지출하는 등 사회정책은 가장 핵심적 국가역할에 해당한다. 광대한 복지국가 문헌은 복지국가가 어떻게 만들어지고 그것은 어떤 결과를 가져왔는지에 대해서 서구 경험을 통해서 이론화하려고 시도해왔다. 복지국가문헌은 근대국가가 성취한 가장 중요한 성과의 하나로서 질병, 노령, 그리고 실업 등에서 발생하는 빈곤으로부터 시민을 보호하는 능력임을 증언한다. 최근 문헌은 사회정책이 국가별로 뚜렷한 군집 현상을 보이며 '국가 군(families of nations)' 또는 '복지자본주의의 세계들(worlds of welfare capitalism)' 등의 새로운 개념을 제시했다(Castles 1993; Esping-Andersen 1990; Huber and Stephens 2001). 그러나 여전히 군집 원인에 대해서는 논쟁 과정에 있다.[10]

사회정책의 발현을 설명하고자 시도된 초기 이론은 산업화 이론(logic of industrialism)이다.[11] 산업화는 농업사회에서 산업사회로의 전환을 포함한 근대화를 의미한다. 산업화의 거대한 변화를 배경으로 하는 근대화 이론은 자본주의가 파생하는 사회적 문제점을 해결하기 위해 복지국가가 등장한다고 가정했다. 경제가 발전하고 도시화가 진행되면 노동계급이 확대되며 이는 복지재정에 필요한 조세 기반의 확충을 의미한다. 한편 시장경쟁과 도시화가 확대되면서 사회적 불평등은 상승한다(Wilensky 1975; Huber and

---

10) 선진국에 비해 신흥국이나 개도국의 사회정책은 현저히 연구가 부족한 상태에 있으며 이에 대한 반성과 도전이 시작되고 있다. 개도국 복지국가의 발전에 대해서는 다음 문헌 참고: Haggard and Kaufman(2008).

11) 서구에서의초기적 형태의 복지국가가 등장하게 된 역사적 조건과 배경에 대해서는 Kuhnle and Sander(2010). 복지국가문헌의 이론적 변화에 대한 상세한 논의는 다음 참고: Carnes and Mares(2007).

Stephens 2001). 산업화는 새로운 사회적 리스크를 유발하고 그에 대한 보완책으로서 사회정책이 등장한다는 논리이다(Huber and Stephens 2001). 산업화 논리에 기초한 경험적 연구는 산업화 수준과 도시화 정도, 그리고 경제발전 지표 등을 독립변수로 하여 이들이 사회지출의 추세에 미치는 효과를 조사했다. 윌렌스키(Wilensky 1975) 등을 위시한 초기 정량적 연구는 산업화 및 경제발전과 같은 변수와 사회지출의 긍정적 상관관계를 포착하려 했다. 그러나 정량화할 수 있는 변수가 주로 OECD 국가군에 한정되어 결정적 검증을 제시하지는 못했다(Adera and Boix 2003; Mares 2005). 초기 이론은 산업화, 경제성장, 그리고 도시화 등 거시구조적 변수가 복지국가, 특히 사회지출에 영향을 준다는 설명을 제시함으로써 초기 이론화에 기여했다.

그러나 산업화 논리를 통해 복지를 설명하려는 이론은 거시구조적 변수와 사회정책적 차이를 연결하는 정확한 메커니즘을 제시하지 못함으로써 복지체제의 특성을 시대별·국가별로 나누어 설명하지 못하는 약점을 노정했다. 근대화 이론은 산업화와 복지국가의 인과적 관계가 아니라 상관관계를 지적한 것이다(Acemoglu 외 2009). 다시 말해서 근대화 이론은 왜 모든 면에서 동일한 특성을 가진 두 나라에서 서로 다른 사회정책이 나타나는지를 설명할 수 없다. 독일 등 유럽대륙의 기민주의 복지는 주로 기여 중심인 반면 미국 등은 잔여형 복지정책을 추구하는지 설명하지 못한다. 실제로 복지국가가 처음으로 구축된 곳은 산업화에 가장 먼저 성공했던 영국이 아니라 후발 산업국 독일과 스웨덴 등이었다. 독일의 비스마르크는 19세기 말 산업화가 낳은 격렬한 노동운동을 억제하고자 선제적으로 사회정책을 실시했다. 이후 독일 등 대륙에서 등장한 복지국가를 가리켜 비스마르크 복지국가라 호명했다(Flora and Alber 1981; Palier 2010). 세 번째로, 동일한 나라에서 드러나는 정책 간 변이를 설명하지 못한다. 예를 들어, 한국은 의료복지는 보편주의를 실시하는 반면 노령연금정책은 독일식처럼 기여에 기초하는데 왜 그런지를 설명하지 못한다.

권력자원이론(power resources theory)은 산업화 논리가 대답하지 못하는 의문에 해답을 제공한다. 권력자원이론은 복지국가의 기원과 전개를 사회집단간의 힘의 갈등을 중심으로 설명하려 했다. 권력자원이론은 복지국가의 발생을 복지정책을 가장 필요로 하는 계급과 집단의 요구로 설명하고자 한다(Esping-Anderson 1985). 복지혜택을 필요로 하는 집단은 일차적으로 노동시장에서 소득을 획득하는 노동계급이다. 사민주의 복지체제가 활성화된 것은 노동계급이 자산이 갖는 강력한 자원을 활용하여 압력을 행사한 결과라고 주장한다(Korpi and Shalev 1979). 미국이 최소복지를 제공하는 잔여형 복지국가를 벗어나지 못하는 것을 설명하는 데 중요한 요인 중 하나는 미국 노동계급의 권력자원이 빈약하기 때문이다(Gordon 2005; Hacker 2002; Howard 2007). 권력자원은 노동시장의 지배력을 의미하는 노동조합 조직력과 노동계급의 이해를 정치적으로 대표하는 정당의 세력화 정도를 포함한다(Korpi, 2006). 역으로 스웨덴이 강력한 복지국가를 구축할 수 있었던 것은 바로 노동계급이 노동시장과 정치시장 모두에서 잘 조직화되었기 때문이다.

그러나 권력자원이론의 가설은 경험적 사실과 부합하지 않는다는 비판을 받았다. 초기비판은 유럽대륙에서 사회복지를 요구한 사회집단은 노동계급이 아니라 중간계급이라는 반론을 제기하여 상당한 호응을 얻었다. 권력자원이론이 주장하는 것처럼 노동계급이 아니라 중간계급의 정치적 조직과 정당이 복지확대를 요구했다는 것이다(Baldwin 1990). 또 한편에서는 권력자원이론에서처럼 사용자의 역할을 부정적으로 보는 것을 비판하고 적극적 역할을 했던 사실을 새로이 조명하려 했다. 권력자원이론은 자본주의 변화에 따른 노동시장의 성격변화를 반영하지 못하는 점에서 한계를 갖는다(Carnes and Mares 2009; Mares 2003; Swenson 1991/2002). 20세기 초와는 달리 전후 노동시장의 구성은 갈수록 다양해지고 있다. 특히 서비스 부문의 팽창으로 제조업을 중심으로 했던 노동계급의 세력화는 노동계급 내부에서 갈등을 유발했다. 화이트칼라 노동자는 제조업 노동자와 다른 이해를 갖고 공공 부분 노동자는 사기업 동료와 임금과 노동시장의 조건에서 다르다. 노동시장뿐 아니라 정치시장 역시 바뀌었다. 사민당은 과거 노동계급의 지지에 의존했으나 다수당이 되기 위해서는 노동계급의 지지에만 의존할 수 없다. 노동계급 외에 중간계급의 지지가 없다면 집권이 불가능하다. 노조의 이해와 사민당의 이해가 상충한다면 과거와 같은 복지국가는 유지될 수 없다. 보다 넓은 지지를 필요로 하는 사민당은 노동계급이 요구하는 노동자만을 위한 소득재분배를 공약할 수 없다. 또 다른 잠재적 지지집단인 중간계급의 반발을 무시할 수 없다. 마지막으로 복지 수요는 단지 노동계급만이 아니라 역사적 조건에 따라 특정 사용자집단이 요구할 수 있다. 특정 부분 노사가 이해를 공유할 경우 사용자가 자발적으로 주도적으로 복지정책을 주창할 수 있다. 따라서 문제는 노사의 제로섬 게임으로 보기보다 어떤 조건에서 노사의 협력과 갈등이 발생하는가에 주목하는 것이다.

사회복지는 개방화와 무역의 영향을 받는다는 것에 주목한 모델이 등장하였다. 이러한 연구가설을 처음으로 제기한 것은 카메론(D. Cameron)이었다. 그는 경제의 개방정도와 공공부문의 규모는 밀접한 관련이 있음을 경험적으로 제시했다. 경제가 개방적일수록 외적 충격에 노출되기 때문에 노출로 인한 피해를 보상해줄 필요가 발생한다는 것이다(Cameron 1978). 국가는 소득보조 및 사회보장정책을 확대함으로써 개방이 만든 피해자를 보상한다. 즉 개방화가 심화할수록 복지국가의 역할이 더 중요해진다는 것이다. 이는 다시 카첸스타인(P. Katzenstein)에 의해 코포라티즘 문헌으로 흡수되고 발전되었다. 오스트리아와 북구 등 소국에서 복지국가가 발전하게 된 것은 우연이 아니라 이들이 큰 나라에 비해 세계화에 더 많이 노출되었고 그만큼 보상을 필요로 한다는 것이다.

이런 논리는 세계화의 파고가 높아질수록 더욱 정교하게 다듬어졌다. 카메론이 독립변수로 삼은 수출입 규모만이 아니라 금융시장의 개방을 개방

의 측정에 포함하여 이것이 어떻게 국가의 재정에 영향을 주는지를 관찰했
다(Garret and Mitchell 2001). 한편 로드릭(D. Rodrik)은 본격적으로 세계화
의 영향에 주목하여 단순히 개방화 정도가 아니라 교역조건의 변동성이 공
공정책에 어떤 영향을 주는지에 관심을 보였다. 교역조건의 변동은 소득의
변동을 유발하기 때문에 사회보장정책의 필요성이 강력히 대두된다고 주
장했다.12) 그러나 이들이 종속변수로 삼는 국가지출을 광범위하게 해석하
게 되면 군사비 지출도 포함되기 때문에 세계화가 특정 사회정책에 주는
효과를 잡기 힘들다. 나아가, 총량적 지표는 사회정책이 개선하려 하는 급
여 수준과 그 기간, 그리고 수급자격 등 현실적으로 수혜자가 필요로 하는
것을 포착하지 못한다.13) 총량 면에서 지출규모가 동일한 국가라도 지출항
목이 세부적으로 다르다면 이는 전혀 다른 복지체제이다. 광범한 집단을 대
상으로 하는 사회정책도 있고 특정 집단에 국한된 복지정책도 있다면 복지
체제의 성격을 제대로 분석하기 위해서는 지출 분포에 대한 세심한 분석이
요구된다. 이를 반영하여 최근의 복지이론은 권력자원을 미시적 차원에서
세련화하는 동시에 거시적 수준에서는 계급연합을 강조하는 방향으로 진행
한다. 제도주의적 이론은 이 두 가지 목표를 동시에 달성하는 데 기여할 수
있는 것으로 평가되며 아래에서는 이에 대해 집중적 관심을 기울인다.14)

---

12) 세계화의 충격과 복지의 관계는 한국에서 잘 증명된다. 한국은 1997년 금융위
  기 이후 급격히 늘어난 세계화의 피해자를 구제하기 위해 사회안전망을 구축하
  기 위해 노력했다. 한국의 총 사회지출은 1990년 3.1%에서 2007년 8.1%로 두 배
  이상 증가했다. 그러나 사회지출의 확대는 이전까지 사회복지가 실질적으로 전
  무했던 조건을 고려하면 그리 큰 것은 아니었다. 한국은 여전히 사회복지 낙후
  국이다(그림 3-1 참고).
13) 예를 들어 미국복지국가는 계급적 요인 외에 인종과 연방주의 제도 등이 중요
  하며 기업을 기반으로 한 사적 복지의 확대로 진출했다. 공적 복지가 수행하는
  역할이 조세정책 등에 의해 대체된다.
14) 정치제도의 중요성은 Huber and Stephens(2001)가 오랜 주장인 권력자원과 아울
  러 정치제도에도 동일한 비중을 부여한 데서도 알 수 있다.

3. 사회정책의 정치제도적 기반

나는 앞에서 복지국가에 중대한 영향을 주는 구조적 조건이나 환경의 역할을 강조했다. 구조적 문헌은 그러나 다른 한편 정치제도가 복지국가에 주는 영향력을 주시하지 않는다. 정치제도는 소득재분배 또는 경제적 불평등에 대해 중립적이지 않다.[15] 민주주의에서 선거제도는 투표자가 정치인에게 책임을 묻는 가장 기본적 장치이다. 선거제도는 공공정책에 중대한 영향을 행사한다는 점에서 그 성격에 따라 투표자의 이해와 사회적 결과에 전혀 상반된 영향을 준다(Persson and Tabellini 2008). 선거제도 가운데 비례대표제와 단순다수제는 대조적인 대표적 선거제도이다.[16] 넓은 의미에서 양자는 책임성과 대표성의 상쇄적 관계에 있다. 비례대표제는 대표성을 증진시키는 반면 책임성이 취약하다. 반면 다수제는 대표성에 비해 책임성을 중시한다. 다수제는 선거경쟁에서 일등을 선출하는 특성상 중위투표자의 선호를 반영하기 때문에 중위에서 좌우로 멀리 있는 투표자의 이해를 무시한다. 제도적 차이는 정책을 통해 현실화되며 예를 들어 사회지출의 규모에 중대한 영향을 끼친다. 간단히 말하면 비례대표제와 다수제(Majoritarian System)는 재분배 측면에서 상반된 결과를 낳는다.

비례대표제는 일반적으로 중대선거구와 결합하며 따라서 후보는 소선거구제의 후보에 비해 상대적으로 광범한 지역에서 지지를 획득해야 당선될 수 있기 때문에 가능한 다수의 투표자의 호응을 살 수 있는 정책을 제시한다. 대표적으로 사회정책은 보편적 이해를 대표하며 비례대표제 하의 정당

---

15) 제도의 정치적 효과에 대해서는 방대한 문헌이 존재한다. 다음은 이 글의 주제와 긴밀한 연관을 갖는 중대한 문헌의 일부이다: Gourevitch(2003); Greif(1998); Shepsle(1979); Weingast(2002).
16) 레이하르트(Lijphart 2012)가 강조한 것처럼 양자는 민주주의 체제의 양대 특성을 대변한다.

은 보편주의 복지정책을 공약으로 제시한다. 다른 한편 다수제는 정치엘리트에게 전혀 다른 인센티브를 제공한다. 소선거구제에 기반한 다수제 하에서 후보와 정당은 일반적으로 일부 지역에서는 강점을 갖기 때문에 당락이 불확실한 지역에 자원을 집중하는 전략을 세운다.[17] 불확실성이 높은 지역구 선거에서 양당은 특히 아직 결정하지 않은 부동층 투표자에게 선택적으로 유인 가능한 정책을 집중 홍보한다. 나아가 다수제는 승자독식을 허용하는 제도이며 따라서 최소연합의 득표는 감소한다. 전국적으로 총 선거구의 절반에서 각각 50%의 득표만 얻으면 과반 의석을 차지할 수 있기 때문에 결국 25%의 득표만으로 의회를 장악할 수 있는 셈이다. 이와 대조적으로 비례대표제에서 다수당이 되려면 전국적으로 25%가 아니라 50%의 지지를 얻어야 한다. 따라서 비례대표제 하에서 정당이 다수당이 되려면 가능한 많은 투표자에게 혜택을 주는 정책을 약속해야 한다. 많은 연구가 비례대표제와 보편적 공공정책의 상관성을 증명했다(Lizzeri and Persico 2004; Mileti-Ferretti, Perotti, and Rostagno 2000; Persson and Tabellini 2000/2008).

이처럼, 상대적으로 재분배를 가능하게 하는 선거제도는 비례대표제이다(Acemoglu 외 2014; Alesina and Glaeser 2005, 78). 영국의 예는 시사적이다. 전후 강력한 복지국가를 구축했던 영국이 1970년대 석유위기 이후 복지후퇴를 경험한 것은 영국이 오랫동안 고수해왔던 다수제와 무관하지 않다. 영국은 1897년 산재보험제도, 1908년 노인연금, 1911년 건강보장과 실업보험을 설치하는 등 20세기 초 복지국가를 구축하는데 주도적 역할을 했다. 1970년대 세계적 경제불황의 발생으로 선진국 모두가 대외적 충격을 받았으나 영국이 특히 복지국가의 축소하는 정책을 추진하게 된 것은 다수제와 관련이 있다. 영국의 선거제도가 다수제가 아니라 비례대표제였다면 복지체제는 그리 쉽게 축소하지 않았을 것이다. 1990년대 후반 서유럽 가운데

17) 이 점은 2011년 4월 실시된 보궐선거를 통해 극명히 드러난다. 성남 분당을 지역구 선거에서 한나라당과 민주당은 혼신의 힘을 쏟았다.

영국에서 특히 대중화된 '제3의 길'은 영국이 복지감축의 담론으로 제시되었다(Surrender 2004; Taylor-Gooby and Larsen 2004).

역사적으로 비례대표제가 도입된 것은 다수제 이후의 일이다. 19세기 말 산업화와 보편선거권 확대에 따라 비례대표제가 등장했다. 다수제로부터 비례제로의 전환에 대해서는 지금까지 두 가지 이론이 제시되었다. 전통적 설명은 사회당의 부상과 분열된 상황에 처해 있던 우파 정당들이 다수제에서 상승하는 사회당이 제1당이 될 것을 우려하여 차선책으로 현상유지를 지키기 위해 비례대표제를 선택했다는 것이다(Rokkan 1970; Boix 1999). 전통적 설명은 정당체제와 선거체제의 관계에 주목하여 비례제 도입이 선거시장에서의 경쟁의 결과임을 강조한다(Alesina and Glaeser 2005). 역사적으로 비례대표제 도입은 19세기 말 보편선거권 도입 이후 신장하는 노동계급의 정치세력화의 산물이다.

한편 최근 정치경제적 접근은 위와 같은 전통적 가설에 도전장을 내었다. 정치경제학은 '자본주의의 다양성' 논의를 기반으로 삼아 비례대표제의 도입은 우파의 분열과 좌파의 도전이 아니라 생산체제와 노동시장의 복합적 결합구조에서 비롯되었다고 주장한다(Cusack, Iversen and Soskice 2010; Iversen and Soskice 2006; Cusack, Iversen 2006; Iversen and Soskice 2009). 정치경제문헌은 제도주의와 정치경제의 결합을 통해 복지국가의 동학을 설명하려 했다. 이들은 권력자원이론의 한계를 극복하기 위해 사회정책의 발전을 제도주의를 통해 보고자 한다. 이들은 제도의 변화에서 자본과 기업의 역할을 재조명하고자 한다. 비례대표제의 등장은 단순히 우파정당의 우려와 사회당의 강세가 아니라 19세기 말의 자본주의적 발전과 기업의 전략적 선택이 결합하여 가능했다. 제도주의는 초기 이론이 복지를 필요로 하는 계급집단의 요구가 다양한 복지국가의 차이를 결과로 해석하는 것을 일면적 설명이라고 주장한다. 제도주의는 배제적인 최소승자연합(minimum winning coalitions)을 통해 복지국가의 생성을 설명한다(Stephens 1979; 2001).

비례대표제도는 배제적 최소승자연합의 이해를 가장 잘 반영하는 정치제
도이다. 다수제와는 달리 비례대표제 하에서 정당이나 정치인은 중위투표
자의 지지에 호소하지 않고 자신의 지지집단에 의존하면 된다. 정당과 정
치인은 자신의 지지층의 이해를 정책에 반영시키기 위해 지지층을 대상으
로 하는 소득재분배 정책을 추진한다. 자본주의의 다양성 문헌은 권력자원
의 논의는 기업, 자본 및 사용자가 보유한 자원을 고려하지 않았다고 비판
하며 보완을 제안했다(Martin & Swank 2012; Swenson 1991/2002). 노동조합
과 사민당만이 사회정책을 지지한 것이기 보다 역사적 조건에 따라서 사용
자 역시 노동계급과 뜻을 함께하여 복지국가를 지향했다고 봄으로써 행위
자의 수를 증가시키는 동시에 논의의 지평을 확대하는데 기여했다.

〈그림 3-3〉은 1980-2013년 기간 OECD 국가들을 대상으로 정치제도와 복
지국가의 사이의 연관을 보여준다. 비례대표제를 채택했던 국가의 사회지
출이 단순다수제 국가의 평균 사회지출에 비해 월등히 높다. 다수제 국가
가 1990년 이후 지출을 확대했지만 비례대표제 복지국가의 평균 사회지출
에 여전히 많이 미달한다. 선거제도의 차이와 상관관계를 갖는 사회지출의
차이는 시간과 더불어 감소하지 않고 지속되고 있다. 널리 알려진 중위투
표자 가설에 따르면 중위투표자는 자신의 소득이 사회적 평균에 미달일 경
우 재분배를 요구한다(Meltzer and Richard 1981; 강명세 2011). 따라서 중위
적 투표자의 이해에 집착하는 정당은 평균소득과 중위소득의 관계를 잘 파
악해야 한다. 정치제도 측면에서 소득불평등이 발생하는 데는 정책의 역할
이 크다. 한편 정책의 차이는 소선거구제와 다수제의 선거제도 때문이다.
소선거구제와 다수제는 중대선거구제와 비례대표제에 비해 협소한 이익을
대표하여 보편적이고 전국적 이익이 실현되기 어렵다.[18] 복지국가가 지향
하는 재분배정책은 일반적으로 보편적 및 전국적 이익을 실현하는 대표적

---

18) 선거구 크기(district magnitude)와 선출방식(electoral formula)의 차이는 정책 산
   출에 가장 직접적 영향을 미치는 제도로 인정된다.

정책이다. 소선거구제(SMD: Single-Member District)에 기초한 다수제는 양당제 정당체제를 유도한다. 이처럼 소득은 재분배와 역관계에 있다. 고소득일수록 재분배에 반대하며 반대로 저소득 집단은 재분배를 선호한다.

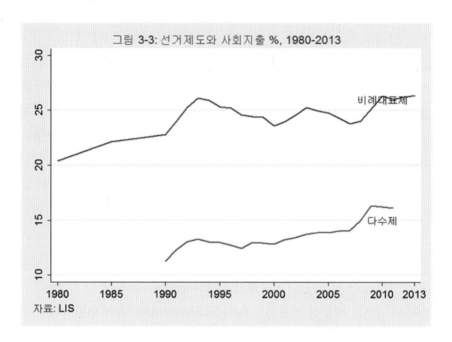

그림 3-3: 선거제도와 사회지출 %, 1980-2013

자료: LIS

선거제도는 선거구의 크기와 밀접한 상관관계를 갖는다. 선거구의 규모가 클수록 보편적 정책이 유리하다. 연금, 의료보험 또는 고용보험 등 복지분야는 모든 시민의 보편적 관심사라는 점에서 지역구 규모가 클수록 복지국가가 발전하기 쉽다. 이런 점에서 중대선거구제를 채택하는 비례대표제하에서 소선거구제에 기반하는 다수제보다 강력한 복지국가가 성장할 수 있다. 소선거구 제도에서 승리하려면 전체 선거구 가운데 절반 이상의 선거구에서 승리해야 한다. 또한 다수제하에서 승리는 소선거구에서 50%의 지지를 얻으면 충분하기 때문에 결과적으로 최소 25%의 지지로도 승리할 수 있다. 이와는 대조적으로 네덜란드처럼 전국이 하나의 선거구라면 50%

의 지지가 필요하고 이는 소선거구에서의 집권하는 데 필요한 득표율 25% 의 두 배이다(Persson and Tabelini 2003, 16). 다수제 하에서 중위투표자로부 터 멀리 떨어진 유권자의 표는 정부정책에 반영되지 않으며 대표성의 간극 이 발생한다. 중위투표자의 이해는 충분히 반영되는 반면 중위로부터 멀어 질수록 소외된다.

정치경제적 접근은 복지국가의 성격을 노동시장의 작동기제를 통해서도 설명하려 한다(Iversen and Soskice 2008). 노동시장이 포괄적(encompassing) 일 때 전국적 교섭이 활발하고 자신의 행위가 낳는 외부효과에 대해 민감 하게 반응한다는 점은 널리 알려져 있다.[19] 동질적 노동시장 하에서 노동 계급이 요구하는 임금과 사용자가 주장하는 생산성 간의 조화가 동시에 이 루어진다. 역사적으로 노동시장의 특성은 복지제도의 진화에 영향을 주었 다. 특히 북구에서 보편적 복지가 지배적으로 발전하게 된 이유는 길드전 통의 노동이 존재했기 때문이다. 길드 노동은 특정 부분에서만 가능한 숙 련노동을 장악하며 때문에 길드로부터 이탈하면 수요가 많지 않으므로 임 금은 하락한다. 이는 길드 노동이 높은 임금을 요구할 수 있는 까닭이다. 길드 노동을 상대하는 사용자는 노동비용을 낮추어 경쟁력을 갖추기 위해 재정으로 비용을 충당하는 보편적 복지를 주창한다. 보편적 복지가 제공되 면 특정 부문이나 기업이 필요로 하는 숙련노동이 재생산된다. 〈그림 3-3〉 에서 비례대표제를 채택한 대부분의 국가들은 숙련노동을 많이 이용하는 국가이기도 하다. 숙련노동과 이에 의존하는 고용주와 기업이 비례대표제 를 선호한 것은 정치적 제도를 통해 노동시장의 규제를 유지하려 했기 때 문이다. 한편 다수제에서는 특정 부문에 한정된 숙련의 기술노동이 아니라

---

19) 이 점은 Mancur Olson(1982; 2000)이 국가의 흥망성쇠에서 강조한 집합행동의 경제적 결과와 일맥상통한다. 이와 관련, 정치학의 코포라티즘 문헌은 거시경 제의 정치적 기초를 강조한다. 정치학의 이 같은 전통은 최근 정치경제학적 접 근법에서 부활하고 있다. 이에 대해서는 Iversen(2005) 참조.

호환 가능한 비숙련노동이 일반적이었으며 따라서 특정 부문의 노동에 대해 특별히 사회복지를 제공할 필요가 없다. 비숙련 노동자의 경우 길드 노동과는 달리 일자리를 잃으면 다른 곳에서 찾을 수 있기 때문이다. 기업도 마찬가지로 특정 숙련노동이 아니라 일반 노동을 고용한다. 이 같은 조건에서 강력한 복지정책은 필요하지 않으며 시장을 통해 복지를 해결하려 한다.

4. 한국의 선택: 비례대표제는 복지국가를 강하게 한다[20)]

선진국 복지국가의 역사적 경험이 보여주는 것처럼 사회정책의 기원과 변화는 역사적 조건의 산물이다. 앞에서 본 바처럼 복지국가는 단일한 요인이 아니라 다양한 요인이 상호복합적으로 작용하여 만들어졌다. 세 가지 유형의 복지국가 가운데 영미의 복지국가는 가장 인색하다. 그러나 한국은 아직 사회지출이 가장 이처럼 주변적인 자유주의 체제에도 근접하지 못했다(그림 3-4). 한국의 복지 위상을 선진국과 비교하여 보다 근접 촬영해보자. 정부규모는 재분배를 포함한 복지국가의 규모를 표시하는 가장 일반적 표시이다. 〈그림 3-4〉는 정부규모의 국제적 비교이며 정부규모는 총 고용 대비 공공고용의 비중과 국민총생산 대비 공공지출의 비중으로 측정한다. 〈그림 3-4〉에서 보듯 2005년 기준으로 한국의 정부규모는 미국의 규모보다 낮은 가장 낮은 수준이다. 미국은 OECD 회원국 가운데 멕시코와 더불어 가장 불평등한 민주주의이다(Ebbinghaus and Manow 2001; McCarty, Poole, and Rosenthal 2006). 반면 양 측면 모두에서 스웨덴은 가장 정부규모가 크다. 한국은 사회불평등 측면에서 점점 미국식 민주주의에 가까워지고 있다.

---

20) 한국의 복지국가에 주는 영향에 대해서는 강명세(2011) 참고.

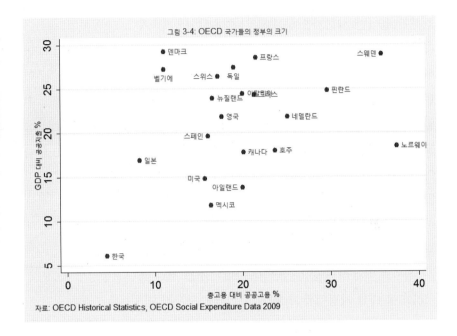

한국의 작은 정부는 이제 사회 서비스를 강화하라는 사회적 요구에 직면
해 있다. 그 사회적 요구는 가장 사회적 관심을 아쉬워하는 주변부로부터
시작되었다. 2010년 지방선거에 표출된 복지논쟁은 몇 가지 면에서 역사상
전례가 없는 현상이다. 첫째, 그것은 한국역사상 최초의 복지담론이라는 점
에서 주목된다. 왜 정치인과 정당이 갑자기 2010년의 시점에서 복지를 핵심
화두로 제시했는지를 파악하는 것이 필요하다. 둘째, 2010년 지방선거를 계
기로 시작한 복지열풍은 그 후 지속적으로 한국사회의 핵심 쟁점으로 남아
있다. 복지문제는 2012년 대통령선거에서는 더욱 확산되어 이제 더 이상 주
변적 위치가 아님을 확인시켜주었다. 향후 복지국가가 본질적으로 재편되
지 않는 한 복지와 교육문제는 한국정치의 최대 쟁점으로 지속될 것이다.
복지쟁점이 더욱 예리해지는 점을 고려할 때 한국복지국가 성격에 대한
보다 차분한 분석이 절실히 요구된다. 앞에서 논의한 여러 이론 가운데 어
느 것이 한국의 복지현실을 가장 잘 설명할 수 있는가? 우선 1998년 이후

갑자기 늘어난 사회지출에 대해서는 세계화-복지국가 모델이 가장 적실한 것 같다. 세계화 이론은 왜 사회지출이 1998년에 급격히 늘어났는지를 설명하는 데 유용하다. 한편 그 이전의 작은 복지는 어떻게 설명할 것인가? 이 문제는 구조적 측면에 대한 것으로 권력자원이론에 의해 해답을 얻을 수 있다. 코포라티즘이 중시하는 노동시장의 지배구조와 정치시장의 배분을 고려할 때 한국에서 복지국가가 획기적으로 성장할 것을 기대하기는 어렵다. 2011년 서울시장 보궐선거에서 전국적 관심을 받은 안철수의 등장은 시민이 얼마나 복지를 갈망하는 지를 상징한다. 정치신인을 대선후보로 '격상'시킨 근본적 원인은 사회복지에 대한 수요가 지속적으로 증대하였으나 제도정치의 공급이 부족한 데서 비롯된다. 한국정치, 나아가 한국의 민주주의가 제대로 작동하려면 적절한 수준의 복지는 필수적이다(강명세 2011).

제18대 대선 과정에서 보수와 진보 후보 모두가 경쟁적으로 제시했던 거창한 공약은 간 데 없고 사회정책은 여전히 주변부를 벗어나지 못한다. 앞에서 말한 것처럼, 권력자원모델은 구조적이어서 변화의 가능성을 예측할 수 없다. 즉 왜 지속되는지를 설명하지만 어떻게 바꿀 수 있는지에 대해서는 묵묵부답이다. 복지논쟁에서 복지확대를 주장하는 쪽은 그 필요성에 대해서는 강력한 주장을 펴지만 왜 확대가 되지 않는지에 대해서는 명쾌한 대안을 제시하지 않는다.

한국복지국가가 취약한 이유는 한국인의 문화와 특성 등을 포함하여 여러 가지가 있겠지만 가장 중요한 걸림돌은 현행 정치제도에 있다. 소선거구제와 다수제가 결합한 현행 선거제도는 중위투표자의 이해에는 민감하지만 복지를 가장 갈망하는 사회집단의 요구를 반영하지 않는다. 사회정책의 수혜층은 본질적으로 중산층 이하의 집단이다. 중간층 이하의 집단을 위한 복지가 실현되려면 이들을 대표하는 정당이 힘을 발휘할 수 있는 위치에 있어야 한다. 그렇지 않으면 제2, 제3의 안철수는 언제나 등장 가능하다. 그러나 현행 정치제도는 중위투표자를 겨냥한 양당제를 만들며 소수정

당의 제도권 진입을 불가능하게 한다. 양당제는 사회적 현실을 담아내지
못한다. 현재와 같이 취약한 사회안전망을 고려할 때 한국은 사회복지를
강화해야 하는 국면에 놓여있다. 날로 증대하는 세계화와 탈산업화의 압력
은 한국과 같이 교역에 의존하는 나라에서 복지에 대한 수요를 증대시킨
다. 과거의 경제성장은 잠시 복지에 대한 수요를 잠재울 수 있었으나 경제
상황의 지속적 악화는 구조적으로 생겨나는 복지수요를 충족시킬 수 없다.
취약한 사회정책은 기성정치에 대한 불신을 조장하고 '안철수 현상'을 재현
시킬 것이다. 복지를 확대하겠다는 정부의 천명에도 불구하고 아직까지 한
국에서 복지공급은 지극히 제한적이다. 왜 시민의 강력한 바람에도 불구하
고 사회정책이 외면하는지에 대해서 보다 본질적 차원에서 성찰할 필요가
있다. 야당은 최근의 일련의 선거경쟁에서 복지확대를 약속했다. 야당의
약속은 신뢰성이 부족하다. 신뢰성 없는 약속은 정책으로 나타나지 않는다.
야당의 정치적 약속이 신뢰성을 얻기 위해서는 사회정책의 확대에 기여하
는 정치제도의 도입을 약속해야 한다. 제도적 변화의 요구는 현행 정치의
이해관계와 부합하지 않는다. 복지를 확대하는 것은 집권당은 물론이고 야
당의 정치적 이해와도 합치하지 않는다. 우리는 왜 변화하지 않는지에 대
해 더 깊은 관심을 기울일 필요가 있다. 보수가 우려하는 바, 즉 복지가 성
장을 저해한다는 주장은 시장경제학의 편견이다(Allard and Lindert 2006).
서유럽의 경험이 보여주듯, 복지는 단순히 소득재분배의 영역에 있지 않으
며 비교우위를 제공하는 기제이기도 하다.

재분배의 정치경제

들어가는 말

　제4장의 목적은 넓은 의미에서 국가와 시장의 관계를 재분배의 정치를 통해 재조명하는 것이다. 국가의 개입은 상시적이지만 시간과 장소에 따라 큰 차이가 있다. 조세정책과 사회정책은 시장에 대한 대표적 국가개입이다. 시장활동을 통해 획득한 소득은 조세와 사회정책을 거쳐 최종적으로 가처분소득으로 전환된다. 제4장은 이러한 전환과정에 권력자원과 정치제도가 미치는 결정적 영향을 점검하고자 한다. 재분배는 권위주의나 독재에도 존재했으나 특히 민주주의 국가가 수행하는 핵심기능의 하나이다. 그러나 재분배는 국가별로, 그리고 시간 흐름에 따라 커다란 편차를 보인다. 복지국가 연구문헌은 처음에는 사회적 지출에 대한 연구가 주류를 형성했으나 시간이 가면서 복지국가의 의도가 성취되었는가에 대한 구체적 관심으로 이동해왔다. 비교정치경제는 복지국가가 조세정책을 통해 목표로 하는 소득이전이 얼마나 재분배에 기여했는가를 규명하려 한다. 지난 10년 동안 재분배에 대한 연구가 활발해지고 있으나 경험적 연구는 국제적 비교에 합당한 자료가 부족한 탓에 경험적 논의는 한계를 노출해왔다. 다행히 지난 10년간 보다 많은 나라를 포괄하는 미시자료가 축적되면서 국가개입 이전의 시장소득에 대한 접근이 가능해지고 따라서 이론적 모델을 경험적으로 검증할 수 있는 기회가 꾸준히 증가하고 있다. 제4장은 이처럼 늘어나는 기회를 활용하려는 시도이다. 글의 순서는 다음과 같다. 첫째 부분은 자료의 검

토이다. 지난 40년 자료를 기반으로 재분배의 동향을 서술하고 나라별로 어떤 추세를 보이는지를 분석한다. 재분배의 추세와 패턴은 재분배의 인과적 설명을 제시하는 밑그림에 해당한다. 둘째 부분은 선행연구의 성과를 통해 재분배 연구의 학문적 논쟁과 여전히 논쟁 상태에 있는 핵심쟁점을 정리한다. 재분배의 정치경제는 최근 가장 역동적 연구활동을 보여주는 분야의 하나이다. 나는 이 분야를 지배해왔던 권력자원이론과 최근 급부상한 제도주의적 성과를 비교검토함으로써 이 연구의 학문적 소통을 연계한다. 셋째 부분은 경쟁적 이론들을 보다 확장된 자료에 적용하고 그 결과를 분석한다. 종속변수와 독립변수의 조작화를 소개한 후 두 가지 모형을 통해 재분배에 영향을 주는 변인을 분석한다. 또한 제도주의적 관점에서 기존 가설들을 재점검하고 평가한다. 넷째는 논문의 성과를 재강조하며 이 연구에서 해소하지 못했던 재분배의 정치경제 연구가 앞으로 풀어야 할 방법론적 과제를 제시한다.

1. 복지국가와 소득불평등

모든 민주주의는 소득재분배를 실시한다. 그러나 재분배의 규모는 시간과 장소의 양면에서 커다란 변이를 나타낸다. 민주주의 체제의 재분배는 계층 간의 수평이동이나 세대 간 수직 이동이 동시에 이루어진다. 복지국가는 부유층과 중산층 일부에게 과세하고 그로부터 발생한 재정수입을 이용하여 저소득층에게 재분배한다. 부유세와 중산층, 그리고 양극화 관계는 수평이동의 영역에 속하는 한편, 아동빈곤과 노인빈곤문제는 수직이동의 영역이다. 재분배는 소득불평등의 정도와 긴밀한 관련을 갖는다. 지니계수는 소득불평등을 측정하는 보편적 지표로서 불평등이 가장 심한 경우는 1의 값을, 가장 평등한 경우는 0의 값을 갖는다. 지니계수는 시장소득(임금,

급여, 이자소득, 자본소득)과 조세와 소득이전 이후의 소득, 두 차원에서 측
정된다. 시장소득은 국가의 재분배정책이 개입하기 전의 순수하게 시장에
서 행한 경제활동의 결과를 반영한다. 한편 가처분소득은 세후 및 소득이
전 이후의 소득을 말한다. 재분배 정책이나 효과는 시장소득과 가처분 소
득의 차이를 통해 알 수 있다.[1] 다시 말해서 시장소득을 기반으로 한 소득
불평등 지니계수와 가처분 소득의 지니계수를 비교하는 것이다.

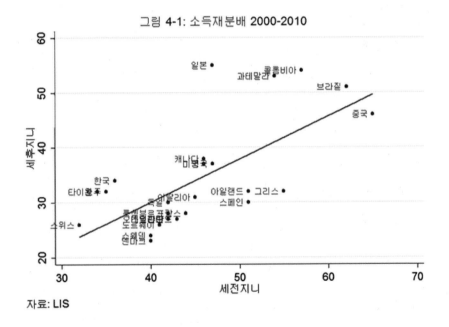

그림 4-1: 소득재분배 2000-2010

자료: LIS

　소득불평등은 나라별로, 그리고 시간별로 크게 다르다. 〈그림 4-1〉은
2000-2010년 동안 37개국의 불평등지수 평균값을 모은 것으로 두 가지 특징
을 보여준다. 첫째, 〈그림 4-1〉에서 보는 것처럼 시장소득과 가처분소득의
불평등은 밀접한 관련을 갖는다. 수평선(x축)은 시장소득의 지니계수이며

---

1) 소득의 정의에 대한 내용은 다음 문헌 참고: Atkinson(2003).

수직선(y축)은 가처분소득의 지니계수이다. 가처분소득의 불평등 지수 = 0.08 + 0.57*(시장소득의 불평등)의 관계에 있다. 시장소득이 불평등하면 가처분소득이 불평등하기 쉽다. 그러나 시장소득에서 발생한 불평등은 가처분소득의 불평등으로 전환하는 데는 여러 가지 기제가 작동한다. 인구학적 요인은 이러한 전환에 영향을 주는 가장 보편적 수준의 변수이다. 생산가능인구의 비중과 아동이나 노년층 등 비생산적 인구의 비중은 소득불평등에 영향을 준다. 비경제활동인구 대비 경제활동인구의 비중이 높은 곳에서 의존율이 상승하고 따라서 소득불평등은 커진다. 이러한 인구학적 요인을 통제하기 위해서 자료는 25-59세의 인구로 제한한다. 특히 스웨덴처럼 관대한 연금급여를 제공하는 곳에서 소득불평등은 감소하기 때문에 동일한 기준에서 국제비교를 하기 위해서는 경제활동인구로 한정한다.

둘째, 복지국가는 불평등을 줄이는 역할을 하는 것이며 조세 및 소득이전 이전과 이후의 불평등 정도가 얼마나 완화되었는가에 따라 복지국가가 얼마나 효과적으로 불평등을 해소하는데 기여하는가를 평가한다. 〈그림 4-1〉에서 회귀선을 기준으로 그 위에 위치하는 국가는 상대적으로 재분배 정책이 취약함을 의미한다. 두 가지 지니계수가 다른 것은 조세정책과 사회정책이 작동한 결과이며 그 차이는 복지국가가 얼마나 재분배 역할을 수행하고 있는지를 의미한다. 즉 어떤 특정의 국가 및 시점에서 상대적으로 재분배가 더욱 활발하게 이루어지는 그 연원을 밝히는 중대 문제이다. 이는 정치경제의 오랜 관심에 속한다. 이 차이의 원인을 밝히는 작업은 단순히 학문적 호기심을 넘어서 현실적인 면에서 정책적으로도 중대한 함의를 갖는다. 재분배의 정치경제는 바로 재분배를 결정하는 특정 제도나 조건이 무엇인지에 관심을 보여 왔다. 재분배에 대한 관심은 연구대상의 자료의 성격과 입수가능성에 따라 진화해왔다. 이 분야를 오래 연구해온 팔메는 재분배 문헌의 발전을 제1세대로부터 제4세대로 진화했다고 가정했다. 그에 따르면 현재는 국제적 비교가 주류를 형성하는 제4세대 연구에 해당한

다(Palme 2006). 4세대의 국제비교연구의 공통점은 국제적으로 비교 가능한
미시자료를 분석하는 점에서 이전 문헌과 구분한다. 이 논문은 미시자료를
분석하는 점에서 팔메가 분류한 4세대 연구에 속한다.

〈표 4-1〉 소득불평등 지수 %

	1981-1990	1991-2000	2001-2010
시장소득지니 25-59세	37.7	38.8	46.9
가처분소득지니 25-59세	29.8	33.5	35.2
재분배 차이	7.9	5.3	11.7
시장소득지니 전연령	42.9	42.6	49.4
가처분소득지니 전연령	29	33.1	35.7
재분배 차이	13.9	9.5	13.7

자료: LIS, www.lisdatacenter.org 저자추출계산 정리

이 연구는 재분배를 대상으로 한 정량적 분석을 통해 세 가지 기여를 하
고자 한다. 첫째는 최신 자료의 활용이다. 2010년까지의 최신 자료를 통해
재분배와 복지국가의 대응을 분석했다. 정치학 또는 정치경제 분야에서 미
시자료를 통한 재분배 및 복지국가 연구가 처음으로 이루어진 것은 10년
전의 브래들리 외와 볼러 외의 논문이다. 최근까지도 세후 및 세전 소득을
비교할 수 있는 기회가 없었고 따라서 연구는 대체성의 자료에 의존했으며
신뢰도가 문제로 지적되었다(Mahler and Jesuit 2006). 또한 지역적 편중문
제가 제기되었다. LIS가 생산한 가장 최근 출판물도 1980-2004년까지의 자
료에 의존했으며 선진국에 한정되었음을 약점으로 인정했을 정도로 광범
한 자료의 활용은 중요하다(Gornick and Jantti 2013, 2). 더구나 2004년 이후
현재까지 3회의 조사가 추가되었기 때문에 자료는 대폭 확대되었다. 브라
질을 위시한 남미국가 일부와 일본과 한국 등 국가는 2004년 이후에나 자
료입수가 가능했기 때문에 기존연구는 이들을 포함할 수 없었다. 패널연구
를 위해서는 최소 2회 이상의 자료가 필요하다는 점을 고려할 때 연구대상

의 확대는 더 많은 시간을 필요로 하지만 이는 시간문제이다.

둘째, 이 연구는 자료의 활용을 넘어서 기존 문헌이 제시했던 이론들을 경험적으로 검증할 것이다. 기존 문헌이 제시한 이론은 경험적으로 검증할 때 모호한 경우가 빈번히 발생해왔으며 객관적 진실에 다가가기 위해서는 끊임없는 검증을 필요로 한다. 특히 자료에 따라 또는 분석초점에 따라 정치적 변수의 역할은 가변적이어서 보다 집중적 분석을 요구하고 있다. 예를 들어 널리 알려진 코포라티즘의 효과, 즉 노동조합의 조직화와 중앙집중 정도는 불평등을 완화시킨다는 주장(Wallerstein 1999)에 대해 최근 연구는 상위 10% 소득집단의 소득증가를 기초로 하여 정반대의 결과를 제시했다(강명세 2004; Scheve and Stasavage 2009). 또한 연합정부와 재분배의 관계를 경험적으로 검증하고자 했다. 아이버슨과 소스키스는 연합정부가 복지확충에 기여한다는 가설을 제시했으나 아직까지 경험적으로 확증되지 않았었다. 나는 광범한 자료를 활용하여 연합정부가 재분배에 미치는 효과를 검증하고자 한다. 정당이 복지정책에 미치는 역할에 대해서 많은 연구가 있지만 여전히 명확한 결론을 제시하지 못한 채 역시 지속적으로 분석을 필요로 한다(Schmidt 2010). 후버 외(Huber 2001)는 정당의 효과는 일시적 혹은 단기적 참여보다 집권정부에 얼마나 오랜 기간 참여했는가에 따라 중요성은 달라진다는 점을 제시했다.

셋째, 중간계급의 비중이 복지국가, 특히 재분배에 미치는 효과를 검증한다. 제1장에서 간략히 언급한 것처럼 중간계급의 크기는 재분배정책에 따라 영향을 받지만 역으로 중간계급은 목소리를 통해 국가정책에 영향을 미친다(제5장에서 상세히 다룸). 중간계급의 규모는 중위소득의 70-150% 간격의 집단으로 대신했다. 중간계급의 소득이 평균소득에 비해 낮으면 중간계급은 노동계급이나 서민과 마찬가지로 재분배를 요구한다는 오랜 가설을 검증하려는 것이다. 이러한 검증은 재분배의 정치경제 문헌이 각축해 온 쟁점에 대해 경험적 논증을 제공함으로써 이론을 보다 정교하게 발전시키는데 기여할 수 있다. 경험적 분석은 역동적으로 부활하는 복지국가 문헌과의 소통을 강화함으로써 비판적 성과를 추가할 수 있다.

〈표 4-1〉은 이 연구가 포함하는 자료대상이며 40개국 1981-2010년 기간의 소득불평등 지표를 시기별로 보여준다.[2] 간단히 용어들을 정의하자면, 시장소득지니는 조세와 소득이전이 이루어지기 전 소득분포를 기초로 한 지니계수이며 가처분소득 지니는 조세와 소득이전 이후의 소득불평등 지수를 말한다. 위의 두 행은 25세부터 59세까지의 노동인력을 대상으로 한 것이며 나머지 두 행은 노인을 포함한 전 연령을 대상으로 한 소득불평등 지수이다. 〈표 4-1〉은 소득불평등의 역사적 흐름을 두 가지로 요약해 제시한다. 첫째, 25-59세까지의 노동인구의 불평등은 모든 연령을 대상으로 한 불평등지수보다 낮다. 이 차이는 고용이 중요한 소득이며 전반적으로 노동소득이 없는 노년층의 빈곤이 심각함을 의미한다. 둘째 특징은 가처분소득의 불평등이 시장소득 불평등보다 낮다. 이는 국가별로 시기별로 정도의 차이는 있지만 소득재분배가 존재함을 뜻한다. 시기별로 보면 재분배 정도는 노동인구의 경우 2000년 이후 11.7%의 차이를 보여 가장 크다. 모든 인구를 대상으로 한 불평등 감축 또한 13.7%로 가장 크다. 1990년대가 일반적으로 재분배가 가장 낮은 폭을 보인다.

---

2) 현재까지 룩셈부르크 소득연구에 포함된 40개국은 OECD 33개국 중 칠레, 아이슬란드, 포르투갈 및 터키를 제외한 29개국과 아시아 5개국 인도, 한국, 중국, 일본 및 대만, 남미대륙 5개국 멕시코, 과테말라, 브라질, 콜롬비아, 우루과이, 페루, 동유럽의 루마니아와 러시아, 그리고 남아공화국과 이스라엘 등을 포함한다. 40개국의 서베이 사례는 각각 다르다. 가장 많은 횟수는 독일과 영국의 11회와 이어 10회의 미국이 있는 반면 한국, 중국, 일본, 브라질, 그리고 우루과이 등은 1회이다. 한국처럼 2008년, 2010년의 조사결과를 제출하여 자료조정 과정에 있는 나라도 상당수 있어 앞으로 보다 풍부한 자료가 가능할 것이다.

〈표 4-2〉 가처분소득의 불평등지수 순위와 정치경제 유형 1985-2010

국가	시장소득 25-59세	가처분소득 25-59세	차이	자본주의유형	복지체제유형
스웨덴	36.7	22.9	13.8	조정시장경제	사민주의
덴마크	40.2	23.4	16.8	조정시장경제	사민주의
핀란드	42.1	23.9	18.2	조정시장경제	사민주의
노르웨이	37.4	24.2	13.2	조정시장경제	사민주의
사민주의 평균	39.0	23.6	15.4		
스위스	32.9	26.7	6.2	조정시장경제	기민주의
독일	39.3	27.3	11.9	조정시장경제	기민주의
네덜란드	44.6	32.6	12.1	조정시장경제	기민주의
벨기에	45.3	33.5	11.8	조정시장경제	기민주의
오스트리아	42.3	41.3	1.0	조정시장경제	기민주의
프랑스	44.2	33.5	10.8		기민주의
기민주의 평균	41.6	30.7	10.9		
캐나다	45.8	31.8	14.0		자유주의
영국	44.1	32.6	11.5	자유시장경제	자유주의
미국	44.1	34.9	9.2	자유시장경제	자유주의
아일랜드	51.3	37.8	13.5	자유시장경제	자유주의
자유주의 평균	45.2	34.1	11.1		
이탈리아	45.1	32.0	13.1		기민주의
한국	35.8	33.7	2.1		
그리스	54.6	34.1	20.5		
스페인	50.9	34.4	16.5		
중국	64.9	46.0	18.9		
브라질	62.1	50.8	11.3		
콜롬비아	56.7	54.2	2.5		
일본	47.1	55.3	-8.2		
남아공	63.1	58.9	4.2		

자료: 불평등(LIS), 자본주의 유형(Hall & Soskice 2001), 복지체제유형(Esping-Anderson 1990)

재분배는 국가별로도 커다란 차이가 있다. 〈표 4-2〉는 1985-2010년 기간 동안 시장소득과 가처분 소득 양 자료가 모두 가능한 국가의 소득불평등지수, 자본주의 유형, 그리고 복지제도 유형을 정리한 것이다. 복지체제는 에

스핑-앤더슨의 분류를, 그리고 자본주의 유형 혹은 생산레짐 유형은 홀과
소스키스를 따랐다. 복지체제의 유형화는 에스핑-앤더슨의 1990년 분류, 즉
사민주의, 기민주의, 그리고 자유주의의 세 모형이 널리 받아들여지고 있
다.3) 다만 이탈리아, 그리스, 스페인 등은 유럽연합의 일부지만 자본주의와
복지체제의 분류에서 예외적 사례로 인정되거나 일부 연구는 이들이 속하
는 새로운 남유럽 모형을 제시하였으나 여기서는 3유형에 속하지 않는 것
으로 처리한다.4) 1985-2010년 기간 가처분 소득 기준으로 불평등이 가장 높
은 곳은 58.9%를 기록한 남아공이며 가장 평등한 나라는 22.9%의 스웨덴이
다. 스웨덴과 더불어 사민주의 복지국가를 구성하는 덴마크, 핀란드, 노르
웨이 4개국의 평균은 23.6%로서 미국 등으로 구성된 자유주의 체제의 34%
에 비해 무려 10%나 낮다. 많은 연구는 바로 이와 같은 체제별 차이를 분석
하고 해석하기 위해 노력 중이다. 셋째, 〈표 4-2〉에서 보듯 자본주의 제도
에서는 12개국, 그리고 복지체제 유형의 측면에서 14개국이 분류된다. 생산
레짐에 관한 연구는 나머지 28개국의 유형에 대해 국제비교가 가능한 분석
을 제시하지 않아 그 국가들은 미분류 상태에 있다. 한편 다른 정치제도,
예를 들어 정부형태, 선거제도, 그리고 정당체제 등에 대한 자료는 남미와
동구의 최근 변화를 제외하면 활용가능하다.

---

3) 복지체제의 유형에 대한 문헌 검토에 대한 상세한 분석은 Arts & Gelissen(2010)
참고.
4) 1990년대 이후 이탈리아, 스페인, 포르투갈, 그리고 그리스 등 지중해 연안의 국
가의 복지체제는 기존의 3대 유형과는 별도로 남유럽 모형으로 하려는 시도가
있다. 이에 대한 논의에 대해서는 Ferrera(1996; 2010) 참고.

2. 재분배 정치경제의 이론

불평등, 재분배와 정치체제의 관련에 대한 연구는 최근 역동적 활황기를 맞고 있다.[5] 불평등은 복지국가의 구체적 경험이라는 점에서 더 많은 주목을 받을 주제이지만 경제학이나 사회학의 노력에 비하면 정치학의 관심은 상대적으로 부족했었다. 연구의 빈곤은 일차적으로 자료의 빈곤과 무관하지 않다. 불평등의 정도를 측정하는 다양한 방법은 오래 전부터 잘 알려져 왔으나 구체적 지표는 드물다. 특히 국제적 비교가 가능한 자료는 최근에야 부분적으로 접근 가능해졌다. 유엔에서 세계 각국의 불평등을 측정하는 지니계수를 발표하고 있으나 비교 가능한 자료로 보기 힘들다. 유일하게 정합성을 기준으로 발표하는 곳은 룩셈부르크소득연구(LIS)이다. 룩셈부르크소득연구는 1960년대 말부터 지속적으로 소득자료를 수집하여 발표하면서 그 대상국가를 점차로 늘려가고 있다.[6] 룩셈부르크소득연구가 제공하는 자료가 세후 및 이전 이후의 불평등을 체계적으로 비교할 수 있다는 점에서 유엔자료보다 장점을 갖는다. 복지국가와 재분배에 대한 연구는 크게 세 가지 접근법에 의해 장악되어왔다. 근대화 이론, 권력자원 이론이 양대 전통을 형성하는 한편 제도적 관점이 도전 이론으로서 제도의 영향력을 강

---

5) 복지국가와 분배의 정치경제는 최근 몇 년 동안의 연구성과를 보면 역동적 국면에 있다. 다음은 최근 몇 년 동안 주목을 받고 있는 연구물이다: J. Alber and N. Gilbert, eds., *United in Diversity*. Oxford: Oxford University Press, 2010; P. Beramendi and C. J. Anderson, eds., *Democracy, Inequality, and Representation*. New York: Russell Sage Foundation, 2008; F. G. Castles, S. Leibfried, J. Lewis, H. Obinger, and C. Pierson, eds., *The Oxford Handbook of the Welfare State*. Oxford: Oxford University Press, 2010; David Brady, *Rich Democracies, Poor People*. Oxford: Oxford University Press; I. Garfinkel, L. Rainwater, and T. Smeeding, eds., *Wealth & Welfare States*. Oxford: Oxford University Press, 2010; Kees Van Kersbergen and P. Manow, eds., *Religion, Class Coalition, and Welfare States*. Cambridge: Cambridge University Press, 2009.

6) LIS 자료에 관한 상세한 논의는 Atkinson, Rainwater and Smeeding(1995) 참고.

조한다.[7)

복지국가의 기원과 기능에 대해 처음으로 체계적으로 주목한 것은 근대화 이론이었다. 근대화 이론은 복지국가를 설명하는 가장 전통적으로 이론이며 사회경제적 변수를 설명의 중심에 둔다. 대표적으로 65세 이상 인구의 비율과 실업률은 재분배정책의 방향에 영향을 주는 것으로 설정되었다. 실업의 상승은 실업급여의 지급을 필요로 하며 노령인구가 많은 곳에서는 연금지급이 증가할 수밖에 없다. 복지국가의 초기 이론은 복지수요의 구조적 변화가 어디에서 오는지에 대해 주목했다. 19세기 후반부터 시작한 산업화, 도시화, 근대화, 그리고 제1의 세계화 등은 이제까지는 없었던 사회적 변화를 낳았다. 사회적 변화는 소득의 양극화와 빈곤문제를 필두로 하여 중대한 정치문제가 되었다. 19세기말 독일의 비스마르크가 복지국가를 만든 것은 바로 거대한 변화에 대한 보수세력의 선제대응이었다. 소위 '와그너의 법칙'은 대규모 변동이 만드는 국가역할의 확대를 의미한다. 경제사가 린더트는 세 가지 요소가 '와그너의 법칙'을 유도했다고 보았다(Lindert 2004). 국가역할의 확대는 소득의 증대, 인구의 증가, 그리고 민주주의의 확대가 낳은 산물이었다.

그 중에서 소득과 인구의 증가는 바로 복지국가의 근대화 이론이 주목한 부분이었다. 소득증대는 복지에 필요한 재원을 확대하는 점에서 복지국가를 가능하게 한다. 또한 인구구성의 변화, 특히 노인인구의 증가는 복지수요를 팽창시켜 복지공급을 늘리도록 압박했다. 실업률은 노동시장의 활동에 영향을 주는 것으로 해석되었다. 경제성장은 쿠츠네츠(Kutznets)가 소득불평등과의 곡선적 관계를 제시한 이후 많은 연구의 대상이 되었다. 장기적 관점에서 보면 경제성장은 초기에는 불평등을 유발하지만 어느 시점을 지나면서 불평등은 감소한다는 것이다. 경제성장은 자료에 포함된 멕시코,

---

7) 복지국가의 이론에 대해서는 다음 문헌을 참조: Huber and Stephens(2001); Myles and Quadagno(2002).

브라질, 콜롬비아, 인도, 우루과이, 페루 등 남미국가와 폴란드, 체코, 에스토니아, 슬로바키아, 슬로베니아 등 구공산국 같은 신흥산업국의 사례에 적용가능할 수 있다. 경제성장과 실질소득의 향상은 재분배 요구를 완화하는 역할을 한다. 근대화/산업화 이론은 이 같은 경제와 인구의 변화가 복지국가의 필요성을 만들었다고 보면서 민주주의의 기여에 대해서는 별도의 관심을 두지 않았다. 정치적 요인은 주변부적이라고 간주되었다(Wilensky 1975; Pampel and Williamson 1979). 근대화/산업화 이론이 중요하다고 가정했던 요인들은 많은 경우 통제변수의 영역에 속한다. 정치경제가 주목하는 요인의 영향력을 객관적으로 분석하는데 사용하는 동반변수이다. 나는 근대화 이론과는 달리 제도주의적 변수에 관심을 갖고 사회경제적·환경적 변수는 통제적 의미로 사용한다. 제도주의적 관점에서 권력자원이론에 내재한 제도주의적 속성을 명시적으로 하여 권력자원이론이 제시한 설명력을 재평가하고자 한다.

재분배의 정치는 권력자원이론이 주도적으로 이끌었다. 권력자원이론은 노동계급이 노동시장을 얼마나 지배하는가와 노동계급을 정치적으로 대표하는 좌파정당이 선거에서 획득한 지지도 또는 이를 기반으로 한 정부참여가 재분배에 강력한 효과를 발휘한다는 점을 제시했다. 권력자원이론은 1970년대 후반에 처음 등장했다. 대표적 문헌에 해당하는 코르피(W. Korpi)와 스티븐즈(John D. Stephens)의 연구 모두 1978년에 처음 출간되었다. 노동조합은 노동시장에서 임금상승과 복지에 대한 요구를 조직화하는 한편 정치적으로 좌파정당을 지지한다. 좌파정부는 조세정책과 소득정책을 통해 노동계급을 위한 재분배를 실행하려고 했다. 권력자원이론은 사회적 세력관계의 틀 속에서 복지국가와 재분배의 결과를 분석한다. 사회 내 힘의 관계가 국가의 정책을 결정한다. 힘의 관계는 노동시장과 정치시장 두 곳에 발생한다. 권력자원이론은 노동시장에서의 힘과 정치권력의 장악은 보완적 관계로 가정한다.[8] 노동계급의 권력자원은 정치적 측면에서는 친노동정부이며 노동시장에서는 노조의 역할이다(Korpi and Palme 1998; Kenworthy 2004; Pontusson 2005). 정치적으로 사회당을 중심으로 한 노동세력이 기업 및 사용자, 그리고 보수당을 중심으로 우파가 국가정책을 둘러싸고 대립하며 선거를 통해 집권한 측이 자신의 선호에 맞는 정책을 추진하고 실천한다. 사회당 정부는 재분배 및 사회정책을 추진하여 지지기반의 이익을 보호한다. 노동조합은 임금과 노동조건의 개선을 위해 기업 및 사용자 측과 대립하고 경쟁한다. 노동조합의 역할은 단체협상이 어떤 방식으로 이루어지는가와 밀접한 관련을 갖는다(Golden and Wallerstein 2006; Wallerstein 1999). 노사협의가 전국적 수준에서 자본과 노동의 정상 조직 사이에 이루어지면 계급연대가 중요하며 동종임금의 차이는 작아진다. 전국적 협상은 1970/80년대 북구에서 일반적이었으나 이후 약간 이완되어 부문별 협상이 지배적으로 변화했다. 이와 정반대의 경우는 기업별 노조가 보편적인 경우로서 노사협상은 철저히 사업장 수준에 한정된다. 기업별로 결정되기 때문에 노동 내부의 임금격차는 상승할 가능성이 높다. 노동의 정치적 힘은 단기적으로 이루어지기보다 오랜 세월을 두고 축적된 결과의 표현이며 정부에서 차지하는 노동정당의 지분이 연속적으로 더한 값으로 측정한다. 좌파 정부의 집권이 지속되면 소득불평등을 해소하려는 정책은 더욱 강화된다 (Brady 2009; Bradley 외 2003; Huber 외 2001; Iversen 2005; Moller 외 2003). 노동시장에서의 세력화는 노사협상의 지점에서 측정가능하다.

권력자원이론은 노동의 세력화를 강조하는 점에서 코포라티즘의 접근과 일맥상통한다. 노동시장이 어떻게 조직화되었는가를 중심으로 재분배와 사회정책의 효과를 분석하려는 시도이다. 노동세력이 노동시장을 얼마나 제

---

8) 아이버슨은 권력자원이론과 중위소득이론을 재분배를 정치경제적으로 설명하는 대표적 학설로 간주하며 재분배와 소득평등의 관계를 각각 다르게 이해한다고 주장한다(Iversen 2010). 권력자원이론에게 재분배와 평등은 보완재이며 중위소득이론에게는 양자는 대체재이다.

어할 수 있는가가 임금 등에 중대한 영향을 주는 것은 잘 알려진 사실이다. 코포라티즘 문헌은 개방화가 노사관계를 통해 재분배에 미치는 영향력에 주목했다. 개방화는 세계경제와의 통합이 국내의 정치경제에 주는 파급효과를 의미하는 것으로 흔히 총국민생산에서 차지하는 무역의 비중을 지표로 한다. 개방화가 복지에 미치는 효과는 이론적 대립상태에 있다. 보상이론(compensation hypothesis)은 개방화의 영향력을 처음 제기했다. 국가는 개방화로 인해 피해를 입는 집단과 계층이 발생하기 때문에 이들의 피해를 보상해줄 필요를 인식해야 했다(Cameron 1979; Katzenstein 1985). 보상이론은 세계화가 더욱 위력을 발휘하던 1990년대를 거치면서 더욱 세련화되어 좌파정부와 노동세력의 요소를 복합적으로 설명했다. 노동은 정당과 노동시장의 두 차원에서 모두 강력할 때 자신의 요구를 관철시킬 수 있다는 것이다(Garrett 1998; Hicks and Swank 1992; Huber & Stephens 2001). 보상이론은 그러나 효율성 이론(efficiency hypothesis)의 도전을 받았다. 세계화는 경쟁을 더욱 치열하게 만들며 이 과정에서 '국경없는 자본'은 노동과는 달리 보다 나은 기업환경을 찾아 이탈할 수 있기 때문에 각국은 투자유치를 위한 자본우호적 환경을 제공하기 위해 경쟁한다. 탈규제와 감세 등 시장친화정책은 복지국가를 위축시키고 노동계급의 이익을 위협한다는 것이다(Rodrik 1997/1998; Swank & Steinmo 2002). 그러나 전통의 반격은 1975-1995년의 OECD 18개국을 경험을 조사하여 좌파정부는 복지국가의 축소를 억제했음을 보여주었다(Korpi and Palme 2003). 또 다른 연구 역시 "절약의 시대에도 전통적 당파성은 계속하여 복지제공에 상당한 영향력을 행사한다"고 함으로써 권력자원이론을 지지한다(Allan and Scruggs 2004, 46). 이처럼 개방화나 국제경쟁이 정당의 영향력에 주는 효과에 대해서는 여전히 이론적 대립의 상태에 있다. 따라서 경험적 접근이 성패를 가늠할 것이다.

〈표 4-3〉 정치제도와 재분배 1970-2010

정치제도	시장소득 지니 25-59세	가처분소득 지니 25-59세	재분배 효과
다수제	38.5	35.9	2.6
비례대표제	41.4	32	9.4
대통령제	48.1	41.4	6.7
의회제	38.8	31.4	7.4
단독정부	38.7	35	3.7
연합정부	41.3	32.6	8.7
자유시장경제	41.1	32.4	8.7
조정시장경제	39.6	34.4	5.2

자료: LIS. www.liscenter.org 저자 추출계산

　이처럼, 권력자원이론이 권력자원으로 재분배의 차이를 설명하는 점은 설득적이다. 생산요소는 본질적으로 대립관계에 있고 그것은 외부적으로 주어지는 것이 아니라 양자의 협력과 갈등 속에서 다시 권력자원을 재생산하기 때문이다. 이런 점에서 권력자원이론은 명시적이지는 않지만 권력자원을 내재적인(endogenous) 것으로 파악한다. 최근 제도주의 일부는 권력의 내재적 성격을 보다 명시적으로 분석하려 했다. 권력자원이론은 두 가지 점에서 보다 본질적인 문제에 답할 필요가 있다(Iversen 2010). 첫째, 권력자원이론은 왜 권력자원이 사회마다 서로 다른지를 보여주지 않는다. 왜 스웨덴에서는 노동계급이 잘 조직화되었고 사민당은 오랜 동안 집권을 할 수 있는가? 왜 미국에는 아예 사회당이 존재하지 않는가? 권력자원이론은 노동계급과 사회당의 존재를 주어진 것으로 가정한 다음 재분배의 국제적 차이를 훌륭히 설명하지만 왜 그렇게 강력한지에 대해서는 말이 없다. 둘째, 권력자원이론은 좌우의 양강 구도를 가정하기 때문에 중간에 위치한 중위투표자의 역할을 고려할 수 없다. 중간세력이 없다는 것은 현실적으로 민주주의에서 언제나 발생하는 연합정치를 설명할 수 없다. 아이버슨은 권력자원이론이 그 속에 내재한 강력한 정치적 속성에도 불구하고 역설적으

로 당파성(partisanship)의 동학을 갖지 못하는 점을 한계로 지적한다(Iversen 2010, 186). 제도주의는 아이버슨이 제기한 권력자원에 대한 비판을 포용할 수 있다. 당파성은 정당정부의 형태에 따라 그 강도가 다르다. 한편 선거제도가 정당정부의 형태를 결정한다면 권력자원이론은 정치제도와 불가분의 관계에 있다.

재분배의 세 번째 이론은 정치적 제도주의이다.[9] 권력자원이론이 주로 노동시장제도에 초점을 두었다면 제도주의는 특히 정치제도가 소득재분배에 끼치는 역할을 강조한다. 앞에서 본 것처럼 같은 민주주의 체제라도 불평등의 정도는 큰 차이가 있다. 정치제도주의는 이러한 차이가 민주주의를 구성하는 구체적 제도의 차이와 어떤 관련을 있는지를 분석하려는 시도이다(Brandolini and Smeeding 2008, 53). 〈표 4-3〉은 다양한 정치제도와 재분배의 상관관계를 보여준다. 그것은 정치제도의 재분배 효과를 시사한다. 정치제도 가운데 가장 영향력을 큰 것으로 알려진 것은 정부형태와 선거제도, 그리고 정당정부의 형태이다. 정부형태는 대통령중심제 또는 의회중심제로 양분된다. 선거제도는 일반적으로 비례대표제와 다수대표제로 구분된다. 그리고 정당정부는 정부를 구성하는 정당의 수를 의미한다. 미국이나 영국처럼 단일정당이 정부를 구성하는 경우와 유럽의 일반적인 연합정부는 여러 정당이 공동정부를 구성한다.[10] 〈표 4-3〉은 정부형태와 선거제도, 그리고 정당정부의 형태가 재분배와 어떤 관련을 갖는지를 말한다. 제도주의는 정치제도 일반의 영향력을 강조하면서 특히 선거제도와 정부형태가 주는 영향에 집중적 관심을 쏟았다. 정치제도의 중요성에 대해 처음 실증적 연구를 주도한 분야는 경제학이었다(Alesina and Glaeser 2004). 경제학은 재분

---

9) 정치제도가 복지국가에 미치는 영향력에 대한 비판적 문헌검토는 다음을 참고: Iversen(2010).

10) 통계분석에서 각각의 정치제도는 더미변수로 처리한다. 정부형태에서 대통령제 혹은 의회제가 1 또는 0, 선거제도는 비례대표제 또는 다수제가 1, 0으로, 그리고 정당정부의 형태 역시 연합정부 또는 단독정부가 1, 0의 값을 갖는다.

배에 관한 정치경제적 이론을 부활시키는 동시에 경험적 연구를 활성화하
는데 기여했다. 이처럼 경제학이 활성화시킨 분배의 정치경제는 많은 주목
을 끌었다. 그 중에서도 페르손과 타벨리니가 내놓은 두 권의 저술은 강렬
한 기여를 했다. 2000년에 출간된『정치경제학(Political Economics)』에 이어
2005년에는 보다 경험적 자료를 분석한『헌법의 경제적 효과(The Economic
Effects of Constitution)』가 나왔다(Persson and Tabellini 2000; 2005; 2007).
2000년 저술이 주로 이론적 방법론적에 치중했다면 후자는 통계학적 검증
에 주력했다. 곧 이어 MIT의 애쓰모글루는 정치경제 분야가 경험적 연구로
지평을 넓힌 것은 경제학의 새로운 기여임을 강조하면서 그렇기 때문에 보
다 비판적 검토가 필요하다고 역설한다(Acemoglu 2005).[11]

　정부형태와 재분배의 관계에 대해서도 활발한 논쟁이 발생했다. 과거 복
지국가의 구체적 경험에 대한 연구는 대부분 국가의 사회적 지출에 집중되
어왔다. 페르손과 타벨리니가 내린 중요한 결론은 정치제도가 국가지출에
미친 영향이다. 그들은 선거제도와 정부형태의 효과에 집중했다. 그들은
두 가지 가설을 증명하려 했다. 첫째, 대통령중심제에서 의회중심제보다 정
부지출이 작다. 대통령제는 권력분립으로 인해 비토권력이 견제하기 때문
에 정부지출규모가 크게 증가하기 힘들다는 가정이다. 〈표 4-3〉은 이 같은
제도주의의 주장에 대해 간단하지만 실증적 자료를 제공한다. 즉 〈표 4-3〉
에서 보는 것처럼, 대통령제에서는 시장소득과 가처분소득의 불평등 지수
는 각각 48.1%와 41.4%이며 재분배효과는 6.7%이다. 한편 의회제의 경우
동일한 지수는 각각 38.8%와 31.4%로서 재분배효과는 7.4%로서 대통령제에
비해 0.7% 많다.

　둘째가설은 선거제도가 정부지출에 영향을 준다는 것이다. 이에 따르면

---

11) 애쓰모글루는 페르손과 타벨리니의 2005년 저술에 대한 장문의 서평에서 인과
　　론적 취약성을 지적하고 앞으로 제도와 경제의 인과론적 해석을 위해서는 방법
　　론적 면밀성에 보다 많은 주의를 둘 것을 강조했다.

비례대표제에서 단순다수제에 비해 정부의 공적 지출이 증가한다. 비례대
표제 하에서 소수를 대표하는 정치세력이 정당으로서 의회에 참여하기 쉽
고 그에 따라 소수를 위한 사회적 지출은 증가한다는 논리이다. 비례대표
제는 사회적 소수가 국가의 정책결정에 참여하는 것을 허용하는 제도이다.
소수세력은 숫자는 열세이지만 연립정부에 참여할 경우 정책결정에 참여
하기 때문에 수에 비해 더 강력한 힘을 발휘할 수 있다. 비례대표제가 허락
하는 다당제 하에서, 예를 들어, 중간계급의 정당은 상층 혹은 노동계급의
정당과 연립정부를 구성할 수 있다. 중간의 선택에 따라 정부지출은 결정
되면 중간계급의 선택은 우파 또는 좌파정부의 향후 정책이 자신에게 얼마
나 유리한가를 계산하는 데 달려 있다.12) 〈표 4-3〉에 따르면 비례대표제 하
에서 시장소득과 가처분소득의 불평등지수는 각각 41.4%와 32%로서 9.4%
의 재분배가 이루어졌음을 알 수 있다. 반면 다수제에서는 동일한 지니계
수는 38.5%와 35.9%로서 2.6%의 재분배가 가능하다. 이처럼 비례대표제에
서는 다수제에서 보다 약 7%처럼 높은 재분배 효과를 갖는다.

이처럼 선거제도는 그 자체로서 직접적 효과를 통해 재분배에 영향을 주
는 한편 정당정치를 통해 간접적으로도 재분배에 영향을 미친다. 비례대표
제에서 다당제가 발생하고 정당정부는 정당 간 연합정부가 지배적이다. 한
편 다수제에서는 양당제를 통한 단독정부가 일반적이다. 이 같은 정당정부
의 연합형태는 재분배와 복지에 영향을 주는 것이다(안재흥 2013; Iversen
and Soskice 2006). 양당제에서 둘 이상의 계급이 한 정당을 지지하기 때문
에 정당 자체가 연합체적 성격을 갖는 반면 다당제에서 정당이 선거 후에
연합을 통해 집권에 참여한다(Bawm and Rosenbluth 2003).13) 권력자원이론
은 좌파연정이 재분배를 선호한다고 주장하는데 좌파연정을 만드는 것은

12) 더 정확하게는 중간계급은 세율을 결정하여 최종적으로 정부지출에 영향을 준다.
13) Persson & Tabellini(2008)는 선거제도의 차이가 정당정부의 형태에 주는 효과를
    내생적으로 가정하여 경험연구에 적용했다.

비례대표제에 있다. 다수제하의 양당은 중위투표자의 지지를 얻으려고 경쟁한다. 이 때 중간계급은 선거 이후 우파정당이 집권하면 증세를 도입할 우려를 할 필요가 없지만 좌파정당이 집권할 경우 선거공약을 위배하고 중간계급에도 과세를 부과하는 정책을 실시할 것을 예상하여 우파정당을 지지한다. 이처럼 정당정부의 동학을 도입하면 좌우 어느 쪽이 집권할 것인가는 외적으로 주어지는 것이 아니라 선거제도의 파생물이다(Persson and Tabellini 2008).

재분배와 제도의 인과적 문제에 대해 단초를 제공한 것은 로머(Romer)와 멜쩌와 리차드(Meltzer and Richard)의 기념비적 연구이다.[14] 재분배를 요구하는 것은 나라별로 큰 차이가 있다. 재분배의 요구가 국제적으로 크게 다른 이유는 중위투표자가 정책에 영향을 미칠 수 있는 기제가 나라별로 서로 다르기 때문이다. 멜쩌와 리차드가 강조한 핵심은 평균소득과 중위소득의 거리가 크면 중위투표자는 재분배를 요구한다는 점이다(Franzese 2002, 64-66; Lindert 2004). 재분배와 소득불평등은 대체재의 관계에 있다. 소득불평등이 심각하면 즉 중위소득이 평균소득보다 더욱 낮아지면 재분배의 요구가 발생하기 때문이다. 이후 재분배는 중위투표자의 상대적 소득에 따라 결정된다고 보게 되었다. 민주주의에서 중위투표자의 지지를 얻어야 집권할 수 있기 때문에 정당은 중위투표자의 요구에 민감하다.

중위투표자의 요구가 얼마나 수용되는가는 정치제도의 종류에 따라 결정된다. 폰투손과 루에다는 멜쩌와 리차드가 제시한 이론을 경험적으로 확정해보려 시도했다(Pontusson and Rueda 2010). 이들은 집단별 소득격차를 통해 재분배정책 선호에 반영될 것으로 가정했다. 중위소득과 상위소득의

---

14) Romer(1975)와 Meltzer & Richard(1981)는 특히 재분배의 차이가 왜 발생하는가의 문제를 제기했다. 이 중에서도 후자는 중위투표자와 재분배의 관계를 대중화하는데 공헌했는데, 선행연구에 대한 상세한 논의는 Persson and Tabellini(2005) 참고.

거리가 먼 반면 중위소득과 하위소득의 거리가 가까우면 중위투표자는 저
소득 투표자와 연대하여 재분배정책을 지지한다는 점을 주장했다. 이들은
멜쩌와 리차드가 제시했던 소득격차에 기반한 중위투표자의 위치가 결정
적이라는 가설을 지지하면서 이를 선거제도와 결부시키고자 했다. 즉 왜
재분배정책이 다수제 선거제도보다 비례대표제에서 두드러진가를 밝히려
는 것이다. 강과 포웰은 선거제도가 재분배에 미치는 효과를 분석한 경험
연구에서 비례대표제 하의 재분배정책은 중위투표자보다 약간 좌편향하는
반면 다수제에서는 우편향하며 정부의 정치적 정향은 .74의 상관관계를 보
인다고 주장했다. 선거제도는 투표자의 선호를 반영함으로써 정책결정에
미친다는 기존의 가설은 경험적으로 보강되었다(Kang and Powell 2010).

〈표 4-4〉 자본주의 다양성과 재분배

지니 계수	조정시장경제	자유시장경제
시장소득지니	45.1	44.8
가처소득지니	30.7	34
차이	14.4	10.7
집단 별 소득격차		
시장소득 상-하	4.3	4.7
가처분소득 상-하	4.4	5
시장소득 상-중	2.1	2.2
가처분소득 상-중	2	2.1
시장소득 중-하	2	2.1
가처분소득 중-하	2.1	2.3

자료: LIS 저자 추출계산

　재분배 문제는 자본주의의 다양성 논의와도 깊은 관계가 있다. 이에 따
르면 자본주의는 역사적으로 형성되고 상보적 관계를 갖는 요소의 결합이
다. 제도를 게임의 규칙이라는 폭 넓은 개념으로 볼 때 자본주의의 운영체
계 역시 하나의 제도이며, 이것은 복지국가 운영 또는 재분배에 상당한 힘
을 발휘한다. 아이버슨과 소스키스는 자본주의의 다양성 논의에서 양대 체

제로 제시한 조정시장경제(CME)와 자유시장경제(LME)는 각각 다른 복지국가를 지향한다고 주장했다(Iversen and Soskice 2001). 조정시장경제와 자유시장경제의 두 제도를 보면 각각의 제도는 노동시장, 금융시장, 그리고 정당정부의 유형의 모든 면에서 각 제도의 구성요소는 상보적인 특성을 노출한다(Iversen 2005; Iversen and Soskice 2009). 〈표 4-4〉는 조정시장경제가 재분배 면에서 자유시장경제에 비해 더 전향적이라는 점을 보여준다. 조정시장경제는 세전 및 세후의 지니계수 차이가 14.4%인 반면 시장경제체제에서는 10.7%로 약 4% 차이가 난다. 상위소득집단과 하위소득집단을 비교해도 차이가 있다.[15] 시장소득을 기준으로 하여 하위소득 대비 상위소득이 조정시장경제에서는 4.37배에서 5.04배로 늘어난 반면 자유시장경제에서는 4.74배에서 5.08배로 늘었다. 시장소득과 가처분소득 모두에서 자유시장경제가 불평등한 것이다. 이러한 불평등 차이는 상위소득과 중간소득, 중간소득과 하위소득에서도 그대로 유지된다.

3. 자료와 통계추정모델

1) 자료와 변수[16]

복지국가의 많은 선행연구는 국가의 사회지출에 주목해왔다. 복지국가의 초기 연구는 국민총생산 대비 총 사회지출을 종속변수로 취급했으며 이후에는 세분화한 각각의 하위분야의 차이와 규모를 분석대상으로 세분화했다. 실업, 의료, 연금, 그리고 장애 등 복지국가를 구성하는 구체적 정책

---

15) 하위소득집단은 중위소득의 70% 미만인 소득을 말하며 상위소득은 중위소득의 150% 이상을 말한다.
16) 사용된 자료의 출처는 부록 참고.

영역이 밝혀지기 시작했다.[17] 그러나 사회지출은 재분배 측정에서 보다 유용한 자료가 없을 때 사용하는 대안일 뿐이다(Alesina and Glaeser 2004; Esping-Anderson 1990). 하위영역의 지출 역시 거시적 자료를 벗어나지 못한다는 한계를 갖는다. 비판은 자료의 한계를 반영하는 것이다. 복지국가가 목표로 하는 재분배와 빈곤감축의 요인을 구체적으로 분석하기 위해서는 미시자료가 필수적이다. 미시적 자료가 없으면 국가의 복지정책이 얼마나 그 목표를 달성했는가를 알 수 없다. 국제비교가 가능한 미시자료는 극히 최근이며 이는 룩셈부르크소득연구(LIS)에 의해 가능해졌다.

　이 연구가 사용한 LIS 자료는 서베이를 통해 얻은 미시자료이다. 1970년대에 시작하여 현재는 2010년까지 자료가 공개되어 있다. 자료는 시간이 갈수록 확대되고 있다. 2006년 한국, 그리고 2008년 일본이 선진국으로서는 아주 늦었으나 처음으로 자료를 제출하는 등 서서히 확장되고 있다. 자료는 40개국 1967-2010년 기간의 44년을 그 대상으로 한다. 그러나 국제비교 연구가 그렇듯이 국가별로 모든 자료가 동일하게 존재하지 않고 자료의 존재가 많이 차이가 나기 때문에 불균형 패널을 형성한다.[18] 불균형패널의 경우, 특히 사례(여기서는 국가)수가 관찰시점(년도)보다 많을 경우 계량경제학 문헌은 확률모형(RE)을 추천한다(Hsiao 2003).[19] 종속변수는 재분배이며 이는 두 가지 방식의 지표를 사용했다. 선행연구는 종속변수로서 수준 또는 변화에 대해 논쟁의 와중에 있으며 나는 두 가지 모두를 검토했다. 세전 불평등과 세후 불평등의 차이를 종속변수로 할 경우 세전 불평등이 독립변수로 미치는 영향이 너무 과도하여 다른 요인이 미치는 효과에 영향을

---

17) 세분화를 시도한 최근 연구는 다음과 같다: Fuest, Niehues, and Peichi(2010); Franzese and Hays(2008); Moene and Wallerstein(2003).
18) 다음은 지금까지 한 차례의 조사결과만을 제시한 국가이며 2013년 현재 자료가 국제비교를 위해 조정 중인 국가가 7개국이다: 한국, 일본, 페루, 브라질, 우루과이, 중국, 인도 등.
19) Brady(2009)는 빈곤율을 종속변수로 하면서 동일한 기법에 의존했다.

줄 수 있다는 점을 고려하여 추가로 상대적 변화를 종속변수로 삼아 결과를 비교한다(Brandolini and Smeeding 2008, 38). 경제성장을 원인을 파악하는 모델에서 상대적 변화인 성장률을 종속변수로 하는 것과 마찬가지이다.[20]

첫째, 종속변수는 조세와 소득이전 이전과 이후의 소득불평등의 차이이다. 이 절대적 차이는 조세와 초기의 소득분포에 의해 결정된다.[21] 둘째, 시장소득과 가처분 소득의 불평등이 얼마나 재분배를 통해 연관되는지를 보기 위해 변화율을 종속변수로 한다. 시장소득과 가처분 소득의 차이는 조세 및 소득이전에 관련한 정책의 영향을 받기 때문에 분석적으로 각각 다른 영역에 속한다. 시장소득은 그야말로 시장에서 결정되는 요소가격이며 특히 임금소득은 노동시장의 제도에 의해 많은 영향을 받는다. 노조가 강력하여 노동 간의 임금격차가 약한 곳과 그렇지 않은 국가가 있다. 노조의 존재여부와 세력의 정도는 임금협상에 영향을 미치기 때문이다. 또한 코포라티즘 문헌이 강조하는 것처럼 협상이 전국적 혹은 부문별로 이루어지면 임금격차는 감소하며 기업별로 결정될 때는 격차가 벌어진다. 한편 가처분소득을 결정하는 것은 조세와 소득이전이며 이는 정치적 요인에 의해 결정된다. 좌파집권정부가 재분배정책을 추진하는 경우 소득이전이 상승하고 복지세가 많아져서 고소득층의 가처분소득은 감소하고 저소득층에 대한 지원은 강화된다. 그러나 시장소득과 가처분소득의 관계를 보기 위해서는 노동시장제도와 정치적 변수 모두를 동시에 고려해야 한다. 정치적 변수의 효과는 정태적이기보다 다이나믹하기 때문에 재분배 정책은 간접

---

20) 종속변수의 선택과 관련하여 선행연구도 동일하게 접근한다. 관련 논의는 다음 문헌 참고: Bradley(2003); Iversen(2005); Moller(2003); Mahler and Jesuit(2006); Scruggs(2008).

21) 절대적 차이는 시장소득지니에서 세후 및 소득이전 이후의 지니를 뺀 값이며 그것은 조세와 처음 소득불평등의 정도에 의해 결정된다. 한편 상대적 차이는 지니값의 변화를 뜻하며 이는 조세에 따라 결정된다. 이에 대해서는 Luebker(2012) 참고.

적으로 자본시장과 인적자원의 축적에 영향을 주어서 다시 시장소득의 분
포에 영향을 준다. 예를 들어서 좌파정부가 공교육에 대한 투자를 늘려서
인적자원의 육성에 기여하는 경우 이는 장기적으로 시장소득의 향배에 영
향을 준다.

설명변수는 네 가지 범주로 구성된다. 네 가지 범주는 앞에서 논의한 복
지국가를 해석해온 세 가지 이론과 중위소득 이론을 기반으로 도입했다.
산업화 혹은 근대화 이론(logic of industrialization)은 복지국가를 실현하는데
필요한 사회지출이나 소득재분배는 인구변화와 경제일반의 변화에서 파생
하는 것으로 가정한다. 산업화 이론은 흔히 노인인구의 비중이나 취약인구
의 비중이 사회지출의 규모를 결정하며 여기서 재분배가 이루어진다고 주
장한다. 또한 경제적 변화, 즉 경제성장이나 개인소득의 증가는 공적 지출
에 중대한 영향을 준다고 본다. 급속한 성장은 고용을 늘려 실업을 줄이는
점에서 재분배의 요구를 원천적으로 축소시킨다. 또한 개인소득이 증가하
면 복지정책에 의존하는 정도가 감소하기 때문에 사회지출이 줄어든다. 산
업화 이론은 주로 인구학적 및 경제적 변화를 반영하는 요인에 주목하기
때문에 통제변수를 제공한다. 여기서는 이러한 변화를 고려하여 일인당 실
질소득과 실질성장률, 그리고 실업률을 사용한다. 경제성장과 일인당 소득
의 증가는 재분배 기능을 축소하는 부정적 효과를 실업은 재분배를 활성화
하는 긍정적 효과를 갖는 것으로 가정된다.

브래들리 등은 조사대상 가운데 연령을 25세 이상 59세 이하에 속하는
노동집단을 기반으로 조사한 지니계수를 종속변수로 했다(Bradley 외 2003).
이는 가장 일반적 대안이며 나도 이 방식을 따랐다. 조세와 소득이전이 유
도하는 간접적 '2차 효과'는 직접적 1차 효과 못지않게 재분배에 영향을 준
다. 그렇지만 2차 효과를 정확하게 파악하기는 어렵다. 연령을 노동생산 집
단으로 한정한 까닭은 연금 급여자가 포함될 경우 시장소득은 줄어들고 세
후소득을 늘어나는 결과를 가져와 재분배효과를 과장할 수 있기 때문이다.

예로서 스웨덴 2005년 자료를 보면 연령을 제한하지 않을 경우 시장소득의 지니계수는 0.46이나 가처분소득의 지니계수는 0.26으로 재분배 효과는 229 포인트 또는 48.6%나 된다. 그러나 연령집단을 소득을 창출하는 25-59세로 한정하면 시장소득과 가처분소득의 지니계수는 각각 .395와 .239이며 재분배효과는 176포인트 혹은 39.4%에 감소한다. 또한 국제적 비교의 필요에서도 연령제한을 두어야 비교가능하다. 연령제한을 하지 않을 경우 재분배의 국제적 비교는 정확하지 않게 된다. 통계적 신뢰성은 인구학적 요소, 노동참가율, 연금모형 등이 서로 다른 나라의 재분배를 비교할 때는 더욱 떨어진다(Jesuit and Mahler 2010, 1391). 예를 들어 연금에서 차지하는 공적 지출이 클수록 재분배 효과는 과장되며 역으로 사적연금의 비중이 높은 나라의 재분배 효과는 떨어지게 된다. 연금급여가 일반적으로 존재하는 선진민주주의 체제에서 조세 및 소득이전 전 소득분포에 의하면 경제활동을 하지 않는 노년층은 시장소득이 없다. 그러나 연금급여를 받는 대부분 노년층의 가처분소득은 중산층에 근접한다면 상당한 재분배 효과로 나타난다. 연금급여자의 배제가 제공하는 또 다른 이점은 일부 비판이 제기하는 것처럼 복지국가는 생애의 소득재분배일 뿐이 아니라 소득집단 사이의 재분배라는 점이다. 연령제한은 연금 수혜자를 포함할 경우 발생할 수 있는 편의(bias)를 통제하려는 시도이다.[22]

권력자원이론이 가정하는 권력자원으로서는 좌파정당 정부참여율의 누적값과 노조조직률, 그리고 노사협상의 지점 등 세 가지 변수를 포함한다. 좌파정부의 역할은 단기적이기보다 역사적으로 형성되는 계급간의 힘의 관계를 반영되기 때문에 누적적으로 작동한다고 보는 것이 합리적이다. 스

---

[22] 이에 대한 반론은 24세 이하 및 60세 이상의 인구는 투표권을 행사하며 공공정책에 영향을 준다는 점을 감안할 것을 강조한다. 자료에는 등장하지 않으나 이들의 목소리가 정책에 반영될 것으로 상정하는 것이다. 이에 대해서는 앞으로 보다 많은 검토가 필요할 것이다.

티브즈 등은 1946년 이후의 누적값을 계산했는데 나도 이 방식에 의존했다.[23] 복지국가와 재분배에 대한 연구는 광범위하게 노동조직률과 노사협상의 지점을 독립변수로 활용해왔다. 권과 폰투손은 복지지출에 영향을 주는 당파성의 역할은 세계화 등 외적 변수의 변화에 따라 가변적이라고 보았다(Kwon and Pontusson 2010). 시간의 변화와 더불어 탈산업화 등의 압력으로 인해 노동의 힘이 약화되면 좌파 정당에 대한 지지 역시 낮아지고 이는 다시 사회지출의 감소를 나타내는 것이다. 노동시장과 조직화 등에 대한 자료는 ICTWSS로부터 획득했다.[24] 협상의 지점 혹은 수준은 1에서 5로 세분되고 값이 클수록 상위지점에서 협상이 이루어짐을 뜻한다. 즉 1은 기업별 협상을, 그리고 5는 전국적 협상을 뜻한다. 사이 값은 부문별 협상의 정도를 말한다. 또한 노동조직률은 노동의 조직화 정도를 표현한다.

정치제도로는 제도적 효과를 파악하는데 가장 핵심적 역할을 하는 것으로 인정받는 선거제도와 정부형태를 선택했다. 선거제도는 다수제와 비례대표제로 분류했으며 독일 같은 혼합형은 비례대표제로 분류한다. 정부형태는 대통령중심제와 의회중심제로 양분하여 더미변수로 취급한다. 정치제도는 흔하게 바뀌지 않으며 시간의 경과에 거의 영향을 받지 않는다. 다수제에서 비례대표제로의 개혁은 아주 드문 사례이다. 제도개혁의 희소성으로 인해 정치현실에서 '실험'은 사실상 불가능하다. 투표율이 재분배에 미치는 효과에 대해서 논쟁적이고 적지 않은 논의가 있다. 투표율은 레이파트가 지적한 것처럼 소득수준과 부정적 관계를 갖기 때문에 저소득층이 필요로 하는 재분배정책은 정치적으로 반영되기 어렵다(Lijphart 1997). 반대로 정치적 로비와 적극적 참여를 하는 집단의 요구는 선출직 정치인을 정치적

---

23) 1946년 이후 좌파 정당이 연합정부에 참여했을 경우 받은 정부 각료 비중을 누적적으로 계산한 값이다. 후버 등 자료집(2004)은 2000년까지이며 그 이후의 값은 유럽연합 35개국을 포함한 CPDS Ⅲ 1990-2010에서 가져와 재계산했다.
24) ICTWSS 자료는 비서(J. Visser)가 구축한 노사관계 자료집이며 광범한 관련 자료를 제공한다. 2013년 4차 자료는 1960-2011년 기간을 포함한다.

으로 압박하는 점에서 더욱 충실히 정책으로 나타난다(Bartels 2008). 미국은 선진국 가운데 투표율이 가장 낮은 나라이다. 미국의 낮은 수준의 공공복지와 높은 유럽의 복지국가는 투표율 차이에서 그 원인을 발견할 수도 있다. 미국과 유럽 모두 고소득층의 투표율은 높고 비슷한 수준이지만 저소득층의 투표율은 큰 차이가 있다. 미국의 저소득층은 상대적으로 유럽의 저소득층에 비해 기권율이 높다. 정당의 입장에서 투표참여가 높은 집단의 요구에 민감하다(Alber and Kohler 2010). 높은 투표율은 저소득층과 중간층의 참여가 높다고 예상할 수 있다는 점에서 재분배정책에 대한 압력 역할을 한다.

그리고 중위투표자-재분배의 가설을 검증하기 위해 중위투표자의 수적 비중과 상위소득 및 하위소득의 관계가 재분배에 주는 효과를 보고자 했다. 중위투표자는 중위소득의 70-150%로 가정했다. 이 가정은 1984년 더로우가 사용한 이후 많은 연구에 의해 이용되었다(Thurow 1984).[25] 중위투표자는 집단이나 계급의 측면에서 보면 중간계급에 해당한다. 이들의 요구는 중위소득 대비 평균소득의 로그값으로 대치한다. 중위투표자의 위치를 측정하는 또 다른 지표로서 중위소득의 비중을 들 수 있다. 중위소득자가 많다면 이들은 정치적으로 보다 강력한 영향력을 행사할 수 있다. 반대로 그 수가 적다면 정치적 영향력은 감소한다.

2) 통계모형과 결과

통계적 검증을 위해 패널회귀분석의 두 가지 추정방식에 의존했다. 첫째는 일반적으로 사용되는 방식인데 합동 OLS, 집단 간 효과 모형, 고정효과, 그리고 확률효과 모형으로 구성된다. 각 모형의 차이는 오차항과 변수간의

---

25) Grabka and Frick(2008)도 70-150%로 중간계급을 정의했다. 다양한 구간에 대한 논의는 Atkinson and Bandolini(2011) 참고.

상관관계 문제 때문에 발생하며 그 처리를 위해 다양한 모형이 시도되었다. OLS 추정은 독립변수와 오차항의 상관관계가 없다는 가정에서는 일치추정을 얻을 수 있지만 그 가정은 흔히 유지되지 힘들다. 뿐만 아니라 강력한 이론적 지원이나 전제가 아니라면 종속변수와 설명변수의 동시성 편의가 발생하며 설명변수간의 공분산 문제도 해결해야 한다. 재분배에 영향을 준다고 가정하는 정부의 사회지출이나 실업률은 동시성 편의를 낳을 수 있다. 그리고 재분배를 결정한다고 믿는 정치제도와 권력자원은 밀접한 상호관련성을 갖는다. 노동조직률과 자본주의의 조절기제(조정시장경제/자유시장경제), 그리고 좌파정부의 지속화 등은 대표적이다. 또한 정치제도 역시 자본주의 다양성 연구가 주장하듯 상호보완적 관계에 있다. 비례대표제는 인과적으로 다당제를 다당제는 연합정부와 친화성을 갖는다. 선거구의 크기 역시 마찬가지로 선거제도의 파생이다. 다수제는 양당제, 그리고 단일정부의 연결고리를 형성한다. 따라서 이러한 연결고리를 동시에 독립변수로 포함할 경우 각 변수의 추정값은 과장되기 쉽고 표준오차는 커진다. 이러한 문제를 보완하기 위해 2단계 회귀분석을 사용했다(표 3-6). 2단계 회귀분석에서는 선거제도-정당체제의 관계가 상대적 재분배의 정도에 주는 영향을 포착하기 위해 연합정부를 주요 독립변수로 지정했다.[26]

일부구공산권 국가는 가처분소득이 시장소득보다 적은 경우가 있다. 예를 들어 체코의 경우 1992년, 1996년 및 2004년 가처분소득의 지니계수는 각각 20%, 25%, 그리고 25%인 반면 시장소득의 지니는 각각 8.5%, 9.7%, 그리고 10%로 시장에서의 소득이 더 평등한 결과를 보여준다. 루마니아 역시 1995년과 1997년 시장소득의 불평등은 9.6%와 9.8%인데 비해 가처분소득의 지니는 27.4%와 27.7%로 더 불평등해졌다. 이는 일반적으로 알려진 상식에 완전히 반하는 것으로 구공산권 통계에 문제가 있음을 암시하기 때문에 제

---

26) 2단계 회귀분석의 장점과 필요성에 대해서는 다음 문헌 참고: Angrist and Pischke(2009). 특히 제4장은 도구변수의 이용과 관련된다.

외했다.[27)]

〈표 4-5〉는 통계분석의 결과이다. 처음 세 열은 다음 패널방정식의 결과이다.

$$yit = \alpha + \delta\, y_{i\ t-1} + \beta\ (권력자원, 정치, 중위소득) + \beta\ Xit + it$$

yit는 종속변수로서 두 가지이다. 첫째는 시장소득의 지니계수에서 가처분소득의 지니를 뺀 절대값이다.[28)] 이 형태의 종속변수는 〈표 4-5〉의 제1-3열의 결과에 적용되었다. 통제변수는 성장률과 실업률 및 일인당 실질소득이다. 두 번째 형식의 종속변수는 상대적 차이, 즉 (시장소득지니-가처분소득지니)/시장소득지니로 표현된다. 이는 〈표 4-5〉의 4-6열에 사용되었다. 1-6열의 결과에서 종속변수의 차이 외에 설명변수는 동일하다. 통제 변수는 $\beta\ Xit$항의 Xit에 포함된다.

권력자원이론이 주목하는 노동의 권력자원은 좌파정부의 정부참여경험, 노조조직률, 그리고 노사협상의 수준 등이다. 정치제도에는 정부형태, 선거제도, 그리고 투표율이 있다. 투표율은 중위투표자 이론과 권력자원이론을 매개할 수 있는 고리이다(Mahler 2006). 중위투표자이론은 투표자의 행위를 소득에 한정하고 100%의 투표율을 가정한다. 그러나 투표자의 행위는 소득 외 다른 요인의 영향을 받으며 모두가 투표하는 것도 아니다. 따라서 투표율 수준은 소득분포에 얼마나 영향을 미치는가를 분석하는 것이 현실적이다. 투표율은 권력자원이론이 주장하는 것처럼 소득집단 간의 "민주적 투쟁"으로 해석할 수 있다.

---

27) 국가더미를 부여한 회귀분석결과를 보면 시장소득이 가처분소득보다 큰 동구권 일부 국가는 예외적 사례(outliers)로 나타난다.

28) Kenworty(2004), David(2009), Swank and Martin(2010) 등 대부분 선행연구는 여기서와 동일한 종속변수를 사용했다.

그리고 중위소득의 분포가 재분배에 미치는 영향을 포착하기 위해 중위소득 대비 평균소득의 로그값과 중위소득집단이 전체에서 차지하는 비중의 과거 값을 넣었다. 멜쩌-리차드 논리가 예측하는 것과는 반대로 평등한 곳에서 재분배가 더 잘 이루어진다는 경험적 결과를 가리켜 '로빈 훗 역설'이라고 하는데 평균소득/중위소득의 격차는 이를 포착하기 위한 것이다. 상위소득은 중위소득보다 많은 소득이고 하위소득은 중위소득 미만의 소득이며 로그값은 소득양극화 정도를 의미한다.

제4열-6열의 결과는 위의 식과 종속변수만 다르다. t-1 시장소득의 지니는 이전 수준을 통제하기 위해 유지되었다. 종속변수는 단순한 차이가 아니라 통계 결과는 종속변수와 관계없이 대체로 유사하다. 과거 불평등의 영향을 제외하면 효과가 아주 작다. 노동시장제도의 관점에서 보면 좌파정당의 집권비중과 노조조직률의 효과가 통계적으로 유의미하다. 그러나 추정치는 너무 작다. 이처럼 권력자원의 영향을 중시하는 당파성 문헌은 이론적으로 설득력 있는 가설을 제시했으나 이에 대한 경험적 지지는 강하지 않다. 기존 연구의 결과를 보면 좌파정당이 점유하는 정부각료 비중은 어느 조사에서도 유의미한 평가를 받지 못했다. 브래들리 외의 연구는 아예 좌파정당 대신 노조조직률을 대체하여 유의미한 결론을 끌어냈지만 재분배 정책에 정부가 영향을 주지 못한다는 것은 여전히 의문으로 남는다(Bradley외 2003). 마찬가지로 말러와 제수이트 연구에서도 여러 가지 모형을 시도했지만 어디에서도 좌파정당의 정치적 힘은 경험적으로 증명하지 못했다(Mahler and Jesuit 2006). 〈표 4-5〉에서 나타난 결과 지니의 변화 및 차이 모두 고정효과 모형과 확률모형에서 재분배에 긍정적 방향을 유지한다. 그러나 고정효과의 F검증은 고정효과가 존재하지 않음을 인정하며 확률모형이 적합한 모형임을 지지한다.

〈표 4-5〉 상대적 재분배의 결정요인

종속변수 (2) (3) 시장지니-가처분지니 (4) (5) (6) (시장지니-가천분지니)/시장지니	합동 OLS (1)	고정효과 모형 (2)	확 률 효 과 모형 (3)	합동 OLS (4)	고정효과 모형 (5)	확 률 효 과 모형 (6)
통제요인						
시장소득지니 t-1	0.062	0.057	0.062	0.196	0.222	0.196
고소득-저소득차이 t-1	0.095***	0.086*	0.095***	0.105*	0.155	0.105*
실업률	0.008	0.006**	0.008***	0.012**	0.010**	0.012***
성장률	0.068	0.271	0.068	-0.037	0.349	-0.037
일인당소득	0.000**	0.000*	0.000**	0.000**	0.000**	0.000*
무역의존도	-0.023	0.039	-0.023	-0.064	0.045	-0.064
사회지출	0.061	0.895	0.061	0.087	1.934	0.087
권력자원						
좌파정부	0.001	0.000	0.001	0.002*	0.002	0.002*
노조조직률	0.001**	-0.001	0.001**	0.002**	-0.002	0.002**
자유시장경제(LME)	-0.008	-0.015	-0.008	-0.032	-0.036	-0.032
정치제도						
연합정부	0.028**	-0.001	0.028**	0.052*	-0.015	0.052*
다수제	0.019		0.019	0.026		0.026
대통령중심제	0.008		0.008	0.005		0.005
투표율	0.000	0.001	0.000	0.000	0.002	0.000
중위투표자						
평균소득/중위소득	-0.020	0.026	-0.020	-0.072	-0.017	-0.072
중위소득자 비중	0.002**	0.001	0.002**	0.003*	0.003	0.003*
상수	-0.175***	-0.295	-0.175***	-0.122	-0.584	-0.122
R^2	.641	.485	.835	.784	.428	.784

***, 1%, ** 5%, * 1% 유의미 수준

기존연구는 노조조직률이 모호한 효과를 보인다고 말했다. 브래들리 외 연구(2003)는 일관된 영향력을 가진 것으로 보고했다. 그리고 최고 1%의 소득집중을 종속변수로 한 연구에 따르면 노사협상의 중앙수준 여부는 상위 1%와 10%의 소득집중에 영향이 없지만 노조조직률이 통계적으로 유의미한 수준에서 부정적 영향을 준다(Scheve and Stasavage 2009). 말러와 제수이트 연구에서는 양면적으로 나타났다(Mahler and Jeusit 2006). 모호한 영향을 한시적 및 비정규직 노동의 증가에서 발생하는 것으로 해석했다. 노조의 역할은 일차적으로 정규직의 이해를 보호하는 것이기 때문에 정규직보다 임금과 노동조건이 열악한 비정규직은 보호받기 힘들다. 비정규직의 취약한 위치는 노조조직률과 상관없이 재분배를 어렵게 만드는 것으로 보인다.

중위투표자의 영향에 관한 경험적 선행연구는 중위소득의 영향력을 모호한 것으로 평가한다. 이론적으로 예측하는 것과는 달리 중위소득과 평균소득의 차이가 재분배를 결정하지 않는 경우도 흔히 발견되었다. 중위투표자이론에 기반한 경제학은 중위소득이 소득, 실업, 성장 등 변수들을 통제했을 때 어떤 효과를 보는지를 검토하여 정치적 변수가 포함되었을 때 어떤 영향을 주는지에 대해서는 주의하지 않았다. 정치적 변수의 역할이 고려되었을 경우 중간계급의 비중은 불평등을 완화하는 것으로 나타난다. 중위투표자이론의 예측과 부합하는 결과이다. 추정치 자체는 아주 낮지만 방향이 일관되고 통계적으로 유의미하여서 중간계급이 많을수록 재분배의 압력으로 작용한다고 해석가능하다. 한편 중위소득과 평균소득의 거리는 반대의 효과를 낸다. 이는 통계적으로는 유의미하지 않으나 소득불평등이 클수록 재분배가 이루어지지 않는다는 소위 '로빈 훗 역설(Robin Hood Paradox)'을 의미한다.

고정효과 모형을 실행한 후 우도비(LR: Likelihood Ratio) 검증결과를 보면 p 값이 너무 커서 그룹확률효과가 존재하지 않는다고 할 수 있으며 따라서 합동 OLS 혹은 확률효과 모형이 바람직함을 의미한다. 또한 고정모형은 시간과 상관없이 변하지 않는 정치제도의 변수를 사상시켜서 그 효과를 볼 수 없어 제도적 효과를 포착하려는 연구의도와도 맞지 않는다. 고정효과 모형으로는 국가별로 역사적으로 형성된 고유한 제도가 복지국가에 미치는 영향을 파악할 수 없다. 한편 확률모형의 경우 θ 값이 0.24로 차라리

0에 더 근접하기 때문에 고정효과보다는 확률모형이 보다 효율적 추정량을 제공한다고 볼 수 있다. 그러나 합동 OLS 또는 확률모형은 정치제도 변수와 오차항 사이에 상관관계가 없다고 전제하기 때문에 관찰되지는 않지만 정치제도에는 영향을 주기 때문에 재분배에 직접 영향을 주지는 않는 도구를 사용하여 2단계 추정을 하는 것이 효율적 추정치를 얻는 하나의 대안이다.

3) 정당정부와 재분배

〈표 4-6〉은 2단계 추정모형(2SLS)을 적용한 결과이다. 2단계 모형을 취한 까닭은 최근 활발한 논쟁 중에 있는 선거제도-정당정부의 관계 속에서 선거제도가 재분배에 어떤 역할을 하는가를 포착하려 했다. 2단계 모델은 OLS 회귀분석에서 포착하지 못하는 부분을 설명하기 위한 시도이다. 관찰되지 않으면서 종속변수에 중대한 영향을 주는 변수가 존재하는 것이 일반적인 사회과학적 현상에서 2단계 분석은 유용한 도구이다. 이 논쟁은 민주주의의 다양성 문헌과도 얽혀 있다. 민주주의의 다양성에 대한 연구는 정부의 형태를 선거제도를 매개로 한 정당체제의 파생물임을 강조한다. 단독정부는 선거제도와 선거구 크기로부터 결정된다. 다당제에서는 어느 일당이 단독으로 정부를 구성하지 못하고 정당연합으로 정부가 만들어진다. 반대로 다수제 선거제도는 양당제가 일반적이고 정부 역시 다수당이 맡는다. 선거구 크기는 다수제에서는 소선거구가 보편적이어서 선거구당 3.9인 반면 비례대표제에서는 평균 크기는 20석이다.

연합정부를 위한 도구변수로는 비례대표제와 고등교육에 대한 지출을 사용했다. 도구변수는 연구모형에는 포함되지 않지만 재분배에 영향을 주는 변수가 언제나 잠복한다는 점을 고려해서 선택해야 한다. 예를 들어 미국의 인종문제처럼 다양한 집단 간의 비제도적 정치적 역학관계는 경제적 갈등으로 전환되어 재분배를 악화시킬 수 있다. 사회마다 자신의 고유한

갈등구조를 안고 있다면 이는 보이지는 않지만 재분배에 영향을 준다. 후
자는 국민총생산 대비 고등교육지출이다.29) 고등교육지출을 도구변수로
사용한 까닭은 자본주의 다양성 연구가 강조하는 것처럼 조절시장경제체
제에서 중등교육 이후 대학진학보다는 직업교육을 선택하는 것이 보편적
이라는 점에 착안했다. 대학진학 자체는 재분배와는 직접적으로 관련을 갖
지 않지만 이미 포함된 통제변수와는 여러 가지로 영향을 맺는다.30) 교육
정책은 사민당을 포함한 좌파정부의 주요 공약이다. 사민당은 교육이 대학
진학과 졸업은 인적자원의 향상을 뜻하며 이는 소득의 증대로 일인당 실질
소득을 증가시킨다. 교육에 대한 투자는 인적자원을 향상시켜서 고용효과
를 창출하고 실업 리스크를 줄이는데 기여한다.31) 고등교육지출은 비례제
도와는 직접적 관련이 없으면서 연합정부와 관련을 맺는다고 가정했다. 고
등교육지출이 높다는 것은 직업훈련교육보다는 일반교육이 보편적임을 의
미한다고 보고 이는 자유주의시장경제에서 흔한 현상이다. 즉 대학진학의
정도는 노동시장에 영향을 주고 노동시장은 다시 정당 지지에 영향을 준다
고 가정한다. 후기물질사회에서 저학력층에 비해 고학력자의 정치참여가
높다면 높은 학력은 투표율을 높임으로써 정당정치를 활성화시키는데 기
여한다. 이렇듯 고등교육투자는 기존의 요소들과는 강한 상관관계를 갖지
만 고등교육투자는 오차항과 상관관계가 약하다면 도구변수로서 적합하다.
한 연구에 의하면 1975-2002년 기간 동안 OECD 국가들에서 교육예산은 사
민당 정부와는 정의 상관관계를 갖는 반면 보수당과는 음의 상관관계를 갖
는다(Schmidt 2007, 172).

---

29) 교육지출자료는 OECD stats.oecd.org 참고.
30) 최근 몇 년 동안 교육의 정치경제는 큰 주목을 끌고 있다. 지금까지 정치경제 분
   야의 사각지대로 남았던 교육문제가 복지국가와 정치적 불평등 등과 갖는 복합
   적 관계에 대해서는 다음 문헌 참고: Ansell(2010); Buseymeyer(2007); Schmidt(2007).
31) 인적자원과 소득불평등의 관계에 대한 최근 논의는 다음 문헌을 참고: Autor and
   Lawrence(2006; 2008); Goldin and Katz(2007).

⟨표 4-6⟩ 재분배와 연합정부

종속변수: 지니계수의 상대적 차이	합동 OLS	Between모형	고정효과모형	확률효과모형
통제변수				
시장소득지니 t-1	0.087	-0.029	0.337	0.086
성장율	0.267	0.778	0.044	0.280
일인당소득	0.000**	0.000	0.000	-0.000**
실업률	0.006	0.006	0.004	0.006
무역의존도	-0.130**	-0.141**	0.184	-0.132**
사회지출	0.329	0.837	1.094	0.326
정치제도				
연합정부	0.139	0.111**	0.236	0.139*
대통령중심제	0.037	0.038	누락	0.035
투표율	0.000	0.000	0.002	-0.000
권력자원				
좌파정부	0.001	0.000	(0.001)	0.001
노조조직률	0.002**	0.001	0.018	0.002***
중위투표자				
중산층비중	0.005*	-0.002	0.007**	0.005**
평균소득-중위소득	0.345	-0.096	0.693	0.347
상수	0.004	0.250	-1.380	0.015
R^2	79.6	67.1	40.6	79.6

*** 1%, ** 5%, 그리고 * 1% 유의수준을 말한다.

⟨표 4-6⟩의 추정결과는 노동시장과 정당정치의 중요성을 지지한다. 첫째, 좌파정당의 집권과 노동조직률, 그리고 노사협의의 지점은 이론적 예측을 증언한다. 그러나 효과는 유의미하지만 크지 않다. 또 추정값은 모형 선별에 따라 큰 차이가 있다. 고정효과 모델에서 제시된 F검정은 그룹고정효과가 없다고 판정한다. 무엇보다도 단독정부보다 연합정부가 재분배 역할을 하는 것으로 나타난다. 단독정당이 집권한 정부는 재분배에 부정적 역할을 한다. 즉 정당연합의 여부는 집단 간 모델에서는 1% 수준에서 유의미하다. 이는 페르손과 타벨리니(2005; 2007), 그리고 아이버슨과 소스키스(2006)가

제시한 주장과 부합한다. 연합정부가 집권하면 단일정당 정부에 비해 시장소득에 비해 가처분소득의 재분배는 약 14% 증가한다(z 값은 1.95). 노동조직률과 좌파정부가 동시에 포함될 경우 좌파정부의 정부참여가 갖는 영향은 통계적으로 유의미하지 않고 노동조직률의 효과는 1% 수준에서 유의미하나 실질적으로 조직률 1% 증가하면 재분배 효과는 0.2%에 불과한 미미한 효과를 갖는다. 브래들리 외의 연구도 1970-1997년 동안의 자료를 분석하면서 조직률이 유효하고 좌파정부의 참여는 유의미하지 않다는 유사한 결론을 제시했다. 이들은 이것이 역사비교적 연구성과와 부합하지 않음을 강조하면서(Bradley 외 2003, 226). 노사협상의 지점 역시 통계적으로 유의미하지 않은 것으로 나타난다.[32]

노동조합과 친노동 정당은 비슷한 목표를 추구하지만 순위는 같지 않다. 노동조합이 노동자의 조직인 만큼 기본적으로 노동계급의 이해를 최우선으로 추구하지만 좌파정당은 집권의 의지가 강력하다. 좌파정부는 노동조합이 미약할 때보다 강력할 때 보다 강력한 재분배정책을 추진한다(Kwon and Pontusson 2010). 집권은 다수의 지지를 필요로 하며 노동계급과 아울러 농민이나 중간계급의 이해를 동시에 반영하려 한다. 때로는 전략적으로 노동보다도 중간층의 요구에 더 귀를 기울인다. 노동조합은 노동시장에 관련된 정책에 대해서 강렬한 관심을 갖는 반면 좌파정부는 보편적 급여를 제공하는 가족정책이나 의료정책에 우선순위를 둔다(Jensen 2012).

(t-1)의 시장소득 지니계수는 양의 방향으로 영향을 준다. 불평등 수준이 높다면 이는 완화하는 압력으로 작용했음을 뜻한다. 대체로 확률모형과 그룹 간 모형의 추정값은 크기가 일정하고 방향도 같다. 확률모형에 의하면 실업은 재분배의 상대적 차이에 대해 통계적으로 5% 수준에서 긍정적 효과

---

32) 〈표 4-5〉에서는 제시하지 않았으나, 협상수준의 추정 값은 불안정하다. 연합정부와 함께 독립변수로 참여할 때 연합정부의 추정값이 표준오차가 증가하고 협상수준 변수는 표준오차도 유의미하지 않을 뿐 아니라 음의 값을 보인다.

를 갖는다. 대통령제는 재분배에 긍정적으로 작용한다는 결과는 비교역사
적 관찰이나 이론적 가설과도 맞지 않지만 통계적으로 유의마한 추정 값도
아니다. 기존연구도 이와 같이 지식축적과 모순되는 발견을 한 후 비교역
사적 관찰에 의존하였다. 예상과는 다른 추정은 더욱 정밀한 모델구성을
요구하는 교훈이다.

통제변수를 점검해보면 우선 경제성장은 양의 방향을 보이지만 표준오
차가 커 신뢰성이 약하다. 일인당 국민소득은 유의미하지만 거의 제로이다.
국민총생산 대비 정부의 사회지출의 규모는 양의 방향으로 나타나서 이론
적 예측에 부합하나 통계적 유의성은 없다. 무역의존도는 통계적으로 보상
이론이 아니라 효율성 가설이 주장한 것처럼 개방화는 경쟁의 압력으로 작
용하여 재분배와는 반대 방향으로 간다. 그러나 추정치는 통계적으로 유의
미하지 않다. 실업률은 재분배의 요구와 긍정적 관계를 갖는다. 기존 연구
는 실업의 영향에 대해 이중적이었다. 실업은 직접적 효과 외에 조기은퇴,
적극적 노동시장정책의 시행에 영향을 준다는 점에서 재분배에 간접적으
로 긍정 효과를 갖는다(Bradly 외 2003; Mahler and Jesuit 2006). 실업자의 발
생은 실업급여의 지출을 증가시켜 소득재분배 효과를 낳는다(Dallinger 2010).
다른 한편 실업은 소득재분배의 요구에 영향을 주지 않는 연구결과도 있다
(Jaeger 2013). 경제성장은 소득재분배에 부정적 영향을 준다. 경제의 활성
화는 모든 집단의 소득을 증가하기 때문에 재분배의 요구는 줄어든다.

소득불평등을 의미하는 중위소득 대비 평균소득의 규모는 OLS 추정을
제외하면 재분배에 양의 영향을 준다. 이는 〈표 4-5〉 결과와 상반된다. 정
치적 변수를 도구변수로 처리한 모델에서는 중산층이 부유층과 소득격차
가 벌어질수록 재분배가 강화됨을 의미한다. 정치적 개입을 보다 직접적으
로 강조한다면 중위소득 모형이 멜쩌와 리차드의 예측과 부합한다. 투표율
은 앞에서와 마찬가지로 도구변수를 사용한 모형에서도 아무런 효과가 없
다. 일부 연구에 따르면 투표율 등 정치참여가 사회지출에 중대한 영향을

준다는 가설을 제시했으나 경험연구는 이에 대해 의미 있는 결과를 제시하지 않고 있다.[33] 앞으로 더욱 깊은 연구가 필요한 부분이다.

4. 결론과 과제

이 글의 목표는 LIS가 제공하는 미시자료를 기초로 하여 재분배의 결정요인을 발견하는 것이다. 나의 연구는 세 가지 목적을 추구했다. 첫째, 재분배의 새로운 자료에 근거하여 시장과 국가의 관계가 시간과 장소에 따라 얼마나 차별적인가를 파악하는 것이었다. 지난 40년을 거치면서 재분배는 나라별, 시간별로 크게 달랐다. 에스핑-앤더슨이 분류한 세 가지 복지국가는 재분배 차원에서 서로 다르게 대응했다. 그 동안 재분배의 정치경제 문헌은 이러한 차이를 설명하기 위해 거대한 노력을 시도했으며 최근에는 보다 역동적 성과가 도출되고 있다. 둘째, 이 연구는 기존의 성과를 면밀히 검토함으로써 새로운 연구 아젠다를 설정하고 이를 경험적으로 증명하려 했다. 복지국가의 초기이론을 담당했던 근대화/산업화 논리는 이제 새로운 이론이기보다 통제되어야 하는 변수를 제기한 것으로 평가된다. 인구학적 및 경제적 환경은 정치적 대응 이전에 존재하는 구조적 조건을 구성한다. 한편 경험적 분석의 결과는 권력자원과 정치제도, 그리고 중위소득집단 등이 재분배에 영향을 주는 핵심적 변수임을 보여주었다. 권력자원이론은 복지국가의 전통적 이론으로서 시장에서의 힘의 균형에 따라 최종적으로 재분배의 여부와 폭이 결정된다고 가정해왔다. 전통의 '권위'는 제도주의자의

---

33) 크루그만(Krugman 2009)과 바르텔즈(Bartels 2008)은 정치참여의 소득별 차이가 소득불평등을 심화시킨다고 주장한다. 아이버슨(2005), 그리고 아이버슨과 소스키스(2008)에서도 투표율은 재분배에 아무런 영향을 주지 않는 것으로 나타났다.

도전에 직면해왔다. 일부의 비판은 핵심 권력자원인 노조와 좌파정부 자체가 권력자원이론이 가정하는 것과는 크게 달라졌다. 즉 노조와 좌파정부는 동일한 선호를 갖지 않으며 다른 목표를 지향한다. 노조의 역할은 환경의 변화와 함께 축소된다. 정규직 노동을 대표하는 노조가 비정규직 노동의 대량 탄생으로 보편적 기능은 크게 약화되었다. 한편 정당은 노조가 활동하는 노동시장과는 전혀 다른 선거제도의 제약을 받는데 좌파정당은 집권에 대한 선호도 강력하다.

그러나 제도주의적 관점에서 보면 권력자원이론이 제시하는 요인은 노동시장제도와 정치적 변수간의 상호작용에 해당한다. 노조와 좌파정당의 힘을 표현하는 노조조직률과 득표율은 정치제도의 여과를 거치면서 다른 모습으로 나타난다. 선거제도의 차이는 노동이 집권에 참여할 수 있는 기회를 결정한다. 선거제도는 좌파정당의 선거전략과 행위에 차별적 영향을 미친다. 좌파정당은 집권하기 전 선거전략에서는 물론 집권 후에도 다음 선거에서 득표를 극대화하기 위해 노동계급의 이익만을 고집하지 않는다. 노동은 다수제 선거제도에서 실질적으로 대표되기 불가능하고 양대 정당 중 상대적으로 가까운 정당을 지지한다. 한편 비례대표제 하에서 노동은 자신의 정당을 지지하며 노동정당은 선거가 끝난 후 정부구성에서 중도정당과의 연합을 통해 집권에 참여할 수 있다.

둘째 비판은 권력자원이론은 궁극적으로 왜 권력자원이 발생하는지를 설명하지 않고 외적으로 주어진 것으로 가정한다는 의문을 제기한다(Iversen 2010). 정치제도가 권력자원의 종류와 크기를 결정하며 따라서 이에 대한 분석이 필수적으로 본다. 정치제도는 멜쩌-리차드 모델이 가정한 일차원적 갈등이 해소되는 여과장치 역할을 한다. 소득불평등이 심하면 중위소득의 불만이 발생하고 따라서 재분배가 이루어진다는 가설은 미국에서 재분배가 활성화되어야 함을 예측한다. 그러나 현실에서는 스웨덴처럼 평등한 곳에서 재분배가 더 잘된다는 정반대의 '로빈 홋 역설'이 생겨났다. 역설을 풀

수 있는 것은 제도이다. 재분배를 가능케 하는 제도적 장치가 가능하기 때문에 재분배가 강력해진다. 재분배는 정치적 결정이며 정부의 재분배정책을 통해 실현된다. 재분배 선호 집단을 대표하는 정당이 집권에 참여할 수 있어야 한다. 제도적 장치는 역사적으로 특정 시점에 만들어진 비례대표제이다. 애쓰모글루는 경제성장의 차이와 관련하여 정책의 기여를 강조하면서 정책적 차이는 지배층의 이해와 의도를 반영하는 것이며 그것은 역사적 비판 국면에 형성되어 축적된다고 주장한다(Acemoglu 2005). 역사의 비판적 국면에서 도입된 비례대표제는 당시 소수였던 노동계급의 권력접근을 허용했다(Boix 2010). 다당제 하에서 노동의 정당은 집권하기 위해서는 중위소득집단과의 연대를 기초로 집권할 수 있었다. 이로써 사회당이 참여한 연합정부는 재분배 정책을 추진했던 것이다. 이처럼 '로빈 훗 역설'은 제도를 통해서 풀린다. 이 글은 위와 같이 제도주의적 시각에서 정당정부의 종류가 재분배에 갖는 영향력을 발견하려고 했다. 〈표 4-6〉에서 본 것처럼 연합정부 하에서 재분배가 단일정부에서보다 재분배가 강력하다.

정당정부의 형태를 통해 재분배의 차이를 발견할 수 있었던 것은 2단계 회귀분석에서 활용한 도구변수의 역할이다. 경험적 계량연구의 변함없는 숙제는 오차항과 설명변수의 상관관계를 어떻게 해결하는가이다. 애쓰모글루가 지적한 것처럼 제도는 수백 년의 과정을 통해 영향을 주기 때문에 훌륭한 도구변수를 발굴하기 위해서는 역사적 주요 국면에 대한 깊은 연구가 필수적이다. 오늘날 선진국가 시장경제를 가장 먼저 효율적으로 발전시킬 수 있었던 '비결'은 5백 년 전 유럽식민주의가 행한 '합리적 선택'에 있다. 원주민의 저항이 약하고 거주하기에 적당한 곳에서는 재산권이 확립되어 시장이 번성한 반면 그렇지 않은 남미와 아프리카에서는 재산권 제도를 수립하지 않고 독재체제를 통해 착취했다. 재분배의 정치경제 경험연구 대다수가 증언하는 것처럼 재분배를 경험적으로 설명하기 힘든 것은 독립변수 간의 높은 상관성이다. 앞으로의 숙제는 이 문제를 해결하는 것이다. 즉 독

립변수에 영향을 주지만 종속변수 재분배와 관계없는 도구를 찾는 데 많은
노력을 해야 한다. 오차를 줄이기 위해서는 누락변수를 철저히 검토해야
한다. 재분배와 포함된 변수를 동시에 영향을 끼치는 요인이 누락되지 않
았는지 조사하는 일이다.

제5장

선진민주주의의 빈곤

들어가는 말

  빈부격차가 갈수록 극심해져 사회적 문제를 넘어 이제는 정치적 문제로
대두했다. 국가 간의 빈부차이는 좁혀지지 않고 더욱 심화되며 많은 나라
에서 국내적으로 더 악화되고 있다. 소득불평등은 단순히 임금소득에서만
기인하지 않고 시장소득 전반에서 나타난다. 그것은 정도의 차이는 있지만
일반적 현상이다. 특히 1970년대부터 떠오른 미국의 빈부 격차는 갈수록 심
각한 수준으로 상승했다.[1] 소득과 부의 불균등 분포는 중대한 사회문제이
며 학문적 관심사가 아닐 수 없다. 사회문제로 발전한 것이다. 그러나 일부
국가는 빈곤을 퇴치하거나 감축하는 데 성공했다. 이들의 경험은 빈곤을
약화시키는 요인이 무엇인지를 밝히는 데 중요한 근거를 제공한다. 나는
제5장에서 국제비교적 관점에서 빈곤층 변화와 국가간 차이를 설명하고자
한다. 나는 다음과 같은 문제를 제기할 것이다: 왜 일부 국가는 어떻게 빈
곤문제를 해결하는데 성공했는가? 또한 왜 특정 시점에서 빈곤이 악화되었
는가? 글은 네 부분으로 구성된다. 첫째 부분에서는 빈곤문제의 중요성을
도입하고자 한다. 둘째, 빈곤에 대한 기존 이론들을 소개하고 이를 기반으
로 하여 경험적 분석에 적용할 개념을 정의한다. 셋째 부분에서는 다양한
자료에 기초하여 빈곤의 국제적 추세를 서술한다. 국제적 추세에 의하면
미국의 빈곤문제가 가장 심각한 수준에 있다면 유럽은 상대적으로 나은 상

---

1) 미국에서 최근 불평등에 대한 걱정은 모든 부문에서 터져 나온다. 경제학자는
   물론이고 정치학도 이에 가세한다: Krugman(2009); Blank(2011); Stiglitz(2010).

황에 있다. 물론 유럽도 내부적으로 보면 다양한 편차가 보인다. 넷째 부분
은 왜 이러한 국제적 차이가 존재하는지에 대한 경험적 분석이다. 미국과
유럽, 그리고 유럽 내의 차이를 어떻게 설명할 것인가? 다섯째는 결론으로
서 문제를 다시 점검한 후 앞으로 후속연구를 통해 풀어야 할 과제를 제시
한다.

1. 빈곤은 왜 중요한가?

경제불황이 지속되면서 빈곤은 나라별로 정도의 차이는 있지만 전반적
으로 중대한 사회문제가 되었다. 1930년대의 대공황에 버금가는 미국발 금
융위기가 세계적 문제로 확산됨에 따라 경제적 곤란이 지속되면서 소득불
평등이 악화되고 있다. 역사적으로 빈곤문제에 대한 관심은 경제의 좋고
나쁨과 밀접한 관련을 갖고 있다. 전후 빈곤이 큰 주목을 받은 것은 1970년
대 석유위기로 세계경제가 깊은 수렁에 잠기면서였다. 불평등 연구를 주도
해온 애트킨슨(Atkinson)의 역저 『불평등의 경제학』은 1975년에 나왔다. 아
마르타야 센(Amartaya Sen)이 노벨상을 수상하는 데 기여했던 저서 『불평등
에 대하여』가 출간된 것은 1973년이다. 제2차 오일쇼크 이후 1980년대 미국
과 영국을 포함한 일부 국가에서 임금격차가 크게 벌어지고 그 결과 빈곤
은 더욱 심화되었다. 빈곤문제가 국가별로 상당한 편차를 드러내자 빈곤의
국제비교에 대한 학문적 관심이 확장되었다(Gottschalk and Smeeding 1997).
이후 경제적 및 사회적 양극화 현상은 극도로 심각하게 발전한다. 초고소
득층의 소득은 기하급수적으로 증가한 반면 중위소득 이하의 소득증가는
상대적으로 감소한 것이다. 〈그림 5-1〉에서 보듯 많은 부국에서 최고경영
자를 위시한 상위 1% 혹은 0.1%의 소득은 크게 상승했다(Atkinson and
Piketty 2007). 1940년 이후 미국, 프랑스, 그리고 스웨덴의 초고소득층은 서

서히 감소하다가 증가세로 돌아섰다. 특히 1980년대 이후 미국의 초부유층
소득은 기하급수적으로 상승했다. 한편 그 반대편에서는 빈곤과 사회적 배
제가 심각한 정도로 악화되어 유럽에서 중대한 사회문제로 부각되었다.

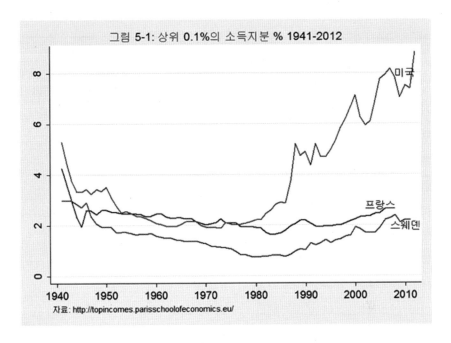

그림 5-1: 상위 0.1%의 소득지분 % 1941-2012

자료: http://topincomes.parisschoolofeconomics.eu/

  빈곤은 다양한 측면에서 최소한의 인간다운 삶을 지탱하는 데 필요한 자
원의 부족을 뜻한다. 경제적으로 소득의 빈곤을 뜻한다. 불평등으로 인한
빈곤은 그 자체로서 도덕적 측면에서도 중대한 사회문제이다(Kenworthy
2011). 그러나 빈곤은 그 자체도 연구의 대상이지만 그것이 다양한 차원에
서 여러 가지 문제를 파생시킨다는 점에서 중대하다. 예상기대수명, 건강,
범죄, 공동체 안전, 정치권력, 부의 되물림, 세대이동 등등 개인적 차원에서
는 해결할 수 없는 사회적 문제를 야기한다.
  첫째, 경제적 빈곤의 결과는 사회적으로는 사회적 배제를 낳는다는 점에
서 사회적 정의와 배치된다. 특히 빈곤근로노동(working poor) 문제는 관심의

사각지대에 놓여 있다(Brady 외 2010, 560). 복지국가나 복지, 그리고 한부모 가구의 빈곤에 대한 연구는 많지만 빈곤노동에 대한 관심은 지극히 부족하다. 둘째, 빈곤근로를 장려하는 이유는 노동이 빈곤을 줄이는 가장 핵심적 요소이기 때문이다. "아동 가운데 빈곤을 감축하는 가장 중요한 단계는 최소 부모 1명은 고용되도록 해야 한다"는 점이다(Rainwater and Smeeding 2004, 133).

셋째, 빈곤은 사회적 배제만이 아니라 빈곤층은 정치과정에서도 소외되기 때문에 결과적으로 민주주의 자체를 위협한다(Blank 2011). 빈곤층과 그렇지 않은 사람의 정치적 선호는 다르다. 빈곤층은 소비의 한계비용을 높게 보기 때문에 정치적 압력을 행사하기 위해 자신의 부족한, 그래서 귀중한 자원을 '낭비'하지 않으려 한다.[2] 민주주의의 핵심원리는 평등을 기반으로 하지만 현실에 있어 정치인은 모든 구성원의 선호를 평등하게 대표하지 않는다.[3] 경험적 연구는 빈곤층이 아닌 집단에 비해 빈곤층의 투표율이 일반적으로 낮다는 점을 보여준다(Lindert 2009). 정치엘리트는 정치적 지식이 많거나 경제적 자산이 많은 집단의 선호에 더욱 민감하게 반응한다. 정치인의 관점에서 보면 빈곤층이나 중간층에 비해 부유층이나 상층중간집단은 요구를 주장하고 표출하는데 적극적이기 때문이다. 따라서 빈곤이 만연되면 평등한 민주주의는 실현될 수 없다는 점에서 민주주의 정부는 빈곤퇴치에 적극적으로 대응해야 한다.

---

2) 빈곤운동이 집합행동으로 성공하기 힘든 이유는 빈곤한 사람은 집합행동에 참여할 인센티브가 너무 빈약하기 때문이다. 처음 단계에서부터 빈곤층은 참여에 따른 편의보다 비용을 더 크게 인식한다. 부유층은 반대로 소비에서 얻는 효용이 크지 않으며 집합행동에 참여하는데 따른 비용을 크게 느끼지 않는다. 빈국에서 독재가 빈발하는 까닭은 빈곤층이 정치적 참여를 기반으로 가능한 대대적 저항이 발생하지 않기 때문이다. 이에 대해서는 Lindert(2004, 8) 참고.

3) 바르텔즈(Bartels 2005)는 미국상원의 투표행태를 분석한 결과 정치인들이 부유층의 선호에 적극적으로 반응한다는 점을 나타난다고 주장한다.

2. 빈곤의 정의와 국제비교

빈곤을 어떻게 규정할 것인가? 빈곤이란 무엇을 의미하며 누가 빈곤층에 속하는가? 사실 빈곤을 하나의 개념으로 정의하는 것은 불가능하다. 절대적 빈곤에서 벗어난다 하더라도 상대적 빈곤에 해당될 수 있다. 이처럼 복합적인 내용을 갖는 빈곤을 더구나 국제적으로 비교하는 것은 더욱 어렵다. 그럼에도 불구하고 빈곤을 표시하는 기준으로 가장 빈번히 가장 오랫동안 사용된 것은 소득이다. 소득이 빈곤을 제대로 반영하는가에 대한 비판에도 불구하고 아직까지 대안은 없는 상황이다.[4] 일정 시점을 기준으로 평가한 소득은 진정한 소득수준을 과도하거나 과소평가할 수 있다. 따라서 일부에서는 직접적으로 빈곤을 측정하려면 식량, 주거조건, 의료상황, 의복, 그리고 교통수당이 적절히 제공되는지를 반영해야 한다고 하지만 아직 이와 같은 조사를 광범하게 실시하지 못하는 것이 현실이다. 따라서 빈곤을 측정하는 데는 소득기준이 현실적 대안이며 나도 이 기준을 따른다. 일반적으로 널리 사용되는 국제적 관례는 중위소득의 50% 미만을 빈곤으로 정의한다.

빈곤은 소득분포의 구조에서 중간 지점 이후의 하단에 위치한다. 소득불평등과 밀접히 연관되지만 동일하지 않다. 소득이 가장 낮은 영역에서 발생하는 현상이다. 빈곤의 측정은 나라마다 동일하지 않으며 일정한 기준을 제시하는 곳은 영미권 뿐이다. 많은 나라에서 빈곤에 대한 공식적 정의가 없으며 공식적으로 빈곤을 규정하는 나라는 미국과 영국뿐이다.[5] 미국(인구조사청)과 영국(노동연금부)에서는 매년 공식적으로 절대 액수를 산정

---

4) 소득이 그 당시의 빈곤상황을 설명하지만 부의 정도를 감안하지 않거나 소득감소가 일시적일 경우 소득은 빈곤을 정확하게 반영하지 못한다. 이에 대해서는 Kenworty(2011) 참고.
5) 호주는 비정기적으로 빈곤선을 발표한다. 빈곤문제의 측정에 관한 국제적 관심에 대해서는 스미딩(Smeeding 1997; 2006) 참고.

하여 소위 빈곤선(poverty line)으로 일컬어지는 지표를 발표한다. 소득이 빈곤선 미만이면 빈곤층에 속한다.

유럽에서는 빈곤의 개념적 빈곤에 대해서는 학술적 논의에서도 명백한 정의에 도달하지 못했다. 빈곤의 정의에 대해 학술적으로 합의를 보지 못하는 것은 국제기구의 관점에서도 반영된다. 빈곤통계를 만들고 발표하는 대표적 국제기구인 OECD, LIS, Eurostat 등은 각각 나름의 기준으로 빈곤을 규정한다. 유럽에서는 상대적 빈곤을 측정하는 한편 미국에서는 물리적으로 생명을 유지하는 데 필요한 최소한의 자원을 빈곤선으로 설정하고 이에 미달하는 개인은 빈곤층으로 분류한다. 절대적 기준을 국제적으로 비교하면 해당국의 경제발전에 따라 크게 다르기 때문에 자의적일 수 있다. 세계은행과 유엔새천년개발의 정의에 의하면 아프리카의 빈곤선은 하루 1 또는 2달러인 반면 중동부 유럽의 빈곤선은 일일 2-3달러이다. 상대적 기준을 따르면 2000년 4인 가족의 경우 미국의 절대적 빈곤선은 세전 중위소득의 27%, 세후 중위소득의 32%에 불과할 정도로 낮은 수준이다. 유럽에서는 미국과는 대조적으로 사회적 배제가 빈곤과 더불어 중요한 의제이다.

〈그림 5-2〉는 빈곤율의 증가를 보여준다. 〈그림 5-2〉는 룩셈부르크소득연구(LIS)가 제공하는 서베이 조사를 기반으로 하며 1978-2010년 기간의 자료로서 40개국을 포함하고 있다. 시장소득의 빈곤은 임금, 자본소득, 그리고 자영업 소득을 기준으로 한 빈곤이다. 한편 가처분 소득의 빈곤은 시장소득에서 조세를 빼고 이전소득을 더한 소득을 기반으로 빈곤정도를 표현한다. 복지국가의 사회안전망이 하는 역할의 정도에 따라 시장소득의 빈곤과 가처분소득의 빈곤은 차이가 난다. 시장소득과 가처분소득의 빈곤이 다른 것은 바로 재분배 정책이 개입하고 있음을 의미한다.

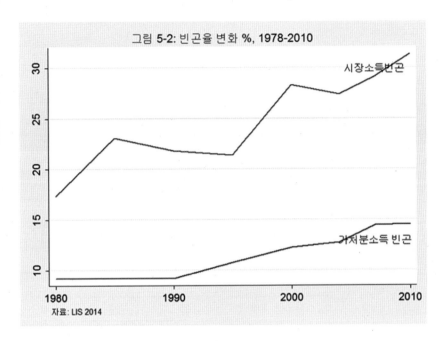

그림 5-2: 빈곤율 변화 %, 1978-2010

시장소득빈곤

가처분소득 빈곤

자료: LIS 2014

〈그림 5-3〉은 미국, 영국, 독일, 프랑스, 네덜란드, 그리고 덴마크에서 1985년과 2010년에 빈곤층 규모가 얼마나 변했는지를 보여준다. 1985년 과 2010년 각각 시장빈곤과 가처분소득의 빈곤을 표시한다. 각국별 두개 의 막대그래프 중 위 막대는 시장소득 빈곤율이고 아래 막대는 가처분소득 빈곤율을 지시한다.

〈그림 5-3〉에 포함된 6개국은 복지체제의 세 가지 유형에 해당하는 영미 자유주의, 북유럽 사민주의, 그리고 대륙형 복지체제를 골고루 포함한 다. 이 기간 중에서 가장 빈곤층이 많은 나라는 영국과 미국이다. 영국은 1985년 시장소득 기준으로 빈곤층은 전 가구의 34%였으며 2010년에는 38% 로 가장 높다. 미국은 많은 연구가 지적한 것처럼 시장소득의 빈곤층이 영 국과 더불어 가장 높다. 그러나 영국은 미국과는 달리 조세 및 소득이전 정 책을 통해 빈곤층 비중을 1985년에는 9%, 그리고 2010년에는 15%로 낮추었 다. 독일은 최근 급격히 빈곤문제가 악화되어 2010년 시장소득기준 35%가

빈곤선 밑에 존재한다.

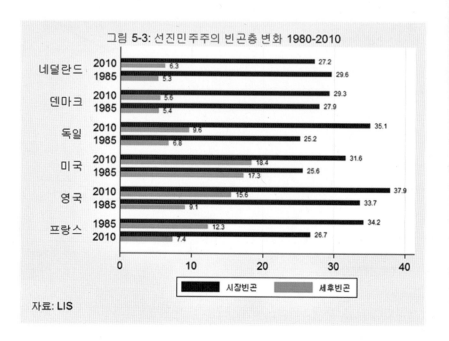

그림 5-3: 선진민주주의 빈곤층 변화 1980-2010

자료: LIS

〈그림 5-2, 3〉에서 보는 것처럼 빈곤은 국제적으로 크게 차이가 난다. 그렇다면 왜 영국과 미국은 빈곤층이 많은 반면 스웨덴과 덴마크에서는 빈곤층이 적은가? 다음은 이 질문을 선행연구는 어떻게 해답하려고 노력했는지 살펴보고 선행연구의 성과를 평가하려 한다.

3. 빈곤의 선행연구

빈곤은 불평등의 극단적 형태이다. 일반적으로 불평등에 관한 연구는 광범위하게 존재하는 데 반해 극단적 불평등인 빈곤에 대한 사회과학적 연구는 상대적으로 많지 않다. 그러나 빈곤은 극단적 불평등이라는 점에서 소득불평등이나 분포에 대한 연구와 같은 장르의 방법 속에서 이해될 수 있다. 빈곤의 설명은 불평등 현상을 설명하는 것의 하위 범주에 해당한다. 따라서 빈곤을 보는 시각은 불평등 문헌이 의존하는 방법론 프레임에서는 동일하다. 불평등이나 빈곤을 해소하려는 정책적 시도와 노력은 구체적으로 사회지출을 통해 드러난다고 할 때 빈곤퇴치를 위한 사회지출을 종속변수로 놓으며 빈곤의 역사적 및 국가 간 편차를 설명하는 데 이용할 수 있다. 그중에서도 공적 지출의 증가는 민주주의 국가에서 나타나는 보편적 추세이다. 에스핑-앤더슨은 바로 공적 지출의 편차를 통해 복지체제의 패턴을 발견했다(Esping-Anderson 1990). 사회지출이 작은 나라 또는 그런 시기에서는 빈곤상황은 개선될 수 없다.

정치학, 경제학, 그리고 사회학은 빈곤을 설명하기 위해 전통적으로 인구, 소득 그리고 정치적 변수 등 삼대 요소에 주목해왔다.[6] 린더트는 이를 체계적 변수라고 지목하고 그것들이 설명하지 못하는 것은 예외적 주변적 범주에 넣는 등 이론적 정향을 분명하게 했다(Lindert 2009, 22). 그러나 린더트와 같은 연구는 소수적 경향이다. 대부분의 연구는 인구학적 요인과 노동시장의 요인에 주목하는 대부분의 연구들이 대세를 형성한다. 인구분포의 변화가 빈곤에 미치는 영향은 공통적으로 지적된다. 즉 가구의 고용, 교육, 가족구조, 그리고 연령구성 등의 인구학적 변수가 빈곤에 어떤 효과를 주는가를 분석하는 것이다. 인구학적 연구는 빈곤층에서 발견되는 공통적 속성, 즉 여성, 낮은 수준의 교육, 부양 자녀 수 등이 빈곤을 낳는 요인으로 설명한다. 가족구조 가운데 여성 한부모 가구는 특히 취약하다. 이들은 노동시장에서 소득을 창출해야 하는 동시에 가정에서 자녀를 부양해야 하기 때문에 쉽사리 빈곤의 덫에 빠지기 쉽다. 또한 연령은 정치과정과 상관성을 갖는다. 노인층은 젊은 층에 비해 정치참여에 적극적이며 따라서

---

6) 대표적 저작은 Lindert(2004)이다. 그는 18세기 이후 공적 지출의 증가와 불평등과 빈곤퇴치의 관계를 인구, 소득 및 정치적 조건을 중심으로 해석했다.

정치인이 더 많은 배려를 한다. 그러나 이러한 접근법은 국제비교에서도 설득력이 있는지에 대해서는 아직 연구가 부족하다.

경제학은 빈곤의 원인으로서 성장과 고용 등 거시경제적 환경을 강조한다(Blank 2006; Freeman 2001). 특히 노동경제학은 소득은 노동활동에서 소득이 발생한다는 점에 주목하여 빈곤의 원인으로 고용관련 변수를 강조한다. 실업은 고용을 하지 않거나 할 수 없어 소득을 창출할 수 없으며 따라서 빈곤을 악화시킨다. 성장은 소득을 증가시키고 소득증대는 빈곤을 감축시킨다. 따라서 경제성장과 빈곤의 관계에 영향을 주는 요소는 빈곤의 증감을 분석하는데 중요한 역할을 한다. 여러 가지 변수가 경제성장과 빈곤의 관계에 영향을 주는 것으로 알려진다. 첫째, 정부정책은 두 가지 측면에서 빈곤의 증감에 영향을 준다. 정부는 직접적으로 소득재분배 정책으로 저소득집단에게 현금급여를 제공하여 빈곤에 빠지지 않게 만든다. 정부는 또한 현물급여, 예를 들어 의료급여와 주거급여를 제공하여 간접적으로 빈곤을 방지한다.

둘째, 정부는 또한 노동시장에 대한 규제정책으로 저소득층의 소득을 올릴 수 있다(Lindert 2004; Persson and Tabellini 2003). 최저임금법과 고용평등법 등으로 저소득층과 여성가장의 노동안정에 기여하여 빈곤을 감축시킨다. 이처럼 정부정책은 여러 가지 방식으로 소득분포에 영향을 준다고 할 때 정부정책의 강도와 폭은 정부의 정책지향에 따라 다르다. 한편 정당이 공공정책에 주는 효과는 널리 알려져 왔다(Boix 1998/2003; Schmidt 2002). 정부정책의 방향은 집권당의 정책과 이념에 따라 달라진다. 민주주의 체제에서 노동계급의 지지를 받아 집권한 정당과 정부는 노동계급에게 잠재하는 위험(risk)을 줄이기 위해 노력한다. 반대로 보수당이 집권하면 증세를 필요로 하는 재분배보다는 시장의 투자 잠재력을 확충한다고 보는 감세정책을 지향한다. 노동의 규제는 임금수준이 결정되는 과정에 영향을 준다는 점에서 빈곤에 영향을 준다. 실질임금의 상승은 빈곤을 감축한다. 실질임금의 수준과 상승률은 노동시장의 제도에 따라 결정된다. 노동시장의 제도는 노동의 수요와 공급에 영향을 준다. 임금은 노동조합과 기업의 협상에 의해 결정되며 구체적으로는 노동조합이나 기업의 협상력이 중요한 역할을 한다. 미국과 유럽의 대조적 경험에서 보듯 동일한 경제성장을 달성하더라도 노동시장제도의 조건에 따라 임금상승은 다른 속도를 보인다. 노동조합이 잘 조직화되고 또한 노사 협상이 보다 높은 수준에서 타결될수록 노동의 협상력은 상승하며 따라서 실질임금은 그렇지 않을 경우에 비해 상승한다. 한편 프랑스처럼 노조의 조직률이 낮더라도 단체협상의 적용범위가 넓다면 결과적으로 노조조직률의 대체 효과를 발휘한다. 최저임금의 정도 역시 소득분포상 하위 50% 이하에 속한 계층의 소득증대에 기여함으로써 빈곤을 억제한다. 따라서 국제적 비교를 위해서는 노조와 단체협약의 적용범위 모두를 고려하는 것이 필요하다.

경제학은 소득불평등이 심각하면 재분배가 발생한다는 이론을 제시한 바 있다(Meltzer and Richards 1981). 중위소득이 평균소득에서 멀어질수록 중위소득이 감소함을 의미한다. 이때 중위소득 집단이 불만을 품고 재분배를 요구하기 때문에 재분배가 발생하고 중위소득이 저소득층으로 되지 않기 때문에 빈곤층이 감소한다는 주장이다. 그러나 현실은 위 이론과 부합하지 않는 경우가 많다. 특히 이러한 불일치는 국가간 비교에서 흔히 나타나는 로빈 훗 역설이다. 예를 들어 소득불평등 정도가 높은 저소득국가에서 재분배가 실시되지 않으며 역설적으로 부국에 비해 빈국에 빈곤층이 더 많다는 것에서 드러난다. 선진민주주의 내부에서도 마찬가지로 불평등이 심한 미국에서 재분배가 일어나는 것이 아니라 소득불평등이 가장 낮은 북유럽에서 재분배가 활발하고 빈곤율이 가장 낮다. 그렇다면 빈곤율의 나라별 차이를 어떻게 설명할 것인가? 두 가지 설명이 제출되었다. 하나는 소득과 정치적 압력은 비례한다는 것이다. 민주주의에서 가정하는 '일 인 일 표'가 아니라 '일 달러 일 표'가 현실이다. 소득불평등이 심각한 곳에서 빈곤층은 정치적으로 무력하며 부유층으로부터의 재분배를 위한 정치적 힘을 행사할 수 없다. 다른 설명은 소득불평등의 경험적 측정값이 미국의 실질적 소득불평등을 과장했다는 것이다. 다시 말해 소득분포에 영향을 주는 조세정책 등 다양한 요인을 고려하지 않고 소득불평등을 측정한 지니계수는 미국이 유럽에 비해 불평등이 더욱 심한 것으로 과장한 결과를 낳았으며 미국과 유럽의 차이가 크지 않다는 설명이다.

셋째, 정치적 요인이 빈곤에 미치는 역할이다. 정치적 변수는 소득이전 등을 포함한 사회복지에 막대한 영향을 주는 것으로 평가되지만 그 효과에 대한 경험연구는 최근까지 활발하지 않았다. 정치적 변수가 그 중요성에 비해 경험적으로 규명되지 못한 것은 자료부족과 정치적 역할을 측정하는 데 따르는 어려움이다. 장기간에 걸친 연구는 정치적 변수가 아직 정밀하게 축적되지 않은 탓에 경험적 연구에 적용되기 불가능했다. 민주주의는 자본주의 시장의 발전에 비하면 상대적으로 최근의 현상이며 따라서 경험적 지표로 만들기 어렵다. 보편적 투표권은 1910년 이후의 현상이고 정부형태의 차별성은 분명하지 않기 때문에 인구학적 또는 경제적 소득변수에 비해 경험적 중요성을 검증하기 힘들다.

그러나 최근 정치제도를 포함한 정치적 변수의 중요성을 주목하는 경향이 강하다. 이들은 크게 보면 정치집단의 영향력과 정치제도의 역할로 양분된다. 정치제도를 분석한 많은 연구가 연방제와 비토권이 사회지출에 부정적 효과를 준다고 주장했다. 어느 특정 세력의 주장이 다른 집단의 견제를 받기 때문에 획기적 변화는 발생하기 힘들다. 이런 점에서 보면 비토권이 헌법으로 보장된 연방제에서 강력한 복지국가가 발전하기 힘들다(Huber 외 1993, 2001; Immergut 2010). 하지만 그 제도는 스위스와 미국에서만 존재하기 때문에 변이가 약하며 경험적 타당성이 의심스럽다는 비판도 있다(Lindert 2004, 203). 선거제도와 노동계급의 힘은 가장 많은 주목을 받았다. 전통적으로 코포라티즘 이론 또는 권력자원이론(power resources theory)은 노동계급이 정치적으로 또는 노동시장에서 막강한 세력을 유지할 때 강력한 복지국가가 생겨나고 빈곤층은 감소한다는 것이다. 최근 '자본주의 다양성(varieties of capitalism)' 논의는 선거제도의 종류가 복지국가나 재분배에 차별적 효과를 낳는다는 점을 제기하여 경험적 연구를 진행 중에 있다(Iversen and Soskice 2006; 2009). 한편 제도의 중요성을 일깨우는 경제학은 경제적 현상은 부분적으로 혹은 동시적으로 정치적 결정의 산물임을 강조한다. 정치권력을 장악한 집단은 자신에게 유리한 경제적 결과를 가져오거나 유지하기 위해 정치권력을 행사한다. 독재체제에서 복지가 증진하지 않는 이유는 공적 재원을 소수 권력집단만의 사적 복지에 사용하기 때문이다(Acemoglu and Robinson 2005). 비례대표제에서 복지국가가 태동하고 강력하게 유지된 까닭은 비례대표제에서 복지와 증세, 그리고 재분배를 선호하는 집단의 요구가 정치적으로 반영될 수 있다는 점에 있다(Alesina and Glaeser 2004; Iversen and Soskice 2009). 비례대표제는 20세기 초 노동계급의 세력이 막강했던 나라에서 자본가 계급이 파업으로 인한 손해를 피하고자 선거제도를 양보했기 때문에 도입되었다. 선거제도는 두 가지 점에서 차별적 효과를 발생시킨다(Alesina and Glaeser 2004, 78).

첫째, 다수제 선거제도의 경우 정치인은 지리적으로 집중된 자신의 선거구 투표자의 편익을 목표로 한 사회지출을 선호한다. 반면 비례대표제에서는 정치인의 지역구가 존재하지 않기 때문에 정당의 차원에서 가능한 한 많은 수의 수혜자를 겨냥한 보편적 사회정책을 실시하려 한다. 연금, 의료, 주거 및 실업보험은 대표적 보편정책이다. 둘째, 선거제도는 다른 정당체제를 낳고 이는 다시 사회정책에 중대한 차별성을 낳는다. 비례대표제는 다당제를 다수제는 양당제 정당구도를 만드는데 다당제에서는 다양한 집단의 이해가 반영되기 쉬우며 그에 따라 당연히 사회복지의 규모는 증가한다. 이는 미국과 영국 양당제에서는 기대할 수 없는 효과이다. 이와 관련해서 정치제도와 복지국가의 관계를 엮는 보다 정교한 기제가 제시되었다.[7] 다당제에서 빈곤층이 감소하고 사회지출이 늘어나는 기제는 중간계급의 이해를 대표하는 정당이 사회정책을 매개로 노동계급 정당과 함께 연정을 형성하기 때문이다. 미국에서처럼 중간계급이 자신의 정당을 결성하지 않고 양대 우산정당 가운데 어느 하나를 선택할 경우 선거과정에서 보수정당을 선호하기 쉽다. 진보정당을 선택할 경우 선거가 끝난 후 진보정당이 약속을 어기고 중산층에 대해 과세할 가능성이 높다고 본다. 한편 중산층 입장에서 보면 보수당 정부가 집권하면 적어도 중간계급에 대한 과세는 없다.

나는 애쓰모글루와 아이버슨의 주장을 경험적으로 검토할 것이다. 뒤의 경험연구 부분은 선거제도 특히 연립정부가 단독정당정부에 비해 빈곤감축에 더 큰 효과를 발휘한다는 가설을 검증할 것이다. 연합정부는 비례대표제의 산물이며 따라서 연합정부가 소득재분배와 빈곤퇴치에 미치는 역할은 비례대표제의 효과로 대체할 수 있을 것이다. 두 변수가 상호 연관되어 분리하기 힘들기 때문이다. 경험분석에서 연합정부와 비례대표제를 동시에 포함시키면 예상했던 빈곤감축 효과를 얻을 수 없다. 비례대표제가 복지국가에 주는 긍정적 효과는 비례대표제의 기원에서 확인할 수 있다.[8] 몇 차례의 선거제도를 바꾼 프랑스의 경험은 시사적이다.[9] 1871년 탄생한 제3공화국은 비례대표제를 포함하지 않았다. 당시 소선구제의 최초선거에

---

7) 애쓰모글루(2005)과 아이버슨 등(2008)은 선거제도, 정당체제, 그리고 재분배 간의 관계를 인과적으로 설명하려고 시도했다. 이들은 연합정부에서 복지정책이 강화되는지를 설명하는 것은 중간계급이 노동계급이나 서민집단의 이해를 같이하기 쉽다고 가정한다. 비례대표제에서는 다수제 하에서와는 달리 중간계급 자신 정당이 발생하고 중간계급 정당은 선거가 끝난 후 고소득을 대표하는 보수정당이나 저소득집단의 정당과 연대를 모색한다. 유럽의 역사경험을 보면 중간계급은 노동계급 정당과 부유세를 기반으로 연대하여 복지국가를 만들었다.
8) 20세기 초의 경험을 보면 사회당의 부상과 보수의 내분이 비례대표제의 등장을 가능하게 했던 역사적 조건들이다. 이에 대한 상세한 논의는 Boix(1999; 2009).
9) 이 부분은 Alesina & Glaeser(2004)가 정치제도의 내생성을 제시하면서 상세하게 설명한 것이다.

서는 왕당파가 승리했으며 이 제도는 1919년 제1차 대전이 끝난 후 부분적으로 비례대표제가 도입되기 전까지 지속되었었다. 그러나 프랑스는 1927년 다시 다수제로 회귀했다. 프랑스에서 처음으로 본격적으로 비례대표제가 도입된 것은 1945년 제헌의회 선거이다. 레지스탕스 운동과 함께 항독운동에서 지배적 위치를 점유했던 프랑스 좌파는 종전과 동시에 대대적 공세를 시작했다. 공산당과 사회당은 제헌의회의 과반 이상을 장악하고 비례대표제로의 개헌에 성공하여 집권했다. 비례대표제를 기반으로 한 좌파의 승리는 1958년 알제리 독립운동 사건을 계기로 우파의 대대적 공격으로 무너졌다. 드골을 중심으로 한 프랑스 우파는 비례대표제를 폐지하고 제왕적 대통령제를 강화하는 동시에 자신에게 유리한 소선거구제로 복귀했다. 그후 1980년 미테랑 사회당 대통령이 집권한 후 다시 비례대표제를 회복했다. 이처럼 프랑스 정치사 경험이 증명하듯 비례대표제는 영원불변의 제도가 아니라 사회세력이 서로에게 유리한 제도를 세우려고 싸운 결과물이다. 좌파가 강력해지면 비례대표제가 도입되고 우파가 득세하면 반대로 다수제와 소선거구제로 회귀한다. 간단히 말해 정치제도는 정치적 투쟁의 결과이다.

선행연구의 성과가 얼마나 경험과 부합하는가를 보기 위해 일차적으로 빈곤을 결정하는 지적된 체계적 요인을 중심으로 비교하고자 한다. 〈표 5-1〉은 이 글이 관심을 갖는 독립변수, 즉 노동시장과 정치제도 요인 등이 빈곤과 갖는 상관관계를 표시한다.[10] 가처분소득의 빈곤은 시장소득의 빈곤과 통계적으로 유의미한 수준에서 정의 관계를 갖는다. 시장에서의 빈곤은 국가의 개입 후에도 빈곤으로 남을 가능성이 있다는 뜻이다. 민주주의를 제외한 다른 변수는 쿠츠네츠(Kuznets 1955)가 오래 전에 지적한 것처럼 소득분포에 미칠 수 있는 사회경제적 변수들이다. 민주주의는 권위주의나 독재체제와는 반대로 소득불평등을 완화하는 역할을 하는 체제이다. 민주

---

10) 소득과 인구 등이 빈곤과 갖는 상관성은 표를 간명하게 만들고자 여기서 표시하지 않는다.

주의는 시장소득의 빈곤과의 상관성은 약 0.62이며 통계적으로 10% 수준에
서 유의미하다. 〈표 5-1〉에는 적지 않았으나 경제성장은 가처분소득의 빈
곤과의 정의 관계, 즉 성장이 높으면 빈곤율은 저하되는 것으로 나타난다.
그러나 효과는 지극히 미미하다. 한편 일인당 실질소득은 가처분 소득의
빈곤과 마이너스 관계를 보인다. 그러나 경제적 변수는 통계적으로 유의미
하지 않다. 연정은 10% 수준에서 0.38 정도의 상관관계를 갖는다. 비례대표
제는 정의 관계를 갖지만 통계적으로 유의미한 수준에서 벗어난다. 의회중
심제는 10% 수준에서 약 0.68의 상관성을 보인다. 노조조직률은 10% 수준
에서 0.41의 상관성을 갖는다. 좌파정당의 집권을 누적적으로 계산하여 얻
은 좌파정당의 세력화 정도는 10% 수주에서 0.59의 상관성을 보인다. 노조
조직률과 좌파의 정치참여는 0.58의 높은 상관관계에 있다. 노조조직률은
비례대표제와 의회제와 각각 0.4와 0.33의 상관관계를 맺고 있다. 이처럼
정치 및 노동시장 변수는 상호연관의 관계에 있어 회귀분석에서 분리하여
보기 쉽지 않은 내생성 문제를 노출한다.

〈표 5-1〉 빈곤과 상관성 변수

	빈곤	민주주의	연합정부	비례대표	의회제	노조조직률	좌파참여
빈곤	1						
민주주의	0.621*	1					
연립정부	0.389*	0.171	1				
비례대표	0.273	0.228	0.682*	1			
의회제	0.682*	0.519*	0.315*	0.225	1		
노조조직률	0.411*	0.155	0.281*	0.400*	0.339*	1	
좌파참여	0.595*	0.281*	0.264	0.314*	0.413*	0.589*	1

이 글의 핵심목적의 하나는 정치적 변수가 빈곤에 미치는 역할을 분석하
는 것이기 때문에 정치적 변수와의 상관관계는 보다 면밀하게 볼 필요가
있다. 그 중에서 LIS가 제공하는 40개국 자료는 민주주의 체제와 그렇지 않
은 체제를 모두 포함하고 있으며 민주주의 체제가 빈곤에 대해 차별적 효

과를 갖는지를 검토할 수 있다.[11] 자본주의와 공존하는 민주주의의 특징은 사적 활동을 통해 획득하는 시장소득 면에서는 빈곤층이 많지만 사회정책으로 빈곤층을 대거 감축한다는 점이다. 정치체제와 빈곤층의 관계는 〈표 5-2〉에서 잘 나타난다. 〈표 5-2〉는 LIS가 제공하는 40개국 1967-2010년 동안의 자료를 대상으로 정치체제를 기준으로 하여 즉 민주주의, 권위주의, 그리고 구공산권 체제 등에서 보이는 빈곤층의 비중을 보여준다. 민주주의 체제에서 시장소득으로 보면 빈곤층이 25.3%를 차지하지만 국가정책의 개입 이후 빈곤층 비중은 11.1%로 14% 감소했다. 한편 신흥국의 경우 시장소득의 빈곤층은 21%로서 민주주의 체제보다 적지만 복지국가가 발달하지 않았기 때문에 재분배가 원활하지 않아 가처분 소득의 빈곤층은 18.5%에 달한다. 그리고 구 공산권은 공산주의 체제의 유산으로 시장빈곤에서는 19.1%로 민주주의나 권위주의보다 작으며 가처분 소득 면에서는 가장 낮은 9.8%이다(그림 5-4). 이처럼, 빈곤층 감축에 가장 성공적인 체제는 민주주의이다. 권위주의를 오랜 경험했던 신흥경제국가에서는 불과 2.6% 감소했다.

〈표 5-2〉 소득빈곤과 정치체제 %, 1980-2010

	시장소득빈곤	가처분소득빈곤	빈곤감축	P90/P50	P10/P50	P90/P10
민주주의	25.3	11.1	14.2	2.1	0.4	6.1
신흥국가[12]	21.0	18.5	2.6	2.8	0.3	9.4
동구	19.1	9.8	9.2	2.1	0.4	5.6

자료: LIS

---

11) 민주주의 지표는 더미변수로서 Freedom House 지표에서 정치적 권리와 시민적 권리를 뜻하는 값이 4 이하이면 민주주의로 간주했다.
12) 신흥국에는 남미의 브라질, 콜롬비아, 멕시코, 우루과이, 페루, 아프리카에서는 남아공화국, 그리고 2006년 이전의 대만이 있다. 구 공산체제는 러시아, 루마니아, 에스토니아, 슬로바키아, 슬로베니아 등이다.

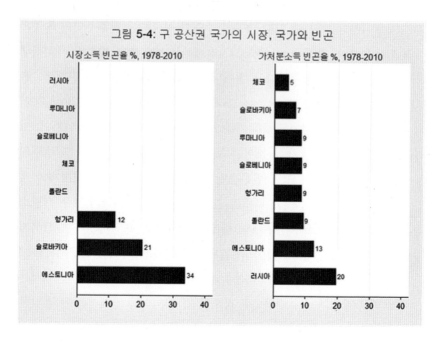

그림 5-4: 구 공산권 국가의 시장, 국가와 빈곤

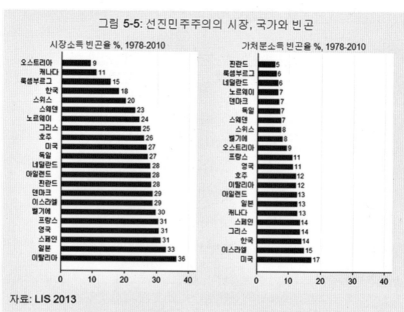

그림 5-5: 선진민주주의의 시장, 국가와 빈곤

자료: LIS 2013

〈그림 5-5〉는 선진민주주의를 대상으로 1978-2010년 기간 빈곤의 정도를 국가별로 표시한다. 자료는 여부에 따라 나라별로 시간별로 다르게 표현되었다. 〈그림 5-4a〉는 시장소득을 기준으로 한 빈곤의 정도를 표시하며 〈그림 5-4b〉는 가처분 소득에 따른 빈곤을 의미한다. 시장의 활동만을 기준으로 하면 모든 나라의 빈곤은 심각한 수준에 있다. 시장소득을 보면 빈곤층이 가장 많은 국가는 차례로 이탈리아, 일본, 스페인 등이다. 다른 한편 가처분소득을 기준으로 하면 그 순서는 미국, 이스라엘, 그리고 한국 순이다. 한국은 시장소득 측면에서는 빈곤층이 18%에 불과하나 사후소득으로 보면 14%로 이것은 빈곤감축에 소홀한 결과이다. 미국은 27%에서 17%로 10% 감축했으나 시장소득의 빈곤이 높았기 때문에 가처분 소득에서는 빈곤층이 가장 많은 국가가 되었다.

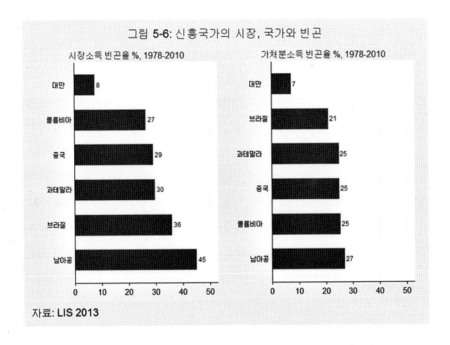

그림 5-6: 신흥국가의 시장, 국가와 빈곤

시장소득 빈곤율 %, 1978-2010

대만	8
콜롬비아	27
중국	29
과테말라	30
브라질	36
남아공	45

가처분소득 빈곤율 %, 1978-2010

대만	7
브라질	21
과테말라	25
중국	25
콜롬비아	25
남아공	27

자료: LIS 2013

한편 〈그림 5-6〉은 신흥국이 1980년 이후 어떻게 빈곤상황에 처해 있

으며 얼마나 빈곤문제 해결에 성공적이었는가를 보여준다. 신흥국 경제는 시장소득 기준의 빈곤에서 큰 차이를 보인다. 빈곤률이 가장 낮은 나라는 대만으로 6%이며 빈곤률이 가장 높은 곳은 45%의 남아공이다. 대만은 시장소득과 가처분소득 양면 모두에서 빈곤층 규모가 가장 작은 국가이다. 한편 시장소득 기준 빈곤층이 가장 많은 나라는 남아공이며 이는 가처분소득에서 마찬가지이다. 극심한 소득불평등을 겪고 있는 남아공 국가는 빈곤 문제에도 적극적으로 대처하지 않았음을 말한다.

이상으로 40개국을 대상으로 하여 시장소득 및 가처분소득 기준으로 빈곤층 비중을 비교 서술하였다. 이제 과제는 왜 그러한 커다란 차이가 발생했는지를 통계자료를 통해 엄밀하게 밝히는 것이다.

4. 경험분석: 모형과 추정

빈곤을 국제적으로 비교한 글은 많지 않다. 나의 연구는 이러한 빈곤연구의 빈곤을 완화하는데 기여할 것이다. 국제비교적 관점에서 볼 때, 불평등에 대한 연구에 비하면 빈곤에 대한 연구는 극히 희소하다. 빈곤의 횡단면 연구는 소수가 존재하지만[13] 횡단 및 종단(longitudinal) 연구는 현재까지 Moller 외의 논문(2003)이 유일하다. 나의 연구는 Moller 외의 연구와 두 가지 측면에서 차별적이다. 첫째, 그들의 연구는 14개 선진민주주의 1967-1997년의 시기를 대상으로 했다. 사실 많은 선행연구는 동질적 자료집합이라는 이유에서 선진민주주의 국가를 대상으로 했다(Smeeding 2006). 이들이 사용한 자료는 나와 마찬가지로 룩셈부르크소득연구(LIS)로부터 얻었다. 그러나 후자가 대상 국가를 점차로 확대한 결과 이제 남미 일부를 포함한 신흥경제권 국가들에 대한 비교 가능한 자료가 입수가능하게 되었다. 따라서 나

---

13) 횡단면 연구로는 Goodin외(1999); Kenworthy(1999); Kim(2000) 등이 있다.

는 적어도 종속변수에 관한 한 40개국의 1979-2010년 기간을 대상으로 할
수 있었다.[14] 자료의 확대에 따라 설명변수의 경험적 자료는 보충되었다.
대표적으로 정치적 변수와 노동시장변수가 최신자료로 대체되었다. 빈곤정
책을 실천하는 것으로 가정되는 정치적 변수로서 좌파정부의 세력정도를
의미하는 내각의석비율이 보완되었다. 마찬가지로 노동시장제도는 빈곤과
인과성을 갖는다고 가정되는데 이를 고려하여 노조조직률과 단체협약의
수준에 대한 자료는 최신화되었다. 둘째, 나는 지난 몇 년 동안 연합정부의
역할에 대한 연구성과를 검증하려고 시도했다. 아이버슨 등은 연합정부가
단독정부에 비해 복지국가 및 재분배정책에 친화적이라는 가설을 제시했
다.[15] 나는 이 글에서 이 가설을 검증하기 위해 연합정부와 단독정부의 더
미를 포함하여 그것이 빈곤감축에 갖는 효과를 포착하려 했다.

　이 가설은 최근 사회과학 전반에서 주목을 끌고 있는 제도주의 연구와
궤를 같이 하는 것이다. 선진시장경제에서 불평등은 당시까지 크게 부각되
지 않았고 빈민은 개도국에 한정된 문제라는 인식이 지배적이었다. 그러나
빈민층이 갈수록 늘어나자 선진자본주의사회도 빈곤문제에서 자유롭지 않
음을 인정하지 않을 수 없게 되었다. 경제학은 빈곤이 급증하는 새로운 현
상에 대해 수요와 공급의 고전적 방식으로 풀고자 했다. 이에 의하면 세계
적으로 발생하는 기술변화로 인해 노동시장이 숙련과 비숙련으로 양극화
되면서 비숙련노동에서 빈곤문제가 발생한다. 개방화의 세계에서 생산요소
는 상대적 비교우위에 따라 사용되기 때문에 자본이 풍부한 선진국과 노동
이 풍부한 개도국 사이에 다른 결과가 나타난다. 특히 선진국 비숙련노동
의 경우 개도국의 비숙련 노동이 생산한 수입상품과 경쟁하는 상황에 직면

---

14) 물론 설명변수의 입수여하에 따라 최종통계분석에서는 국가 수가 감소한다.
15) Iversen & Soskice(2006)은 연합정부가 중도-우파 연합보다 중도-좌파의 결합이
　　보다 일반적 현상이라고 그렇기 때문에 연합정부에서 재분배정책이 더욱 활발
　　하다고 주장했다.

하여 일차적 피해자가 되었다. 기술변화를 원인으로 가정하는 이론은 세계화/개방화의 압력으로 모든 국가의 대처방식이 하나의 방향으로 수렴할 것으로 전망했다. 그러나 기술변화를 근본원인으로 가정하는 설명은 빈곤문제가 국가별로 크게 다르다는 점을 설명할 수 없다. 동일한 개방화의 압력을 받는 상황이었으나 일부 국가는 빈곤문제에 보다 성공적으로 대응하여 빈곤을 감축시켰다. 반면 미국과 영국 등에서는 불평등과 빈민문제가 더 악화되었다. 일찍부터 불평등 문제에 관심을 가져 온 애트킨슨은 많은 경제학자가 주장하거나 동의한 수렴론을 '대서양 합의'라고 비판하고 기존 경제학에는 제도가 없다고 주장했다(Atkinson and Bourguignon 2007).

애트킨슨은 소득불평등을 단순히 노동의 수요와 공급이라는 차원이 아니라 제도적 관점으로 접근할 것을 강조했다. 수요와 공급의 상호작용은 제도를 여과하여 현실화된다는 점을 강조한 것이다. 한편 제도는 정치적 기제를 통해 제공된다. 최근 정치적 기제가 최종적으로 경제적 결정을 좌우한다는 인식이 중대한 관심을 끌고 있다. 경제발전에 대한 정치적 가설을 제시한 애쓰모글루는 대단한 반응을 낳았다(Acemoglu and Robinson 2005). 그는 경제행위에 영향을 주는 경제정책은 정치적 결정의 산물임을 강조했다. 애쓰모글루는 경제행위를 최종 결정하는 것을 정치라고 가정하는 정치적 제도주의자다. 정치적 제도주의에서 보면 소득불평등을 처리하는 방식은 국가마다 다른데 그 이유는 국가마다 제도가 다르기 때문이다. 임금, 금리, 그리고 물가의 구조는 개인과 가구의 정책결정에 중대한 영향을 준다(Atkonson 1999). 조세정책이나 소득이전정책은 국가마다 고유한 제도적 장치를 통해서 실행된다.

앞에서 본 바처럼 빈곤을 감소하는 정도는 시대와 나라별로 크게 다르다. 이러한 차이는 어디서 오며 무엇 때문에 발생하는 것인가? 나는 다음과 같은 통계방정식(1)을 세워 이 문제에 답하고자 한다. 방정식(1)의 좌측 항에 있는 RPOV는 빈곤률의 상대적 변화로서 100 × (시장소득의 빈곤지수 -

가처분소득의 빈곤지수)/(시장소득의 빈곤지수)이다. 방정식의 우측 항에
는 세 가지 변수군이 있다. X는 사회경제적 환경을 통제하기 위한 변수군
이다. 분석을 이한 주요 변수는 노동시장제도와 정치제도이다. LMI는 노동
시장제도(조직률, 단체협약의 성격)를, 그리고 PI는 정치제도 변수군(좌파
정당의 지지도, 민주주의 선거제도 등)을 의미한다. 노조조직률은 총고용에
서 차지하는 노동조합원의 비중을 의미한다. 단체협약은 협약이 맺어지는
지점과 수준에 따라 1부터 5까지의 단계가 존재한다. 단체협약의 성격은
기업별 수준(1)에서 기업집단별(2), 부문별(3) 산업별(4), 그리고 전국적 수
준(5)으로 구분하며 포괄적일수록 노사협력의 외부적 효과가 강함을 뜻한
다. 1990년 이전 스웨덴에서는 전국적 수준에서 노사 단체교섭이 맺어졌다.
총노동과 총자본의 대표가 협상 대표로 참여했다. 한편 한국처럼 기업별
노조가 지배적인 곳에서는 작업장에서 협상이 일어난다.

$$RPov = f(X, LMI, PI) \quad (1)$$

앞에서 논의한 것처럼 시장소득의 빈곤은 조세 및 사회정책으로 정도는
다르지만 줄어든다. 상대적 변화의 정도는 국가의 정책개입이 얼마나 결실
을 맺었는가를 반영하는 것이다. 통제변수는 빈곤에 대해 다음과 같은 효
과를 갖는다. 실업이 증가하면 소득이 감소하고 시장소득의 빈곤은 늘어난
다. 실업은 빈곤에 대해 부정적 영향을 준다. 이는 실업이 많아지면 임금소
득이 감소하여 빈곤층이 증가한다는 일반적 해석을 반영한다. 경제성장은
긍정적 효과를 갖는 것으로 가정한다. 경제가 성장하면 고용과 소득이 늘
어나는 점을 반영한다. 그러나 실업과 실질성장은 통계적 유의성이 없다.
일인당 실질소득은 아무런 효과가 없다. 통제변수의 효과는 모형과 관계없
이 일치한다. 한편 민주주의 더미변수는 빈곤층을 감소시킨다. 민주주의 효
과는 고정효과 모형을 제외한 모든 모형에서 통계적으로 1% 수준에서 유

의미하다. 정치제도는 다양한 제도를 포함한다. 정당정부의 효과를 포착하기 위해 연합정부 더미변수를 만들었다. 연정이 단독정당 정부에 비해 차별적 효과를 갖는지를 보기 위한 것이다. 선거제도는 비례대표제와 다수제의 차이를 보기 위해 더미변수를 생성했다. 선거구 규모와 최저득표제한규정은 소수당의 원내 진입에 대한 차별성을 의미한다. 선거구 규모가 크면 1인을 선출하는 소선거구제에 비해 소수정당 등 다양한 정치세력이 정책결정에 참여하기 쉽다. 마찬가지로 최저득표의 제한을 둘 경우 일정수준 이하의 지지를 받은 정당은 배제되기 때문에 소수당에게 불리하다. 소수정당을 배제한 후 결성된 연정은 몇몇 기성 정당 간의 연합이다. 연합정부에 관한 논의에 따르면 다당제 하에서 일반적으로 발생하는 연립정부는 단일정부에서보다 사회당의 집권에 유리하다(Acemoglu and Robinson 2005; Iversen and Soskice 2008). 노동계급과 빈곤층을 대표하는 사회당 혹은 사민당이 양당제 구도에서보다 중위투표자를 대표하는 중도정당과 연합할 기회가 많아지기 때문이다. 연정과 선거제도의 역할을 강조하는 입장에서 보면 단독정당이 집권할 때보다 연합정부 하에서 진보세력이 집권에 참여할 가능성이 많고 따라서 빈곤층을 배려한 정책이 추진되고 따라서 빈곤이 완화되기 쉽다. 연정은 바로 이 같은 효과를 포착하려는 시도이다.

　노동시장과 정치제도 등이 빈곤에 주는 영향력을 국제비교적 관점에서 평가하는 데는 자료의 질이 문제이다. LIS가 제공하는 40개국 자료는 불균등하다. 빈곤감축의 정도를 파악하는 데는 시장소득과 세후 및 소득이전 이후의 소득 모두를 알아야 한다. 그러나 40개국 가운데 25개국에서만 시장소득을 얻을 수 있다. 따라서 이들 나라에서만 시장소득의 빈곤율을 구할 수 있다. 다시 말해 빈곤의 상대적 변화를 측정하는 값, 즉 (시장소득 빈곤-가처분소득 빈곤)/시장소득빈곤은 25개국에서만 측정 가능하다. 나아가 1-2회의 자료만이 존재하는 나라가 있으며 여기서 사례 수는 더욱 줄어든다. 또한 중요한 설명변수에 대한 자료가 없는 경우가 발생한다. 예를 들어 좌파정당의 연정참여를 보면 러시아, 그리스, 룩셈부르크, 인도, 체코, 중국, 이스라엘, 그리고 대만 등은 자료가 없다. 따라서 특정변수의 효과를 분석하려면 분석시기와 대상은 한정된다. 민주주의 체제가 빈곤의 상대적 변화에 미치는 영향력을 파악하는데 사례수가 감소한다. 정책의 효과는 가처분 빈곤율과 시장소득 빈곤율 사이의 변화를 포착하는 것이기 때문에 가처분 소득의 빈곤율만이 존재하는 것은 사례 수를 제한하는 결과를 낳는다. 종속변수는 위에서 언급한 상대적 변화이다. 〈표 5-3〉은 22개국의 자료를 대상으로 하여 총 96개의 사례를 기반으로 몇 가지 회귀모형을 활용하여 얻은 추정치를 제시한다.

〈표 5-3〉 빈곤율의 상대적 변화: 노동시장 및 정치제도

종속변수 시장소득 빈곤율 – 가처분소득 빈곤율	OLS	고정효과	확률효과	고정-확률혼합
시장소득 빈곤지수	0.746***	0.583***	0.266	0.743***
실업	0.516	0.593*	0.625	0.516*
경제성장	13.361	22.672	25.655	13.749
일인당 실질소득	-0.000***	-0.000**	0	-0.000***
양극화 정도	-2.075***	-2.022***	-1.843**	-2.074***
노동시장제도				
노조조직률	0.034	0.037	-0.028	0.034
단체협약성격	0.437	1.156	2.188*	0.474
정치제도				
연립정부	1.594	2.687	0.167	1.693
비례대표제	8.172**	5.192		8.049***
의회중심제	14.662***	12.390***		14.585***
연정참여경험	0.168	0.318**	0.332	0.171*
선거구 규모	0.277	0.242	0.002	0.279
상수	29.821***	32.117***	57.173***	29.828***
Adj-R^2	83.5	82.4	61.2	

자료: LIS(빈곤지수), 민주주의(Freedom House), 실업(OECD), 성장률, 일인당소득(PWT), 단독정부, 정부형태, 선거구 규모, 최저득표제한(Huber 외, QoG)

통제변수를 우선 일별하면 시장소득의 빈곤율은 〈표 5-3〉에서는 통계적
으로 유의미할 뿐 아니라 그 효과 0.4-0.8의 효과를 갖는다. 실업률은 확률
모형과 혼합모형에서 통계적으로 10% 수준에서 유의미하다. 추정치는 약
0.5 정도이다. 즉 실업률이 1% 상승하면 빈곤율의 상대적 변화는 0.5% 정도
증가한다. 시장소득의 빈곤이 상승하는 것에 비해 가처분소득의 빈곤율이
감소한다는 뜻이다. 경제성장은 통계적으로 유의미하지 않으나 선행연구의
가설대로 정의 방향이다. 경제가 성장하며 시장소득 빈곤율이 감소하여 차
이가 줄어드는 것으로 해석할 수 있다. 일인당 소득은 통계적으로 1% 수준
에서 유의미하나 그 효과는 거의 없다. 소득분포의 구조를 반영하는 양극
화 정도는 빈곤율에 부정적 영향을 주는 것으로 나타난다. 가처분소득을
기준으로 9분위 소득이 1분위 소득에 비해 많아질수록 소득재분배 정책이
실현되지 않는다고 해석된다. 이런 추정은 멜쩌-리차드(Meltzer-Richard) 가
설이 예측했던 것처럼 불평등이 심할수록 정부가 재분배정책을 실시하는
것이 아니라 '로빈 훗 역설(Robin Hood Paradox)'이 제기한 것처럼 재분배가
필요한 곳에서 재분배가 이루어지지 않음을 지지한다.[16]

한편 정치제도를 보면 연립정부 효과는 가설이 예측한대로 연정에서 가
처분소득의 빈곤율이 감소함을 보여준다. 그러나 어느 것이든 통계적 유의
성은 없다. 한편 선거제도의 영향력은 확인된다. 비례대표제는 강력한 효
과를 발휘하는 것으로 나타난다. OLS 추정치는 5% 수준에서 유의미하며 상
대적 변화는 7.7%이다. 의회중심제의 효과는 통계적으로 1% 수준에서 유의
미하며 11-14%의 상대적 변화를 보인다. 좌파정당의 연정참여는 OLS에서는
통계적으로 유의미하지 않지만 가설이 제시한 것처럼 정의 방향을 보인다.
확률모형과 혼합모형에서 추정치는 통계적으로 10% 수준에서 유의미하다.
노동시장제도를 보면 노조조직률은 고정효과 모형을 제외하면 예측대로

---

16) 멜쩌-리차드의 재분배 논의와 '로빈 훗 역설'을 경험적으로 분석한 논의에 대해
서는 강명세(2014) 참고.

정의 방향으로 영향을 준다. 다시 말해서 조직률이 증가하면 빈곤율의 상대적 변화는 증가한다. 단체협약이 높은 수준에서 일어날수록 빈곤율의 상대적 변화 역시 크다. 코포라티즘 문헌이 강조하는 것처럼 임금협약이 전국적 수준에서 구축하는 북유럽이 빈곤감축에 적극적이란 점을 확인한다. 선거구의 크기가 클수록 통계적으로 유의미한 수준은 아니나 빈곤율은 완화된다.

　정치제도에서 가장 강력한 영향은 의회중심제 더미 변수에서 나타난다. 의회중심제에서는 대통령제에 비해 시장소득과 가처분소득의 빈곤율 차이가 0.6-4의 범위 안에서 증가한다. 의회중심제에서 대통령중심제에 비해 재분배효과가 강력함을 시사한다. 선거구 규모는 빈곤율 차이에 부정적 영향을 준다. 비례대표제에서처럼 선거구가 크면 다양한 정당이 진입하고 이들의 사회적 요구가 반영될 수 있을 경우 가처분소득의 빈곤율은 하락한다는 가설과 부합하지 않는다. 이 부분에 대해서는 향후 더욱 면밀한 검토가 필요하다. 다만 이 변수가 의회중심제와 관계가 있지만 의회중심제에 눌려 효과를 내지 못하는 것으로 해석가능하다.

5. 결론

　빈곤은 저발전국이나 빈국만의 현상이 아니다. 국내적으로 보면 빈곤은 상대적 현상이며 선진국에서도 심각한 수준으로 등장했다. 또한 그것은 이제 미국과 영국만의 현상이 아니라 민주주의가 추구해온 형평과 포용(inclusiveness)을 위협하는 점에서 빈곤 퇴치는 민주주의의 시급한 과제가 되었다. 그러나 선진국 사이에서도 빈곤의 편차는 상당하다. 정부는 조세와 소득이전 등 공공정책을 통해 빈곤문제에 대처할 수 있다. 그러나 빈곤의 국제적 편차는 커다란 차이를 보이는 것처럼 정부정책은 일률적이지 않다. 정부정책은 인구학적 요인과 소득창출을 결정하는 다양한 요인, 그리고 정치적 변수에 따라 다르다. 나는 그 중에서도 정치제도와 노동시장제도가 정부정책의 방향과 폭을 결정한다는 가설 하에 이를 경험적으로 검증하는 것이었다. 나의 연구가 의존한 룩셈부르크소득연구는 소득에 관한 자료를 국제적으로 비교 가능하도록 허용한다는 점에서 귀중한 자료를 제공한다. 시장소득과 세후소득을 비교할 수 있다는 점에서 재분배의 정도를 파악할 수 있다. 분석의 주 관심은 시장소득과 세후소득 가격을 기반으로 한 빈곤률의 차이를 어떻게 설명할 것인가 하는 것이었다. 노동시장제도로는 비교 연구에서 가장 널리 이용되고 있는 노동조합의 조직율과 단체협약의 포괄성을 선택했다. 예상대로 두 가지 모두 빈곤율을 완화하는 효과를 보여주었다. 한편 정치적 변수로서는 정부의 이념과 정치제도의 영향에 주목했다. 그 결과 좌파정부의 집권경험, 비례대표제, 그리고 의회중심제 등 정치적 변수는 통계적 유의미 정도는 모형에 따라 약간 벗어나기도 했지만 예측에서 벗어나지 않았다. 나아가 소득양극화가 빈곤화에 주는 영향을 검토했다. 그러나 소득분포 구조를 표현하는 10분위 대 90분위 소득은 빈곤을 완화시키지 않는 것으로 나타났다. 양극화 논의를 포함한 이유는 이 문제가 최근 치열한 논쟁의 와중에 있는 것으로 경험적 연구마다 서로 상반된 결론을 제시했기 때문이다. 나의 경험적 결론은 멜쩌-리차드 가설에 위배되는 것이다. 그러나 독립변수를 구성하는 제도적 요인이 상호관련되어 있기 때문에 인과성을 주장하기는 무리일지도 모른다. 제2장에서 밝힌 것처럼 향후 인과적 관계를 밝히기 위해서는 제도적 요인간의 상호관계를 보다 분리하여 취급하는 작업에 치중할 필요가 있다.

제6장

인적자원과 민주주의

1. 인적자원은 왜 중요한가?

교육은 경제성장의 견인차라는 점이 널리 알려지면서 많은 나라가 앞다
투어 교육정책을 강조하고 있다. 교육의 중요성에 대해서는 좌우 모두 한
결 같은 입장이다. 교육은 근대국가의 상징이다.[1] 19세기 말 영국, 독일, 그
리고 프랑스는 교육기회의 평등을 제공하는데 정책적 관심을 기울였다
(Kaeble 1981, 240). 근대국가가 경쟁적으로 추구했던 산업화는 양질의 노동
력을 필요로 하며 이는 교육을 통해 얻을 수 있기 때문이다(Engerman and
Sokoloff 2012; Lindert 2006). 20세기에 접어들면서 경제발전을 위해서는 문
자해득수준을 초월하여 역사상 처음으로 중등 및 고등교육이 필요하다는
점을 인식했다(Goldin 2001, 264).

20세기 후반 이후 지식의 중요성이 부각되면서 과거 물적 자본의 중요성
에 대한 편향이 교정되기 시작했다. 마르크스가 물적 자본의 시대를 날카
로운 눈으로 비판했다면 21세기는 '인적 자본의 세기'이다. 19세기가 기술과
물적 자본을 부의 열쇠라고 생각했다면 20세기는 사람과 훈련을 성공의 요
인으로 판단한다(Godlin 2001). 자식에 대한 사랑은 교육에 대한 관심으로
이어지며 정치가는 학부모/유권자의 교육열을 잘 알고 이에 부응하고자 노
력한다. 산업화가 서비스 중심으로 바뀌면서 인적자원의 중요성은 갈수록

---

[1] 20세기 초 서구 열강이 부국강병 정책을 추구하면서 교육은 경제발전에 필요한
노동력 뿐 아니라 시민의 애국심을 높이고, 나아가 교육받은 병사가 전쟁에서
승리하는데 기여한다고 믿어졌다. 정치엘리트는 교육이 선진국으로 가는 데 필
수적이라고 판단했다.

강조되고 있다. 교육이 경제성장으로 연결되는 고리는 생산성 향상, 기술개발, 문자해득, 상업 및 정치참여의 증가 등을 통해 발생한다.[2] 그러나 교육정책은 외형상 비정치적으로 보이지만 실제는 가장 정치적 결정의 산물이다. 흔히 말하는 것과는 달리 경제적 부가 보통교육을 신장하지는 않는다.

신대륙의 초등교육제도를 대상으로 한 비교연구에 의하면 같은 영국 식민지였던 카리브 해 지역은 보통교육을 미국이나 캐나다에 비해 늦게 도입했다. 19세기 카리브해식민지는 부존자원의 수출을 통해 막대한 부를 축적했다. 경제적으로 후진적이었던 미국과 캐나다가 1820년부터 사회의 대다수를 대상으로 초등교육을 실시하여 1850년 무렵이면 백인의 90%가 문자를 읽을 수 있었다(Mariscal and Sokoloff 2000, 161). 반면 카리브 해 식민지는 영국식민청이 19세기 후반 초등교육을 직접 실시할 때까지 도입하지 않았다(Engerman and Sokoloff 2012). 남미 역시 유럽과의 무역을 통해 막대한 부를 누렸지만 초등교육에 대한 열의는 없어 남미에서 발전수준이 높았던 아르헨티나와 우루과이조차 초등교육의무제는 미국에 비해 75년 뒤졌다. 남미 대부분은 20세기에 와서야 초등교육을 의무제도로 만들었다.

한국에서 교육문제는 어느 나라에서보다 지대한 관심을 끈다. 특히 최근 몇 년 동안 한국을 달궜던 교육문제의 핵심은 교육불평등이다. 교육불평등은 교육에 대한 접근이 평등하지 않다는 말이다.[3] 저소득층이 교육을 향유할 수 있는 기회와 고소득집단이 갖는 기회가 다르다. 교육은 미래에 대한 투자이며 자금이 필요하다. 자금이 풍부한 자는 교육을 받는 데 문제가 없지만 역으로 소득과 자산이 빈약하면 교육에 접근하기 어렵다. 교육에 접근할 수 없다면 인적자원을 키울 수 없다. 인적자원은 소득향상은 물론 정

[2] 교육과 성장의 연관을 이론적으로 제기한 문헌은 Theodore W. Schultz의 저서 *The Economic Value of Education*(1963)이다.
[3] 자본주의에서 교육이 갖는 경제적 의미를 일찍부터 지적한 것은 Bowles and Gintis(1976)이다.

보획득에 없어서는 안 될 귀중한 요소이다.

'인적 자원'이라는 용어를 대중화시킨 이는 미국의 저명한 경제학자 베커 (Gary Becker)이며 그것이 대중화된 것은 비교적 최근 현상이다. 그는 자신의 명저『인적자원(Human Capital)』제3판(1993) 서문에서 1992년 대선에 출마한 클린턴과 부시 후보가 이구동성으로 '인적 자원에 대한 투자'를 거침없이 사용하는 것을 두고 불과 10년 전만해도 상상할 수 없는 일이었다고 술회한다. 베커 자신은 인적자원이 이처럼 중대한 관심을 끌 것으로 예상하지 않았다. 미국에서는 적어도 인적자원의 중요성이 대중에게 각인되었음을 일깨우는 말이다. 베커가 이렇게 말한 지도 벌써 20년 가까운 시간이 흘렀으나 인적 자원의 중요성은 더욱 커지고 있다. 이 글에서는 교육이 기회구조의 평등을 의미하고 가장 기초적인 복지제도라는 점에서 출발한다. 그러나 교육은 기회의 평등을 늘리는 것이지만 결과를 강제하지 않는 점에서 다른 복지제도와 다르다. 교육은 일반적 복지제도가 제공하는 소득지원에 비해 보다 구조적인 틀을 제공한다는 점에서 세대 간 재분배에 기여한다.

교육의 중요성은 이미 1930년대에 일깨워졌었다. 미국교육의 철학적 기초를 다진 것으로 평가되는 역사가 캔델(I. L. Kandel)은 교육은 기회의 평등을 제공하는 것이며 이는 국익에 기여하는 것이라고 주장했다. 그는 유럽인들이 미국이 유럽보다 앞서 실행한 보편교육에 대해 대중교육은 자원의 낭비라고 지적하자, 교육의 민주주의를 제시했다.

> 미국이 시행하는 중등교육의 보편화는 오늘날 기회의 평등을 보장하는 가장 중요한 수단이며 이는 민주주의의 초석이다. 이 나라에서 모든 남녀 자녀에게 기회를 제공하는 원칙은 다른 나라들 특히 가장 선진국에 비해서도 앞서 수용되었으며 심지어 자녀가 무료로 초등교육을 받을 수 있는 권리를 마련했다. … 이제 국익은 모두에게 공통의 동일한 교육을 제공해야 함을 요구한다. 국익의 실현은 계급의식이 얼마나 강한가에 달

려 있다. … 미국의 교육실천은 모든 청년에게 스스로를 최고로 실현할 권리에 대해 동일한 기회를 제공하려는 유일한 진정한 시도로서 아직도 홀로 남아있다. (Kandel 1934; Goldin & Katz 2008, 439에서 인용)

교육의 중요성에 대한 인식은 세계적으로 공통적이지만 교육은 나라마다 아주 다른 모습으로 구체화된다. 〈그림 6-1〉에서 보는 바처럼 고등교육에 대한 열의는 나라별로 큰 차이가 있다. 대학 진학율이 가장 높은 나라는 뉴질랜드로서 2009년 현재 78%이며 미국을 제치고 제2위를 차지한 한국의 진학률은 71%이다. 교육의 중요성에 대한 인식은 교육에 대한 공적 지출을 통해 나타난다. 공적 지출의 규모는 교육에 대한 관심 정도를 반영할 뿐 아니라 후일 자원의 분배에 중대한 영향을 주는 점에서 핵심적 사회문제에 속한다. 교육에 대한 투자는 다른 공공재에 대한 지출과 마찬가지로 재원을 필요로 하며 재원은 조세로부터 충당된다. 조세는 가장 갈등적 요소를 안고 있다. '교육을 위해 누가 부담하는가'라는 쟁점이며 대표적인 정치적 문제이다. 나아가 공적 지출을 어느 등급의 교육까지 포함하는가는 소득별로 첨예한 대립을 낳는다. 다른 제도와 마찬가지로 교육제도 역시 공적 지출을 둘러싸고 발생한 갈등이 봉합된 결과이다.[4] 재분배이지만 누구로부터 누구에게로 이전되는가는 교육의 수준과 역사적 조건에 따라 다르다. 고등교육은 흔히 말하는 부유층으로부터 빈곤층으로의 재분배가 아니라 빈곤층으로부터 부유층으로의 역전도 발생한다(Fernandez and Rogerson 1995; Allard and Lindert 2006). 또한 교육은 부모세대와 자식세대 사이의 재분배이기도 하다(Gradstein and Kaganovich 2003).

---

4) 교육제도의 역사적 형성에 대한 연구는 다음 문헌 참고: Lindert(2004, 2007), Marsical and Sokoloff(2000).

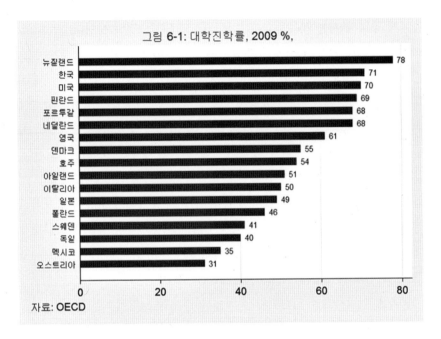

그림 6-1: 대학진학률, 2009 %,

자료: OECD

교육제도는 나라별로 커다란 차이가 있으며 역사적으로도 큰 변화를 경험했다. 교육이 사회경제적 변화를 유발한다는 점은 이미 오래 전부터 알려졌으나 국가별 교육제도의 차이 및 변화하는 교육제도 과정에 대해서는 별로 주목하지 않았다(Engerman and Sokoloff 1997; Mariscal and Sokoloff 2000, 160-161). 교육제도는 두 가지 점에서 나라별 차이를 보여준다. 첫째, 교육수준의 상승을 어떻게 설명가능한가 하는 문제이다. 사회의 다양한 계층과 집단은 초등교육과 고등교육에 대해 각각 다른 시각을 갖는다. 이는 또한 시간의 흐름과 더불어 변화할 수도 있다. 교육은 소득의 상당부분의 장기투자를 필요로 한다는 점에서 소득과 자산의 차이는 교육에 대한 선호에 중대한 영향을 준다. 중간층이 대학교육에 대해 갖는 입장은 노동계급의 시각과 같지 않다. 저소득집단의 입장에서 보면 대학교육을 감당할 자원이 부족하며 현실적으로 대학진학의 가능성이 부유층에 비해 낮다. 저소득층의 진학율이 낮다면 대학의 공교육화는 저소득층의 선호가 아니다. 그들에게 공적 투자는 부유층의 고등교육을 보조하는 것일 뿐이다(Fernandez and Rogerson 1995, 250).

둘째, 나라별로 공적 교육과 사적 교육의 비중은 큰 차이가 있다. 공적 교육과 사적 교육의 차이는 교육재정을 반영하며 그 사회의 정치적 균형에 의해 결정된다. 저소득 가구는 공적 교육의 확대를 선호하는 반면 고소득 층은 공교육이 저비용이지만 질적 저하를 우려할 경우 사교육을 선호한다. 공교육은 과세가 필요하며 민주주의가 일찍 정착하지 않으면 도입되기 어렵다. 초등교육의 보편화는 조세를 부담해야 하는 엘리트 계층이 양보하지 않으면 불가능하다. 한편 엘리트 민주주의는 고등교육의 공교육화에 대해 대중 민주주의나 독재체제와 마찬가지로 조세를 부담하고자 한다. 수혜자 가 바로 엘리트 집단이기 때문이다(Lindert 2003).

교육은 인적자원을 양성한다는 점에서 경제학은 일찍부터 그 중요성을 강조해온 반면 정치학은 교육과 민주주의에 대해 별다르게 주목하지 않았 다. 복지국가에 대한 초창기 연구는 주로 직접적으로 복지에 미치는 요소 에 대한 연구가 주류를 형성했었다. 노후연금이나 의료보험, 실업보험 및 공적 부조 등처럼 직접적 복지효과를 지시하는 분야에 집중되었었다.[5] 교 육이 복지에 주는 의미를 인식하기는 했으나 본격적 연구의 대상은 아니었 다(Wilensky 1975). 그러나 복지국가연구가 확대되고 심화하면서 초기의 방 향과는 달리 간접적 요인으로 영역을 확대하면서 교육은 새로이 관심을 받 기 시작했다. 미국에서는 최근 연구가 시작되어 복지국가와의 연관성을 맺 으면서 과거에 비해 활발한 진행속도를 보이고 있다.[6] 특히 한국에서는 거 의 무인지경에 가깝다.

---

5) 대표적 연구는 Esping-Anderson(1990)과 Castles(1978)이다.
6) 경제학에서는 이미 오래 전 분배와 교육 간의 관계에 대해 논의를 시작한 바 있다. 이와 관련하여 Bowles & Gintis(1976)는 기념비적 저술이다. Ansell(2008) 은 교육과 계급의 정치적 동학을 집중적으로 분석한 가장 최근의 성과이다.

2. 공교육과 사교육의 정치경제

경제학은 인적자원의 중요성을 처음으로 개척하였으나 방법론적 한계로 인해 정치경제적 약점을 안고 있다. 베커는 교육투자를 완전히 개인주의적 결정으로 가정함에 따라 교육에 대한 공적 투자가 이루어지는 메커니즘을 보지 못했다. 교육은 단순히 개인적 영역의 결정이 아니라 공적인 환경에 의해서 영향을 받기 때문이다. 개인의 결정을 내리는 데는 공적 교육의 역할을 고려한다. 인적자본의 이론적 가정으로는 공적 교육이 어떻게 결정되는가를 파악할 수 없으며 정치경제적 시각이 요청된다.[7] 사회정책이나 복지가 복지국가의 영역인 것처럼 공교육은 자원배분의 결과를 낳는다는 점에서 복지국가의 영역이다.

인적자원의 축적은 경제적 성공의 열쇠이다. 인적자원은 단기간에 형성되지 않고 오랜 시간에 걸쳐 누적적으로 형성된다. 누적된 인적 자원은 미래의 가치를 결정한다. 인적자원의 조기교육을 강조하는 이유이다. 따라서, 미래에는 조기교육이 늦으면 늦을수록 교육경쟁에서 뒤쳐질 가능성이 높고 이로 인해 인적자원을 축적하는 데 불리한 결과를 맞이할 수 있다.

인적자원의 축적이라는 점에서 교육은 빠를수록 효과가 크다. 아동이 교육받을 준비가 되었을 때 교육은 더 큰 효과를 발휘하며 어릴 때의 차이는 시간이 갈수록, 그리고 교육기간이 길수록 누적적으로 효과를 발휘한다 (Becker 1993, 21). 초기교육은 작은 차이가 나중에 커다란 결과를 나타낸다는 점에서 부모의 조기교육에 대한 관심은 자녀의 인적자원 형성에 중요한 역할을 한다. 조기교육을 받지 못하고 진학에 실패한 사람이 노동시장에서 좋은 처우를 받을 수 없다. 교육은 노동시장의 악순환을 낳는다. 인적자원이 부족한 사람은 훈련을 습득할 자세나 능력이 부족하기 때문에 노동시장

---

7) 애쓰모글루는 공교육의 발전이 정치적 조건에 따라 결정된다는 정치경제적 관점으로 교육을 접근하려 했다.

은 이들에게 교육을 제공하기 어렵다. 이처럼 교육의 중요성을 인식하면서 조기교육의 필요성이 모든 나라에서 널리 인정되기 시작했다. 또한 시간이 가면서 정도의 차이는 있지만 시행은 확대되고 있다. 그 원인은 노동시장의 변화와 함께 맞벌이 부부가 늘어나고 교육투자가 자녀교육의 중요한 과제로 인식되기 때문이다. 〈그림 6-2〉에서 보는 것처럼 유치원교육은 세계적으로 증가하는 추세이나 나라마다 다른 속도로 진행된다. 한국은 5세 이하 교육에 대한 관심의 측면에서 가장 높은 집단에 속한다. 한국은 유치원 진학뿐 아니라 대학진학률에서도 세계최고이다(그림 6-3).

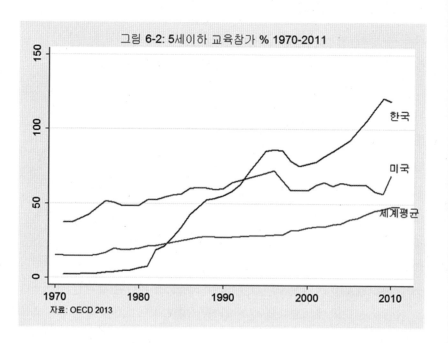

그림 6-2: 5세이하 교육참가 % 1970-2011

자료: OECD 2013

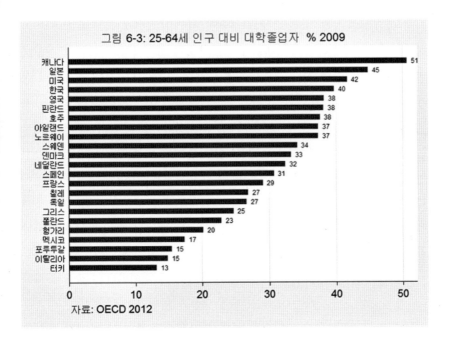

교육에 대한 관심은 교육에 대한 자원배분의 증가로 이어진다. 교육열은 교육투자를 통해 드러난다. 경제발전이 소득향상을 유발한다고 해서 모든 나라가 같은 속도로 성장하지 않는 것처럼 조기교육에 대한 관심은 모든 나라에서 공통적이지만 실제로 5세 이하 아동이 유치원 교육에 참여하는 정도는 큰 차이를 보인다. 교육투자는 두 가지 특징을 갖는다. 첫째, 교육 투자는 그 사회의 인적 자원을 양성하는 것이며 사적 투자와 공적 투자로 구성된다. 둘째, 교육투자는 교육수준이 높아지면 그 정도와 종류 역시 달라진다. 어떤 나라는 공적 투자가 지배적인 반면 한국과 같은 나라에서는 사교육 부문에 대한 지출이 훨씬 많다.

교육에 대한 투자를 결정하는 요인은 매우 다양하다.[8] 이는 경험적으로 공적 교육에 대한 투자를 어떻게 인식하는가와 관련을 갖는다. 교육에 관

---

8) 이에 대한 경험적 조사는 Busemeyer(2007) 참고.

심이 많을수록 교육 전반에 대해 국가의 역할을 강화하는 것을 희망할 것이다. 개별적 수준에서는 가정환경이 중대한 역할을 한다. 첫째, 부모의 학력이 높을수록 자녀교육에 보다 많은 투자를 하려 한다. 둘째는 개인의 현재 상태이다. 현재 교육 중에 있는 집단, 예를 들어 학생이나 재교육을 받는 자는 교육에 대한 보다 많은 투자를 선호한다. 셋째, 가정 내 자녀 여부는 공적 교육에 대한 선호에 영향을 준다. 자녀가 없는 가구보다 있는 가정이 공적 교육의 확대를 선호한다. 한편 거시적 요인 역시 공적 교육에 영향을 준다. 사회경제적 불평등의 심화는 교육투자에 영향을 준다. 저소득층에 속하는 사람은 교육을 통해 불평등으로부터 벗어날 수 있다고 판단하며 공적 교육의 강화를 선호한다.

많은 연구는 인적자원이 소득을 증가시키는 데 기여한다는 점에 일치한다. 소득향성을 도모하는 교육은 다른 상품과 마찬가지로 더 많은 성과를 거두려면 더 많은 투자를 필요로 하며 투자는 공적뿐 아니라 사적 투자도 가능하다. 공교육의 확대는 공공재와 마찬가지 역할을 함으로써 사회적 불평등을 줄인다. 반대로 사교육은 부존자원의 정도를 반영한다는 점에서 교육투자에 수반되는 금융비용의 차이로 인해 사회적 불평등을 확대시키는 결과를 낳는다. 교육에 대한 공적 투자와 사적 투자는 국가별로 큰 차이를 보인다.

그렇다면 무엇이 사적 교육과 공적 교육에 대한 투자를 결정하는가? 이 문제에 해답은 교육과 인적자원의 정도가 사회적 불평등의 원인과도 밀접한 관련을 맺는다는 사실을 감안해볼 때 아주 중대하다. 한 사람의 교육수준에 영향을 주는 것은 단지 학습능력의 정도만이 아니라 가족배경이 결정적 역할을 하는 것으로 알려져 있다.[9] 부모의 영향은 이미 널리 인정되는

---

9) 사회학은 오랫동안 교육에 영향을 주는 요인에 대해 탐구해 왔으며 부모의 교육정도, 계급, 사회경제적 지위 등이 성취도나 의욕에 지대한 영향을 준다는 점을 밝혔다.

사실이며 따라서 문제는 그 유무가 아니라 영향력이 어느 정도인가를 밝히는 것에 있다.

부모의 영향력은 보다 구체적으로는 부모의 경제적 능력을 포함한다. 특히 공교육의 질과 양이 낮아서 사교육이 유일한 대안이라면 교육여부와 효과는 부모의 경제력의 차이에 따라 교육환경은 크게 달라진다. 〈그림 6-4〉는 5세 이하 교육을 구성하는 공적 및 사적 투자의 비중을 보여준다. 이는 공적 및 사적 교육비용이 국민총생산에서 차지하는 비중이다. 그림의 종단과 횡단을 통과하는 줄은 각각의 평균값을 의미한다. 이 두 평균선을 기준으로 북동쪽은 공적 및 사적 투자에서 평균을 초과하는 국가이며 반대로 서남쪽 국가는 평균 미만의 교육투자를 한다. 한국의 유치원 교육은 주로 사교육이 압도적 역할을 하며 공교육은 호주 및 일본과 함께 가장 낮은 수준의 집단에 속한다. 한편 사교육의 조기교육에서는 스페인, 이스라엘, 독일, 오스트리아, 그리고 일본에 이어 사교육이 높은 비중을 차지한다.

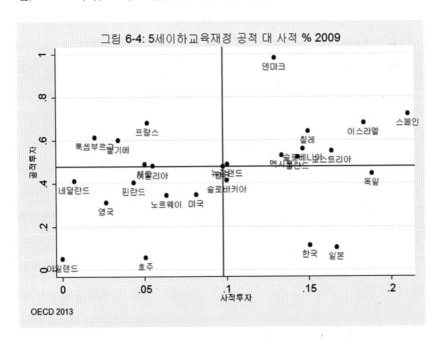

그림 6-4: 5세이하교육재정 공적 대 사적 % 2009

OECD 2013

이제 의문은 왜 한국을 포함한 일부 국가에서는 조기교육이 사교육 위주로 발전한 반면 다른 나라에서는 공교육이 중심이 되었는가에 모아진다. 정치경제문헌은 크게 세 가지의 대답을 제시하고 있으며 이들은 상호배타적이지 않다. 첫째시각은 사회경제적 요소를 중심으로 교육정책의 방향을 설명한다. 외적 요인을 중시하는 이론은 최근 세계화의 원인을 추가하였다(Rodrik 1997; Boix 1998). 세계화로 인해 부존 요소의 배열이 변화하고 국가 간 경쟁이 심화하면 국가의 역할은 약화되며 교육에 대한 공공지출이나 투자는 감소하고 사적 교육이 강해진다(Engerman and Sokoloff 2011).

둘째는 당파성 이론(partisan theory)이며 정책의 차이를 집권정부가 추구하는 정책의 차이에서 모색한다(Alesina and Rosenthal 1995; Ansell 2008; Boix 1998; Hibbs 1992; Stephens 1978). 좌우의 차이는 복지국가의 유형과 밀접히 연관된다(Esping-Andersen 1990). 좌파정당은 국가의 역할을 통해 시장의 영향력을 제어하려 하는 반면 우파 보수정당은 국가의 개입을 최소화하는 정책을 실현한다. 이런 차이는 교육정책에서도 발견된다. 좌파정부는 공교육을 강화하려 하는 반면 우파정부는 공교육은 최소화하려 한다. Boix(1998)의 연구는 통계적 의미에서 당파성의 역할이 명백하지 않다는 결과를 제시한다. 보다 최근 Ansell(2008)은 자료를 확대하고 당파성 지표를 보다 기술적으로 정교하게 다듬은 후 통계적으로 유의미하고 분명한 당파성 효과를 제시했다.

제도주의는 정책의 차이가 경제적 이해를 매개하는 제도적 차이에서 비롯된다고 파악한다(Ansell 2008; Iversen and Soskice 2008; Busemeyer 2007). 제도는 당파적 이익을 걸러내는 중간통로이다. 제도주의는 좌우의 차이가 허공에서 만들어지는 것이 아니라 제도를 통해 실현된다는 점을 강조한다. 즉 당파성 이론과는 달리 당파성은 제도를 통해 정책으로 실천된다는 뜻이다. 제도주의는 비례대표제나 다수제의 선거제도가 정부 형성에 영향을 주는 점에서 정책에 간접적이지만 결정적인 효과를 미친다고 본다(Austin-Smith

1000; Lizzeri and Persico 2001; Persson and Tabellini 2009). 앤셀(Ansell 2008)
은 이들의 연구가 주로 전통적 복지인 실업과 연금 등 '현재의 재분배'에 주
목하느라 '미래의 재분배'를 간과했으며 이 같은 맹점은 교육복지를 통해
해소될 수 있다고 주장한다. 교육에 대한 지출은 미래의 인적자원에 기여
한다는 점에서 전형적인 미래의 재분배이다.

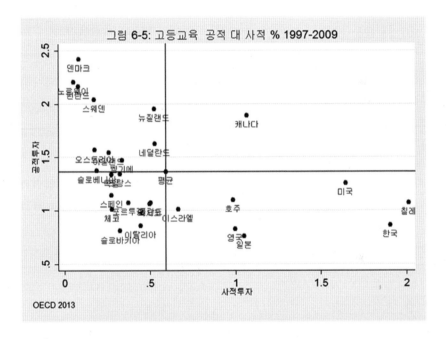

그림 6-5: 고등교육 공적 대 사적 % 1997-2009
OECD 2013

　　그러나 교육불평등과 사회적 불평등의 관계는 단선적이지 않다. 양자의
관계는 동학적으로 변화하기 때문에 나라별로도 다를 뿐 아니라 시기별로
도 같지 않다. 교육불평등과 사회적 불평등의 관계를 보다 동태적으로 이
해하기 위해서는 시간과 국가별로 변화를 동시에 관찰해야 한다. 이를 보
기 위해 무엇보다 교육접근성에 막대한 영향을 미치는 소득이 교육과 어떤
관계에 있는지를 파악할 필요가 있다. 한국에서의 심각한 교육불평등은 사
적 부분의 압도적 역할에서 비롯된다. 사적 투자는 이미 5세 이전의 교육에

서 시작하여 누적적으로 작동하여 대학교육에서는 절정을 이룬다. 한국은 〈그림 6-1〉에서 본 것처럼 대학진학률이 거의 80%에 접근할 정도로 교육열이 높다. 높은 교육열은 고소득과 안정된 일자리를 바라는 마음을 반영한다. 대학교육의 보편화는 양질의 인적 자원을 제공한다는 점에서는 순기능을 한다. 그러나 한국의 고등교육은 높은 진학률과는 별도로 전적으로 사적 부담에 의존한다.

국민총생산 대비 사교육비가 차지하는 비중은 칠레를 제외하면 최고 수준에 있다. 이와는 반대로 공적 비중은 가장 낮은 집단에 속한다. 전통적 복지강국은 한국과 정반대의 위상을 차지한다. 공적 교육이 주류를 형성하고 사적 지출은 평균에 미달한다. 한국은 일본과 더불어 영미적 자유주의적 집단에 합류한다. 그러나 높은 대학교육 수준은 한국의 학부모에게 심각한 재정적 부담을 안겨줬다. 과도한 사교육은 미래소득을 불안정하고 불확실하게 함으로써 고령화 사회에 중대한 문제를 제기한다. 최근 일련의 사태, 즉 반값등록금이나 갑작스럽게 불거진 복지논쟁은 교육문제가 안고 있는 불안정과 우려를 반영하는 것이다.

3. 소득과 교육

교육과 소득의 관계는 양면적이다. 교육은 미래 소득을 향상시키는 수단이라는 점에서 저소득층은 국가가 공적 교육을 강화할 것을 선호한다. 반면 교육재정에 대해서 고소득층은 자신에 대한 과세라는 점을 알기 때문에 공적 교육을 반대한다. 그러나 교육은 소득과 단선적 관계이기보다 복합적일 수 있다. 교육에 대한 선호도는 소득의 정도에 따라 다르다. 교육정책은 재분배의 직접적 효과가 크지 않기 때문에 저소득층은 교육이 아니라 다른 재분배의 직접적 효과가 확실한 사회정책을 지지한다. 교육의 효과는 장기

적으로 가능할 뿐 아니라 불확실하기 때문이다. 노동자 자녀가 교육에서
자원이 풍부한 부유층 자녀와 경쟁해서 승리하기란 쉽지 않다. 반대로 부
유층에 속하는 사람은 교육정책의 확대를 선호한다. 이들은 저소득층과는
대조적으로 교육의 잠재적 수요자라는 점에서 공적 지출을 통해 교육을 받
을 수 있는 기회를 늘리는 데 찬성한다. 공적 교육이 모두에게 문호를 개방
한다 하더라고 현실적으로 교육의 수요는 중산층 이상에서 나온다. 특히
대학교육에 대한 정부보조는 대학생 자녀를 둔 가구에게 실질적 지원인데
대학을 보낼 수 있는 가구는 고소득층이다.

　교육은 20세기 이전만 해도 소수 엘리트의 전유물이었다. 미국을 제외한
모든 국가에서 보편교육은 아주 늦게 도입되었다. 초등교육이 대중교육으
로 전환하게 된 것은 19세 전반 미국과 독일 일부(프러시아)에서였다. 대중
교육의 공교육화가 시작된 나라에서 발견되는 공통점은 두 가지이다.[10] 첫
째, 보편선거권의 도입은 공교육의 출발과 확장에 깊은 연관성을 갖는다.
교육비용을 담당하는 집단은 지주와 산업가들이었기 때문에 이들은 자신
의 재정부담으로 농민과 하층민의 자녀에게 교육을 제공하려 하지 않았다.
둘째는 분산화의 효과이다. 교육문제는 전통적으로 중앙이 아니라 지방의
문제였기 때문에 지방분권화가 존재했던 곳에서는 공적 교육이 발달하기
용이했다. 분권화의 조건에서 각 주 혹은 지방은 이민과 기업을 유치하기
위해 조세재정의 초등교육정책을 실시했다(Lindert 2004, 24-25).

　소득이 다르면 교육에 대한 생각과 선호는 달라진다. 예를 들어 서민은
유아교육이나 대학교육이 동일하다고 판단하지 않는다. 영아교육과 고등교
육은 미래에 다른 목표를 지향한다. 영아교육을 포함한 초등교육은 가장 기
본적 교육으로서 향후 지식의 전달과 습득에 절대적으로 필요한 기초를 제
공한다. 고등교육은 더 좋은 일자리와 고소득을 얻는데 필요하지만 기초교

---

10) 대중교육의 도입에 대한 역사적 논의에 대해서는 Peter Lindert(2004) 참고.

육은 성인이 되어 노동시장에서 활동하는 데 요구되는 최소한의 기술지식
으로 제한된다. 역사적으로 보면 대학교육 같은 고등교육은 일부 고소득 집
단만이 향유할 수 있었다. 산업시대에는 대부분 고등교육에 소요되는 재원
조달이 사적이었기 때문에 저소득층은 고등교육에 접근할 수 없었다. 한편
사민당이나 노조는 자신에게 현실적으로 성취 가능하고 필요한 초등교육의
공적 제공을 요구하고 이를 입법화하는데 성공했다. 이처럼 역사적으로 사
회집단은 교육에 대한 재정과 접근가능성에 대해 각각 다른 입장을 갖기 때
문에 교육은 역사적 조건에 의해 공교육과 사교육으로 분리되어 발전했다.

공적 교육은 조세를 통해 재원을 조달하는 반면 사적 교육은 사적 재원
에 의존한다는 점에서 소득의 정도에 따라 교육제도의 선호는 다르다. 저
소득층은 공적 교육을 통해 사회적 상승을 이룩하려는 반면 고소득층은 교
육세를 부담해야 하는 위치에 있고 자신의 부담으로 저소득층에게 무료교
육을 제공하길 꺼려하기 때문에 사적 교육을 선호한다. 나아가 엘리트는
교육이 신분상승으로 이어져 자신이 독점적으로 누렸던 지위가 약화되는
걸 우려하여 사교육을 선호할 수 있다.

소득과 교육선호에 미치는 효과는 멜쩌와 리차드가 제시한 중위소득이
론을 연장해 적용가능하다(Buseymeyer 2006). 후자에 따르면 중간소득과 평
균소득의 격차가 클수록, 다시 말해 불평등이 심할수록 이에 불만을 품는
사람의 수가 늘어나는데 이들이 공적 역할의 강화를 요구할 가능성이 높
다. 이를 교육정책 분야에 연장시켜 적용하면 불평등이 증가할수록 중간계
급 이하의 집단이 사적교육을 감당할 수 없기 때문에 공적 지출에 기초한
교육정책을 요구한다. 반대로 지니계수가 비교적 낮은, 다시 말해 소득불평
등이 심각하지 않는 나라의 경우 공적 지출에 대한 갈등은 불평등이 심한
나라에 비해 상대적으로 크지 않을 것이다.

또한 교육은 외부효과를 낳기 때문에 공공재적 성격을 갖는다. 국가의
교육정책은 교육의 직접적 대상 집단 뿐 아니라 교육을 받지 않는 집단에

게도 긍정적 결과를 조성한다. 교육정책에 대해서는 정부실패를 제기하지 않는다. 오히려 초중등교육에 대한 공공투자는 시장실패를 보완한다. 초기 아동노동의 금지법과 의무교육법은 국가에게 의무교육을 강제함으로써 부모로 하여금 자녀를 노동시키지 못하게 했다. 기업의 사회적 책임은 교육이 낳는 외부효과에서 비롯한다. 특히 한국처럼 교육열이 높은 곳에서, 그리고 교육비가 압도적으로 사적 부담으로 이뤄지는 곳에서 기업은 유능한 인적 자원을 싼 값에 사용할 수 있는 외부성 효과를 누린다. 〈그림 6-5〉가 보여주는 것처럼 1990년 이후 고등교육 진학이 지속적으로 증가하면서 최상 10% 소득 대비 최하 10% 소득은 1990년대 후반에 비해 완화되었다. 즉 대졸자의 증가는 소득증대로 이어져 전반적으로 소득불평등을 완화하였다. 한국의 경제발전은 교육의 이러한 외부효과 탓이다.

1990년대 이후의 급속한 기술변화는 전세계적 현상이었다. 한국이 이런 외적 충격을 성공적으로 극복할 수 있었던 것은 높은 수준의 인적 자본 덕분이다. 기술변화가 노동시장에 차별적 소득분포 효과를 준다(acemoglu 2002). 기술변화는 숙련근로 노동자에게 유리한 결과를 낳는다. 기술변화로 인해 미숙련 노동에 대한 수요는 감소하고 숙련노동에 대한 수요는 크게 늘어 대졸자를 숙련노동으로 간주한다면 대졸자의 일자리와 임금이 상승하고 소득불평등은 상대적으로 개선되기 때문이다. 기술변화는 이론적으로는 숙련노동과 비숙련노동에게 차별적으로 작용하여 그 결과 소득불평등을 심각하게 만든다. 그러나 한국의 경우 사교육을 기반으로 한 고등교육은 양질의 풍부한 숙련노동을 과도하게 공급했다. 그러나 이제 고졸의 80%가 대학에 진학하는 단계에 도달하면서 중위소득과 하위소득의 격차가 과거보다 훨씬 높은 수준으로 발전할 수 있다.

한국에서 높은 교육열은 여러 방식으로 설명을 하지만 경제적 효과를 빼놓을 수 없다. 경제적으로 보다 나은 소득을 보장받지 않는다면 교육에 대한 열망은 클 수 없다. 교육이 갖는 이러한 소득효과는 높은 교육열로 이어

졌으며 대학진학경쟁을 낳았다. 좋은 교육은 좋은 일자리를 얻는데 효과적
이기 때문에 동일한 조건이라면 높은 교육을 성취하도록 유도한다. 교육이
일자리와 상관관계를 갖는 것은 기술변화가 교육에 대해 중립적이 아니라
교육편향적 혹은 기술편향적(skill-biased)이기 때문이다. 기술혁신은 일차적
으로 조달 가능한 노동을 고려하여 발전한다. 자동화로의 변화는 노동비용
을 줄이기 위해 발생하는 것처럼 기술변화는 숙련기술의 변화를 유발한다.
최근 연구는 기술편향성에 머무르지 않고 고등교육의 공급이 소득평등을
낳는 점을 강조한다(Goldin& Katz 2008). 이들의 연구는 미국에서 발생하는
소득불평등의 원인이 기술변화 뿐만 아니라 학력저하에서 비롯된다는 점
을 지적한다. 1980년대 이후 악화되는 소득불평등은 고교 중퇴자의 증가로
인해 젊은 노동자가 좋은 일자리를 얻을 수 없었기 때문이라는 것이다.[11]

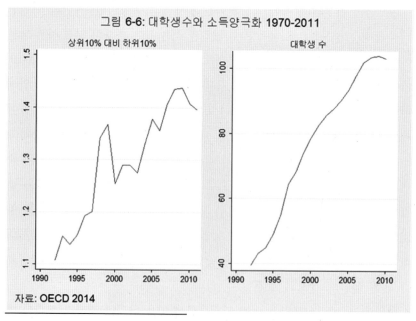

그림 6-6: 대학생수와 소득양극화 1970-2011

상위10% 대비 하위10%   대학생 수

자료: OECD 2014

___
11) 이들은 흔히 제기되는 세계화의 효과는 크지 않다고 본다. 1980년대 세계화가
   활발해지면서 미국기업이 해외로 진출하거나 또는 개도국이 미숙련 분야의 제
   품을 수출함으로써 미국의 국내고용이 감소한다는 주장이 제기되었었다.

이들에 의하면 소득의 변화는 기술변화와 아울러 교육훈련의 상승을 통해 높은 소득을 획득하려는 욕구에서 발생한다. 교육이 제공하는 숙련기술이 보다 높은 소득을 창출하는데 기여할 경우 노동자와 그 가족은 교육투자를 통해 미래의 높은 소득을 도모하고자 할 것이다. 교육투자가 높을수록 숙련기술의 노동이 풍부함을 의미하며 교육투자가 빈약한 경우와 비교하면 보다 좋은 일자리를 얻을 수 있다. 좋은 일자리는 소득수준이 불평등하게 되는 것을 방지한다. 반대로 교육투자가 없어서 숙련기술이 빈약한 사회와 시대에서는 소수의 숙련기술노동만이 좋은 일자리를 차지하기 때문에 소득불평등이 발생한다.

4. 어떤 정치제도가 교육복지에 우호적인가?

제도가 경제발전에서 중대한 역할을 한다는 것은 이미 잘 알려진 사실이다. 교육은 그 가운데서 핵심적 제도이다. 많은 연구는 교육은 경제성장, 소득분배, 그리고 사회적 이동에 기여한다는 점에 동의한다(Ansell 2008; Brown and Hunter 2004). 한 사회의 교육수준이 상승하고 문자해득의 정도가 향상하면 경제발전에 유익한 기능을 한다. 노동생산성이 상승하고 기술변화의 속도가 빨라지고 나아가 정치적 참여의 폭도 넓어진다. 교육수준의 상승은 경제발전 자체뿐 아니라 경제발전의 과실에 대한 분배에도 중대한 영향을 준다. 개인의 입장에서 교육과 문자해득은 신분상승을 꾀하는 도구와 같으며 이를 방해하는 것은 개인의 발전을 가로막는 것이다.

역사적으로 교육에 대한 투자는 정치적 결정의 영역이다. 근대국가의 형성과정에서 교육은 중대한 균열의 축을 형성한 바 있다. 유럽의 교회와 국가는 교육의 주체를 둘러싸고 커다란 갈등을 겪은 바 있으며 이 갈등은 기회가 되면 여전히 중요하다. 이 갈등은 정치적 대립의 한 축으로 작동한다

(Rokkan 1970).

　교육은 복지정책 가운데 가장 보편적 급여이다. 초등교육의 의무화는 '선별적 복지'와는 달리 특정 집단의 인적 자원을 향상시키기 위해 도입되지 않는다. 이 제도의 도입으로 일정 연령 이상의 모든 아동이 조세재정으로 이루어지는 공적 교육을 받을 수 있다. 공적 교육은 보편적 급여이기 때문에 재분배의 성격이 가장 옅다. 반대로 특정 집단에게만 제공하는 선별적 급여는 재분배이다. 보편주의 복지에서 교육이 가장 먼저 도입된 까닭은 바로 중간계급이 수혜대상이라는 점에 있다. 실업이나 의료급여와는 대조적으로 계급이나 계층과 상관없이 모든 자녀에게 제공하는 초등교육에 대해서는 정치적 반대는 거의 없다. 사실상 중간계급은 교육의 최대 수혜자이다. 하층계급은 보편교육을 받을 경제적 여건에 미달했으며 상층계급은 사적 교육을 받기 때문에 무관하다.

　불평등이나 복지국가에 대한 정치적 해석은 오랜 전통이며 권력자원이론은 대표적 이론이다.[12] 권력자원이론은 좌파의 힘이 불평등 문제나 복지국가의 규모를 결정한다고 주장한다(Korpi 1983; Esping-Andersen 1990; Huber and Stephens 2001). 이들은 스웨덴 등 북구에서 복지국가가 왕성하게 발전할 수 있었고 반대로 미국에서 복지국가가 저발전한 것을 분석하는데 공헌했다. 사민당 정부가 재분배를 통해 사회적 평등을 실현하는데 성과를 내는데 보수정부보다 효과적이다.

　그러나 권력자원이론은 그렇다면 왜 어떤 나라에서는 노동운동이 성장하고 사회당이 집권할 수 있는지, 다른 나라에서는 왜 그렇지 않은지를 설명하지 않는다(Iversen 2010). 다시 말해서 권력자원론은 보다 근원적으로 왜 좌파세력이 더 큰 사회적 힘을 갖는가를 설명해야 한다. 권력자원이론이 제시하는 진보세력의 사회적 동원능력은 중위투표자이론과 정면으로

---

12) 정치적 및 경제적 해석에 대한 최근의 논의는 Iversen& Stephens(2008) 참고.

배치된다. 정당은 집권해야 자신이 지향하는 정책을 실현할 기회를 갖는다. 한편 모든 정당은 집권을 위해서는 중간층에 존재하는 중위투표자의 지지를 얻어야 한다. 물론 사회당도 예외는 아니다. 사회민주당이 자신의 지지 세력에 의존해서는 다수를 획득할 수 없으며 다수 의석을 얻지 못하면 정부를 차지할 수 없다.

1) 선거제도와 교육지출: 비례대표제와 다수제

이 문제를 해결하자면 정당이 나름의 독자적 행위를 할 수 있음을 인정해야 한다. 정당은 다수 투표자의 지지를 얻으려고 노력하며 특정 투표자 집단의 거수기가 아니라 상대적으로 다양한 이해를 대표하려고 시도한다. 예를 들어 민주통합당은 호남의 지역주의에 호소하는 한편 수도권의 진보적 계층에게도 지지를 호소한다. 반대로 새누리당과 박근혜 후보는 영남은 물론이고 서민의 지지를 얻지 못했다면 당선되지 못했을 것이다. 한국의 선거제도가 다수제이기 때문에 한 정당이 다수를 얻기 위해서는 다양한 계층과 집단의 지지를 받아야 한다. 한국이 만일 다수제가 아니라 비례대표 제도하에서 선거를 실시한다면 여러 정당이 생겨나고 선거 이후에 연합정부를 구성하는 모습이 일반적일 것이다. 어떤 선거제도를 택하는가에 따라 각 계층과 집단의 정치적 이해는 달라진다. 다수제에서는 중위자 혹은 중간계층의 이해가 가장 잘 실현된다. 집권을 목표로 하는 양대 정당에게 모두 중간층의 지지가 핵심적이기 때문이다. 한편 비례대표제에서는 각 정당이 자신의 지지기반을 대표하기 때문에 노동계급과 서민의 정당이 연합정부에 참여할 가능성이 많다. 중간층을 대표하는 정당은 소수정당으로서 사민당과 마찬가지로 연합정부에 참여할 수 있다. 상층의 정당 역시 마찬가지이다. 한편 다수제에서는 선거에서 중간계급과 상층이 결합한 정당이 다수의 지지를 얻을 가능성이 많다. 결과적으로 비례대표제도 하에서 상층의 정당은 다수제에서 가능한 집권프리미엄을 갖지 않는다.

다수제와 비례대표제는 교육지출 면에서 커다란 결과를 드러낸다. 비례대표제에서는 모든 교육과정 즉 유치원, 초등 및 대학교육에서 공적지출이 압도적이다. 유치원과정에서는 73%가 공적 지출이며 사적 지출은 26%에 불과하다. 초등과정에서도 비슷하다. 공적 지출과 사적 지출의 비중은 60:40이다. 이 같은 차이는 대학교육에서 다시 확연히 재현된다. 다수제에서는 사적 지출이 62%인 반면 비례대표제에서는 완전히 뒤바뀌어 공적 지출이 62%이다.

2) 정부형태와 교육지출의 유형

정부형태의 측면에서 보면 노동계급과 일반시민의 이해를 대표하는 정치가 집권하기 어렵다. 중간계급의 지지를 확보해야 하지만 앞에서 말한대로 중간층은 노동계급보다 상층 집단과 연대하기를 선호한다. 이 점은 미국 등 대통령제도를 채택한 나라에서 공화당 등 보수정당의 후보가 대통령으로 더 많이 선출되는 것에서 잘 나타난다.

이처럼 정치제도는 사회적 이해의 연대와 밀접한 관련을 갖는다. 어떤 정치제도이냐에 따라 상이한 교육제도가 나타난다. 교육불평등은 사회적 불평등의 핵심 일부로서 정치적 조건의 영향을 받는다. 집권당과 정부의 정책방향은 교육예산의 방향과 정도를 결정하는데 막대한 힘을 발휘한다. 정당은 두 가지 이유에서 교육정책에 영향을 준다. 첫째, 교육은 재분배의 일부라는 점에서 정부는 자신의 정책에 따라 재분배에 영향을 준다. 둘째, 정당은 단순히 이념적 동기에서만 정책을 추구하지 않는다. 정당은 재선과 재집권이라는 정치적 목표를 위해, 인적자원의 제공이라는 차원에서 경제적 성과를 향상시키는데 기여할 수 있는 교육정책을 추구한다(Boix 1998; Iversen& Stephens 2008).

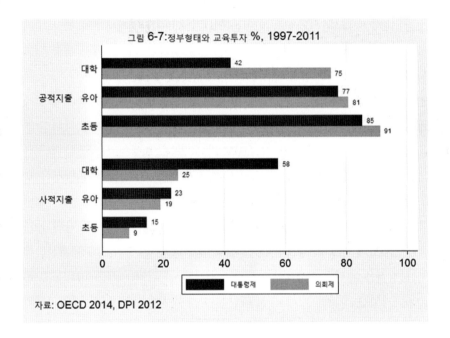

그림 6-7:정부형태와 교육투자 %, 1997-2011

자료: OECD 2014, DPI 2012

인적자원이 경제성장에 미치는 효과는 널리 알려져 있다(Barro2000). 그러나 이는 교육수준에 따라 다르다. 공적 투자는 초중등 교육에 한정하며 대학교육에 대한 투자는 일반적으로 하층이 아니라 상층 집단에 대한 지원이다. 대학교육은 결국 잠재적 상층을 육성하는 것이기 때문이다(Tanzi & Schuknecht 2000, 188). 사교육 대 공교육의 교육지출의 비중은 정부형태의 차이에서 달라진다. 〈그림 6-7〉에서 볼 수 있는 것처럼 유치원 교육지출의 비중을 보면 대통령제에서 사교육지출이 공교육지출에 비해 많음을 알 수 있다. 정부형태에 따른 교육지출의 차이는 대학교육에서는 더욱 증가한다. 대학의 경우 공교육지출의 비중은 의회중심제에서는 75%가 공적지출인 반면 사적 지출의 그것은 24%에 불과하다. 그러나 대통령중심제에서는 반대의 패턴이 등장한다. 사적 지출이 57%인 반면 공적 지출은 42%이다. 초등교육의 지출에서도 차이는 작지만 경향은 마찬가지로 대통령중심제에서는 사적 지출이 늘어난다.

정치제도가 교육에 영향을 미치는 까닭은 교육이 미래세대의 명암을 좌우하기 때문이다. 미래세대는 정치의 앞날을 결정한다는 점에서 정당은 교육에 영향을 주려고 한다. 교육은 복지의 핵심적 일부를 차지한다. 교육은 인적자원의 배양이라는 점에서 향후 소득의 정도와 일자리의 종류에 결정적 영향을 미친다. 교육은 오랜 투자를 요구하며 부모의 소득은 자녀의 교육여부와 정도에 결정적 영향을 줄 수밖에 없다. 조세재정을 통한 공교육의 기원은 인적자원의 선천적 기원을 약화시키고 보다 평등한 출발선을 강조하려는 데서 시작되었다. 교육제도는 독자적으로 생성하고 발전하기보다 복지제도와 유기적 연관을 가진다. 사회적 보호의 발달은 인적 자원과 기술훈련제도의 배양을 강조한다. 양질의 기술과 훈련은 기업이 세계시장에서 경쟁력을 유지하고 발전하는데 중요한 역할을 한다(Iversen and Stephens 2008). 기업은 복지에 대해 특정 사안에 따라 지지하기도 한다. 직업교육의 이 같은 효과를 잘 아는 기업은 복지에 무조건 반대하기보다 자신과의 관련성에 따라 다른 입장을 갖는다.

5. 결론: 교육의 정치적 선택

지금 한국은 역사상 처음으로 복지국가에 대한 열망을 경험 중에 있다. 제18대 대선 내내 핵심쟁점은 복지논쟁이었다. 이 가운데서 교육문제는 중요한 영역을 차지한다. 한국에서는 교육불평등 문제가 복지국가를 선도할 정도로 한국의 '근대화' 과정에서 교육은 알파이자 오메가의 역할을 했다. 지난 수십 년 동안 교육은 문맹을 퇴치하여 많은 사람이 정보를 쉽게 획득하도록 했다. 교육은 소득을 늘렸고 소득불평등은 다른 개도국에 비해 완화되었다. 그 결과 고졸자의 80%가 대학에 진학하는 등 세계최고인 미국수준에 도달했다.

그러나 교육에 대한 과도한 투자는 미래에 대한 부실한 대비의 문제를 남겼다. 사회적 자원이 젊은 세대에게로 지나치게 치중된 반면 부모세대에게 남겨진 자원은 적다. 지속적으로 전개되는 사회적 양극화는 교육문제와 결합하여 한국사회의 최대 과제를 남겨주었다. 한국사회의 급속한 양적 성장은 고등교육공급의 확대와 더불어 1990년대 후반까지는 불평등을 야기하지 않았으나 고등교육의 성장은 압도적으로 사적 부담으로 이루어졌다. 과도한 사적 교육의 지출은 2000년대 후반 서울시장 선거를 기점으로 폭발한 셈이다. 그 이후 각종 선거에서 공적 부담을 강화하라는 시민적 요구가 표출되었다.

그러나 교육자체에 대한 요구는 줄지 않고 있다. 조기 교육은 물론이고 대학교육에서도 공급은 줄지 않고 있다. 교육공급의 확대는 과거에도 그랬던 것처럼 다른 조건이 같다면 사회적 발전에 기여할 것이다. 다른 조건이란 사적 부담의 경감을 모색해야 할 때이다. 교육지출의 공적 부담을 적어도 OECD 평균수준으로 늘려야 한다. 이를 위해서는 당연히 증세가 요구된다. 증세는 사회집단 간의 분담을 정하는 문제로서 갈등을 유발한다. 증세는 다른 나라에서 했던 것처럼 여력이 있는 중간계급 이상이 부담할 수밖에 없다. 그러나 증세를 결정하는 정치제도에서는 증세 대상 집단을 대표하는 세력이 강하기 때문에 현재와 같은 정치제도에서 증세는 불가능하다. 증세가 불가능하면 다수가 선호하는 교육개혁 역시 불가능하다. 이제 교육문제를 논의하기 위해서는 선진국의 역사적 경험을 기반에서 출발할 필요가 있다. 선진국의 경험은 세 가지 모형으로 분류된다.

노동시장에서의 위치를 결정한다. 대학진학을 목표로 하는 일반계 진학과 기술계 진학은 전혀 다른 행로를 의미한다. 고등학교에서 이미 사회적 양극화 현상으로 진전한다(Estevez-Abe 외 2001). 숙련공 기술을 연마하려는 층과 일부 대학으로 진학하려는 층으로 나뉜다. 숙련기술학교를 졸업한 학생은 숙련공이기 때문에 비교적 급여가 좋은 일자리를 얻을 수 있다. 한편 미국에서 고등학교 졸업생은 두 부류로 분리된다. 일부는 대학으로 진학하는 반면 학업에 흥미를 잃은 집단은 노동시장으로 진출하는데 특별한 인적 자원을 개발하지 못했기 때문에 양질의 일자리를 얻을 수 없다. 미국의 임금불평등이 심한 것은 바로 고교 교육을 제대로 이수하지 못한 집단이 노동시장에서 열악한 지위를 차지하며 여기서 벗어나기 힘들기 때문에 발생한다.

정치체제와 시장체제의 다양한 결합은 상이한 교육체제를 낳는다. 자유시장경제와 다수제가 결합하면 중산층과 상층이 필요로 하는 교육제도가 생겨난다. 공적 교육은 중간계층의 요구를 충족시키며 다른 한편 상층계급은 사교육을 통해 자신의 수요를 충족시키려 한다. 이 제도는 따라서 하층계급을 대상으로 하는 사회보장과 재분배의 복지제도는 일반적으로 취약하며 중간계급과 상층 계급은 일반교육을 통해 스스로의 교육을 자구한다. 일반교육은 특정 기술의 습득이 아니라 세계화 등과 같은 외적 충격에 일반적으로 대처하는 보편능력을 기르는 데 유리하다. 특정 기술은 특정 분야에만 한정되기 때문에 일반적 지식과는 달리 응용능력의 범위가 좁다. 이런 체제에서 직업교육은 발전하지 않으며 기술변화에 대한 대처가 요구되는 재교육 역시 빈약하다.

한편 협조적 시장경제와 비례대표제가 결합한 체제에서는 노조와 기업의 협력이 가능하며 기술교육에 대한 투자가 왕성하여 노동계급은 특정 분야의 인적자원을 소지할 수 있는 한편 기업 역시 기술교육으로부터 생산성 향상을 도모할 수 있기 때문에 교육투자에 적극적이다. 기술훈련의 습득은 복지제도의 중요한 일부이다. 이러한 체제에서 흔히 집권할 수 있는 중도좌파 연정은 소수 엘리트를 대상으로 하는 고등교육보다 초중등 교육, 직업교육, 재훈련 및 재훈련, 영아보육 등에 더 많은 공적 투자를 한다. 아이버슨과 스티븐즈(Iversen & Stephens 2008, 609-610)는 이 체제가 보여주는 세 가지 결과를 제시한다. 첫째, 공적교육과 직업교육에 대한 대대적 투자로 인해 숙련노동에 대한 추가보상(premium)은 크지 않고 따라서 임금차이는 다른 체제에 비해 작다. 따라서 소득불평등이 크지 않다.

둘째, 영아돌봄이나 교육 등에 필요한 공적 서비스 고용이 확대되기 때문에 맞벌이 가구가 발생하고 소득불평등이 완화된다. 셋째, 영아돌봄의 공적 서비스는 다양한 긍정적 효과를 유발한다. 영아교육에 대한 공적 투자는 무엇보다도 일자리를 제공하며 맞벌이를 가능하게 하여 사회보장의 재정적 기초를 돕는다. 또한 어린이 교육이 공적으로 가능한 점에서 저소득 가구의 교육기능을 보완한다. 나아가 여성이 일과 자녀돌봄을 동시에 할 수 있도록 하기 때문에 출산이 증가하고 노령화 사회의 문제점에 대비하는 효과를 갖는다.

제3의 유형은 비례대표제도와 협력적 시장제도가 결합한 상태에서 강력한 기민당이 존재할 때 등장한다. 기민당은 다양한 계급의 연합정당으로서 자유주의 보수정당이 아니라 중도성향의 중간계층 정당과 연합하기 쉽다. 독일과 이탈리아가 대표적 사례이다.[13] 기민당에는 다양한 세력이 공존하는 만큼 재분배에 대해 일관된 정책을 수립하기 어렵고 소득과 직업에 따라 각각 다른 사회보장을 제공하는 정책이 채택된다. 따라서 사회적 보호 및 일자리 보호는 강력하다. 직업훈련 및 재교육을 포함한 적극적 노동시장정책이 등장한다. 비숙련 노동보다는 강력한 노조를 갖고 있는 숙련기술에 대한 보호가 강력하다. 북구의 사민주의 복지제도에 비해 기민당 복지체제는 영아교육 및 초등교육에 대한 공적 투자는 약하다. 기민당이 주도하는 대륙형 복지체제는 비정규직이나 파트타임 노동에 대한 보호에 소극적이다. 기민당은 남성 가장중심의 노동을 기초로 하고 가족수당을 늘리고 여성의 가사노동을 장려하는 세제정책에 의존한다. 기민당은 사민당이 강점을 갖는 영아돌봄이나 교육에 비해 공적 서비스 제공에 소극적이며 대신

---

13) 기민당 등 종교가 역사적으로 복지체제의 형성에 미친 강력한 영향력에 대해서는 van Kersbergen and Manow(2009) 참고.

가족수당 지급으로써 여성의 가사노동에 보상한다. 그 결과 여성의 노동참여는 낮고 출산율 역시 낮다.

교육은 민주주의의 종속변수:

당파성, 정치제도, 그리고 인적 자본

들어가는 말

제7장의 목표는 민주주의 대표성과 고등 인적자본에 대한 투자 사이의 관계를 분석하는 것이다. 교육은 넓은 의미에서 복지이다. 사회보험이 현재의 소득을 지원하는 정책이라면 교육은 미래의 소득을 창출하는 점에서 공평한 기회를 제공한다. 탈산업화 시대 서비스업은 성장과 고용의 견인차이다. 대학교육은 서비스업이 요구하는 숙련기술을 공급하는 주요 통로이다. 기존 연구는 대부분 공교육의 결정요인에 주목했다. 대학교육은 상대적으로 공교육 비중이 약하며 사교육 비중이 높다. 그러나 나는 고등교육의 사교육이 어떤 요인에 의해 결정되는지를 분석하고자 한다. 민주주의 대표성과 고등교육에 대한 투자는 국가별로 시간별로 커다란 편차를 보인다. 나는 정치제도와 권력자원의 분포가 고등교육투자와 관련되어 공적 및 사적 배분에 끼치는 영향을 파악하려 한다. 중등교육은 보편적으로 무상으로 실시되는 것이라면 고등교육 지출은 나라별로 다르다. 소득집단은 자신의 소득정도에 따라 고등교육 지출에 대해 서로 다른 선호를 갖는다. 고등교육은 저소득층 자녀보다는 중산층 이상의 자녀가 받을 수 있는 교육이다. 권력자원의 시각에서는 노조조직률과 좌파 정당의 정부참여 비중이 고등교육의 사적 지출에 부정적 영향을 주는지를 검증할 것이다. 또한 정치제도가 대학교육에 대한 사적 지출에 어떤 종류의 효과를 주는지를 분석할 것이다. 경험자료는 패널분석을 통해 두 가지 점을 발견한다. 첫째, 고등교

육의 사적 지출은 좌파정당이 참여한 연합정부에서 상대적으로 적다. 둘째, 권력자원 요인은 고동교육의 사적 지출을 감소하는데 중요한 역할을 한다.

1. 문제제기

그 동안 복지국가는 다양한 각도에서 검토되었다. 초기에는 총지출규모가 절대적 혹은 국민총생산에서의 비중이 종속변수로서 분석되었다. 나아가 복지국가의 현실적 결과인 불평등 감축을 이 종속변수로 설정하여 어떤 조건에서 불평등이 심화 혹은 완화되는지에 대한 연구가 추진되었다. 종속변수의 다양화와 함께 이론적 정교화 작업도 수반되었다. 일부 연구는 정치제도가 복지정책의 방향이나 효과에 어떤 영향을 주는가에 집중했다(Persson and Tabellini 2000, 2003; Soskice and Iversen 2008; Iversen 2005). 이들 연구는 선거제도(다수제, 비례대표제)가 소득의 분배와 재분배에 다른 효과를 갖는다는 점을 제시했다. 교육과 인적 자본이 미래 소득을 확대하는 데 중요한 역할을 한다는 점을 인식했으나 최근까지 학문적 관심을 받지 못했다(Wilensky 1975; Castles 1989; Hega 2002; Soskcie and Stephens 2008; Willemse and de Beer 2012).

최근 복지국가 문헌과 자본주의 다양성 문헌 일부는 인적 자본의 정치경제에 주목하기 시작했다. 전통적으로 물적 자본의 축적과 기술이 경제발전의 원동력으로 인식되었으나 인적자본과 기술훈련의 중요성으로 관심이 이동했다.[1] 인적 자원은 생산성 향상에 기여할 뿐 아니라 그 외에도 정치, 사회, 그리고 문화적 복지를 높인다. 인적자본이론을 제시하여 노벨경제학상을 받은 베커는 인적 자본이 "건강을 증진시키고 금연에 기여하며 투표율

---

1) 홈스봄은 20세기 이전의 역사를 "자본의 역사(Age of Capital)"로 규정하고 물적 자본의 축적과정과 그 결과를 통해 자본주의 역사를 증언하려 했다.

을 높이고 피임지식을 전달하며 고전음악, 문학, 심지어 테니스를 즐기도록
하는" 역할을 한다고 보았다(Becker 1993, 21). 또한 경제가 발전할수록 물
적 자본은 인적 자본과의 결합을 통해 더욱 높은 생산성을 이룩할 수 있다.
인적 자본의 공급양식은 국가마다 다르다. 일부는 고등교육을 통해 고도의
인적 자본을 제공하며 다른 일부는 사업장이나 기술학교에서 기술훈련을
통해 제공한다. 자본주의 다양성 이론에 의하면 공급양식의 차이는 생산레
짐의 형태와 밀접히 관련을 맺는다(Estevez 2001). 생산레짐과 인적 자본의
공급 간 연관은 복지국가의 작동에 영향을 준다. 조절시장경제에서 직업훈
련은 일반적이며 중등교육 이후 직업학교 혹은 사업장에서 이루어진다. 조
절시장경제는 연대주의와 평등주의 원칙을 추종하며 기업 혹은 산업 등 해
당 부문만이 필요로 하는 숙련기술을 익히는데 개인적 리스크가 수반하기
때문에 이에 대한 보완책이 없다면 필요한 기술은 공급되기 어렵다. 조절
시장경제 하의 국가는 이러한 리스크를 상쇄해주는 사회정책을 제공한다.

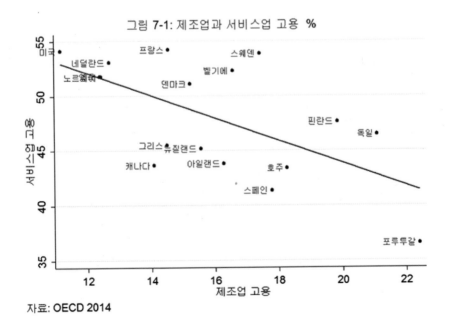

그림 7-1: 제조업과 서비스업 고용 %

자료: OECD 2014

한편 자유시장경제의 경우 인적자원의 양성은 학교교육을 거쳐 특히 고도숙련기술은 고등교육을 거쳐 배출된다. 시장의 역할이 강조되며 국가는 교육에 간섭하지 않으며 인적 자원에 대한 투자는 개인이 부담한다. 일반적 기술은 기업 간 혹은 산업 간 자유로이 이동할 수 있으며 한 기업이 필요로 하지 않으면 다른 기업에서 고용이 가능하다. 이처럼 자유로운 이동이 가능하기 때문에 실업에 대한 소득감소를 보전해주는 사회적 보호장치는 필요하지 않다. 즉 조절시장경제에서는 복지국가가 발달하는 반면 자유시장경제에서는 개인의 필요에 따라 숙련기술이 생겨나며 별도의 국가 지원은 없다.

경제가 필요로 하는 인적자본의 종류는 산업화의 단계에 따라 다르다. 제조업과 정보처리 관련 서비스업은 각각 다른 인적 자원의 종류를 요구한다. 제조업 시대에는 고등교육의 역할이 그리 중요하지 않았다. 중등교육 이후 직업교육의 이수는 충분히 제조업이 필요로 하는 인적 자본 역할을 수행할 수 있었다. 탈산업화 시대에서 제조업이 아니라 서비스 부문이 고용의 창출자이다.[2] 포디즘 생산시대에서는 가격탄력성과 소득탄력성이 높은 내구성 소비재를 생산하는 제조업이 성장을 견인하고 고용을 창출했었다. 제조업은 경제성장이 지속되면서 생산이 포화단계에 직면하여 수요의 한계에 도달한다. 한편 공급의 측면에서 보면 서비스 제공은 대면 작업이 대부분이며 전산화로 대체하기 곤란하다. 노동투하가 서비스질의 정도를 결정하며 생산성이 높을 수 없다. 경제구조의 변화에 따라 서비스부문은 생산성이 양분화된다. 기술혁신을 통해 생산성이 높아지는 부문이 있는 반면 요식업 등에서는 여전히 시간이 소요되는 서비스여서 생산성은 낮다.

---

2) 탈산업화시대의 정치경제에서 발생하는 다양한 새로운 현상에 대해서는 렌(Wren 2013) 편 참고. 산업화시대(포디즘)에서와는 달리 고용과 생산의 주축이 서비스업이 차지하면서 소득재분배, 정당 지지 등에서 나라별로 뚜렷한 차별을 보인다.

장기적으로 노동시장이 통합되기 때문에 생산성이 낮은 서비스 부문의 가격은 전반적으로 상승한다(Wren 2013, 4). 예를 들어 국내부문에 속하는 미용실의 서비스 가격 상승은 미용사의 임금상승을 유도한다. 즉 보몰(Baumol)이 지적한 서비스 부문의 '비용 질병(cost disease)'이다(Baumol 1967). 소득이 증가할수록 서비스 수요가 증가하고 이에 따라 서비스 부문의 저임 고용은 상승한다. 그러나 경제학의 설명은 장기적 구조적 변화에 기반하여 서비스 부문의 확대가 일률적이 아니라 국가별로 크게 다른 사실을 설명하지 못한다. 〈그림 7-1〉에서 보는 것처럼 고용은 서비스산업과 제조업 모두에서 큰 국제적 편차가 있다.

경제 전반이 정보처리를 주요 업무로 하면서 서비스업이 제조업을 대신하여 성장과 고용의 견인차가 되었다. 정보화, 컴퓨터서비스업은 고등교육을 이수한 인적 자원을 필요로 했다. OECD 선진국은 교육과 관련하여 딜레마에 빠져있다(Pechar and Andres 2011). 지식기반경제가 생산성을 향상하는데 기여한다는 점이 인정되면서 지식기반경제에 필수적인 고등교육을 확대하고 강화해야 한다는 데 의견을 같이 한다. 또한 전통적 부문에 속하는 이들에게도 지식기반경제의 혜택을 제공하여 소득불평등을 완화할 필요가 있다. 그러나 필요한 교육과 훈련을 제공하는 데는 막대한 재원이 요구된다. 누가 이 비용을 부담할 것의 문제는 국가적 과제로 부상했다.

서비스산업이 발달하면서 고급인력의 고용이 늘어나며 이를 위해서 개인과 가정은 사적 투자를 통해 인적 자본을 구축해야 한다. 고등교육에 소요되는 비용을 누가 부담하는가? 〈그림 7-2〉에서 보는 것처럼 공적 투자와 사적 투자는 각각 커다란 편차가 존재한다. 비용 부담은 기존의 정치경제 체제의 성격과 밀접히 관련된다. 조절시장경제에서는 국가가 교육비용을 지불한다. 교육투자는 일반 자산이 아니라 특정기업이나 산업이 필요로 하는 기술이다. 기술변화로 인해 노동자 자신이 보유한 인적 자본이 낙후하여 시장경쟁력을 상실하면 실업자가 된다. 국가의 사회적 보호정책을 통해 낙후된 인적 자원을 보호한다. 특히 개인적 위험을 방지하기 위해 국가가 교육자금을 지원한다. 자유시장경제는 반대로 고등교육을 통해 일반기술을 습득하며 후자는 특정 산업이나 기업에 얽매이지 않고 시장수급에 따라 자유로이 이동가능하다. 고등 인적자본은 시장에서 높은 보상을 받으며 개인은 더 이상의 교육을 받을 것인가를 스스로 결정한다. 국가는 개인의 결정에 개입하지 않으며 교육투자는 개인적 금융으로 해결한다. 미국 등 자유시장경제에서 개인은 교육비를 금융에 의존하기 때문에 개인의 채무를 높게 만든다.

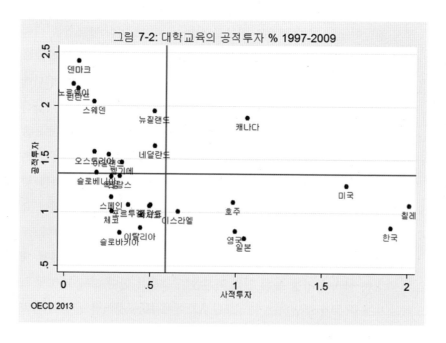

그림 7-2: 대학교육의 공적투자 % 1997-2009

OECD 2013

고등교육에 대한 공적 및 사적 투자의 비중은 나라별로 크게 다르다. 또한 역사적으로도 일정한 것이 아니라 변화한다. 〈그림 7-2〉는 OECD 회원국을 대상으로 1997-2009년 동안 고등교육에 대한 총 투자와 사적 투자의 비중을 제시한다. 그림의 수평선과 수직선은 각각 평균값이다. 고등교육의

공적지출평균은 1.41%이고 사적지출 평균은 0.73%이다. 〈그림 7-3〉은 공적
및 사적 지출의 순위이다. 왼쪽 그림은 국민총생산 대비 대학교육 총지출
을 오른 쪽은 사적 지출의 비중을 뜻한다. 총 지출 및 사적 지출 모든 면에
서 국가 간 편차는 크다. 전체적으로 대학교육에 가장 많은 지출을 하는 나
라는 덴마크(1.07%)이며 미국(1.02%)은 바짝 붙어있다. 가장 적게 쓰는 나라
는 오스트리아(0.25%)이다. 오스트리아는 독일과 더불어 대표적 코포라티
즘의 조절시장 체제이며 일반교육보다는 직업훈련이 지배적이다. 사적 지
출을 보면 한국이 1.7%로 1위이며 미국은 1.68%로서 2위이다. 사적 지출이
가장 낮은 나라는 스위스(0.04%)이다.

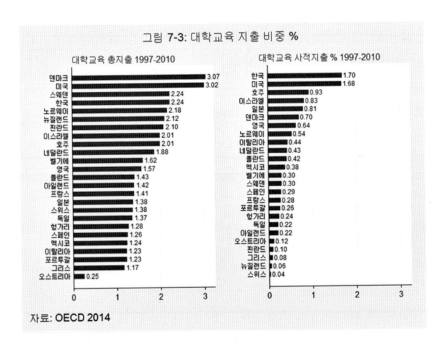

그림 7-3: 대학교육 지출 비중 %

대학교육 총지출 1997-2010

덴마크	3.07
미국	3.02
스웨덴	2.24
한국	2.24
노르웨이	2.18
뉴질랜드	2.12
핀란드	2.10
이스라엘	2.01
호주	2.01
네덜란드	1.88
벨기에	1.62
영국	1.57
폴란드	1.43
아일랜드	1.42
프랑스	1.41
일본	1.38
스위스	1.38
독일	1.37
헝가리	1.28
스페인	1.26
멕시코	1.24
이탈리아	1.23
포르투갈	1.23
그리스	1.17
오스트리아	0.25

대학교육 사적지출 % 1997-2010

한국	1.70
미국	1.68
호주	0.93
이스라엘	0.83
일본	0.81
덴마크	0.70
영국	0.64
노르웨이	0.54
이탈리아	0.44
네덜란드	0.43
폴란드	0.42
멕시코	0.38
벨기에	0.30
스웨덴	0.30
스페인	0.29
프랑스	0.28
포르투갈	0.26
헝가리	0.24
독일	0.22
아일랜드	0.22
오스트리아	0.12
핀란드	0.10
그리스	0.08
뉴질랜드	0.06
스위스	0.04

자료: OECD 2014

2. 대학교육의 사적 지출을 결정하는 요인은 무엇인가?

민주주의 역사는 의무교육 확대의 역사이다. 민주주의는 노동계급 및 사회당의 참여와 더불어 확대되었다. 민주주의가 대중화되기 전에는 의무교육은 보편적이지 않았다(Ansell 2005). 특정 기술의 인적 자본은 특수한 형태의 자본이다. 인적 자본은 물적 자본과는 달리 인적 자본을 품은 노동자와 분리할 수 없다. 교육에 대한 공적 투자는 인적자본을 향상한다는 점에서 소득분포의 형태를 결정한다. 이것이 교육투자에 대해 첨예한 갈등이 발생한 까닭이다. 나는 대학교육의 사적 지출을 다양한 시각에서 종합적으로 검토하고자 한다. 정치경제 문헌이 설명변수로 가정해온 여러 요인들을 조명할 것이다. 기존의 권력자원 변수와 정치제도 변수가 어떤 영향을 주는 지를 검토할 것이다. 권력자원에는 노동조합의 조직률, 협상의 수준, 그리고 정당정부의 성격 등이 있다. 정치제도는 정부형태와 선거제도가 대표적으로 많이 거론되는데 여기서도 이들이 교육지출에 주는 효과를 검토할 것이다. 또한 생산레짐이론이 교육문제를 정치경제의 주요 요인으로 분석해왔기 때문에 생산레짐과 대학교육의 사적 지출의 관계를 검토하려 한다.

1) 탈산업화, 생산레짐과 고등교육

'자본주의 다양성' 논의가 말하는 것처럼 자유시장경제에서 고등교육은 사적으로 부담되는가를 경험적으로 검증하는 것이 필요하다. 조절기제와 자유시장기제의 두 부류로 구성되는 생산레짐은 더미변수로 간주하고 호주, 캐나다, 뉴질랜드, 영국, 아일랜드 및 미국 등 6개국이 자유시장경제에 포함된다. 〈그림 7-4〉는 조정시장경제와 자유시장경제에서 GDP 대비 대학교육에 대한 사적 및 공적 지출의 비중을 보여준다. 조절시장경제는 사적 지출이 0.31%로서 자유시장경제의 0.94%에 비해 훨씬 작다. 한편 공적 투

자는 1.54%로 자유시장경제의 1.25%보다 0.29% 많다. 다시 말해서 조절시
장경제는 자유시장경제에 비해 국가가 고등교육에 대해 더 많은 책임을 지
고 있다.

〈그림 7-4〉는 생산레짐과 대학교육의 사적 지출이 어떻게 관련을 갖
는지를 보여준다. 그림의 왼쪽은 자유시장경제에 속하는 국가군이고 오른
쪽은 조절시장경제의 국가군이다. 각 유형에 따라 내부적으로 편차가 있으
나 자유시장경제가 사적 지출을 많이 한다. 미국의 1.68%는 조절시장경제
체제 가운데 가장 많이 지출한 덴마크(0.70%)의 두 배 이상이다. 두 유형
에서 대학교육 사적 지출이 가장 작은 뉴질랜드와 스위스를 비교해도 생산
레짐별 차이를 알 수 있다. 조절시장경제 군에서 가장 적게 지출한 스위스
(0.4%)는 뉴질랜드(0.06%)에 비해서도 더 적다.

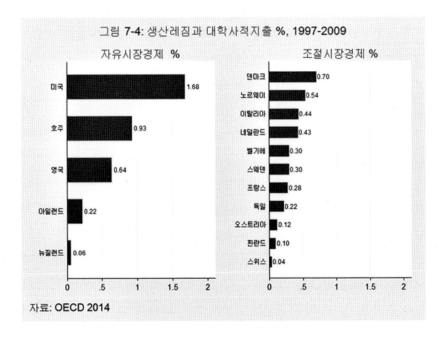

그림 7-4: 생산레짐과 대학사적지출 %, 1997-2009

자료: OECD 2014

최근 생산레짐 논의는 다른 어떤 이론에 비해서 인적 자본문제를 정치경

제적 시각에서 주목해왔다(Hall and Soskice 2001). 양대 레짐의 하나인 조절
시장경제을 구성하는 요인으로는 기업/산업 연계 직업훈련체계와 더불어
중앙집중화의 임금협상과 그리고 잘 발달된 고용보호 등이 있다. 노조, 사
용자, 그리고 국가는 유기적 관계를 유지하면서 노조, 기업과 금융제도 간
의 관계를 형성해왔다. 인적 자본의 고도화가 요구되지 않았던 산업화 시
대에는 스칸디나비아 국가군과 독일 등 북유럽 국가에서 잘 나타나는 것처
럼 기업이나 산업을 기반으로 한 직업교육이 일반적이었다. 산업화 시대에
는 저숙련과 고숙련 노동간 임금격차가 존재하지 않으며 따라서 노동자는
의도적으로 더 많은 교육에 투자할 필요를 느끼지 않는다. 한편 자유경제
체제는 학교기반의 기술교육 외에 계약, 미약한 고용보호, 분산화된 임금협
상 등의 요인을 특징으로 한다. 자유주의 국가에서는 유연한 임금체계가
자리 잡으며 학력 간 임금격차가 발생하여 숙련노동자는 저숙련 노동자에
비해 높은 임금을 받는다. 자유주의 체제에서 개별 노동자는 높은 임금을
제공하는데 중요한 역할을 하는 교육과 훈련에 사적 투자를 하여 더 많은
교육을 받고자 한다. 유연한 임금체계와 일반기술은 혁신적 발상에 유리한
환경을 제공한다. 혁신은 끊임없이 변화하는 외적 세계에 유연하고 신속하
게 대처함으로써 경쟁력을 향상시키는데 기여한다고 믿어진다. 정보처리혁
명이 실현되는 통신, 광고 및 금융 부문은 과거에 비해 고도의 지식습득을
필요로 한다는 점에서 혁신을 창출하는 자유시장체제가 유리하다. 이처럼,
세계화는 모든 국가에게 동질적 반응을 부과하는 것이 아니라 국가별로 역
사적으로 고유하게 생성된 생산레짐에 따라 다르게 나타난다.

자본주의 다양성 이론은 탈산업화 이후 인적 자본의 역할이 더 없이 중
요해지는 점을 기반으로 생산레짐 유형과 인적 자본에 대한 투자 간의 복
합적 관계를 제시한다. 탈산업화 단계에 오면 소비패턴의 변화, 기술변화의
발생, 그리고 생산성증가 등으로 서비스 부문이 팽창하고 그에 따라 인적
자본의 수요도 변화한다. 특히 생산레짐의 차이가 기술형성에 어떤 영향을

주는가를 분석하려 노력한다(Wren 2013). 국제적 경쟁이 지식기반의 고도
화를 요구함에 따라 서비스 교역부문이 성장과 고용을 견인하는 역할로 새
롭게 각광을 받는다.

2) 권력자원과 고등교육의 사적 지출

고등교육은 고급 인재를 양성하지만 많은 비용을 필요로 하기 때문에 관
련 국가정책을 두고 사회집단 간의 갈등을 유발할 수 있다. 고등교육에 대
한 선호는 소득의 정도와 밀접한 관련을 갖는다. 따라서 고등교육을 공적
재정 혹은 사적 지출로 할 것인가는 재분배 정책에 해당된다. 노동계급의
입장에서 고등교육이 국고로 지원된다는 것은 저소득층에게 귀중한 인적
자본을 무상으로 얻을 수 있는 기회이다. 따라서 정부의 교육정책은 소득
분포에 중대한 의미를 가지며 정부정책의 당파성(partisanship)은 인적 자본
에 중대한 영향을 준다(Scheve and Stasavage 2009, 216).[3] 대학교육이 높은
소득으로 연결되지만 노동계급은 교육비를 부담할 능력이 부족하다. 금융
비용이 발생하기 때문에 노동계급 가구는 대학교육에 접근하기 곤란하다.
반대로 부유층은 재정적으로 충분한 여력이 있어 대학교육을 이수할 수 있
고 졸업 후 보다 좋은 조건의 일자리를 얻는다. 따라서 교육재정은 소득에
따른 고등교육의 지원에 각각 다른 선호를 갖는다. 노동계급은 고등교육의
국고지원을 선호하며 부유층은 고등교육의 희소성을 유지하기 위해 고등
교육을 국가가 지원하는 것을 찬성하지 않고 사적 지출을 선호한다.
　민주주의에서 시민의 선호는 선거를 의식하는 정당에게 영향을 준다. 정
당은 소득집단의 고등교육지출 선호를 파악하여 지지기반의 소득수준에
따라 정책방향을 정한다. 〈그림 7-5〉에서 보듯 좌파정당과 우파정당은 조기

---

3) 이들의 연구는 중앙집중식 임금협상제도와 정부의 당파성이 소득분포에 영향
　을 준다는 것을 경험적으로 분석했다.

교육 및 고등교육에 대해 공적 교육과 사적 교육에 대해 분명한 차별성을
보인다. 사민당이 고등교육을 국가재원으로 할 것을 강조하는 반면 보수당
은 자신을 지지하는 부유층이 그 재원은 자신들에 대한 과세로부터 가능한
것임을 알기 때문에 고등교육의 사적 지출을 주장한다. 각 정당이 자신의
지지기반의 선호를 반영하려고 경쟁하는 조건에서 노동계급은 권력자원을
행사함으로써 정당의 정책방향에 영향력을 행사할 수 있다. 노동계급은 조
직률이 높고 전국적으로 단결되어 있을 때 사민당에 보다 많은 압력을 가
할 수 있다. 사민당이 노동계급의 요구를 관철시키려면 집권해야 하며 연
정에 참여한다면 각료를 많이 차지할수록 정책을 실현하기 용이하다.

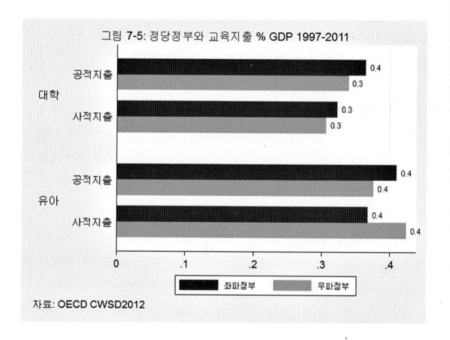

그림 7-5: 정당정부와 교육지출 % GDP 1997-2011

자료: OECD CWSD2012

권력자원이론은 에스핑-앤더슨이 제시한 복지국가유형론의 이론적 기초
를 제공한다. 사민주의 복지국가에서 노동조합이 연대임금원칙과 숙련기술
형성을 통해서 계급적 단결을 도모하고 사민당이 연합정부에 주도적으로

참여하여 대학 공교육을 지원함으로써 사민주의 복지국가를 유지하는데
기여한다. 대륙형 복지국가에서는 재분배가 다양한 수준에서 일어나고 낮
은 단계의 공공서비스가 제공된다. 대륙형 복지국가의 기민당은 사민주의
복지국가의 사민당과는 달리 다양한 계급의 지지를 받기 때문에 재분배보
다는 기성이익의 현상유지를 목표로 하는 보호에 중점을 두는 사회보험정
책을 추진한다. 한편 자유주의 복지국가는 유연한 노동시장정책을 선호하
고 사회적 보호는 극빈층에 한정하기 때문에 재분배는 가장 미약하다. 이
러한 세 가지 복지국가는 인적자본 형성의 세 가지 유형과 부합한다(Hega
2003; Iversen and Stephens 2008; Pechar and Andres 2011). 첫째, 사민주의 복
지국가는 일반적으로 모든 교육에 대한 국가지원을 강조하며 특히 탈산업
화 시대의 국제경쟁력향상을 고려하여 고등교육의 공적 지원을 강화한다.
평등의 실현을 목표로 하는 사민주의 복지는 강력한 재훈련을 통해 지속적
으로 인적자본을 강화하려 한다. 둘째, 대륙형 복지국가에서는 직업훈련교
육을 중시하여 중등교육 이후 진로는 일찌감치 결정된다. 또한 대학교육을
포함한 모든 교육에 대해 중간 수준의 공적 지원을 제공하며 유아교육과
적극적 노동시장에 대한 지원은 크지 않다. 셋째, 자유주의복지국가에 상응
하는 인적 자본 형성의 레짐은 조기교육과 노동시장에 대한 지원은 낮고
모든 교육에 대한 공적 지원은 많지 않다. 사적인 동기를 중시하는 자유주
의 체제에서 대학교육에 대해 공적 지원은 크지 않고 반대로 고등교육에
대한 사적 지출이 가장 높다. 일반교육을 중시하며 개인은 스스로 미래에
대한 사적 투자를 통해 미래의 잠재적 소득을 극대화하고자 한다.

3) 정치제도와 고등교육의 사적 지출

정치제도는 이익간의 힘의 균형을 반영한다. 선거제도는 정치권력을 창
출하는 게임의 규칙이며 정책에 영향을 주고자 하는 집단이 각각 자신에게

유리한 틀을 제시하면서 만들어진다. 예를 들어 20세기 초 도입된 비례대
표제는 투표권이 소수에게만 한정되었던 엘리트 민주주의에서 보편선거권
이 보장된 대중민주주의로 전환하는 과정에서 타협의 산물이다. 노동계급
이 보편선거권을 확보하면서 단일 계급으로서는 가장 많은 유권자 집단이
었다. 기존의 단순다수제로 선거를 실시할 경우 노동계급의 후보나 정당이
가장 많은 득표를 할 예정이었다. 노동자의 보편선거권으로 권력을 상실한
위협에 직면한 보수정당은 최대한 현상유지를 연장하고자 비례대표제를
매개로 타협했다(Rokkan 1970). 비례대표제 도입은 두 가지 조건을 전제로
한다(Boix 1999; 2003). 하나는 선거시장의 특징이다. 선거시장은 분절적 혹
은 경쟁적 시장으로 나뉜다. 분절적 선거시장은 특정지역이 특정정당을 압
도적으로 지지하는 것을 뜻한다. 선거시장이 분절적이며 지지의 정당 간
이동은 발생하지 않는다. 한편 경쟁적 선거시장에서는 정당이 득표경쟁을
벌인다. 분절적 선거시장에서 비례대표에 대한 정당의 입장은 신규정당이
기성정당의 헤게모니를 얼마나 위협하는가에 달려 있다. 새로운 세력의 출
현이 기성정치를 압도할 정도로 위력을 발휘할 경우 기성정당은 비례대표
제를 통해 공생을 모색한다. 한편 경쟁적 선거시장의 경우 기성 정당 간 경
쟁이 중요하다. 기성 정당의 비례대표제 도입에 대한 태도는 다른 기성 정
당과의 경쟁구도에 달려 있다. 신규 정당이 진입할 경우 자신의 지지기반
이 다른 기성 정당에 비해 압도적이면 비례대표제를 거부한다. 보수와 중
도성향의 투표자가 지배적인 보수정당을 지지할 수 있을 때 지배적 보수정
당은 비례대표제를 수용할 필요가 없다. 한편 군소 보수정당은 현행 제도
에서는 어차피 지배정당과 경쟁하여 존립할 수 없기 때문에 생존을 위해
비례대표제를 지지한다.

　선거제도의 기원이 집단 간의 정치적 갈등의 산물이라면 선거제도는 향
후 정책에 대해서도 영향을 준다. 선거제도는 크게 두 부류, 즉 비례대표제
와 다수제가 있고 그 중간에 혼합형이 존재한다. 각각의 선거제도는 그에

부합하는 정당체제를 만든다. 다수제는 양당제 정당체제를 낳고 비례대표제는 다당제와 친화적이다(Neto and Cox 1997; Lijphart 2012). 양당제 정당체제에서 단일 정당이 단독 집권하는 반면 다당제에서는 어느 일당도 과반의 석을 점하지 못하고 연합정부가 일반적이다. 정당정부의 형태는 복지국가의 유형과도 밀접히 연관된다. 영미권에서 흔한 양당제와 단독정부는 자유주의 복지국가가 등장하고 연합정부와 다당제 정당체제가 보편적인 유럽대륙은 다시 사민주의와 비스마르크 복지국가로 양분된다. 사민주의 복지국가는 사민당과 녹색당의 연합정부가 그리고 대륙에서는 사민당과 기민당의 연합이 일반적 연합정부이다(Manow 2008). 연합정부에서는 사민당이 주도적으로 참여할 수 있는 까닭은 바로 비례대표제가 낳은 중도정당이 보수정당이 아니라 사민당을 파트너로 선택했기 때문이다(Iversen and Soskice 2006). 비례대표제에서 중도정당은 사민당과 연합하여 부유층으로부터의 재분배 정책을 추구한다. 그러나 다수제에서 중간계급은 자신을 대표하는 정당이 존재하지 않기 때문에 선거과정에서 좌파 혹은 우파정당을 선택할 수밖에 없다.[4] 중간층 투표자는 선거 이후 좌파정부와 우파정부가 실시할 정책을 비교하고 자신에게 유리한 정당을 지지하는데 좌파정부가 집권하여 중산층과 부유층에 대한 과세를 실시할 것을 우려하여 우파정당을 지지할 가능성이 높다. 우파정당이 집권하여 최소한 과세는 면할 수 있다고 계산하기 때문이다.

---

4) 뉴질랜드 사례는 선거제도가 어떻게 연합정치에 차별적 결과를 주는지를 잘 보여준다. 뉴질랜드는 1996년 비례대표제로 전환하기 전까지 다수제에 의존했다. 전후부터 1993년까지 소선거구제를 기반으로 실시한 선거결과를 보면 총 17회 선거 가운데 12회에서 보수당이 단독 집권하고 노동당이 5회 집권했다. 한편 1996년 이후 실시된 4차례의 선거결과를 보면 노동당을 중심의 연합정부가 3회, 그리고 보수당 주도의 연합정부가 한 차례 집권했다. 보다 상세한 논의는 Iversen and Stephens(2008) 참고.

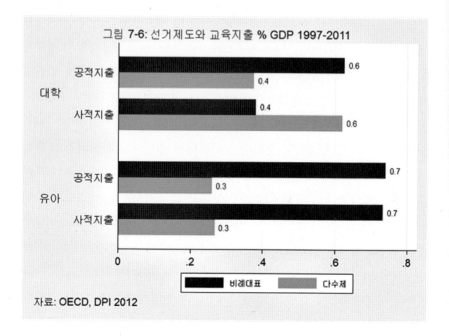

그림 7-6: 선거제도와 교육지출 % GDP 1997-2011

자료: OECD, DPI 2012

〈그림 7-6〉은 선거제도와 교육지출의 관계를 보여준다. 그림의 상단은 고등교육의 공적 및 사적 지출이 비례대표제와 다수제에 따라 어떻게 다른 지를 보여준다. 마찬가지로 하단은 유아교육지출의 비중이 선거제도와 갖는 연관성이다. 대학교육은 의무교육이 아니며 대학교육의 공적 및 사적 지출은 나라별로 크게 다르다. 유아교육 역시 대학교육과 마찬가지로 보편교육이 아니다. 초등 및 중등 교육이 무상의무교육으로 일종의 공공재와 같다면 유아교육은 부모의 노동참여 정도에 따라 필요성이 다르다. 맞벌이 부부 혹은 한부모만일하는 가정에게는 유아교육을 대신해줄 서비스가 반드시 필요한 반면 그렇지 않은 가정은 유아시설을 공적으로 할 것인가에 대해 이중적이다. 무상이라면 유아시설을 활용하지만 수익자 부담의 유상인 경우 시설에 의존할 이유는 없다. 맞벌이 가정 혹은 한부모 가정은 유아시설이 무상으로 운영되는 것을 요구하지만 그렇지 않은 가정은 자신이 수혜를 얻지 못하기 때문에 조세지원을 반대한다. 대학교육의 공적 및 사적

지출규모를 선거제도별로 보면 비례대표제에서 공직지출(0.62%)이 사적 지출(0.38%)보다 많다. 반면 다수제에서는 사적 지출(0.62%)이 공적 지출(0.38%)보다 많다. 비례대표제는 사민당과 녹색당 혹은 사민당과 기민당의 연정이 흔하게 생겨나며 연정에 참여한 사민당이 대학교육의 사적 지출을 반대하고 공적 지출을 지지한다. 한편 다수제에서는 보수정당 출현이 더 흔하며 집권보수당은 공적 지출을 확대하려 않는다. 유아교육은 대학교육처럼 공적 및 사적 지출이 큰 차이를 보이지 않으나 비슷한 관련을 보인다. 조기교육의 중요성이 강조되고 맞벌이 가정이 지속적으로 상승해왔기 때문에 선거제도의 차이가 크지 않다.

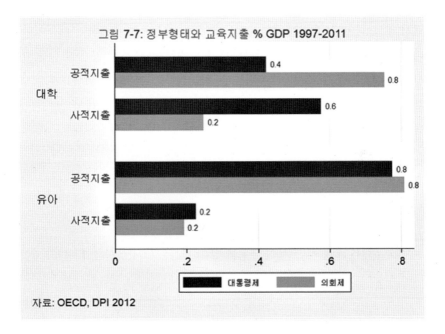

그림 7-7: 정부형태와 교육지출 % GDP 1997-2011

자료: OECD, DPI 2012

　　정부형태와 대학교육의 지출은 어떤 관계를 갖는가? 관련 연구문헌은 정부형태가 일반 공공지출에 차별적 효과를 갖는다는 점을 제시한 바 있다. 정부형태에는 크게 대통령제와 의회제가 있다.[5] 대통령제는 권력분립을 특징으로 하며 정해진 임기를 보장받는다. 한편 의회제는 권력이 집권당에 집중되며 내각의 임기는 의회 다수의 지지를 받는다. 권력이 집권당으로 집중되는 의회제에서 정치인은 상호 결탁하여 투표자의 희생과 비용으로 이익을 도모할 수 있다. 한편 대통령제는 책임의 소재가 대통령에게 있으므로 다음 선거를 의식해야 하는 대통령은 자의적으로 예산을 조작하기 힘들다. 〈그림 7-7〉에서 보듯 대학의 공적 및 사적 지출규모를 비교하면 대통령제가 공적 지출에서는 작지만 사적 지출에서는 크다. 유아교육의 공적 및 사적 지출에서도 차이는 덜 하지만 동일한 현상이다. 한편 비례대표제의 경우 대학교육에서는 공적지출이 많고 사적 지출이 상대적으로 적다. 이러한 제도적 차이가 생기는 이유는 대통령제/의회제의 책임성에만 관련되지 않고 나아가 교육의 국가책임을 선호하는 정당이 존재하기 때문이다. 비례대표제에서 일반적으로 나타나는 연합정부에 국가의 공적 역할을 주장하는 정당의 목소리가 참여한 현상이다. 다수제에서는 중위투표자가 보수정당을 지지할 가능성이 높으며 사민당이 집권하기가 상대적으로 힘들다.

---

5) 정부형태에 대해서는 광범한 문헌이 있다. 다음은 그 중에서 중요하다고 평가 받는 문헌: Powell(1982); Shugart and Carey(1992); Linz and Valenzuela(1994); Sartori(1994); Jones(1995); Lijphart and Waisman(1996); Elster 외(1998); Persson and Tabellini(2005); Lijphart(2012). 레이하르트는 정부형태로서 대통령제와 의회 제는 다섯 가지 핵심에서 다르다는 점을 제시한다. 첫째, 의회제 수상은 의회에 책임을 지는 반면 대통령은 의회에 책임을 지지 않는다. 둘째, 대통령은 직접적 민의로 선출되나 수상은 의회에서 선출된다. 셋째, 의회제 정부는 집단적이라 면 대통령제는 대통령 일인의 결정에 따른다. 넷째, 대통령제의 권력분립은 권력기관 간의 수평적 책임을 의미하는 반면 의회제에서 다수당이 정부를 구성하는 점에서 동일한 기구이다. 다섯째, 대통령은 의회해산권이 없다(2012, 제7장).

3. 경험분석

이제부터 앞의 논의에서 제시한 가설을 경험자료를 통해 검증하고자 한다. 권력자원과 정치제도는 외견상 서로 독립적인 주장을 제시하는 듯 하지만 꼼꼼히 보면 상호보완적 관계에 있다. 권력자원의 행사는 일정한 제도적 틀을 기반으로 이루어진다. 정치제도는 사회집단이 권력자원을 이용하여 자신의 선호를 관철시키려 할 때 통과해야 하는 프레임이다. 정치제도는 종류에 따라 특정 집단에 불리하거나 유리하다. 노동계급은 비례대표제에서 자신의 권력자원을 정치권력으로 환치하기 쉽다. 선거제도와 대학교육의 사적 지출규모의 관계를 분석하기 위해 다음 가설을 검증한다: 비례대표제 하에서 다수제에서보다 대학교육의 사적 지출이 증가한다. 한편 비례대표제는 현실적으로 둘 이상의 정당이 참여하는 연합정부 구성이 일반적이기 때문에 연합정부 더미가 고등교육 사적 지출에 부정적 영향을 주는가를 분석할 필요가 있다. 대통령제와 의회중심제를 비교하면 권력자원에 호의적인 제도는 의회중심제이다. 의회중심제는 비례대표제와 다당제 정당체제와 하나의 집합을 형성한다. 대통령제는 다수제와 양당제도적 장치와 일체를 이룬다. 따라서 정부형태와 관련한 가설은 대학교육의 사적 지출은 대통령제에서 더 증가할 것이다.

자료의 종류와 범위는 통계모형의 사용을 제약한다. 첫 번째 자료제약은 고등교육의 사적 지출에 관한 OECD 통계가 1990년대 후반부터 입수 가능하다는 점이다. 둘째, 검증하려는 주요 변수는 모든 나라에 적용 가능하지 않다. 좌파정부의 의석이나 내각지분의 역사적 축적, 그리고 연정에 관한 최근 자료는 아직 입수할 수 없다. 이 같은 제약 속에서 다음과 같은 통계모형을 이용하여 권력자원 및 정치제도 변수의 효과를 검증한다:

$$Y_{it} = \gamma^0 + \gamma^1 X_{it-1} + \gamma^2 P_{it} + \gamma^3 C_{it} + \varepsilon_{IT} \quad (1)$$

Y는 종속변수로서 국민총생산 대비 고등교육의 사적 지출규모이다. X는
통제변수군으로서 15-29세 인구비중, 일인당 국민소득, 국민총생산 대비 전
년도 총 사회지출비 등이다. 분석대상의 변수는 권력자원과 정치제도이다.
권력자원을 의미하는 P는 노조조직률, 각료직에서 차지하는 좌파정당의 내
각참여비중, 각료비중의 축적값, 집권정부의 이념정향, 노사협상의 수준 등
이다. 한편 정치체도를 뜻하는 C는 정부형태(대통령제와 의회제), 선거제도
(비례대표제와 다수제), 그리고 연합정부 등이다.

〈표 7-1〉 고등교육 사교육 지출의 결정요인 % GDP, 1997-2010

독립변수	Pooled OLS	FE	BE	RE
권력자원				
정부 이념정책	-0.024	0.019	0.007	0.001
좌파 정부 내각지분	0	0.001	-0.003	0
좌파정당 내각지분축적	-0.005	-0.005	-0.01	-0.005
좌파정부 더미	0	0.001	-0.003	0
조절시장경제 더미	0.028	-0.026	-0.019	-0.008
정치제도				
다수제	0.437***	-0.017	0.339***	0.363***
대통령제	0.940***		1.059***	1.046***
연합정부	-0.114	-0.014	-0.047	-0.061
통제변수				
사회지출	-0.001	0.015	0	0.002
15-29세 인구 %	0.068	-3.049	-0.633	-0.406
상수	0.323	1.019	0.566	0.406
R^2	77.8	54.4	76.8	77.8

〈표 7-1〉은 식 1의 통계모형을 적용한 추정결과이다. 참고로 네 가지 모형
을 모두 추정하였으나 나의 관심은 국가 간 비교변수를 추정하는데 도움을
주는 확률모형(RE)이며 마지막 열에 있다. 권력자원 변수들은 통계적으로
무의미하게 추정되었으나 정치제도 변수 가운데 정부형태와 선거제도는 통

계적으로 1% 수준에서 유의미하다. 다수제는 비례대표제에 비해 0.3%-0.4% 정도로 고등교육의 사적 지출이 많다. 또한 정부형태는 강력한 효과를 발휘한다. 대통령제에서는 의회제에 비해 고등교육 사교육비가 국민총생산 대비 1% 정도 증가한다. 정치제도의 편차인 0.3%와 1%는 1997-2010년 동안 고등교육 사교육 지출 평균이 0.76%임을 고려하면 대단한 차이다. 참고로 통제변수는 통계적으로 유의미하지 않다. 연합정부의 추정치는 그 방향이 지출에 부정적 영향을 주는 점에서 가설과 일치하나 통계적으로 유의미하지 않았다. 연합정부의 효과가 정치제도의 효과에 파묻혀 사라져버리는 것일 수 있다는 추정 하에 2단계 분석을 시도했다.

〈표 7-2〉 당파성, 정치제도, 그리고 고등교육 사적지출, 2slsl

독립변수				
권력자원				
정부 이념정향	-0.058			
좌파정당 내각지분 축적		-0.009		
조절시장경제 더미	-0.003	0.001	0.036	0
정치제도				
연합정부	-0.846**	-0.895**	-0.942***	-0.348
다수제 더미	0.221	0.08	0.284	0.245
대통령제 더미				0.910**
통제변수				
15-29세 인구 %	2.967	2.066		1.509
일인당 국민총생산	0	0		0
상수	-0.246		0.001	0.09
R^2	34	48.2	38.6	68.7

*t 10%. ** 5%. ***1%

〈표 7-2〉는 연합정부 효과를 추정하기 위해 도구변수를 이용하여 추정한 값(GLS)이다. 도구변수는 다수제, 최소득표 유제한 여부, 선거구 크기, 노사협상수준 등을 이용했다. 2단계추정에 의하면 다른 정치제도의 효

과는 사라지는 반면 연합정부는 0.3%-0.9% 수준에서 고등교육 사교육지출을 줄이는 것으로 나타난다. 권력자원 변수는 여전히 통계적으로 유의미하지 않다. 권력자원은 그 자체로 정책에 영향을 미치는 것이 아니라 정치제도를 경과함으로써 즉 정당정부에 압력을 가함으로써 영향을 주는 것이라고 해석할 수 있다.

4. 결론: 고등교육, 권력자원과 정치제도의 상호촉진

고등교육은 탈선업화 시대가 필요로 하는 지식기반경제를 제공하여 성장과 고용의 견인차 역할을 하는 것으로 평가된다. 그간 복지를 지나치게 협의적 범주로 제한하여 교육이 미래복지라는 점을 적극적으로 연구하지 않았다. 복지연구는 지난 20년 동안 획기적 진전을 이룩했으나 교육복지를 소홀하게 다룸으로써 여전히 불완전한 상태에 있다. 늦으나마 최근 일부 연구가 교육이 복지에 기여하는 바를 집중 제기함으로써 학문적 공백을 메우는데 기여했다. 제5장 역시 해외의 개척적 연구에 합류하고 특히 한국에서 교육복지에 보다 관심을 환기하는데 기여하고자 한다. 고등교육은 사회적 이동에 기여한다는 점에서 복지의 핵심적 일부이다. 사회보험이나 이전소득이 단기적 소득지원을 제공하는 점에서 현재의 재분배라면 교육은 미래의 재분배이다.

교육은 장기적으로 미래의 소득을 확대하는 길로서 구조적으로 빈곤으로부터 해방시키는데 기여한다. 교육이 갖는 이러한 복지기능에도 불구하고 기존 연구는 교육복지가 어떻게 결정되는지에 대해 소홀했다. 그 동안 많은 연구는 권력자원과 정치제도가 정부정책에 중대한 영향을 준다고 가정하고 이를 증명하기 위해 노력해왔다. 기존 연구는 공교육을 중심으로 이루어졌다. 그러나 고등교육은 초중등 교육에 비해 사적 선택의 비중이 높다는 점에서 사교육 투자의 성격이 강하다. 사교육이야말로 실업, 의료 및 연금 등 일반복지의 대안적 성격이 강하다. 나는 기존 이론을 고등교육의 재정방식에 적용하여 고등교육의 결정요인을 설명하고자 시도했다. 권력자원이론은 노동시장과 좌파정부의 역할에 무게중심을 두어 고등교육의 지출을 설명하는 반면 최근 제도주의는 정치제도가 교육의 사적 지출 규모를 결정한다는 주장을 제시한다. 그러나 권력자원이나 정치제도 그 어느 한 쪽의 관점에서 보는 것은 양자가 상호관련을 맺는다는 점을 간과하는 것이다. 그간 명시적으로 드러내지는 않았으나 권력자원은 노동시장제도와 정당체제가 움직이는 것을 포착하는 것이다. 노사협상의 수준이 중요한 역할을 하는 코포라티즘은 권력자원의 일부이지만 동시에 독자적인 중요한 노동시장제도이다. 정치제도 역시 권력자원이 영향을 미치는 틀이며 원천적으로 권력자원에 내재한다. 정치제도는 허공 속에서 만들어진 것이 아니라 사회세력이나 소득집단이 각자에게 유리한 게임의 규칙을 주장하는 가운데 상호조정으로 인해 생긴 것이다. 정치제도를 여과기능으로 생각하면 권력자원과 제도는 상호대립적 관계가 아니라 상호촉진의 관계이다.

제8장

중간계급은 사라지는가?

들어가는 말

중간계급의 위기를 염려하는 경고의 목소리가 커지고 있다. 중간계급은 흔히 중산층으로 인식된다. 넓은 점에서 비슷할 수 있지만 중간계급이 보다 정확한 개념이다. 중산층이 단순히 가운데 존재하는 사회적 집단을 의미한다면 중간계급은 계급개념이다. 역사적으로 중간계급은 여러 기능을 담당해왔다. 경제적으로는 소비능력을 통해 경제적 균형에 기여하는 동시에 정치적으로는 극좌와 극우가 대립하는 극단적 정치를 배제하는 완충역할을 한다. 또한 사회적으로는 저소득집단에 대해서 역할모델의 역할을 하는 한편, 상층계급과는 구분되는 특정한 집단적 정체성을 가짐으로써 사회적 균형의 역할을 담당한다. 따라서 중산층의 감소는 사회적 균형의 와해를 의미한다는 점에서 무엇이 중간계급의 규모에 영향을 미치는 데에 주목해야 한다. 사실 이러한 중산층의 위기에 대한 관심은 불황이 장기화되면서 더욱 늘고 있다. 특히 지난 10년 동안 중산층의 위축이나 몰락을 우려하는 목소리가 더욱 확산되었다. 세계화와 탈산업화가 가중되면서 중간계급의 위상이 약화되고 사회적 양극화가 악화되고 이에 따라 정치적 불안정 역시 매우 증폭한다.

따라서 제8장의 목적은 크게 두 가지의 의문점들에 대해 답하는 것이다. 첫째로 많은 이들이 우려하는 바와 같이 실제 중간층이 사라지고 있는가의 여부를 경험자료를 통해 관찰하는 것이다. 둘째로는 과연 무엇이 중산층 규모에 있어서 국가들 간 및 서로 다른 시점들 간의 차이를 설명할 수 있을 것인지를 규명하는 것이다. 두 가지 이론이 사회경제적 갈등의 관점에서 이 문제들을 해결하려고 시도해왔다. 권력자원이론과 제도주의 이론이다. 권력자원이론에 따르면 중간계급의 규모는 자본주의 경제에서 노동계급이 자신의 몫을 확대하기 위해 얼마나 강력한 힘을 발휘할 수 있는가에 달려 있다. 즉 노동계급의 자원이 강력하면 중산층의 성장이 가능하다는 가설이다. 둘째, 제도주의는 중간계급의 크기가 제도적 장치에 따라 결정된다고 주장한다. 이에 의하면 정치제도가 사회적 변화를 걸러내며 사회적 변화의 일부인 중산층 규모의 변화는 당시의 지배적 제도의 견제를 받는다. 흔히 중간층은 사회적 갈등에서 중간에 위치하고 극단적 주장을 완충하는 역할을 한다고 여겨졌다. 전통적 마르크시즘의 주장과는 달리 계급투쟁은 노동계급과 부유층간의 극한 대립으로 발전하지 않았다. 중간층은 어느 나라에서도 소멸하지 않았으며, 오히려 때때로 그들은 사회의 완충역할을 제공함으로써 사회적 안정을 유지하는 데에 기여하기도 했다. 하지만 이러한 해석 역시 나라별의 커다란 편차를 설명하지 못하며 따라서 이 같은 차이를 설명하기 위해서는 무엇보다도 중산층의 존재를 충분히 이해하는 것이 필요하다.

이 글의 순서는 다음과 같다. 첫째는 중간계급이 누구인가에 대한 다양한 정의를 살펴보고자 한다. 둘째로 선행연구들의 검토를 통해 역사적 관점에서 중산층의 의미를 분석하고 현재 이들의 지위를 어떻게 파악할 수 있을지 논의해보고자 한다. 셋째로 지난 40년 동안 중간계급의 규모 면에서 어떤 변화가 있었는지를 살펴보고 이 변화의 원인이 무엇인지를 점검하고자 한다. 여기서는 중간계급의 소득을 결정하는 통계적 분석이 주로 사용될 것이다. 아울러 마지막으로 앞선 논의들을 재정리하고 향후 가능한 연구과제를 제시하게 될 것이다.

1. 중간계급은 감소하는가?

1984년 미국 경제학자 더로우(L. Thurow)는 뉴욕타임지 기고문에서 중간
계급이 사라진다고 경고함으로써 미국사회의 앞날을 경고했다. 더로우의
경고 이후 중간계급 문제는 간헐적으로 사회문제로 부각되었으며 금융위
기의 발생과 함께 다시 한 번 커다란 반향을 낳았다.

중간계급은 규모는 시간에 따라 다르며 국가 사이에도 크게 다르다. 남
아공화국은 2008년 12%에도 미달한 반면 2000년대 평균 스웨덴의 중간계급
크기는 42.6%로 남아공화국의 세배를 초과했다.[1] 2000년대 후반 이후 중간
계급이 축소하고 있다는 우려가 심각하다. 중간이 줄어든다는 것은 고소득
층으로 전환하기보다 저소득층으로 되는 양극화를 초래한다는 점 때문에
특별한 사회적 관심을 받는다. 미국에서는 이를 염려하는 목소리가 높다.
경제학자 폴 크루그만(P. Krugman)은 미국의 중산층이 1980년대 이후 급속
히 줄었다는 점을 제기하며 사회의 양극화를 지적한다. 그는 중간계급의
위축이 결국 미국사회가 1930년대 뉴딜시대 이전 사회로 회귀하는 것이며
이는 레이건 이후 공화당 정부의 정책 탓이 크다고 진단했다.[2] 한편 스티
글리츠(G. Stiglitz)는 중간계급의 축소를 세계적 현상의 불평등과 동일한 맥
락 속에서 그 원인을 찾았다.[3] 중산층 축소는 양극화와 불가분의 관계에
있는데, 중산층이 얇아지는 것은 저소득층이 증가하고 또 초고소득층이 늘
어나는 것을 의미한다는 것이다.[4] 이처럼 소득불평등이 악화되면 중산층

---

1) 이는 뒤에서 상세히 논의하는 것처럼 소제와 사회이전을 포함한 가처분 소득기
   준이다.
2) Paul Krugman, *The Conscience of a Liberal* (Norton & Company, 2009).
3) G. Stiglitz, *The Price of Citizenship: How Today's Divided Society Endangers Our
   Future* (New York: Norton, 2013).
4) 최근 일련의 연구들은 초고소득집단(super-rich)에서 부의 집중과 소득양극화를
   1980년대 이후의 특징으로 분석한다. 이에 대해서는 A. B, Atkinson and T. Piketty

은 전체적으로 감소하게 되는데 이는 정치과정, 나아가 민주주의 자체를
위협할 수 있다. 민주주의는 참여의 평등을 전제하지만, 소득불평등은 불평
등한 참여를 만든다. 블랭크의 지적처럼 "경제적 불평등이 증가하면 동시
에 투표율의 불평등이 확대"된다.[5] 유럽도 미국보다는 약하지만 불평등의
그늘에 있다.

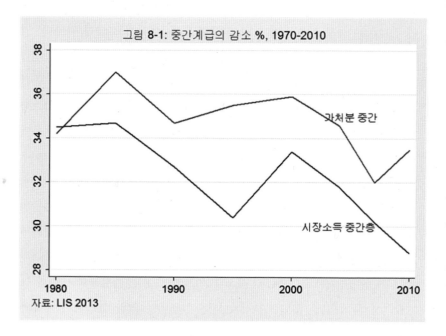

그림 8-1: 중간계급의 감소 %, 1970-2010

과처분 중간

시장소득 중간층

자료: LIS 2013

〈그림 8-1〉은 유럽의 불평등이 얼마나 심각한가를 말해 준다. 그림에
서는 1979년 이후 2010년까지 기간에 걸쳐 중위소득의 70-150%를 차지
하는 집단의 추이를 보여주는데, 이는 1980년대 이후 지속적으로 하락하

(eds.), Top Incomes over the 20th Century (Oxford: Oxford University Press, 2007);
R. Blank, Changing Inequality (Berkeley: University of California Press, 2011) 참고.

5) Blank (2011), p. 6 참고, 또한 이러한 주장은 Larry M. Bartels, "Economic Inequality
and Political Representation," In Lawrence R. Jacobs. (eds.), The Unsustainable
American State (Oxford: Oxford University Press, 2009)에서도 강조된다.

고 있다. 물론 최근 들어 가처분소득을 기준으로 한 중간계급 규모가 약간 늘어난 것이 예외적이지만, 이는 국가의 사회정책이 강화된 탓으로 추정해 볼 수 있다. 한국 역시 이러한 현상의 예외가 아니다. 맥킨지 컨설팅기업은 한국의 중간계급이 1990년 75.4%에서 2010년에는 65.7%로 약 10% 가량 대폭 감소했으며 한국 중간계급을 축소시킨 원인으로서 과도한 교육비 지출과 금융비용을 지목한다.[6]

이와 같은 중간계급의 약화는 시장경제의 동력과 민주주의의 안정성 모두에 부정적 효과를 미친다. 『독재와 민주주의의 사회적 기원』(1966)에서 배링턴 무어가 지적한 것처럼 중간계급은 역사적으로 민주주의를 추진한 동력이며 사회가 혁명과 같은 극단적 변화로 치닫는 것을 방지하는 완충하는 역할을 한다. 경제발전의 원인을 정치적 힘의 배분으로 설명하는 이론은 중간계급의 성장이 독재를 방지하고 민주주의의 발전에 기여함으로써 시장의 성장을 돕는다는 가설을 제시하기도 했다.[7] 이처럼 관점을 떠나 많은 연구는 중간계급의 안정적 존재는 정치적 안정을 지원하는 사회적 기제로 인정한다. 예컨대 지배엘리트의 입장에서 보면 중간계급이 취약할 경우 중간계급이 사회적 혁명에 동참할 수 있기 때문에 다수를 차지하는 하층집단을 억압하는 데 드는 비용이 지나치게 커져서 다른 대응을 모색한다. 다른 한편으로 튼튼한 중간층이 이미 존재하는 경우 역시 지배계급이 민주주

---

6) McKinsey Global Institute, "Beyond Korean Style: Shaping a New Growth Formula," April 2013 in Seoul.

7) 제도의 중요성에 대한 최근 문헌검토는 William Easterly, "The Middle Class Consensus and Economic Development," *Journal of Economic Growth*, Vol 6 (2001), pp. 317-335 참고. Engerman and Sokoff (1994)에서 출발한 경제성장의 정치제도적 설명은 이후 정치경제의 주류로서 부상했으며, 애쓰모글루는 이를 더욱 정교한 모델로서 발전시켰다: Daron Acemoglu and Johonson, Simon and James A. Robinson, "Institutions as a Fundamental Cause of Long-Run Growth," In Philippe Aghion, and Stephen Durlauf (eds.), *Handbook of Economic Growth* (Elsevier: North-Holland, 2005).

의를 해체하고 독재체제로 전환하는데 막대한 비용이 들어간다(Acemoglu & Robinson 2005). 따라서 중간층의 존재는 안정적 정치질서의 사회적 조건이다. 중간계급은 남미에서도 감소하는 중이다. 남미에서 1980년대 이후 흔히 발생하는 포퓰리즘은 중간계급의 약화와 상관관계를 갖는다(Solimano 2009). 남미에서 1980년대 이후 개방화와 구조조정정책이 본격화되면서 중간계급이 감소하는 양극화 현상이 악화되었다(Birdall 2000).

역사적으로 중간계급은 다양한 역할을 한다. 중간계급은 정치적으로 안정판 역할을 한다. 중간계급의 확립은 특정 집단이 자신의 정치적 이익을 위해 모색하는 급진적 변화를 불가능하게 하여 정치적 안정에 기여한다. 중간계급이 취약한 사회는 합의에 도달하기 어려우며 위기가 발생했을 때 위기를 극복하는데 필요한 적절한 대응책을 만들지 못한다. 경제적으로 중산층은 소비의 중추로서 자본주의의 확대재생산에 기여한다. 경제발전에 대한 중간계급의 기여는 세 가지 측면에서 이루어진다.[8] 첫째로 중간계급의 증가는 소득평등의 확대를 의미하며, 평등한 소득분포는 불평등을 시정하기 위해 처방한 조세와 재분배가 파생시키는 잠재적 왜곡효과를 제거하여 경제발전에 기여한다.[9] 둘째로 중간계급은 기업가적 정신을 제공하는 집단이 될 수 있는데, 슘페터가 강조하듯 기업가적 정신은 자본주의를 발전시키는 동인이다. 셋째로 중간계급은 경제성장으로 얻은 고소득을 소비하여 수요를 창출할 수 있다. 상류계급이 소득대비 소비보다는 저축을 더 많이 하기 때문에 소득에 비해 소비 역할이 크지 않은 반면,[10] 중간계급은

8) R. Perotti, "Political Equilibrium, Income Distribution, and Growth," *Review of Economic Studies*, Vol. 60 (1993), pp. 755-776; Andres Solimano, "Stylized Facts on the Middle Class and the Development Process," In A. Estache and D. Leipziger (eds.), *Stuck in the Middle: Is Fiscal Policy Failing the Middle Class?* (Washington D. C.: Brookings Institution Press, 2009) 참고.

9) 앞의 Perotti(1993) 참고할 것.

10) N. Gregory Mankiew, *Macroeconomics*, 8th (Worth Publishers, 2012), p. 54.

소득에 비해 지출이 큰 집단이기 때문에 수요 진작에 기여할 수 있다. 기업
이 이윤을 추구하여 투자를 하지만 수요가 미약하다면 투자는 손해를 보며
시장경제의 활력은 감퇴할 것이지만, 중간계급이 이러한 수요부분을 충족
시킴으로써 경제발전을 가속시킬 수 있다는 것이다(Forster and Wolfson
2010). 특히 '중간계급 합의(middle class consensus)'는 중간계급의 소득비중
이 높고 계급갈등이 심각하지 않으며 인종적 차이도 존재하지 않는 조건을
말한다. 그리고 '중간계급 합의'가 가능한 것은 자원과 인종적 다양성과 같
은 국가의 외적 속성들과 깊은 관련이 있다.[11]

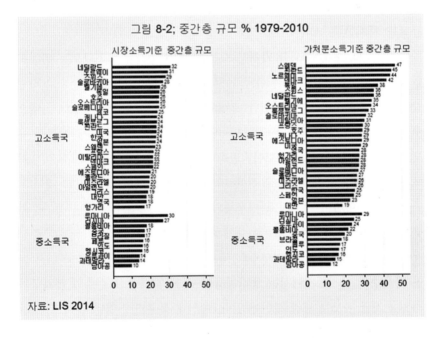

그림 8-2; 중간층 규모 % 1979-2010

자료: LIS 2014

　중간계급이 수행하는 경제적 역할의 중요성을 고려할 때 '중간계급의 합
의'는 국가나 시대적 조건에 따라 커다란 차이를 보인다. 중간계급의 하락
은 일률적이지 않고, 그 규모는 시대와 국가에 따라 큰 차이를 보인다. 〈그

11) 각주 6) Easterly (2001) 참고할 것.

림 8-2)는 1979년에서 2010년까지 39개국을 대상으로 중간계급의 규모
를 두 가지 차원, 즉 시장소득과 가처분소득을 기준으로 보여준다. 시장소
득은 시장에서의 경제활동을 기반으로 발생한 소득이다. 임금, 샐러리 및
지대는 대표적 시장소득이다. 한편 가처분 소득은 시장소득에서 조세와 사
회이전을 제외한 소득이다. 즉 재분배가 개입한 이후의 소득이다. 먼저 시
장소득을 기준으로 보면 1980-2010년 사이 중간계급이 평균적으로 가장
두터웠던 나라들은 49%를 차지한 영국과 뒤이어 스위스이다. 그러나 가처
분소득을 기준으로 보면 영국의 중산층 규모는 12% 가량 하락하여 37%에
불과하며, 시장소득 기준 시 그 규모가 35%였던 스웨덴이 59%로 가장 큰
규모를 차지한다.

　국가의 개입이후 발생한 가처분 소득을 보면 중간계급의 규모는 완전히
달라진다. 이의 전형적 예는 한국과 일본으로, 시장소득만을 기준으로 하면
중간계급의 규모가 가장 크지만 조세와 사회이전을 포함하면 20% 가량으
로 축소된다. 폴란드의 경우에도 1986년 가처분소득 면에서 중간계급의 규
모가 가장 큰 나라(56%)로 보이지만,[12] 그러한 수치는 당시 국가적 이행기
로서의 특성과 사회주의적 유산에 따른 재분배적 성격에 기인한 것이다.
조세와 사회이전이 대표적 복지정책의 도구라는 관점에서 보면 중간층의
규모는 또한 복지국가의 유형과 대체로 일치한다. 강력한 복지국가는 중산
계급의 육성을 지지한다. 사민주의 복지국가에서 중간계급의 규모가 큰 반
면 자유주의 복지체제에서는 중간계급이 작고, 대륙형 보수주의 복지국가
의 중간계급 규모는 중간 사이에 있다. 예컨대 북구의 스웨덴, 덴마크, 그리
고 노르웨이 등의 중간계급 규모는 대체로 비슷한 수준에 있다.[13] 한편으
로 중간계급의 규모는 국가들 간에 있어서의 차이뿐 아니라 일국 내에서도
역사적으로 큰 차이를 보인다. 예를 들어 프랑스의 중간계급 규모는 1978년

---

12) 부록의 〈표 8-1a, 8-2b〉 참고.
13) 〈그림 8-2〉 및 부록의 〈그림 8-1a, 8-1b, 8-1c〉 참고.

36%에서 2년 후 1981년에는 18%로 떨어졌다.

2. 중산층은 누구인가?

중간계급은 자본주의가 발전하면서 시장활동을 통해 만들어졌다. 중간
계급은 시장경제가 낳는 분화 속에서 해체되지 않고 역으로 그 위치가 공
고화되었다. 역사에서 중간계급은 혁명을 통해 모습을 드러냈다. 프랑스
혁명 이후 새롭게 등장한 중간계급은 사회변화의 원동력이자 동시에 응집
력으로 인식되었다. 중간계급은 서민이나 평민이 선망하는 존재이면서 시
장사회의 급격한 변화가 낳는 빈민화를 방지할 수 있는 사회적 집단으로
여겨졌다.[14] 중간계급의 역사적 역할에 대해 많은 학문적 연구가 만들어졌
다.[15] 초기 연구들은 중간계급을 크게 두 시각에서 분석하고자 하였다. 첫
번째 시각은 사회학적 관점에서 중간계급을 사회경제적 카테고리에서 보
려는 입장이었다. 여기서 중간계급은 기본적으로 계급의 하나이며 고용관
계가 중간계급을 구분하는 핵심적 역할을 한다고 보았다.[16] 이러한 관점은
사회집단의 서로 다른 문화적 및 사회경제적 특수성을 강조하는 점에서 중
요한 가치를 지니지만 동시에 사회적 균열을 부각시킨다는 비판적 평가를
받았다. 한편 두 번째의 시각은 소득을 기초로 하여 중간계급을 정의하려

---

14) Regis Bigot, "The Middle Classes in Europe: Evidence from the LIS Data," *LIS
    Working Paper Series, No. 580* (2012) 참고.
15) 그러나 중간계급 연구는 경제동향을 반영하듯 1990년대 중반까지 학계의 주목
    을 끌지 못했다. 당시 양극화와 중간계급에 대한 연구는 주요 학술지에서 발견
    할 수 없다. 원래 1992년 생산된 논문(Foster and Wolfson)이 학술지 출간에 실
    패한 후 2010년에에 Journal of Economic Inequality에 게재될 정도로 관심을 받
    지 못했었다. 중간계급 조사의 학술적 동향에 대해서는 Lndert(2010) 참고.
16) 사회학적 접근에서 계급에 대한 연구성과는 다음 문헌 참고: John H. Goldthorpe,
    On Sociology (Oxford: Oxford University Press, 2000).

는 1970년대 이후의 시도였다. 이러한 소득기준에 기반한 접근법은 국제비
교를 가능하게 한다는 면에서 큰 장점을 갖는다. 이러한 접근은 빈곤, 과세,
예산지출 등과 같은 사회경제적 기준들을 문화적 차이에 비해 중요한 요소
로 간주한다. 1980년대 와서 중간계급에 대한 논의는 중간계급의 규모가 축
소하는가로 집중되었다. 경제적 변화가 중간계급을 위축시킨다는 주장이
제기되었다. 지구적 차원에서 발원하는 경제변화는 자본주의의 발전 이래
오랜 쟁점이었던 빈곤화를 심화시키면서 중간계급의 위상이 위축된다는
위기감을 불러왔다. 즉 중간계급의 쇠퇴는 사회적 응집력의 약화를 반영하
는 것이며 따라서 이는 결과적으로 사회불안정과 정치적 와해를 야기할 것
이라는 회의적 논의들이 주를 이루었다.

중간계급의 축소와 함께 중간계급을 어떻게 정의할 것인가에 대해서는
많은 논의들이 제기되었다.[17] 연구자들은 각자의 필요에 따라 넓은 의미의
'중간'을 정의해왔다. 수적 중간을 중시하는 입장에서는 분위별 소득구간에
서의 중간, 즉 3/5 분위 혹은 20-80% 사이의 소득을 기준으로 중간계급을 정
의했다. 그러나 이는 사회적으로 특정한 의미를 가진다기보다는 절대적 수
치의 상중하 가운데 기계적 중간을 의미하는 1/3에 해당하는 것일 뿐이다.
한편 역사학은 중간계급의 역사적 발생과 진화과정을 통해 정체성에 주목
하는 접근법을 제시했다.[18] 이들은 중산층의 존재와 개념이 나라와 시대에
따라 다르게 형성되었다는 사실을 강조하고자 노력했다. 이처럼 다양한 접
근법들은 이 계층을 이해하는데 일정부분 의미 있는 시각들을 제공해왔다.

17) 중간계급 정의에 대한 상세한 논의는 다음의 문헌 참고: Ursula Dallinger, "The
endangered middle class? A comparative analysis of the role played by income
distribution," *Journal of European Social Policy*, Vol. 23 No. 1 (2013), pp. 83-101.
한편 신흥개도국의 중간계급에 대해서는 Solimano(2009), 그리고 Foster and
Wolfson(2010)은 선구적인 논의를 제시했다.
18) Jurgen Kocka, "The Middle Class in Europe," *The Journal of Modern History*, Vol. 67
(December 1995), pp. 783-806.

그러나 여전히 중산층에 대한 명확한 정의는 사실상 부재하다고 할 수 있다.

일반적으로 중간계급을 정의하는 방식은 세 가지 접근법들로 집약해 볼 수 있다. 첫째, 사회학적 접근법에서는 행태, 즉 일련의 사회경제적 기준을 기반으로 한 행태를 분석함으로써 중간계급을 정의한다. 이에 따라 중간계급이란 일정 수준의 교육을 마치고, 사회적 지위가 있는 특정 직업을 가지며 일정한 가치와 태도를 공유하는 집단을 의미한다. 둘째, 경제학적 접근법에서는 소득의 비중이나 중위소득 등의 개념을 통해 중간계급을 정의한다(Forster and Wolfson 2010; Thurow 1984). 다시 말해 중간계급이란 중간 정도의 생활수준을 유지하거나 소득분포 구간에서 중간에 위치한 집단을 의미한다. 한편 세 번째 접근법은 중간계급의 정체성이 개인의 인식과 심리에 보다 관련되어 있는 것으로 가정하고 직접적 여론조사 방식을 택한다. 즉 이 접근법에서는 중간계급을 구성하는 요소는 무엇인지, 또 본인이 중간계급이라고 생각하는지의 질문들을 통해 직접적으로 누가 중간계급인지를 정의하고자 한다. 이 때문에 매우 실제적 방식으로 중간계급을 정의할 수 있지만, 또한 객관적 기준에 의거한 그 분포를 알 수 없다는 점에서 약점이 있다.

이러한 방식들에 따라 정의된 중간계급과 이의 규모를 보면 유럽과 미국에서 큰 차이를 드러낸다. 유럽에서는 전반적으로 중간계급이 증가한 반면, 미국에서는 정체해왔다고 볼 수 있다. 1995-2010년 사이의 조사결과들을 보면 캐나다, 독일 그리고 이탈리아는 각각 3.5%, 4.2%, 5%의 증가와 더불어 전체적으로 평균 3%의 증가를 관찰할 수 있었던 반면, 미국에서는 단지 0.8% 증가했다. 또한 〈그림 8-1〉에서 본 것처럼 중간계급은 1980년대 이후 전반적 감소 추세에 있음이 나타났다. 특히 시장소득 면에서 중간계급은 지속적으로 감소하는 과정에 있다. 그럼에도 중간계급의 규모는 국가의 재분배정책에 힘입어 대폭적 축소의 국면에서도 유지될 수 있었다. 브래들리 등이 지적한 바와 같이, 국가의 재분배정책은 중간계급의 규모와 밀접한 관련성이 있다. 예컨대 노인연금정책이 국가의 사회정책이 없다면 빈곤층으로 떨어질 위험이 높은 노인층을 중산층으로 유지시키는데 기여하는 것처럼,[19] 재분배정책은 중간계급의 존재를 지탱하는 중요한 자원 중 하나이다. 유사한 맥락에서 중간계급 규모는 2010년 더욱 감소했으나 소득이전정책 덕분에 약간 증가하는 결과를 보였다.

이처럼 중간계급의 규모는 다양한 요인들에 의해 영향을 받는다. 이에 프레스만은 네 가지 설명 가능한 변수들, 즉 인구와 성(gender)의 변화, 그리고 거시경제의 변화로서 실업률과 재정정책의 효과에 대한 검토를 통해 어떤 변수가 실제로 중간계급의 규모에 영향을 주는지의 여부를 밝혀내고자 했다.[20] 그는 1980-2000년 동안 5회의 조사결과들을 기반으로 실업과 중간계급의 규모를 비교했으나 유의미한 상관관계를 발견하지 못했다고 밝히며,[21] 거시경제의 변동 자체가 중간계급의 규모에 영향을 주지 않는다는 점을 주장했다. 또한 그는 인구학적 변화 역시 변수로서 제한적 설명력을 가진다는 점을 들어, 네 가지 요인들 가운데 재정정책만이 유일하게 중간계급의 크기에 중요한 영향을 미친다고 강조했다.

프레스만은 중위소득을 기준으로 75-125% 사이의 집단을 중간계급의 삼았다. 그는 중위소득의 125% 보다 높으면 고소득 집단으로, 75% 미만은 저소득 집단으로 분류했다. 그러나 여기서 중간계급을 어떻게 확정하는가에 따라 결과는 크게 다를 수 있다. 중간계급을 75%-150%로 규정하고 2000-2010년의 새로운 자료를 추가하면 프레스만이 말하는 중간계급의 감소는 사실과 다르다. 전반적으로 1.1% 감소한다는 그의 결과와는 달리 중간계급은

---

19) David Bradley, Huber, E. Moller, S, Nielsen, F. and John D. Stephens, "Distribution and Redistribution in Post-Industrial Democracies," *World Politics,* Vol. 55 No. 2 (2003), pp. 193-228.

20) Steven Pressman, "The Decline of the Middle Class: An International Perspective," *Journal of Economic Issues,* Vol. XLI No. 1(March 2007).

21) Pressman(2007), p. 193.

1980-2010년 동안 평균 4.6% 증가했다. 나아가 분석기간이 다르면 중간계급
의 규모는 달라지는 문제도 나타난다. 룩셈부르크 소득연구(LIS) 방식을 따
라 1980년을 1차 자료로 하고 2010년 조사를 8차조사로 했을 때 중간계급의
규모는 프레스만이 취급했던 2000년 이전의 규모와도 달라진다. 캐나다와
독일의 중간계급 규모는 각각 6%와 4.6% 증가했으며, 노르웨이의 경우
1980-2004년 기간 동안 무려 18%이상의 가장 높은 증가율을 보였다. 이어
구 공산국가 슬로베니아에서는 1995-2010 사이에 11.4%가 증가, 스페인에서
는 1980-2010년 전 기간에 걸쳐 10.4%가 증가했다. 이 밖에 중산층 붕괴에
대한 우려가 가장 높았던 미국의 경우 사실상 정체되어 아무런 증가나 감
소도 일어나지 않았다. 부록의 〈그림 8-1a, b, c〉는 시계열 자료가 존재하는
18개국의 중간계급의 크기가 어떻게 변화했는지를 보여주고 있는데, 결국
이 결과물들은 중간계급을 어떻게 정의하고 분류하는가에 따라 그 규모의
측정이 매우 다르게 이루어질 수 있다는 점을 보여준다.

3. 정치제도와 중간계급의 규모

위에서 본 것처럼 중간계급은 역사적으로 다양한 규모를 보이는데 무엇
이 규모를 결정하는가? 이 중에서도 프레스만의 논의에서 중요하게 전제되
었듯이 재정정책과 같이 정치과정과의 상호작용은 중간계급의 규모에 영
향을 주는 중요한 요소이다. 다시 말해 중간계급의 규모는 재정규모에 영
향을 미치는 정치제도와 깊은 관련이 있다. 정치제도란 노스와 토마스에
따르면 "인간의 상호작용을 형성하는 제한으로서 인간이 고안해 낸 사회의
규칙"이다(North and Thomas 1973). 여기서 제도가 중요한 것은 정치적, 사회
적 혹은 경제적이든 모든 상호작용에서의 동기를 구조화하는 결과를 가져
오기 때문이다. 노스의 기념비적 연구 이후 경제학은 제도의 효과를 보다

본격적으로 분석해 왔는데,[22] 같은 맥락에서 최근 경제학의 특정 분야에서
는 과거 신고전파 경제학에서는 간과해왔던 경제제도의 차이를 통한 다른
패턴의 경제발전을 설명하였다.[23] 이들은 제도적 요인, 즉 재산권 보호와
정치권력에 대한 제약 등을 보장하는 제도를 통해 어떻게 민주주의와 자본
주의가 공존해 왔는지 밝히기도 했는데, 예를 들어 기술개발에 따른 편익
을 보호해주는 제도를 통해 경제발전이 견인되었음을 밝히는 연구[24] 등이
제시되어 큰 반향을 낳았다. 이처럼 경제적 동기가 경제적 제도에 의해서
구조화되는 것처럼 정치적 동기는 또한 정치제도에 따라 달라진다. 정치제
도는 정치적 자원의 배분을 규제함으로써 행위자 사이의 관계에 영향을 주
는 점에서 정치적 균형에 영향을 준다. 예컨대 정당이나 정치인은 대통령
제인가 의회제인가의 제도적 구조 안에서 상이한 정치적 동기를 품으며 따
라서 행위의 결과 역시 달라질 수 있다.

　중간계급의 규모는 국가의 개입으로 크게 달라진다. 계급이나 소득의 상
대적 차이 역시 정치적 동기, 특히 국가의 개입에 따라 결정될 수 있다. 시
장에서의 활동을 통해 얻는 시장소득은 조세와 소득이전을 거쳐 가처분소
득으로 전환한다. 여기서 시장소득과 가처분 소득을 기준으로 중간계급의
규모를 본다면, 국가의 재분배정책 정도에 따라 가처분 소득은 시장소득으
로부터 멀어질 수 있다. 〈표 8-1〉에서는 소득분포를 기초로 하여 소득의
정도에 따라 하층, 중간계급, 그리고 상층계급으로 분류하고 세 집단의 시

---

22) 초기의 대표적 연구로는 Torben Persson and Guido Tabellini, *Political Economics:
　　Explaining Economic Policy* (Cambridge: MIT Press, 2000); *The Economic Effects of
　　Constitutions* (Cambridge: MIT Press, 2003)를 들 수 있으며 애쓰모글루와 그 팀은
　　역사적 분석과 결합하여 제도주의를 더욱 공고하게 만드는데 기여하고 있다.
23) North & Thomas(1973)는 처음으로 제도의 중요성을 본격적으로 제기하였다. 이
　　후 Acemoglu & Robinson(2005)을 시작으로 경제발전에 대한 제도적 접근은 체
　　계화하여 빈부의 차이가 제도적 차이에서 발생한다는 사실을 밝히는데 기여해
　　왔다. Galor(2012)은 성장이론에 제도적 요소를 도입하여 통합하고자 한다.
24) Acemoglu & Robinson(2005) 참고.

장소득과 가처분소득을 비교하였는데, 여기서 눈에 띄는 점은 〈표 8-2〉, 〈그림 8-2〉에서와 마찬가지로 정치제도와 복지국가 유형에 따른 일정한 패턴의 차이를 보이고 있다는 점이다.

〈표 8-1〉 중간계급 규모의 규모와 성장(%) (1970-2010)

정치제도	시장소득 기준 %			가처분소득 기준 %			
	빈민	중간	부유층	빈민	중간	부유층	중간성장%
의회제	56.1	30.2	13.7	59.3	34.4	6.3	16.8
대통령제	61.9	25.0	13.1	65.0	26.2	8.8	7.2
단독정부	61.6	26.2	12.1	63.4	29.9	6.7	15.6
연합정부	55.1	30.7	14.2	58.9	34.4	6.7	14.5
자본주의다양성							
자유시장경제	59.2	27.8	13.0	62.6	30.8	6.6	13.6
조정시장경제	53.0	32.1	14.9	55.9	37.2	6.9	17.9
복지레짐							
영미	59.5	27.0	13.5	63.7	29.2	7.1	13.2
대륙	52.8	33.9	13.3	56.9	37.6	5.5	14.5
사민주의	46.3	33.6	20.1	46.4	43.6	10.0	32.8
남유럽	61.8	27.0	11.2	62.7	31.4	5.8	16.7
동유럽	58.5	28.3	13.2	63.7	31.2	5.1	12.9

자료: 룩셈부르크소득연구(www.lisdatacenter.org)에서 필자 추출

　사실 정치제도는 정치학의 전통적 영역으로, 과거에는 이것을 정태적 존재로서 행위를 규제하는 틀 정도로만 간주하여 제도가 만들어진 다음 제도가 미치는 결과나 효과에 대해서는 큰 관심을 갖지 않았었다. 그러나 제도는 정치경제학으로부터의 자극을 통해 정치학에서 새로운 각광을 받게 되었다.[25]
　정치학에서 제도의 중요성을 새로이 제기한 것은 아이버슨(Iversen)과 부아(Boix)이다. 새로운 관심은 복지국가와 정치제도의 관계에 몰렸다. 이들은

25) Charles Boix, "Political Institutions and Fiscal Policy," *The Political Economist*, Vol. XIII Issue 1(2006).

사회복지제도가 소득분배에 영향을 준다는 에스핑-앤더슨의 논리를 정치
제도적 측면에서 더욱 정교하게 발전시켰다. 에스핑-앤더슨은 1990년 저서
『세 가지 복지자본주의』는 복지국가의 정치경제가 일궈낸 가장 큰 성과의
하나이다. 그는 권력자원이론에 기대어 복지국가의 발전을 설명하려 했다.
여기서 에스핑-앤더슨의 복지국가 유형화를 중간계급의 규모 영역에 확대
적용하면 중간계급의 규모와 복지국가는 높은 상관성을 갖는다(〈표 8-2〉).
즉 중간계급의 규모가 가장 큰 유형은 사민주의 복지국가에서 그리고 가장
작은 곳은 자유주의 복지국가에서 발견된다. 그리고 사민주의 복지국가는
선거제도부터 정당연합에 기초한 정부가 일반적이다.

〈표 8-2〉 정치제도, 복지국가, 그리고 중간계급의 규모(%) (1970-2010)

복지국가유형	하층 75% 미만	중간	상층 150% 이상
사민주의	43.6	46.4	10.0
대륙형	57.6	37.3	5.1
자유주의	61.7	32.5	5.9
남유럽복지국가	62.2	32.0	5.8
선거제도			
비례대표	59.3	34.0	6.7
다수제	62.2	31.4	6.5
정당연합			
연합정부	58.9	34.4	6.7
단독정부	63.4	29.9	6.7
정부형태			
의회제	58.7	35.2	6.1
대통령제	65.4	25.9	8.7

자료: LIS, 필자 계산

즉 특정 제도의 형태는 중간계급의 확대를 허용하거나 반대로 축소시키
는데 기여할 수 있다. 또 사회지출의 정도에 따라 불평등 수준이 달라지는
이유는 정치제도가 불평등을 완화하는 정책을 허용하기 때문이다. 이러한

이유로 어떠한 집단이나 정당이 정치과정에 참여할 수 있는가를 좌우하는
다양한 정치제도 안에서 중간계급은 각기 다른 규모로 존재하게 되는 것이
다(〈표 8-2, 8-3〉).

선거제도는 그 자체가 역사적 협상과 갈등의 산물이지 역사의 전개와 무
관한 중립적 규칙은 아니다. 선거제도는 중간계급의 행위와 전략에 중요한
영향을 준다. 전략은 집권을 겨냥한 것으로 정부구성을 통해 표출된다
(Iversen and Soskice 2008). 다수제 선거제도에서 중간계급과 노동계급이 하
나의 정당으로 연합하여 집권하며 비례대표제에서의 정부는 각 계급이 자
신의 정당을 통해 선거에 참여한 후 정당 간 연합으로 구성된다.26) 어떤 선
거제도에서 경쟁하느냐에 따라 중간계급의 집권정당에 대한 선호는 달라
진다. 다수제의 양당제 하에서 중간계급 투표자의 셈법은 다음과 같다. 중
간계급에 속하는 중위투표자는 노동을 대표하는 사회당이 집권할 경우 선
거기간 중 중위투표자를 대상으로 했던 약속을 뒤집고 중간계급 이상의 계
층에 대한 과세를 강화할 것을 우려한다. 다른 한편 상층을 대표하는 보수
당이 집권할 경우 적어도 증세정책은 실시하지 않을 것으로 예상하여 노동
정당보다 보수당을 선택하는 경향이 있다(APR 2006). 일반적으로 양당제에
서 보수당은 감세정책을 선호하고 재분배를 반대한다. 양당제 하에서 중간
계급은 보수당이 집권하게 되면 비록 자신들이 큰 수혜는 얻지 못할 것을
인식하지만, 사회당 집권 시에 발생할 증세의 상황을 피하기 위해 보수당
의 집권을 선호하게 되는 것이다.

그러나 다당제 하에서라면 중간계급은 다른 전략적 사고를 취한다. 다당
제에서는 중간계급을 대표하는 독자적 정당이 존재할 수 있고 어느 한 정당
이 단독으로 과반 의석을 취할 수 없다. 정부구성 과정에서 다른 정당들이
과반수를 차지할 수 없으며, 중간계급 정당은 보수당이나 사회당 어느 정

26) K. Bawm and F. Rosenbluth, "Coalition Parties versus Coalition of Parties: How Electoral
    Agency Shapes the Political Logic of Costs and Benefits," Unpublished paper(2003).

당과도 연대하여 공동정부를 구성할 수 있다. 예컨대 중간계급은 증세를 통한 복지확대를 제안하는 사회당에게 중간계급을 증세대상에서 제외할 것을 요구하여 중간-사회당 연대에 참여할 수 있다. 특히 비례대표제 하에 서는 다당제가 보편적인 상황에서 중간계급은 독자적 대표성을 확보할 수 있는 점에서 보수당이나 사회당의 '변심'을 걱정할 필요가 없다. 오히려 다른 정당과의 정부구성 협상에서 여타 정당들의 눈치를 보는 것보다 자신의 이익을 잘 대표하는 것이 더욱 중요해진다. 이에 중간계급은 하층을 대변하는 정당과 정부를 구성하여 부유세를 비롯한 여러 재분배정책을 통해 자신에게 가장 편의가 많은 정책을 실현시키려 한다(Acemoglu and Robinson 2006). 유사한 맥락에서 페르손과 타벨리니는 경제학자로서 헌법의 경제적 효과를 이론적으로 경험적으로 분석했는데, 그들에 따르면 정치제도는 성장과 정부지출에 막대한 영향력을 행사한다. 그들은 대통령제에서는 지출이 5% 감소하고 다수제에서 역시 정부지출은 5%, 복지지출은 2-3%, 그리고 재정적자는 2% 감소한다고 주장했다.[27]

마찬가지로 복지국가는 단순히 소득이전만 수행하는 것이 아니다. 복지국가는 사회정책을 구사하여 저소득층이 중간소득층으로 상승하도록 만드는 정치제도 중 하나이다. 복지국가는 에스핑-앤더슨이 언급한 바처럼 평등한 사회에 기여하는 것이 아니라 사회적 분절화의 기제이다.[28] 따라서 이는 사후적으로 조세와 소득이전을 통해 재분배에 영향을 주는 한편 사전적으로는 고용에 영향을 주어 소득분포를 결정한다.[29] 무엇보다 중요한 복지국가의 특징 중 하나는 노후 안정에 기여한다는 점이다. 이 점은 노동연

---

27) 앞의 Persson andTabellini (2003) 글 참고.

28) Gosta Esping-Anderson, *The Three Worlds of Welfare Capitalism* (Princeton University Press, 1990), p. 69.

29) Phillipp Pechmann, "Welfare Regimes and Structures of Inequality: A Comparative Fuzzy Set Analysis of 23 Countries," *LIS Working Paper Series* No. 560 (2011).

령대와 전 인구를 대상으로 한 중간계급의 규모를 분석하는 일련의 연구에
서 잘 드러난다. 노동연령에 해당하는 25-54세 인구를 대상으로 소득을 조
사하면 중간계급의 규모는 크게 다르지 않다.

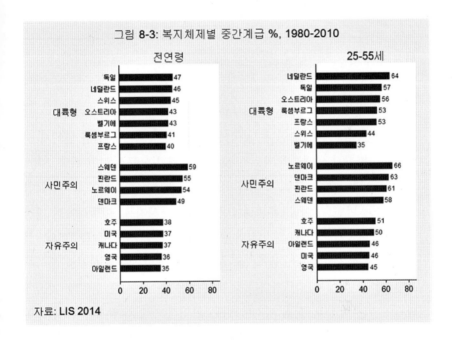

그림 8-3: 복지체제별 중간계급 %, 1980-2010

전연령
대륙형	독일	47
	네덜란드	46
	스위스	45
	오스트리아	43
	벨기에	43
	룩셈부르크	41
	프랑스	40
사민주의	스웨덴	59
	핀란드	55
	노르웨이	54
	덴마크	49
자유주의	호주	38
	미국	37
	캐나다	37
	영국	36
	아일랜드	35

25-55세
대륙형	네덜란드	64
	독일	57
	오스트리아	56
	룩셈부르크	53
	프랑스	53
	스위스	44
	벨기에	35
사민주의	노르웨이	66
	덴마크	63
	핀란드	61
	스웨덴	58
자유주의	호주	51
	캐나다	50
	아일랜드	46
	미국	46
	영국	45

자료: LIS 2014

<그림 8-3>에서 보는 바처럼, 노동시장 내부를 기준으로 할 때 북유럽 복지
국가의 중간계급 규모는 자유주의나 보수주의형 복지체제의 유형에 따른
차이가 없다. 노동시장에서 소득이 발생하면 빈곤은 원천적으로 생겨나지
않을 뿐 아니라 꾸준한 소득상승도 가능하고, 요소소득이 늘면 중간층으로
상승할 수 있다. 그러나 노동시장 퇴출 후에는 노동소득이 없기 때문에 상
황이 달라진다. 이러한 상황에서 북유럽의 중간계급 규모는 유럽대륙의 보
수주의 체제나 가장 취약한 노후복지를 가지는 자유주의 복지체제와 큰 차
이를 보인다. 그리고 이 차이는 단순히 노인연금 수준에서만이 아니라 가
족수당과 실업수당 등을 포함한 광범위한 소득지원의 영역에서 전반적으

로 드러난다. 이 차이는 시장소득과 가처분 소득의 차이를 통해 드러난다.

4. 경험자료의 분석

1) 자료와 방법

경험연구에 활용된 자료는 룩셈부르크소득연구가 제공하는 40개국 자료로부터 추출된 것이다. 그러나 각 국 중간계급의 규모는 시계열 면에서 서로 다르고, 따라서 40개국의 자료는 불균등한 패널을 구성한다. 한국, 일본, 중국, 인도, 과테말라, 페루, 우루과이 등은 현재까지 단 1회의 조사자료만이 존재하는 반면, 남아공, 루마니아 등은 2회 조사자료, 이탈리아는 가장 많은 11회, 미국과 영국 등은 10회의 관찰자료를 제공한다. 이 중 1회의 1회만을 존재하는 자료는 서술통계(〈표 1, 2〉)에는 포함되지만 시계열 분석이 필요한 패널분석에서는 불가피하게 제외된다. 통계분석은 다양한 기술에 기반하여 이루어졌다. 특정 방식에 따른 편의적 서술을 방지하기 위해 최소자승법에서부터 확률효과(Random Effects), 고정효과(Fixed Effects), 비교효과(Between Effects) 모델 등을 활용하여 측정했다. 각각의 모형은 연구목적에 따라 각기 다른 부분에서 그 함의를 줄 수 있는데, 예컨대 누락된 자료가 갖고 있는 잠재적 효과를 통제하기 위해서는 고정효과 모델이 필요한 반면, 제도주의적 효과를 파악하는 데는 확률효과모형이 우수하다.[30] 본 글에서는 종속변수가 되는 중간계급의 규모 혹은 변화의 양상을 설명하기 위해 중간계급을 소득을 기준으로 중위소득의 70-150% 사이에 있는 집단으

---

30) B. H. Baltagi, *Econometric Analysis of Panel Data* (Chichester: Wiley, 2013); Jeffrey M. Wooldridge, *Econometric Analysis of Cross Section and Panel Data* (Cambridge: MIT Press, 2010) 등의 연구 참고.

로 정의하였다.

종속변수인 중간계급의 규모를 보다 정확하게 추정하기 위해 기타 영향을 주는 변수들에 대해 우선적으로 고려할 필요가 있다. 첫 번째로 통제변수에 대한 고려가 필요하다. 먼저 종속변수의 과거 더미가 포함된다. 계급의 규모는 상대적인 개념이며 현재의 규모 자체가 규모의 변화에 영향을 준다. 즉 중간계급 규모에 영향을 주는 요인은 현재의 중간계급 규모로, 그 규모 자체가 더 이상의 확장에 부정적 영향을 준다. 한편 중간층의 존재는 상층이나 하층과의 관계에서 설정되기 때문에 자신에게만 유리한 조세와 소득이전이 지속되기는 어려우며 정부정책의 역할과 방향에 따라 커다란 영향을 받는다. 중간계급 구성원은 공적 부문에서 일하거나 그로부터 파생되는 직업에 종사할 가능성 역시 높기 때문에 국가지출의 수준이 변하면 영향을 받는다. 따라서 중간계급의 소득에 영향을 미치는 정부지출은 국가의 역할을 대신하는 중요한 변수가 된다. 이 밖에 경제적 변화를 의미하는 경제성장이 통제된다. 경제가 성장하면 소득증가가 발생하여 사회 전체적으로 중간계급이 늘어난다는 가정이다. 또한 노인층 인구의 비중 역시 노년층이 국가의 연금정책에 따라 중산층이 된다는 상황을 반영하면 중산층 성장에 긍정적 역할을 하는 것으로 볼 수 있다. 마지막으로 실업은 중단기적으로 차별적 효과를 갖는다. 실업률은 장기적으로 시장소득을 감소시키는 점에서 중간계급의 성장에 부정적 영향을 줄 수 있지만 단기적으로는 실업자에게 수당을 제공함으로써 소득보전의 긍정적 효과를 기대할 수 있다. 실업급여의 수준과 수급기간은 나라별로 복지국가의 성격에 따라 크게 다르지만, 실업자는 실업급여의 지원을 받음으로써 소득감소로 인한 빈민화를 면할 수 있다는 면에서 긍정적으로 설명될 수 있는 것이다. 이에 따라 해당되는 통제변수들은 모두 t-1의 자료를 이용했다.

둘째, 중간계급의 규모에 미치는 정치제도의 효과를 고려해야 한다. 그 중에서도 민주주의의 체제효과는 가장 많이 지적된다. 민주주의가 중간계

급에 주는 효과를 점검하고자, 그리고 남미와 아프리카 등 권위주의 체제
들과의 구분을 위해 민주주의 더미변수를 측정해 그 효과를 분석했다.[31]
이에 민주주의 체제는 OLS 추정에서는 1% 수준에서 약 8.1의 값이지만, 다
른 모형에서는 방향은 맞지만 통계적 유의성이 없다. 한편 둘째 선거제도
의 효과를 분석한다. 비례대표제는 다당제를 통해 중간계급이 지지하는 정
당이 존재할 수 있도록 하는 제도적 장치라고 할 때 중간계급의 확장에 기
여할 수 있다. 중간계급은 중위투표자를 중심으로 좌우의 집단을 포괄하며
선거에서 결정적 역할을 할 수 있기 때문이다. 그러나 중간계급의 이해가
어떻게 반영되는가는 불변하는 것이 아니라 제도적 여과장치에 따라 달라
진다. 또한 선거제도에 따라 변화하는 정당체제 역시 중간계급의 크기에
영향을 준다. 즉 정당구도의 효과를 분석한다. 비례대표제 하에서 형성되
는 다당제 구도에서는 연합정부가 일반적이며 중도정당이 집권세력의 일
부로 참여할 경우 중간계급을 보호하는 정책이 실시되기 쉽다. 이 밖에 단
순다수제와 친화적인 양당제에서는 다양한 이해를 대표하려는 우산정당이
경쟁한다. 우파정당이 집권할 경우 시장친화적 정책을, 좌파정당이 집권하
면 마찬가지로 재분배정책 경향을 추진하기 때문에 양당제에서 양당의 일
부로 편입된 중간집단의 이해는 대표되기 어렵다. 이러한 현상은 1980년대
이후 미국정치를 가로지르는 양극화에서 잘 드러난다.[32] 넷째 중간계급의
규모에 미치는 정부형태의 효과도 차별적이라는 가설 역시 제기될 수 있

---

31) Freedom House 지표에 기초하여 정치적 자유와 시민적 권리의 지표 간 합이
   4미만이면 민주주의로 간주했다.
32) Bartels는 미국의 중산층이 감소하는 추세를 분석하고 민주주의가 1980년대 이후
   불평등하게 변화했다고 주장했다: Larry M. Bartels, *Unequal Democracy: The
   Political Economy of the New Gilded Age* (New York: Princeton University Press,
   2008). 이에 Krugman (2009) 역시 유사한 맥락에서 감소의 경향을 지적한다. 다음
   의 글 역시 참고할 것: Alberto Alesina and H. Rosenthal, *Partisan Politics, Divided
   Government, and the Economy* (Cambridge: Cambridge University Press, 1995).

다. 즉 합의적 정치를 지향하는 의회중심제와 승자독식의 대통령제는 사회
경제적으로 서로 다른 결과를 가져올 수 있다. 린쯔는 대통령제가 의회제
에 비해 대표성 면에서 민주주의에 친화적이지 않음을 강조했는데, 특히
대통령제 하에서 인구의 상당부분이 권력으로부터 배제되기 때문에 정통
성이 취약해질 수 있고, 대통령제가 반대세력의 요구를 묵살하기 쉽다는
것이다.[33] 이에 중간계급 문제와 관련하여 정부형태의 효과를 본다면, 의
회제에 비해 대통령제에서 중간계급이 감소하기 쉽다고 해석할 수 있다.

마지막으로 중간계급의 규모를 분석하는 데에는 복지국가의 역할에 대
한 고려가 매우 중요하다. 전통적으로 복지국가의 정도는 노동계급이 보유
한 정치적 및 경제적 자원에 따라 결정된다는 점이 강조되었다. 이러한 강
조는 권력자원이론으로 대표되며 정치학과 사회학에서 강력한 흐름을 형
성해왔다.[34] 이의 논의에 따르면, 보수정부는 사회정책보다는 통화정책에
더 비중을 두기 때문에 노동계급에 대한 지원은 현상유지 혹은 감소하지만,
반대로 친노동정당이 정부를 맡으면 강력한 사회복지정책을 실시함으로써
노동계급을 중간계급으로 만드는데 기여한다. 여기에 정부당파성(government

---

33) J. Linz, "Presidential or Parliamentary Democracy: Does It Make a Difference?," In
J. J. Linz and A. Valenzuela (eds.), *The Failure of Presidential Democracy: Comparative
Perspectives* (Baltimore: Johns Hopkins University Press, 1994), pp. 3-87.
34) 권력자원이론은 1970년대 후반에 등장하여 지금까지도 강력한 이론적 설명력
을 유지하고 있다. 초기 권력자원이론에 기여한 연구로는 다음과 같다: Gosta
Esping-Anderson, *Politics Against Markets: The Social Democratic Road to Power*
(Princeton, NJ: Princeton University Press, 1985); Walter Korpi, *The Democratic
Class Struggle* (London: Routledge & Kagan Paul, 1983). 보다 최근의 문헌은
Walter Korpi, "New Politics and Class Politics in the Context of Austerity and
Globalization: Welfare State Regress in 18 Countries, 1975-95," *American Political
Science Review*, Vol. 97 No. 3 (2003), pp. 425-446; _____ and J. Palme.
"The paradox of redistribution and strategies of equality: welfare state institutions,
inequality and poverty in the Western countries," *American Sociological Review*,
Vol. 63 (1998), pp. 661-687 참고.

partisanship)과 노동시장 관련 변수들 역시 중요한 역할을 한다. 정부당파성
은 집권정당의 정책과 이념에 따라 좌, 우 또는 중도로 구분되는데, 누적적
으로 이것이 작동할 경우 더욱 강력한 힘을 발휘할 수 있다는 논의로 발전
했다.[35] 또 노동시장제도는 소득변화에 가장 직접적 영향을 준다는 점에서
중간계급의 규모에 중대한 효과를 갖는다. 노동조합이 강력하려면 조직률
이 높아야 한다. 강력한 노조가 임금상승과 최저임금의 향상을 위해 투쟁
함으로써 중간계급의 소득이 성장하는 결과를 얻을 수 있다.

2) 경험분석 결과

경험분석에 적용된 기본 통계방정식은 다음과 같다: $yit=\alpha\ i+\eta\ Pt+\beta$
$Xit-1+uit$. 여기서 Y는 종속변수로서 세후 중간계급규모에서 세전 중간계급
규모를 뺀 값이다. 즉 종속변수는 중간계급의 증가 또는 감소를 뜻한다. X
는 통제변수군을 포괄하며 P는 제도와 정치적 변수 군을 의미한다. 〈표
7-3〉은 위 세 가지 유형의 요인이 중간계급의 규모에 미치는 효과를 포착한
회귀분석 결과이다. 종속변수는 중간계급의 차이와 중간계급의 상대적 변
화 모두를 분석했지만, 어느 것을 종속변수로 하던지 간에 차이는 없었
다.[36]

---

35) 누적적 값은 Huber 외 팀(1993)이 1946년 이후 좌파정부의 내각참여비중을 기
   초로 만들었다. 이들 자료는 2003년에서 멈췄으나, 필자가 이후의 부분을 보
   완, 정리했다. 관련된 내용은 다음의 글 참고: Evelyn Huber, C. Ragin and J. D.
   Stephens, "Social Democracy, Christian Democracy, Constitutional Structure, and the
   Welfare State," *American Journal of Sociology*, Vol. 99 (1993), pp. 711-749; Evelyn
   Huber and J. D. Stephens, *Development and Crisis of the Welfare State: Parties and
   Policies in Global Markets* (Chicago and London: The University of Chicago Press,
   2001); Bradley 외(2003).
36) 중간계급의 상대적 변화에 대해서 부록의 〈표 3a〉에서 보듯 그 통계적 효과는
   절대적 변화와 대동소이하다.

〈표 8-3〉 종속변수: 중간계급의 차이(가처분소득 기준 규모 - 시장소득 기준 규모)

독립변수		OLS	BE	FE	RE
권력자원					
	노동조직률	0.145***	0.160*	0.211**	0.163***
	좌파정부참여	0.283***	0.367**	0.466***	0.360***
	생산레짐	1.14	4.569	0.507	0.607
정치제도					
	비례대표	1.118	0.175	-1.836	-1.313
	대통령제	0.008	-0.364	2.855	0.598
	연합정부	1.168	1.888	-1.539	-1.108
	민주주의 체제	8.169***	3.901	0.838	2.332
복지국가레짐		9.562***	10.171		5.53
통제변수					
	시장가격 중간계급크기$_{t-1}$	-0.962***	-0.836***	-0.674***	-0.727***
	실업률$_{t-1}$	-0.326**	-0.46	0.035	0.009
	정부지출$_{t-1}$	0.319***	0.363**	0.235***	0.255***
	65세 이상인구$_{t-1}$	39.616***	32.596	46.023**	46.011***
	일인당소득$_{t-1}$	0	0	0	0
R		71.07	68.32	53.06	64.76

자료: 종속변수(LIS) 독립변수 (부록)국가수(30) 사례 수(150)

상대적 차이는 변화율이므로 추정값이 절대적 차이를 종속변수로 했을 때
보다 작다는 결과가 도출되었을 뿐, 통계적 유의성에는 하등의 변화가 없
었다. 통제변수들 가운데 가장 영향력이 컸던 변수는 중간계급의 규모 자
체로, 기존의 중간계급의 규모는 이후 성장 가능성에 부정적 영향을 주는
것으로 분석되었다. 노인층의 상대적 인구비중은 예측한 것과 마찬가지로
중간계급의 성장에 긍정적 역할을 하는 것으로 나타났으며, 그 역할은 어
떤 모형에서도 일관되고 값이 큰 것으로 판명되었다. 이는 앞에서 논의한
것처럼 복지국가는 노인문제와 아동양육가정의 보호를 위해 존재한다는
점을 다시 한 번 입증하는데, 노령층이 노인연금의 혜택으로 인해 노인빈
곤화를 벗어나 중간층으로 진입할 수 있음을 시사한다. 한편 일인당 소득

은 정(+)의 방향에서의 영향을 미치는 것으로 보이지만 그 실제적 영향은 거의 없으며 추정값 또한 통계적 의미가 없다. 실업률 역시 정의 영향을 주지만 OLS 모형을 제외하면 통계적으로 유의미하지 않다.

경험적 결과는 정부당파성 혹은 권력자원의 영향력이 가장 중요하고 강력하다는 점을 보여준다. 노동조직률이 1% 상승하면 중간계급의 변화는 0.14-0.21% 가량 늘어나는 것으로 분석되었다. 좌파정부의 누적적 집권의 영향력은 더욱 강력하여 누적값이 1% 증가하면 중간계급 변화는 0.28%에서 0.46%로 증가한다. 많은 연구들이 강조해왔던 정치제도적 변수는 통계적으로 유의미한 설명을 제시하지 못했다. 예상과 달리 비례대표제는 중간층 성장에 오히려 마이너스 영향을 주거나 혹은 통계적으로 유의미한 추정값을 제공하지 못했다. 반면에 권력자원이론이 가정했던 노동시장제도의 영향력은 분명하게 나타났다. 이러한 결과는 권력자원이론의 가설을 지지하는 결과로, 좌파정부의 집권경험은 통계적 유의미성 1% 수준에서 중간계급의 성장에 기여했다. 마찬가지로 노조조직률의 정도는 중간계급의 규모에 중요한 영향을 주는 것으로 밝혀졌다. 정치제도보다는 노동계급의 권력자원이 중간계급의 규모를 설명하는데 강력한 효과를 보인 것은 노동계급이 중간계급으로 전환하는 것은 노동계급이 가장 직접적으로 바라는 것으로 해석할 수 있다. 권력자원의 효과는 직접적이고 단기적이며 정치제도의 효과는 오랜 시간을 필요로 하는 장기적 효과를 발휘하는 것이기 때문에 지난 30년을 대상으로 하는 분석에서는 포착하기 어려울지도 모른다.

5. 결론: 제도효과의 포착

앞선 경험분석의 결과에 의하면 중간계급의 크기에 가장 강력한 영향을 미치는 것은 정부의 정책정향과 노동계급의 조직화 수준이다. 지난 10년 이상 동안 소스키스와 아이버슨, 그리고 부아는 정치학 분야에서 제도주의 경향을 주도하며 정치제도가 경제와 사회에 주는 효과를 설명하기 위해 많은 노력을 해 왔지만, 그들의 가설과는 달리 분석의 결과는 정치제도가 그다지 큰 영향력을 미치지 않음을 보여주었다. 그렇다면 왜 제도는 큰 영향력을 주는 변수로 입증되지 못했는가? 그 이유들 중의 하나는 제도가, 혹은 제도주의적 해석은 필연적으로 장기간의 역사적 해석을 내포하기에, 단기적 변화에 한정하여 제도적 영향력을 분석하기에는 한계가 있기 때문이다. 뿐만 아니라 일정 제도를 결정하는 세력에 대한 이해 없이는 제도 자체의 영향을 논의하기 어렵다. 다시 말해 제도와 행위자 간에는 상호영향을 주는데, 예컨대 노동계급의 권력자원이 풍부한 곳에서는 노동계급의 이해에 유리한 정치제도가 만들어지는 반면 엘리트 세력이 강력한 곳에서는 엘리트들이 자신들에게 유리한 정치제도를 만들고 유지하려 한다.

　정치제도는 긴 시간을 통해 형성된 역사적 산물이다. 이 중에서도 비례대표제의 도입을 둘러싼 논쟁은 중간계급 규모와 관련 중대한 함의를 갖는다. 제도주의에 의하면 비례대표제 도입은 전통적 설명이 주장하는 것처럼 우파세력이 분열되어서 가능했던 것이 아니다. 당시의 지배 엘리트들이 자신들의 거시적 경제적 이익에 부합할 때 비례대표제를 지지했으며 이 상황하에서 제도가 도입되었다. 이처럼 제도주의적 해석은 역사적 해석의 문제이다.[37] 그러나 오랜 역사의 변화를 대신할 만한 자료가 없는 상황에서 자료입수가 가능한 20-30년간의 단기적 변화에 한정하여 제도주의를 적용하는 것은 무리일지도 모른다. 애쓰모글루는 제도주의적 해석에 기본적으로 입장을 같이 하면서도 제도를 적절히 설명할 수 있는 방법을 고민해야 한다고 주장한다.[38] 정치경제가 대상으로 하는 제도, 예를 들면 재산권 확립

---

37) Cusack, Iversen, and Soskice(2007)은 비례대표제의 도입에 관한 기존의 해석, 즉 분열된 우파가 비례대표제 등장을 낳았다는 주장에 대해 비례대표제의 재분배적 속성에 착안하여 생산레짐의 관점에서 비례대표제의 등장을 제시한다.

이나 민주주의의 도입 등은 수백 년 동안의 역사를 갖기 때문에 이를 대신할 변수를 찾기가 힘들다. 중간계급 역시 부르주아지 개념이 말해주듯 200년 이상의 존재감을 갖기 때문에 그 규모의 변화 자체는 아주 역사적 현상이다. 역사적 현상을 설명할 때 애쓰모글루가 봉착했던 동일한 고민을 만난다. 정치제도는 흔히 말하는 것처럼 외생적 조건이 아니라 내생적으로 만들어졌기 때문이다. 행위자는 정책의 차이를 인식할 수 있으며 나아가 정책차이를 만드는 제도적 차이를 알고 있다는 것을 인정한다면 제도는 내재적(endogenous)이다. 정치제도는 정치적 균형이며 정치적으로 강력한 행위자의 의도를 관철한다. 연합정부와 재분배의 상관성이 강력한 이유는 재분배의 수혜집단을 대표하는 정당이 정치권력에 참여하기 때문이다.39) 이처럼 통계모형에 포함되지 않은 변수가 중간계급의 규모는 물론이고 정치제도에도 동시에 영향을 행사하면 정치제도 고유의 효과는 포착될 수 없다. 즉 제도적 효과를 발견할 수 없는 까닭은 제도와 권력자원이 중첩될 가능성이 많기 때문이다. 이 두 변수는 중간계급의 크기에 영향을 주는 동시에 서로 영향을 주기 때문에 어느 한쪽만의 효과를 찾기 어렵다. 따라서 제도적 효과를 적절히 발견하기 위해서는 제도에는 영향을 주면서 중간계급 규모에는 영향을 주지 않는 변수를 발굴해야 한다.

향후 과제는 제도의 내생성에 대해 더욱 면밀한 관심을 가지면서 연구하는 것이다. 최근 정당체제와 선거제도의 기원에 대해 관심이 크게 증가한 것은 제도의 내생성의 문제를 반영한다.40) 제도는 사회적 과정으로부터 만

---

38) Daron Acemoglu, "Constitutions, Politics and Economics: A Review Essay on Persson and Tabellini's The Economic Effects of Constitutions," *Journal of Economic Literature*, Vol. 43 No. 4(2005), pp. 1025-1048.

39) 강명세, "재분배의 정치경제: 권력자원 대 정치제도," 『한국정치학회보』 제47권 5호(2014), pp. 71-94 참고.

40) 제도연구는 제도가 갖는 효과를 분석하는 차원에서 제도 자체에 대한 보다 심층적 연구로 발전하고 있다. 후자는 최근 정치제도 자체의 기원에 대한 연구에

들어지기 때문에 제도의 효과를 분석하기 위해서는 왜 그런 제도가 생겨나게 되었는가를 분석하는 것이 중요해진다. 정치적 제도의 효과에 대해서는 많은 연구가 존재하지만 우리는 여전히 왜 그런 제도가 발생하게 되었는가에 대해 분명한 지식이 부족하다.[41] 선거제도의 변화와 기원에 대해서는 로칸(S. Rokkan)이 1970년대 시초적 연구를 수행한 이래로 별다른 큰 학문적 성과가 없었다. 로칸은 비례대표제의 기원을 선거권의 확대에 대한 정당의 전략적 대응이라고 평가했는데, 당시 그는 이미 제도가 내생적임을 지적했던 것이다. 이후 다시 제도의 중요성은 부각되었지만 후속연구들은 외생적으로 주어진 제도가 미치는 효과에만 한정되었었다. 다행히도 최근 제도에 대한 연구들이 축적되면서 다시 제도의 기원에 대한 관심으로 회귀해야 한다는 필요성이 제기되었다.[42] 이에 제도적 기원에 대한 관심과 연구로부터 어떻게 중간계급의 규모가 설명될 수 있을지에 대한 논의들이 앞으로 제시되어야 할 것이다. 그리고 이 점에서 앞으로 유용한 도구변수를 발굴한다면 제도적 영향력은 보다 정교한 기술적 분석을 통해 명확하게 밝혀질 수 있을 것이다.

집중해왔다: Shepsle and Weingast(1981); Boix(2009).
41) 로칸이 20세기 초 비례대표제의 태동에 관심을 보인 제1세대 연구자라면 최근에는 동일한 문제의식에서 전후의 변화에 대한 논의로 이를 확장하고 있다. 이에 대해서는 Krister Lundell, *The Origins of Electoral Systems in the Post-war Era* (London: Routledge, 2010) 참고.
42) 이 또한 앞의 Lundell(2010)의 논의 참고.

제9장

한국민주주의와 복지국가

들어가는 말

   복지국가를 바라는 사회적 함성이 간절하다. 그러나 현재의 한국제도로
는 한국사회의 요구를 수용할 수 없다. 제9장의 목적은 2012년 12월 실시
된 18대 대선 과정에서 가히 폭발적으로 분출한 사회문제에 대한 각성에
대해 제도주의적 프레임에서 논의하려는 것이다. 표면상으로 정치인과 정
당은 복지국가의 확대라는 공약으로 화답했다. 두 후보 모두 복지의 확대
를 공약하여 투표자는 보수와 진보의 차이를 느낄 수 없었다. 그러나 현재
의 정치제도는 국민이 강력히 선호하는 복지의 확대를 실현시킬 수 없는
한계를 안고 있다. 나는 비례대표제와 의회중심제로의 개혁이 재분배를 강
화하라는 시대적 요구를 담아낼 수 있다고 주장한다. 이 제도만이 건국 이
후 한국정치의 행태를 지배한 다수제/대통령제의 잠재한 보수성을 개혁할
수 있을 것이다. 제18대 대선에서 잘 나타났던 것처럼 향후 한국정치의 '시
대정신'은 복지국가의 확대를 키워드로 하는 재분배의 정치이다. 모든 정당
과 후보의 공약은 약간의 방법론적 차이를 제외하면 복지정책을 강화하고
경제적 민주화를 실행하는 방향으로 수렴했다. 재분배의 정치가 실현되기
위해서는 선거 후 지켜지지 않을 구두약속(cheap talks)이 아니라 지배층이
공약한 것을 지키지 않으면 안 되도록 만드는, 즉 제도화가 절대적으로 요
청된다. 강력한 사회정책의 실현이 선거 국면에서만 잠시 등장했다 선거가
끝나면 이내 사라지는 일회성 현상이 아니라 정책으로 현실화될 공공정책

으로 남아있으려면 대통령제를 전면적으로 재검토할 시점에 있다. 제9장의 순서는 다음과 같다. 첫째, 제도주의적 관점에서 재분배의 민주주의를 간략히 논의한다. 둘째, 지난 15년 동안 한국의 지배적 투표행태로 자리한 회고적 투표가 복지국가의 약속에 미칠 영향을 논의한다. 셋째, 현행 다수제에서 발생하는 후보경쟁을 중위투표자의 정치경제를 통해 설명하고 비례대표제에서라면 선구경쟁은 전혀 달라졌을 것임을 제시한다. 넷째, 재분배의 정치를 담을 수 있는 정치제도가 무엇인지를 논의한다. 다섯째는 한국정치의 제도개혁이 복지국가의 실현에 기여할 것을 결론한다.

1. 민주주의의 정치경제

민주주의 연구가 사회과학의 새로운 신흥산업으로 다시 부상하고 있다. 재부상의 동력은 제도에 대한 역동적 해석이다. 연구 동향은 민주주의 자체에 대한 정의를 포함하여 과거 경험에 대한 새로운 해석, 그리고 현재 진행 중인 민주화에 대한 논의를 포함하여 광범하고도 심층적으로 진행하고 있다. 대표적 연구로는 민주주의의 역사적 기원을 새로이 조명한 애쓰모글루와 로빈슨(Acemoglu & Robinson)이다.[1] 이들은 과거 무어(B. Moore)와 립셋(S. M. Lipset) 등이 제시했던 민주주의 연구를 정치경제적 시각에서 포괄함으로써 일반화의 가능성을 제시한다.[2] 최근 연구는 구공산권이나 신흥경제의 정치적 민주화에 한정하지 않고 심지어 유럽의 민주화 과정도 재조명함으로써 민주주의의 역사적 변화에 보다 많은 관심을 둘 것을 주장한다

---

1) 한편 신흥국 민주화와 권위주의 체제에 대한 연구도 새롭게 조명되고 있다. 대표적인 최근 성과는 다음과 같다: Levistky and Way(2010); Mainwaring and Perez-Linan(2013); Slater(2010).
2) 선진 민주주의를 구축한 유럽의 전 정치사에 대해서도 새로운 각도에서 재조명하고 있다. Boix(2003; 2010), Iversen & Soskice(2006; 2009; 2012), Zablatt(2011).

(Zablatt 2011). 민주주의 연구의 새로운 동향은 한국민주주의의 여정을 다시금 한번 꼼꼼히 생각해 볼 필요성을 일깨워준다. 이 같은 연구 동향은 민주주의와 재분배의 문제에 초점을 두고 있는데 이는 한국 유권자가 요구하고 있는 복지국가의 확대에 풍부한 이론적 함의를 담고 있다. 특히 2012년 제18대 대선 이후 노인연금과 지방선거의 기초단위 공천 등 공약문제가 지속적으로 제기되는 점을 고려할 때 민주주의 연구는 한국의 정치엘리트와 대중이 직면한 핵심문제를 꿰뚫고 있다. 핵심문제는 국가가 시민이나 사회를 상대로 맺은 사회계약은 어느 누구도 강제할 수 없으며 오로지 국가(지배층)만이 계약을 사후적으로 파기할 수 있다. 이론적 문제제기는 간명하지만 민주주의 운용의 핵심을 건드리고 있다는 점에서 지금까지 많은 논객이 지적했던 한국 민주주의에 내재한 아킬레스건이 무엇인지 다시 한 번 적나라하게 노정한다.

민주주의는 어떻게 시작했는가? 모든 사회는 엘리트와 일반 대중 또는 시민의 두 집단으로 이루어진다. 두 집단은 각각 자신이 보유한 자산이 서로 다르기 때문에 공공정책의 성격을 두고 서로 다른 주장을 한다. 이 두 집단의 갈등은 공공재를 공급하는 방식, 즉 조세를 둘러싸고 발생한다. 부유한 집단은 불가피하게 과세의 대상이다. 한편 일반 대중은 조세의 재분배를 통해 시장에서 발생한 불평등을 보완하려 한다. 그러나 민주주의 체제의 성격에 따라 재분배의 성격과 규모는 크게 차이가 있다. 재분배를 둘러싼 갈등은 근대민주주의의 효시에 해당하는 영국민주주의의 역사적 기원에서 잘 나타난다.

민주화는 권력과 부를 선점한 집단이 아래로부터의 요구를 수용함으로써 가능했다(Acemoglu and Robinson 2006; Iversen and Soskice 2011). 그렇다면 엘리트 계층은 왜 민주화를 수용했는가? 아래로부터의 압력으로 인해 발생할 피해가 민주주의 도입에 따르는 조세부담에 비해 더 컸기 때문이다. 애쓰모글루는 이를 혁명제약(revolution constraints)이라고 명명했다. 대중의 저항을 억압하는데 드는 비용이 과도하다고 판단하면 차라리 민주주의를 수용하는 것이 자신의 기득권과 부를 지키는 데 유리하다. 대중은 지배층이 민주화를 실현하겠다는 약속을 믿지 않기 때문에 엘리트는 민주주의의 제도화를 고집한다. 역사적으로 등장한 보편선거권의 확대나 17세기 후반 영국 왕이 과세를 위해서는 의회의 동의를 얻어야 했던 의회제의 강화 등은 바로 제도화의 산물이다.

경험적으로 보면 민주주의의 내용은 정치제도를 통해 구체화되었다. 노스와 와인가스트(North & Weingast)는 제도적 시야에서 영국 명예혁명에서 의회정치가 세계 최초로 등장할 수 있었던 것을 제시한다. 그들은 지배자의 약속에는 두 가지 다른 종류가 있음을 강조한다(1989, 804). 첫째, 지배세력은 앞으로 책임 있는 약속을 강조한다. 둘째는 지배자가 스스로 침범할 수 없는 조건의 약속을 한다. 약속의 침범은 바로 자살행위와 같다. 역사의 경험을 통해 보면 지배자의 첫 번째 약속은 실현되지 않았다. 권력을 쥐고 있는 지배자 또는 엘리트 집단이 권력을 상실하지 않는 한 약속을 지킬 이유는 없다. 특히 그 약속이 지배권력의 이해와 상충하는 것일 경우에는 더욱 그렇다. 한편 두 번째 약속은 실현 가능했다. 두 번째 약속은 약속을 지킬 수밖에 없는 제도의 창출을 지배자가 허용했기 때문이다. 1688년 명예혁명의 중요성은 절대 지배자가 의회에 속한 소수의 엘리트에게 권력분점을 허용했던 데 있다. 제임스 1세는 귀족의 저항과 재정적 압력에 굴복한 후 명예혁명을 통해 의회의 정규적 개최를 허용했고 의회를 통해 과세가 정해지는 데 동의했던 것이다. 명예혁명 이후 조세는 의회의 동의를 받아야 했고 이는 재산권을 보호하는 결과를 낳아 대서양무역을 기반으로 영국 전체의 경제적 번영에 기여했다. 재산권 확립은 중산층 규모를 확대시켰고 늘어난 중산층은 정치적 자유를 요구하여 애쓰모글루와 로빈슨이 말한 '포괄적(inclusive)' 민주주의의 초석이 되었다(Acemoglu and Robinson 2012).

민주주의에서 재분배는 자연스러운 현상이지만 민주주의 안에서도 재분배 규모는 국가별로 시간별로 커다란 편차가 존재한다. 재분배는 정부의 공공지출을 통해 실시된다. 1981년 경제학자 2인(멜쩌와 리차드: Meltzer & Richard)이 제시한 불평등과 재분배 사이의 긍정적 관계는 경험적으로 여전히 해소되지 않은 채로 남아 있다. 재분배를 가장 필요로 하는 불평등한 나라에서 재분배가 이루어지지 않고 반대로 상대적으로 소득분배가 양호한 곳에서 재분배가 더욱 충실한 역설이 등장했다. 그러나 한국적 맥락에서 볼 때 복지와 재분배는 최근까지 거의 주목을 받지 못했고 2012년 대선에서 후보들이 앞다투어 약속했던 기초노인연금이 후퇴한 현실에서 보듯 관심에 비해 정책실현도는 지극히 낮은 수준에 머물러 있다. 그러나 재분배와 사회정책문제는 지난 5년 동안의 정치에서 드러난 것처럼 가장 민감한 쟁점이다.

사회과학의 실험실은 역사이다. 한국 정당정치의 문제를 이해하기 위해서는 오랜 정당정치의 경험을 가진 서구에서 어떻게 정당정치가 발전했는가를 살펴보는 것이 유용하다. 부아는 정당정치의 개념적 이해를 세 가지 수준에서 제시하는데 다양한 사례를 포괄적으로 이해하는데 유용하다(Boix 2007). 간단하지만 핵심적 내용을 담고 있어서 한국적 성향을 평가하는데 적절한 잣대를 제공한다. 정당체제가 성립하려면 가장 먼저 필요한 것은 투표자와 정치인이며 이들은 각각 나름의 이해에 기초한 선호를 갖는다. 투표자는 선호를 바탕으로 정당 혹은 정치인을 선택한다. 정당은 투표자의 선호가 어떻게 분포하는가를 파악한 후 이에 근거하여 정책과 공약을 제시한다. 둘째, 투표자는 다른 투표자가 어떤 선택을 하는지, 그리고 정당과 후보의 경쟁력 정도에 대해 정보와 신념을 갖는다. 이러한 신념이 투표자의 예상에 영향을 주며 따라서 신념을 결정하는 기제가 무엇인지를 파악해야 한다. 셋째, 투표자의 선택은 제도적 틀을 통해 후보자의 선택으로 전환된다. 제도는 전환과정에서 결정적 역할을 한다.

부아의 개념틀을 제18대 대선에 적용하면 첫째 투표자의 선호는 〈그림

9-2)에서 보듯 역대 대선에 비해 복지에 집중되었다. 대중의 요구에 대한 사회정책적 대응은 전형적으로 민주적 반영이다(Rhem 2011). 둘째 투표자는 신념체계와 정보 측면에서 양 후보가 선거과정에서 공통적으로 핵심 이슈인 복지에 집중하고 있다고 판단했다. 특히 대통령 선거사상 처음으로 복지가 핵심 쟁점화되면서 여당과 박근혜 후보는 중위투표자의 선호를 추종하여 복지를 강화할 것을 약속했다.3) 보수당이 복지쟁점을 차지할 수 있었던 것은 진보신당을 제회하곤 민주당을 포함한 양대 정당은 복지국가를 자신의 정체성으로 내세우지 않았었기 때문이다. 민주당이 대북정책에 실었던 무게만큼 복지를 자신의 표준과 상징으로 지속적으로 제시해왔더라면 새누리당이나 박근혜 후보가 대선에 직면하여 하루아침에 복지를 자신의 깃발로 세울 수 없었다. 양대 정당에게 복지는 무주공산의 영역이었기 때문에 누가 먼저 선점하는가의 전략의 문제였다. 마치 보편선거권이 처음으로 도입되었던 1910년대 선발주자가 선거시장을 장악할 수 있었던 것과 동일한 이치이다. '처음으로 실시되는 텅 빈 선거시장에는 아직 누가 최고의 경쟁력을 보유한 후보인지에 대한 정보가 부재하며 먼저 출정하는 정당'이 투표자의 관심을 받는데 유리하며 따라서 승리할 수 있다(Boix 2007, 510)' 셋째, 제도의 효과는 특히 제18대 대선을 설명하는데 적절한 개념이다. 가장 많은 지지를 얻은 후보가 당선되는 단순다수제 대통령 선거는 양대 후보의 대결로 압축되며 선거의 경쟁성은 크게 증가한다. 대선 당시의 이명박 정부의 지지도가 아주 낮아 야당 후보에게 유리한 국면이었다. 그러나 단임제 대통령제는 이명박 정부를 평가하기 어렵게 만든다. 박근혜 후보는 이명박 대통령과 같은 당에 속하면서도 현직 대통령에 대해 각을 세우면서 후보가 되었기 때문에 투표자는 이명박 책임을 박근혜에게 묻기 힘들었다. 나아가 이명박 정부와 차별화를 위해 여당 한나라당은 새누리당

3) 미국에서는 금융위기의 여파로 인해 역사상 처음으로 흑인후보 오바마가 대통령으로 당선되었다.

으로 당명까지 바꿨다. 선거는 책임성을 묻는 중요한 기회이지만 정치제도
는 민주적 책임성의 소재와 관련하여 차별적 결과를 낳는다(Kitschelt 2007).

2. 정치적 대표성의 위기

민주주의에서 투표는 대중이 자신이 원하는 바를 정부에 알릴 수 있는
귀중한 기회이다. 한편 정치인과 정책결정자는 투표가 아니라면 정책방향
을 종잡지 못한다. 투표는 이념 및 정책이나 집권정부의 성과에 대한 평가
이다. 최근 발생한 세계적 경제위기에 대해 다양한 나라의 시민이 어떻게
반응했는지에 대한 연구에 의하면 정부의 대응이 투표자의 반응에 가장 큰
영향력을 미쳤다고 한다(Bermeo and Bartels 2014, 3-4). 이 연구는 위기 자
체가 시민의 반응을 결정하지는 않는다는 점을 강조한다. 위기의 성격과
정도가 나라별로 다르기 때문이기도 하지만 시민과 투표자가 일단 정부의
대응정책을 평가하는 것으로 해석된다.[4]

투표자는 이 두 기준에 따라 투표한다. 정당정치의 역사가 깊고 정당-투
표자 사이에 안정적 연결고리가 존재하는 곳에서는 정책적 투표가 강하다.
그러나 정책정당이 실질적으로 부재한 한국에서는 정책투표성향이 아주
미미하다. 한국처럼 정당정치가 불안정하고 지역주의가 강고한 곳에서는
이념이나 정책이 아니라 정부의 실정을 심판하는 격려 또는 응징의 투표가
지배적이다. 실정에 대한 심판을 가리켜 '회고적 투표'라 한다.[5] 김대중 후

---

4) 또한 예상과는 달리 이 연구가 대상으로 한 8개국 투표자의 반응은 무조건적
  강력한 응징이 아니라 온건한 비판이었다. 물론 온건한 반응은 1930년대의 대
  공황에 비해 규모가 낮고 회복이 신속했다는 점도 반영한다. 세계 각국의 위기
  대응 방식에 대한 연구는 Bermeo and Pontusson(2012) 참고.
5) 회고적 투표를 이론화시킨 학자는 Morris P.Fiorina이다. 그의 1981년 저작은 경
  제적 투표를 회고적 시각(retrospective perspective)으로 분석한 고전이다. Fiorina

보의 당선은 대표적인 회고적 투표의 결과이다. 1997년 한국이 처음 겪는 위기가 발생하자 때 마침 대선에서 투표자는 집권당 후보를 징벌했다. 위기의 규모는 단임제 대통령제 하에서도 집권당의 이회창 후보를 질타하는 결과를 낳았다. 그렇지 않았으면 김대중의 네 번째 대권 도전 역시 실패로 끝났을 것이다. 2007년 17대 대선을 승리한 이명박 후보 역시 회고적 투표의 산물이다. 이명박 후보는 노무현 정부의 실정 탓에 사상 최대 표차로 당선되었다(그림 9-1). 지금 다시 5년이 흘러 18대 대선에서 이명박 정부의 공과에 대한 심판이 예상되었으나 여당후보 박근혜가 당선되었다.

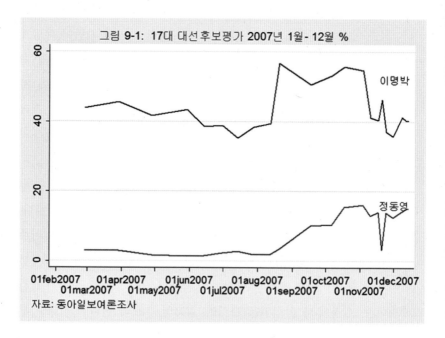

자료: 동아일보여론조사

는 투표가 단순히 과거의 경험만이 아니라 현재의 정보를 기반으로 결정한다고 봄으로써 전망적(prospective) 요소를 보완했다. '합리적 기대의 혁명' 이후 과거와 현재 뿐 아니라 미래의 효용을 포괄해야 한다는 주장이 제기되었다. 후자의 이론은 Erikson 외(2002)가 총체적 관점에서 제시한다.

〈그림 9-1〉를 보면 한국 투표자가 회고적 징벌을 가할 것으로 예상한다. 〈그림 9-1〉의 왼쪽에서 보듯 시장소득의 양극화는 이명박 정부 동안 더욱 심각해졌다. 이명박 정부는 2007년 대선 당시의 기대와는 달리 경제문제를 제대로 해결하지 못했다. 사회적 양극화는 과거 정부와 아무런 차이가 없으며 오히려 더 높았다. 〈그림 9-1〉의 오른쪽은 중산층 규모의 변화를 보여준다. 중위소득의 50% 이상과 150% 미만에 해당하는 집단의 비중이다. 중산층 규모 역시 지난 20년 동안 지속적으로 감소하고 있었는데 이명박 정부에서도 마찬가지로 감소하다가 2011년에서야 반전했으나 그 정도는 체감하기 어려울 만큼 적었다. 이 같은 국면에서 투표자 다수를 점하는 중산층/서민은 회고적 투표를 할 가능성이 크다.

같은 조건에서라면 민주주의가 성숙하기 전에 비해 민주주의가 제도화될수록 시민은 정부의 실정에 대해 책임을 묻는 경향이 강하다. 보수정부의 실정에 대한 회고적 투표행태가 발견된다. 집권정부가 경제정책을 잘못하여 성장률과 인플레 등의 경제성과가 안 좋을 때 투표자는 집권정부를 심판하고 반대당이나 그 후보를 지지한다. 좌파 혹은 포퓰리즘에 대한 지지[6]는 민주주의가 공고해질수록 투표자가 반대당을 지지했을 때 수반될지도 모르는 위험에 대해 크게 우려하지 않게 되었기 때문이다.

---

6) 좌파와 포퓰리즘은 공적 역할을 강조하는 점에서 보수주의나 우파와 차별된다. 최근 남미에서 새롭게 부활하는 좌파에 대한 연구는 복지정책의 강화와 같은 지표를 이용하는 등 좌파를 폭넓게 본다. 이에 대해서는 Murillo, Oliveros, and Vaishna(2010) 참고.

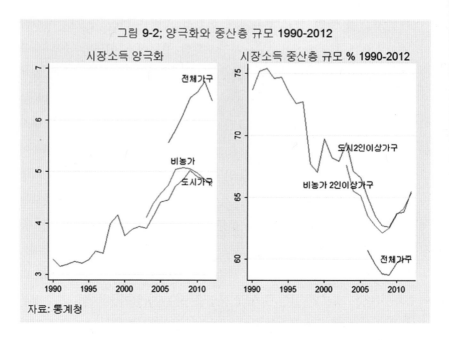

그림 9-2; 양극화와 중산층 규모 1990-2012

시장소득 양극화

시장소득 중산층 규모 % 1990-2012

자료: 통계청

회고적 투표는 정책지향이 미약할 때 더욱 강하며 정책정당과 투표자의 연결고리가 취약할 경우 정치적 대표성의 위기가 나타난다. 따라서 회고적 투표는 정치적 대표성의 위기가 발생하면 더욱 위력을 발휘하기 쉽다. 한국 민주주의의 특징은 정치적 대표성이 여전히 취약하다는 것이고 이는 대통령선거에서 더욱 확연히 드러난다. 한국정당은 올해도 어김없이 이합집산을 반복했다. 집권당과 반대당 모두 당명을 바꾸고 다른 당과 통합했다. 기성정당에 대한 거부감을 희석시키려는 정치인의 전략이다. 이 전략은 아직도 한국정당이 정체성을 사회에 심는데 성공하지 못했음을 의미한다. 이명박 대통령은 사상 최대의 격차로 민주당 후보를 격퇴시켰지만 출범 초부터 광우병 파동으로 발생한 촛불시위에 시달리는 등 정치권 밖으로부터 비판을 받았다. 참여민주주의는 정치적 대표성의 위기를 조성했으며 결국 안철수의 등장으로 귀결되었다. 안철수 현상은 열악한 사회복지의 현실에 대한 실망과 반작용일 가능성이 높다. 〈그림 9-3〉은 2012년 12월 대선 직전에 실시한 여론조사에서 "차기 정부가 해야 할 가장 중요한 정책은 무엇인가"에 대한 응답이다. 응답자의 28%가 양극화 해소를 차기 정부가 해결해야 할 가장 주요한 현안이라고 꼽았다. 남북관계 개선은 불과 3.3%만이 가장 주요한 정책이라고 보았다. 남북문제는 김대중, 노무현 정부가 가장 역점을 두었던 분야였으며 만생의 요구와는 상당한 거리가 있다. 양극화 해소가 정부의 가장 시급한 정책이라고 라고 판단한 28%는 현재의 생활에 대한 불만족을 표출한 것으로 보인다. 그렇다면 과거에는 어떤 태도를 보였는가? 동일한 질문은 아니지만 세계가치조사(world Value Survey) 조사에 의하면 2005년 한국응답자의 8.2%가 현재에 불만족하고 31.2%는 만족스럽다고 응답했다.[7]

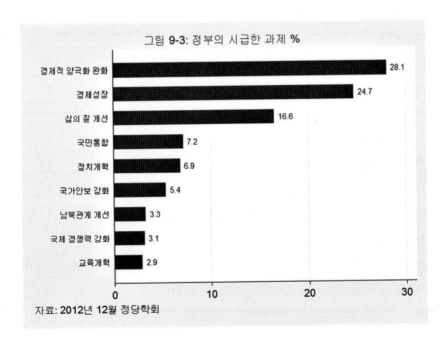

그림 9-3: 정부의 시급한 과제 %

경제적 양극화 완화 28.1
경제성장 24.7
삶의 질 개선 16.6
국민통합 7.2
정치개혁 6.9
국가안보 강화 5.4
남북관계 개선 3.3
국제 경쟁력 강화 3.1
교육개혁 2.9

자료: 2012년 12월 정당학회

---

7) 세계가치조사(World Value Survey)는 1-10의 구간으로 대답하도록 설문을 만들었다. 1은 가장 불만족한 상태를, 10은 가장 만족한다는 태도를 뜻한다. 나는 구간을 간단히 하고자 1-3을 만족한다는 집단, 4-7을 비슷하다는 응답, 그리고 8-10은 만족한다고 생각하는 집단으로 재분류했다.

한국의 불평등지수는 아시아 28개국 가운데 다섯 번째로 빠르게 증가했다.[8] 〈그림 9-1〉에서 보듯 소득불평등을 의미하는 지니계수와 빈곤층 비중은 급격히 상승해왔다. 1997년 발생한 아시아 외환위기 이후 급상승한 불평등은 이후 약간 가라앉았다가 이내 곧 상승세를 보였다. 불평등 정도는 2010년 이후 약간 하향세를 보이지만 약간의 하강은 지난 10년 이상 지속적으로 악화된 탓에 체감하기 힘들다. 지니계수가 최고치를 기록하던 2010년은 지방선거와 교육감선거가 있었는데 불평등을 반영하듯 진보적인 정당과 후보는 무상급식이나 반값등록금 문제를 제기하여 큰 반향을 일으켰다. 보수는 무상급식을 용납하기 불가능한 사회주의적 발상이라고 비판했었다. 한국정치사 사상 처음으로 복지와 교육이 선거의 최대 쟁점으로 부각되었다. 이전까지 사회복지는 투표자의 관심에서 주변을 맴돌았었다. 사회복지는 정책으로 반영되지 못한 상황이 계속되면서 2010년 지방선거국면을 통해 주변부에서 핵심으로 부상했던 것이다. 심지어 보수당 후보조차 복지의 대중적 어필을 인식하고 사회복지개혁을 차기 정부가 해결할 제1대 공약으로 제시했다. 사회복지문제가 얼마나 심각했으면 대통령선거나 국회의원선거와 같이 중앙정치무대에서가 아니라 지방선거와 교육선거를 통해 부상했겠는가? 지방선거와 교육선거는 가장 현실적 문제와 가장 직접적으로 연관을 맺는 선거이다. 이후 사회복지와 교육은 대통령선거와 국회의원선거에서 최대 쟁점으로 떠올랐으며 심지어 보수당 후보였던 박근혜 후보조차 복지공약을 키워드로 내세워 당선될 수 있었다. 한국에서 보수후보가 복지를 공약함으로써 당선되었다는 것은 전대미문의 일이다. 2012년 12월 대선 직전의 여론조사에 의하면 한국정부가 해야 할 가장 중요한 것으로 30.4%가 복지를 꼽았다. 응답자의 23.4%는 경제성장을 선호했다. 과거 여론조사에서는 전통적으로 경제성장이 제일의 과제로 인식되었었다. 시민의

---

8) 아시아개발은행은 3월 아시아 각국의 지니계수를 발표했다.

사회적 요구가 반영되지 못할 때 정치적 불신이 생기고 정치적 대표성은 훼손된다. 대표성이 약화되고 대안에 대한 지지가 상승한다. 안철수는 대안이며 여전히 그렇다. 비록 정책적 변화에 대한 요구가 획기적으로 바뀌기는 힘들지만 현실정치인과 정책에 대한 비판은 다르다. 이념적 변화의 속도는 느리지만 정치인과 정책의 성패에 대한 평가는 즉각적이다(Bartels 2013).

안철수는 변화의 요구를 담고 있다. 정치 불신이 주원인이다. 그 변화는 모든 기성과 기득권에 대한 비판이다. 안철수 현상은 기성정당정치에 대한 비판에서 가능했다. 안철수 스스로 이 점을 잘 알고 있으며 출범 이후 줄곧 정당정치를 비판하고 새로운 정치의 개막을 주창한다. 심지어 의원수의 대대적 감축을 제시함으로써 '국민 눈높이'를 만족시키려 한다. 왜 이처럼 안철수 정당이 대폭적 지지를 받는가? 이 의문에 답하려면 구조적 요인과 단기적 요인을 동시에 고려해야 한다. 구조적 요인이란 경제적 조건이다. 심각한 불황은 새로운 정치에 대한 수요를 낳는다. 전 세계 도처에서 미국발 금융위기가 발생한 이후 이 위기를 타개하여 새로운 희망을 제시할 정치인을 고대하는 분위기가 조성되었다. 금융위기가 아니었다면 오바마가 최초의 흑인대통령이 되기 어려웠을 것이다. 경제위기는 특히 대통령중심제에서는 새로운 정치인이 탄생하기 좋은 토양을 제공한다. 대통령제에서는 의회중심제와는 달리 대통령후보의 개인적 카리스마가 승리를 견인하는 중요한 요인이다. 새로운 정치의 기대는 좌우 혹은 진보와 보수를 가리지 않는다. 장기불황으로 오랜 고통을 받고 있는 일본에서는 극우성향의 아베가 등장했다. 비정상적 경제위기는 회고적 투표를 부추긴다. 경제 불안에 시달리는 유권자는 정책실패가 있을 경우 집권당과 정부를 '심판'한다. 그들은 현직 대통령과 집권당을 징벌하고 경제를 회복해줄 새로운 뭔가 다른 지도자를 갈구한다. 경제성과를 집권정부에 대한 심판론으로 판단하면 2012년 대선은 박근혜 후보에게 유리한 지형이었다. 선거 직전 1년의 실질성장률은 마지막 분기를 제외하면 상승국면에 있었다. 전반적으로 상승국면에서 선거를 맞이했던 집권당 후보에게 유리하게 작용했다. 더구나 한국의 대통령제는 단임제이기 때문에 집권당과는 달리 박근혜 후보는 징벌 대상에서 제외될 수도 있다.

안철수 현상은 아직도 한국정치가 제도화의 단계에서 흔들리고 있음을 반증한다. 제도화는 대표성의 수준을 뜻하며 낮은 제도화는 정치적 대표성의 위기로 발전한다(Mainwaring 2006). 제도화의 수준은 기성정당의 축소나 해체, 혹은 신생정당의 등장 등을 통해 관찰할 수 있으며 경험적으로 정당의 유동성(volatility)을 통해 알 수 있다(강명세 2006). 정당정치의 제도화가 취약한 곳에서 매번 선거마다 정당은 이합집산하는 정치적 공백현상이 발생한다. 이는 특히 남미정치에서 일반적 현상이다. 공백현상에서는 국외자(outsider)가 등장한다. 공백 이전에 어떤 정부가 집권했었는가에 따라 국외자의 색은 다르다. 우파 집권정부가 실정을 했다면 좌파 방향에서 국외자가 등장하는 한편 집권당이 좌파였다면 우파의 국외자가 출현한다. 남미의 패턴에서 보면 한국의 경우는 우파 정부의 실정에 따라 진보적 성향의 제3의 후보가 등장한 것이다. 국외자는 회고적 투표자가 집권정부를 응징하는 반대급부에 의존한다. 한국정당체제는 제18대 대선 이전에 양당 모두 당명을 바꾸는 등 불안정성을 노출했다. 17대 대선 당시 이회창 후보를 내세웠던 충청지역 정당은 새누리당과 합당했다.

한국에서도 국외자는 늘 발생했다. 2007년 17대 대선에서는 정몽준이 도전했으나 성공하지 못했다. 2012년에는 안철수가 등장했다 대선국면에서 기성정당의 압력으로 퇴장해야 했다. 정몽준의 등장은 김대중 정부의 실정에 대한 반동이라면 이번에는 보수정부의 실정에 대한 반동이다. 이명박 정부 하에서 사회적 양극화는 줄지 않고 다시 상승 추세로 돌아섰다. 둘째, 이명박 정부는 보수정부임에도 물가관리에 성공하지 못하고 물가는 대선 전 상승세 국면에 있었다. 나아가 주택경기가 하강하는 통에 주택자산의 가치가 하락하였고 이는 "달랑 아파트 한 채"에 그나마 위안을 삼고 있는 중산층에게 경제적 위기감을 주었다. 자산가치가 하락하는 것을 보면서 중산층은 가격 하락을 정부정책 탓이라고 믿고 있을 것이다.

둘째 요인은 정치인이나 정당의 역할과 관련한 공급적 측면이다. 한국에서 정치에 대한 실망과 정치인에 대한 불신은 서구 어느 나라 못지않게 심각한 수준에 와있다. 정치 불신은 2012년 대통령선거 직후 여론조사에서 잘 드러난다. '대통령이나 국회의원이 선거 이전과 이후에 말과 태도가 변한다고 보느냐?'의 질문에 응답자의 84.9%가 그렇다고 응답했다. 한국시민은 자신들이 제대로 대표되지 않는다고 보는 것이다. 이는 민주주의를 지탱하는 대표적 제도가 신뢰를 상실했음을 뜻한다. 정치적 불신은 대표성의 위기와 밀접한 관계가 있다. 한국의 제도정치는 희망을 갈구하는 시민의 요구에 응답하기에는 너무나 무기력했다. 무기력은 정치적 대표성의 위기에서 온다. 정당, 대통령, 그리고 의회 등 민주제도가 제대로 작동하지 않는다. 대표성이 약화되면 시민은 다른 대안을 찾거나 정치에서 빠져나간다. 비정치권 출신의 정치인을 지지하거나 기권하는 것이다. 잦은 정당명칭의 변화는 여전히 정치적 대표체계가 제도화되지 못하고 후견인적 사인적(私人的: personal) 수준에 머물고 있음을 의미한다. 정치적 대표성의 위기가 발생하면 아웃사이더가 메시아처럼 출현한다. 대표성의 위기는 여러 요인으로 발생하지만 민주화 이후 뿌리내린 지역주의에서 촉발되었다. 전통적 양대 정당은 1980년 민주화 운동을 거치면서 지역정당으로 바뀌었다. 지역주의 정치는 지역 이외의 어떤 정체성도 없는 한국정치에서 이합집산을 낳았다. 대표성의 위기가 아니었다면 안철수 현상은 발생하지 않았을 것이다. 취약한 정당체제는 잦은 이합집산과 당명 변경으로 드러난다. 보수당인 새누리당은 2012년 2월 전에만 해도 한나라당이었다. 소위 진보라 자처하는 민주당은 더 자주 이름을 바꿨다. 시민의 불만에 대해 당명을 바꿔 대응하려는 전략이다. 기성정당의 이 같은 고육지책에도 불구하고 한국시민은 그들을 외면한 채 다른 곳에서 대안을 찾았다.

셋째, 안철수의 등장에 기여한 것은 신생정당의 진입을 가로막는 제도적 요인이다. 남부의 동서지역에 각각 터를 잡은 양대 정당은 단순다수제를 의지하여 손쉽게 의회를 차지하고 대통령직을 차지하려고 경쟁해왔다. 정보산업의 개척자적 이미지를 보여준 안철수의 개인적 인기가 아니면 양당제의 철옹성을 깰 수 없었을 것이다. 한국의 양대 정당은 소선거구제 하에서 경쟁하면서 자신의 텃밭에서는 70% 이상의 지지를 독점하고 수도권에서는 중위투표자에게 호소하는 정치를 추구했다. 소선거구제와 다수제는 지역정당이나 양대 정당 이외의 작은 정당에게는 사형선고와 같다. 시민사회가 지역주의 정치와 기득권을 지속적으로 비판하자 기성정치권은 비례대표제를 부분적으로 수용하지 않을 수 없었다. 비례대표제는 정당명부식 1인 2표제가 도입되었으며 총 의석(299)가운데 54석으로 18%에 해당이다. 안철수 세력을 포함하여 한국의 진보세력은 지속적으로 비례대표제의 확대를 주장했지만 기성정치의 이해와 전면 배치되기 때문에 이루어질 수 없었다. 안철수가 결국에 민주당과 합당하지 않을 수 없었던 것도 기성정치의 철옹성을 절감했기 때문이다. 안철수 세력은 6월 지방선거를 앞두고 창당을 시도했으나 선거에 출마하여 승리할 수 있는 경쟁력 있는 후보를 영입하는데 실패했다. 안철수 세력이 접촉했던 유력 후보들은 야권의 분열로 승리가 불확실하다고 보고 안철수 신당에 합류하지 않으려 했다. 이런 상황에서 안철수가 독자세력화를 고집하기에는 역부족이다.

안철수가 처음 대선에 참여했을 당시 그의 선호는 마치 대선을 당선보다는 정책의 제시를 중시하는 것처럼 보였다. 투표자-시민이 투표를 일종의 소비로 보고 행동하는 것과 같이 후보나 정당도 궁극 목표는 당선이 아니라 최고의 정책을 제안하는 것이다. 직업정치인이 당선을 위해 중도지향의 정치를 한다면 안철수는 중도가 아니라 분명한 노선을 추구하는 듯 했다. 이 같은 후보자 선호는 안철수가 시민운동 성격의 정치로부터 시작했기 때

문이다. 시민운동은 흔히 초기 정치지망생이 지방의 공동체에서 출발하여
기득권의 특권에서 오는 혜택이나 특권을 추구하기보다 지역공동체에 봉
사한다는 정신에서 출발한다. 초기 정치지망생은 직업 정치인과는 달리 이
념적 지향이 강하고 파트타임이자 자원봉사적 정치를 한다. 시간이 지나면
서 그러나 게임의 논리상 대선이 깊어갈수록 경쟁과 승리의 방향을 선호가
바뀌고 있다. 현행 제도 하에서 정책대결이 계속되면서 중위 지점을 차지
하지 못하면 승리할 수 없기 때문에 모두가 중위로 이동한다. 만약에 제도
가 제3후보에게 보다 관대하다면 안철수는 중위로 이동하거나 타협할 필요
가 없다. 선거가 끝난 후 각 당은 자신이 획득한 지지를 기반으로 연합정부
를 구성하여 타협하면 된다.

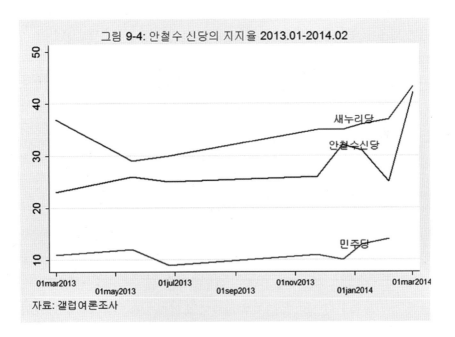

그림 9-4: 안철수 신당의 지지율 2013.01-2014.02

자료: 갤럽여론조사

안철수는 2011년 서울시장선거 보궐선거에서 민주당 후보였던 현 시장에
게, 그리고 곧이어 2012년 대통령선거에서도 민주당 후보에 양보했었다. 양

보는 정치인 안철수에 대한 신뢰를 약화시켰다는 점에서 약점으로 지적된다. 특히 대선에서의 양보는 당시 박근혜-문재인 경쟁이 박빙 승부였음을 생각할 때 큰 아쉬움을 남겼다. 이러한 부담을 안고 출범했던 안철수 신당역시 독자세력을 동원하여 구축하지 못한 채 민주당과 통합하지 않을 수 없었다. 그러나 안철수의 입장에서 보면 이 같은 비용은 향후 발생할 편익에 비할 바는 아니다. 전통적 제1야당이자 과거 10년의 집권경험을 가진 정당을 손에 넣은 것은 대권의 실현에 귀중한 자산이 될 것이다. 민주당 역시차기 대통령선거에 출마할만한 경쟁력 있는 후보가 없기 때문에 안철수와협력한 것이다. 〈그림 9-4〉에서 잘 보이는 것처럼 민주당의 지지도는 10%대 불과할 정도로 미미하기 때문에 현재로서는 안철수가 유일한 대안이다. 이 점은 민주당의 정치인 분포를 볼 때 차기 대선까지 이어질 것이다. 그렇다면 안철수 현상은 지속될 수 있을 것인가? 그 운명은 두 가지 요인에 의해 결정될 것이다.

첫째, 안철수 현상을 낳은 것은 대중의 사회복지의 요구이다. 복지수요가 원천적으로 줄자면 경제가 신속하게 회복돼야 한다. 경제학자들은 지금의 경제불황이 깊이와 그 후유증에서 1930년대 공황에 버금가는 것으로 판단한다는 점을 고려할 때 경제회복의 가능성은 아주 낮다. 따라서 원천적복지수요는 지속될 전망이다. 박근혜 정부가 대선에서 공약했던 복지정책을 실현하는데 성공하지 못할 경우 차기 대선은 다시 복지쟁점을 두고 대치할 것이다. 박근혜 정부의 사회복지정책이 소기의 성과를 내지 못한 상황에서 2017년 대선을 맞게 되면 집권 정부의 책임문제가 발생할 수밖에없다. 이는 안철수 후보에게 유리한 지형을 제공하는 것이다. 현재까지 박근혜 정부는 초기 공신이던 복지부 장관이 노인기초연금 추진을 놓고 청와대와 이견을 노출하면서 사퇴했던 것에서도 드러나듯 대선과정에서 강조해 공약했던 복지를 충실히 이뤄내지 못하고 있다.

둘째, 안철수는 처음 등장할 때부터 중도노선을 표방해왔으며 이것이 높은 인기를 얻는데 기여했다. 안철수의 중도주의는 2010년 지방선거에서 현재 집권당인 새누리당의 전신 한나라당으로 하여금 서울시장 승리를 위한 필승의 카드로서 카이스트 교수로 있던 안철수를 서울시장 후보로 고려하게 만들었다. 한국에서 정당의 정책적 차이는 대북관계를 예외로 하면 현저할 정도는 아니다. 사회경제적 차이가 현저했다면 박근혜 후보가 진보세력이 내세운 복지공약을 자신의 공약을 제시할 수 있었겠는가? 안철수는 대북문제와 관련하여 민주당보다 강경한 정책을 주장해 왔는데 이는 현재 새정치연합이 대북관계의 공식 노선을 확정하는 과정에서 최대쟁점으로 떠올랐다. 민주당의 다수는 이 문제와 관련해 김대중 전 대통령의 대북화해를 기조정책으로 한다는 점에서 안철수 신당과 다른 입장을 취한다. 민주당은 안철수와 불편할지 모르지만 안철수의 인기는 바로 대북정책에서 민주당과 차별화된다는 점에 있을 가능성이 많다. 안철수 위원장이 대선에서 승리하는 데 필요한 첫째 단계는 대북화해정책이 자신들의 정체성이라고 믿는 당내 비주류 세력을 합리적으로 무마하여 중도를 지향하는데 성공해야 한다. 무마하지 못하면 분당의 위기를 배제하기 어렵다. 한국의 다수제 선거제도에서 선거에서 승리하기 위해서는 다수의 지지가 필요하며 이를 위해서는 중도성향의 지지는 필수적이다. 이는 보수 여당도 마찬가지이다. 보수정부가 만일 복지공약을 실현하지 못한다면 남은 것은 전통적으로 보수정당이 유리한 지위를 점했던 대북강경정책이다. 안철수가 '새정치연합'의 대선 후보로 등장하여 대북정책에서 적어도 집권당과 비슷한 지지를 얻는데 성공한다면 안철수 대통령이 등장할 수 있다.

3. 중위투표자와 복지국가?

2012년 대선이 역대 대선과 달랐던 점은 후보 전원이 전통적으로 좌파노선이 선호했던 정책을 제시했다는 점이다. 역사적으로 좌우의 차이는 공적 부분의 크기나 역할에 대한 입장을 통해 드러난다. 좌파는 국가의 공적역할 강화를 주장하며 복지국가는 대표적 정책이다(Mair 2007). 반면 우파는 시장원리를 강조하며 복지국가는 개인의 책임을 우선시하기 때문에 국가의 역할은 노동능력이 불가능한 경우에 한해 최소한의 사회부조를 제공할 것을 주장한다. 사회민주주의 정당이 집권하거나 오랜 동안 그랬던 경험이 많은 서유럽에서 복지국가가 발전한 반면 미국에서는 뉴딜시대가 올 때까지 아무런 사회적 안정장치가 없었다. 뉴딜시대에 만들어진 복지국가도 서유럽에 비하면 왜소하다. 지금도 미국 인구의 20%가 의료보험의 혜택을 받지 못하고 있다.9)

그러나 공약의 난무보다도 제도적 공약이 정책에게 신뢰를 부여한다. 박근혜, 문재인 그리고 안철수 3명의 후보는 공히 복지국가의 확대를 약속했다. 특히 선거 후반 판세가 불명확해지자 박근혜와 문재인 후보의 공약은 사회정책 강화와 경제민주화 실현으로 수렴했다. 약속의 실천 여부를 평가하기 위해서는 약속을 지킬 동기(incentives)가 있는가를 파악해야 한다. 후보나 정당이 자신의 지지기반이나 정책선호와 부합하지 않는 공약을 제시한다면 당선된 다음 약속을 지킬 동기가 있는가를 판단하는 것이다. 다시 말해 사전적(ex ante) 약속이 사후적으로(ex post) 실천될 수 있는가를 분석하는 것이다. 보수당 후보가 공약한 사회정책이 진보정당의 지지층에게 집중적으로 수혜가 돌아간다면 그 약속은 지켜지지 않을 것이다. 그것은 보수층의 이해를 배반하는 점에서 정치적 자살행위이다. 복지 수혜층의 지지를 얻는 정당이 권력에 접근할 때 그 정당이 제시한 사회정책이 실현될 가능성이 높다. 복지확대는 진보정당 자신의 이해와 일치하기 때문이다.

그렇다면 진보정당이 권력접근을 용이하게 하는 정치제도가 복지국가를

---

9) 미국복지국가의 보편성과 특수성에 대해서는 강명세(2012) 참고.

강화하는 가장 신뢰받을 수 있는 길이다. 복지국가를 가장 잘 실현할 선거 제도는 비례대표제이다. 비례대표제에서는 현행 단순다수제에 비해 복지를 주장하는 정당이나 복지를 필요로 하는 집단을 대표하는 후보가 의회에 진입할 수 있다. 한국의 진보정당이 비례대표제였다면 훨씬 일찍 보다 많은 의석을 확보할 수 있었을 것이며 지금보다 강력한 복지정책이 추진되었을 가능성이 높다(강명세 2014). 의회에 진입한 진보정당은 입법 활동을 통해 증세 및 복지재정의 확대를 주장했을 것이다. 현행의 다수제에서 복지국가를 만들겠다고 하는 약속은 지키지 못할 약속을 하는 것이기 때문에 신뢰받을 수 없다. 그러나 비례대표제의 도입을 통해 복지국가를 강화하겠다는 공약은 선거가 끝나고 실현될 수 있다는 점에서 신뢰를 준다.

2012년 대선에 참여한 후보 모두 당장은 선거에서 승리하기 위해 자신의 정치적 원리와 관계없이 경제민주화나 복지의 확대를 주장하지만 선거에서 승리한 후보가 본래 보수적 정책의 신봉자이고 지지 세력이 부유층이라면 과연 공약을 실천할 수 있을 것인가? 약속(ex ante)은 정작 실행 단계에 와서 약속을 이행하는 것이 진정한 이해와 일치하지 않으면 불발한다.

지금처럼 양당 후보가 모두 비슷한 정책을 제시했을 경우 현행 제도에서는 1등만이 승자가 되기 때문에 제3의 후보는 양당 후보의 어느 쪽보다 약간 다른 의원을 제시하면 승리한다. 양대 기성정당은 대선에서 이기기 위해 본래의 정책성향과 관계없이 중위투표자의 지점에 최대한 접근하고자 한다. 이 같은 국면에서 제3당 혹은 제3후보가 승리하려면 중위지점 바로 옆에 서면 거의 50% 득표가 가능하고 기성 양대 정당은 나머지를 나누어 갖는다. 결국 제3후보의 승리이다. 그러나 양대 정당은 이점을 알기 때문에 중위지점이 아니라 예를 들어 진보는 40분위 지점을, 보수정당은 60분위 지점을 택한다. 제3당이 어디 지점을 택해도 다수가 될 수 없으며 따라서 승자는 양대 정당 가운데서 나온다. 이는 안철수가 완주하여 3파전을 했더라고 성공할 수 없음을 전망케 한다.

현재 한국정치에서 표를 얻으려면 복지를 강조하지 않을 수 없다. 복지 문제가 왜 불거져 나왔으며 이에 대한 해법이 왜 이토록 강조되는지를 생각해보라. 정치엘리트가 시민의 복지에 대해 걱정을 하게 된 것은 한국의 복지수준이 경제수준이나 규모에 비해 너무 열악하여 더 이상 방치하기 힘든 상황에 처해 있기 때문이다. 소득재분배가 획기적으로 개선되지 않고는 경제적 불평등이 해소될 수 없다. 경제적 불안은 민주주의에서 투표로 이어진다. 정치엘리트는 이 연결에 위협을 느끼고 있다. 오죽하면 정통보수를 기치로 하는 정당의 대선 후보가 복지국가의 건설을 주도하겠다고 나서겠는가.

한국의 가구소득을 가장 괴롭히는 고등교육 역시 대표적인 재분배 문제이다. 제5장에서 논의한 것처럼 교육문제는 민주주의의 질적 성격과 긴밀한 연관을 갖는다(Ansell 2008). 인도 정부는 초등교육에 비해 고등교육에 더 많은 공적자금을 투자한다. 인도는 전통적 민주주의이지만 그 내용에서는 엘리트 중심적이다. 소수의 엘리트만이 향유하는 대학교육을 공적 자금으로 지원하는 것이다. 인도 대중이 절실히 필요로 하는 것은 고등교육이 아니라 초중등 교육의 확충이다. 한편 한국에서는 절대 다수가 대학에 진학하지만 대부분 사적비용에 의존한다. 사적비용은 한국의 복지문제를 악화시키는 주범의 하나이다. 교육비의 증대는 인적자원을 풍부하게 함으로써 한국기업과 나아가 국가경제의 발전에 기여한다. 재벌기업은 한국의 학부모가 사적으로 제공한 인적 자원을 아주 저렴한 비용에 사용함으로써 경쟁력을 높일 수 있었다. 이는 한국시민 혹은 학부모가 재벌의 사회적 책임을 요구하는 것도 이런 이유와 무관치 않을 것이다. 그러나 사교육 과잉은 두 가지 결과를 낳는다. 하나는 사교육이 공교육을 압도함에 따라 부모의 교육비 부담이 과중하는 데서 발생하는 가계경제의 악화이다. 특히 사회보장제도가 미흡한 한국의 경우 부모의 노후보장이 보장되지 않는다. 다른 하나는 높은 수준의 교육은 고등교육을 이수한 집단이 정치적으로 각성하

게 만든다. 대중의 정치적 각성은 불평등에 대해 문제를 제기하고 정부정
책의 시정을 요구하게 한다.

4. 어느 선거제도가 재분배에 친화적인가?

제도는 게임의 규칙이며 게임에 참가하는 모든 이의 행위를 구속하고 그
결과에 지대한 영향을 줄 수밖에 없다. 경제적으로 보면 제도는 경제발전
의 기초적 조건이다(North and Weingast 1989). 독재에서 경제발전이 이루어
지지 않는 것은 투자에 필요한 제도, 예를 들면 재산권의 확립이 보장되지
않기 때문이다. 북한이 남한과 모든 면에서 동질적 사회이지만 경제발전에
성공하지 못하는 것은 남한과는 달리 독재체제이기 때문이다(Acemoglu &
Robinson 2012). 한 국가 또는 사회의 경제성장은 그 사회가 어떤 제도를 가
졌는가에 달려 있다. 제도는 약속이자 규칙으로서 이를 지키지 않는 사회
는 상호불신이 깊어져 사회적 자본이 구축되지 않으며 장기적 안목의 행태
가 발전하지 않는다. 투자는 미래의 수익을 기대하는 가장 기본적 행위이
다. 투자자는 국가가 규칙을 자의적으로 변경하는 국가에 가지 않는다. 투
자자는 국가가 자신의 투자를 빼앗아갈 것을 두려워하기 때문에 투자에 신
중을 기한다. 투자가 없으면 성장이 없고 고용은 창출되지 않는다. 경제만
이 아니라 정치 역시 제도의 종류와 성격에 따라 전혀 다른 체제가 생긴다.
또한 동일한 민주주의 내에서도 제도의 차이에 따라 참여나 분배는 크게
차이가 난다.

제도가 중요하다면 정치의 작동을 이해하기 위해서는 규칙을 이해하는
것이 필수적이다. 선거제도는 정부형태와 더불어 대표적 정치제도로서 정
치경제의 운용에 막대한 결과를 준다. 정치적 정보와 지식은 시민의 민주
적 덕목을 행사하는데 중대한 역할을 한다는 점에 대해 필요한 정보의 정

도에 대해서는 이견이 있지만 중요성 자체에 대해서는 합의가 존재한다.[10) 정치에서 정보는 경제학에서 통화와 같다(DelliCarpini & Keeter 1996, 8). 민주적 논쟁에서 참여자는 동등한 수준의 정보와 지식을 갖고 토론하지 않는다면 토의의 결과는 민주적이지 곤란하다. 상대적으로 동등한 정보를 기반으로 나타난 논쟁의 결과는 그것이 합의나 특정 결과를 도출하는 것은 아닐지라도 공적 의지에 근접하는 가장 민주적 방식이다. 특히 정치제도의 결과가 자신에게 미치는 결과가 중대함을 감안할 때 선거제도를 정확히 이해하는 것은 아주 중요하다. 자신의 선택이 낳는 결과가 자신 뿐 아니라 집단과 사회 전체의 진정한 이익을 위해서 귀중한 자산이라면 그 결과에 대해 충분히 인지할 정도의 정치적 정보를 보유하면 보다 현명한 결정에 도달할 수 있다(Carpini and Keeter, 1996.5). 정보와 지식의 중요성을 고려하면 한국에서 선거제도에 대한 토론과 논쟁은 거의 부재한 지경이다. 논쟁과 토론이 이루어지지 않는다면 일반 시민-투표자가 선거제도 특히 비례대표제의 정치경제적으로 어떤 함의를 갖는지를 정확히 알 수 없다. 선거제도를 다루는 언론의 수준도 지극히 초보적이다. 이런 조건에서 정치제도가 각 사회집단에 차별적으로 갖는 갈등적 성격이 일반 시민의 정보로 흘러가리라 기대할 수 없다.[11) "소득과 부의 분포가 국가의 경제적 형평성을 말해주는 통계적 지표인 것처럼 지식의 분포는 국가의 정치적 평등에 대해 잠재성을 말해주는 정보"라는 말처럼 선거제도의 정보가 광범하게 분포할 때 시민이 자신과 공동체의 이해와 관련하여 보다 정확한 판단을 내리는데 도

---

10) DelliCarpini & Keeter(1996)는 민주정치의 전제로서 가장 높은 수준의 정보와 지식을 강조한다.

11) 최근 들어 정치경제를 중심으로 선거제도가 사회집단에 대해 차별적 이해를 갖는다는 점이 대거 관심을 끌고 있다. 이를 주도하는 연구는 Boix(1999; 2009; 2010), Iversen& Soskice(2008; 2009)이다. 이들 연구가 주로 전전 선진민주주의를 대상으로 한다면 보다 최근에는 전후의 신흥민주주의에서 선거제도가 어떻게 도입되었는지에 대해서도 연구가 시도되었다(Lundell 2010).

움을 준다. 선거제도가 갖는 막대한 함의에도 불구하고 선거제도의 효과에 대해서는 기껏해야 의석의 유불리에 대한 논의에 한정되고 정작 시민의 이해에 중요한 부분을 차지하는 정치경제적 함축에는 관심을 두지 않는다.

선거제도란 무엇인가? 민주주의에서 선거제도는 정치인에 대한 책무를 묻는 것이며 사회 내 집단의 상대적 이익을 결정한다. 이 두 가지는 선거제도의 종류에 따라 다르다. 제도 종류에 따라 책무에 대한 엄중한 감시를 가하면 특정집단에 유리할 수 있다(Liphjart 2012). 대의정치는 전형적인 주인-대리인관계이다. 대의정치에서 시민-투표자(주인)은 정치인(대리인)을 통해 자신의 이익을 극대화하는 정책을 실현하고 추진토록 책임을 맡긴다. 주인-대리인 관계에서 흔히 그렇듯이 투표자가 허용하는 권한위임의 정도는 크게 다르다. 그러나 대의정치에서 대표성과 책무성은 갈등적 관계에 있다. 선거제도는 대표적 경우에 해당한다. 소선거구제와 다수제(plurality)는 비례대표제에 비해 다수를 쉽게 형성하기에 편리하다. 투표소에서의 결정이 곧 의회의 다수를 정한다. 여기서 소수의 관심은 중요하지 않다. 한편 다수제는 정치인의 부패가 상대적으로 적다. 다수제 하에서 정치인은 중위투표자의 지지를 필요로 하며 부패는 쉽사리 투표자에게 노출된다. 다른 한편 정치인이 결정적 위치에 있는 집단의 지지를 얻으려 할 때 민주적 책임성은 상승한다. 투표를 통해 상대적으로 강력한 영향력을 발휘하는 소수 핵심 집단이 수혜자이다. 다시 말해서 다수제에서 정치인의 책임성은 향상하지만 대표성은 약화된다. 선거제도는 다음과 같은 측면에서 민주적 책임성에 영향을 준다.

첫째, 특히 투표구조(ballot structures)는 책임성에 직접 영향을 준다. 소선거구제에서 후보에 대한 투표는 한 표 한 표가 절실한 정치인의 책임성을 높이기 쉽다. 정치인은 무조건 일등을 하면 당선될 수 있다는 점 때문에 투표자에 성실하다. 한편 비례대표제에서는 정당리스트를 통해 팀으로서 공동책임을 제시한다는 점에서 정치인 개인의 책임성이 구분하기 어렵고 다수제에 비해 상대적으로 부패나 정치적 렌트가 발생하기 쉽다.[12] 둘째 선거구 크기는 정치인의 책임성에 간접효과를 발휘한다. 소선거구제에서는 득표가 가장 많은 후보 일인을 선출하기 때문에 일인 이상을 뽑는 비례대표제의 중대형 선거구 제도에 비해 책임성이 약한 후보나 정당은 선출되기 어렵다. 이념이 다른 다수의 후보가 경쟁하는 비례대표제 하에서 투표자가 정직한 후보를 선출하려 한다면 이념과 관계없이 정직한 후보나 정당이 선택될 수 있다. 그러나 소선거구제도 하에서 투표자가 이념을 보다 중시할 경우 전략투표를 통해 정직하지 않지만 자신과 이념이 통하는 후보를 선출할 수 있으며 따라서 소선거구제에서 부패한 정치인이 당선되기 쉽다.

재분배의 단순한 약속은 신뢰받을 수 없다. 저소득 집단은 정치체제 자체가 변하지 않는 한 재분배가 진정하게 실현될 것으로 믿지 않는다(Geddes 2006, 324). 저소득층은 불황이 끝나면 자신들의 혁명위협은 위력을 상실한다는 점을 잘 알고 있다. 시민이 지배집단의 공약을 불신하면 지배가 불가능하기 때문에 지배집단은 궁극적으로 자신이 원하는 것을 얻을 수 없다. 민주주의의 태동은 지배자가 시민의 몫을 자의적으로 취하지 않도록 하는 약속에서 시작되었고 지배층은 대중의 승복을 얻기 위해 민주주의를 제도화해야 했다. 애쓰모글루와 로빈손(Acemoglu & Robinson 2006)은 민주주의의 기원을 새롭게 조명한 중대한 연구에서 엘리트 집단은 민주화를 시민집단이 믿을 수 있는(reliable commitment)기제로 제시함으로써 시민과 사회로부터 더욱 안정적인 자원을 획득할 수 있었다는 점을 강조한다. 지배엘리트는 소득불평등이 심각한 수준에 오르면 저소득층의 불만으로 인해 혁명적 상황으로 발전하는 것을 막으려 한다. 지배층이 볼 때 반란이나 혁명을 진압하는데 드는 비용이 조세/재분배의 양보에서 발생하는 비용보다 많다

---

12) 비례대표제라도 개방형 명부는 투표자가 직접 후보를 명부에서 선택할 수 있기 때문에 책임성이 높아진다. 한 연구에 의하면 정당명부식은 소선거구제에 비해 부패가 20% 증가한다고 보고한다: Persson and Tabellini(2003).

면 민주주의를 수용하는 편이 편익이 더 많다. 다른 한편 소득불평등이 심각하지 않은 경우 사회적 불만은 소수집단에 한정되기 때문에 민주적 위협은 크게 문제되지 않는다. 소득분포가 비교적 평등하면 중위투표자의 요구가 과도하지 않기 때문에 지배집단은 민주화의 요구를 수용한다.

선거제도와 사회구조는 상호작용한다. 립셋-로칸 등 초기 균열주의 이론은 사회구조가 정당의 수를 일방통행으로 결정하는 것으로 가정했으나 선거제도 역시 사회균열의 모습과 진화에 영향력을 행사한다. 정당체제는 양변수가 상호작용한 결과이다. 제도가 쉽사리 바뀔 수 있다고 기대한다면 제도개혁을 위해 노력을 경주할 것이다. 다른 한편 제도가 쉽사리 변하지 않는다는 점을 경험을 통해 안다면 제도개혁에 힘을 쏟기보다 그 제도 안에서 최선의 대안을 모색할 것이다. 예를 들어, 다수제 제도 하에서 소수당은 비례대표제로 바꾸는 것이 의석을 늘리는데 더 유리하다는 점을 알고 있더라고 상대 정당이 합의하지 않기 때문에 다수제가 쉽사리 변하지 않는다고 판단할 경우 다른 당과 합당을 통해 생존을 추구하려 한다. 즉 정당의 전략은 제도가 지속할 것인가에 대한 기대에 달려 있다(Cox 1997, 17). 이런 점에서 한국제도는 바뀌기 불가능하다. 양대 정당은 현상에 기득권을 갖기 때문에 변화를 주도하는데 필수적인 기업가정신이 없다. 양대 기득정당이 아닌 제3의 후보만이 변화의 기업가 역할을 맡을 수 있다. 한국에서 다수제가 지속되는 것은 정치엘리트가 지역 구조를 이용하여 정치권력을 독점하려 하기 때문이다. 지역주의 구조에서 배태되는 양당제도는 지역주의 정당에게 독점적 지위를 부여하지만 비례대표제 하에서는 독점적 지위를 상실하기 쉽다. 다수제에서 왜 양당제가 탄생하는가? 콕스(Cox 1997)가 제시한 두 가지 가능성 역시 다수제를 기반으로 하는 한국정치에 시사하는 바가 중대하다.

첫째, 다수제 선거제도 하에서 양당제가 발생하는 까닭은 투표자 개인이 자신의 '귀중한' 한 표가 사표가 되는 것을 막기 위해 당선가능성이 높은 후

보를 지지한다. 다시 말해 '전략적 투표'가 지배적이다. 그러나 이러한 해석
은 개인 투표자가 결정적 영향을 미칠 수 있다고 가정하는 것으로 비현실
적이고 합리적이지 않다. 현실적으로 선거에 영향력을 행사하는 것은 개개
인 투표자이기보다 엘리트 집단일 가능성이 높다. 따라서 둘째 가능성은
영향력을 가진 행위자의 선택이 양당제를 만든다. 여론지도층, 활동가 등
엘리트 행위자는 귀중한 자산을 당선가망이 없는 후보에게 주지 않고 가능
성 높은 후보에게 집중하려 할 것이다. 선거결과에 영향을 주기 위해 특정
후보를 집중 지지하는 것이다. 그러나 실제로 투표자 대중 역시 전략적 투
표를 한다. 콕스(Cox)는 양자 간의 모순을 해소하기 점에서 엘리트가 먼저
정치헌금이나 미디어 참여를 통해 영향을 미친다는 점을 제시한다. 즉 엘
리트가 먼저 양 후보를 조정하면 일반 투표자가 두 후보를 놓고 투표를 한
다. 엘리트 수준에서 조정이나 합의를 보지 못하면 다수의 후보가 발생하
는데 이때 투표자 대중이 전략적 투표를 통해 최종 결정한다.

  선거제도는 재분배에 영향을 준다. 그렇다면 어떤 제도가 복지국가의 확
대에 호의적이며 어느 제도가 적대적인가? 복지국가의 확대를 위해서는 복
지정책의 강화가 필요하며 이는 정부지출의 규모를 확대하는 것이다. 복지
국가의 규모를 측정하는 지표가운데 복지지출이 가장 일반적 지표이다.[13]
제1부에서 본 바처럼 많은 경험적 연구는 비례대표제가 다수제에 비해 사
회지출에 영향을 주는 다른 요인들, 예를 들어 집권당 성격, 노인인구의 비
중, 일인당 소득 등을 통제할 때 GDP 대비 약 5%를 더 지출한다고 보고한
다.[14]

  책임성 영역에서는 다수제와 비례대표제 어느 것도 확실한 우위를 점하

---

13) 다른 곳과의 비교측정을 위해서는 가장 흔히 사용되는 것은 GDP 대비 사회지
    출이다.
14) 그 밖에 개방의 정도, 민주주의의 연륜 등이 독립변수에 포함된다. 이에 대한
    상세한 논의는 Persson and Tabellini(2003) 참고.

지 않지만 재분배와 연관된 대표성 측면에서는 비례대표제가 다수제에 비해 강력한 효과를 보여준다. 그렇다면 현재 한국 투표자 다수가 희망하는 복지국가의 확대를 위해서는 비례대표제가 더 시대적 요구에 부합한다. 개혁을 주도하거나 변화에 적극적인 정치세력이 정치권력에 접근할 수 있는 비례대표제 제도를 도입하는 것이 필요하다.15) 대선국면에서 안철수 후보는 개혁을 가장 강력히 주창함으로써 많은 지지를 받았으나 인적 쇄신이나 청와대 이전이니 하는 주변적 개혁을 제시했으나 이는 본질적 목표를 달성할 수 없다.

선거철이 오면 한국의 야당은 연대를 모색한다. 지금 소위 '야권연대'는 당장의 당선을 목표로 하기 때문에 정책의 지향과는 무관하다. 그러나 야권연대가 복지의 확대라는 사회적 요구를 담을 수 있다면 더욱 많은 지지를 받을 것이다. 이를 위해서는 연대는 제도적 약속장치를 기반으로 할 필요가 있다. 야권연대의 고리는 비례대표제로의 개헌이 되어야 한다. 그렇지 않으면 복지확대를 제시하는 집단이 국회 안에 의석을 획득할 수 없으며 따라서 약속한 복지국가의 확대를 이행할 수 없다. 복지국가의 확대와 정치적 이해를 공유하는 정당으로부터 지원을 받지 못하면 복지국가는 확대되지 못한다.

현재 정치엘리트는 복지국가의 확대에 필요한 제도개혁에 대한 논의는 하지 않고 핵심이 상실된 주변적 논의에 함몰되어 있다. 개헌의 주기를 맞추어야 한다든지 중임제가 필요하다는 주장은 유권자 다수가 갈망하는 정책변화와 큰 아무런 관련이 없다. 정치제도의 변화가 필요하다는 점에 대해서는 공감대가 존재한다. 그런데 왜 정작 변화는 일어나지 않는가? 정치제도의 변화를 바라는 집단과 고수하려는 집단 사이에 힘의 불균형이 있기

---

15) 선거 당시의 단일화 논의는 일종이 결선투표 때 발생하는 짝짓기와 같다. 짝짓기는 일등만이 승리하는 다수제에서 일어난다. 다당제라면 선거 후에 비슷한 정책을 표방하는 정당 간에 협상을 통해 연합정부를 만든다.

때문이다. 현 제도에서 얻는 이득이 그렇지 않는 것보다 많은 집단의 시각에서 보면 제도변화는 손해이기 때문에 변화를 바라지 않는다. 한편 제도가 바뀌었을 때 보다 많은 이익을 기대하는 집단은 제도의 개혁을 주장하지만 제도개혁에 대한 반응은 약해서 변화는 일어나지 않는다.

개혁을 논의하기 위해서는 현행 제도가 왜 유지되는지를 면밀하게 조사해야 한다. 현행 선거제도 단순다수제는 누가 만들었는가? 그리고 이 제도는 누구의 이익을 보호하는데 호의적인가? 사회 전체의 이익을 늘리는가 아니면 일부의 이익을 극대화하는데 유리한가. 정치적으로 유력한 집단의 이익을 증진하는데 기여하는 것은 아닌가? 권력을 쥔 사람이 왜 자신의 이해와 불일치하는 약속을 지켜야 하나? 정치권력을 일단 잡으면 사전적인 공약은 사후적으로 빈 약속이다. 권력자를 심판하는 길은 차기 선거에서만 가능하다.

린쯔(Linz 1994)는 정부형태의 민주주의의 상관성에 대한 중대한 글에서 대통령제는 세 가지 이유에서 의회중심제에 비해 민주주의를 위험에 빠뜨리기 쉽다고 주장했다. 첫째, 대통령 선거는 일인을 선출하기 때문에 첨예한 제로섬 게임의 특징을 갖는다. 제로섬 게임에서는 승자가 권력을 독차지하면 반대로 패자는 아무 것도 얻을 수 없다. 소수파는 권력에서 소외되며 합의의 정치는 불가능하고 따라서 헌법적 정통성이 취약하고 붕괴할 수 있다. 둘째, 대통령 선거는 승자독식의 특성으로 인해 패자의 상실감이 극대화되며 정치적 긴장과 이념적 양극화가 첨예하다. 셋째, 정치적 갈등이 너무 첨예하여 후보가 캠페인 과정에서 적당한 한계를 지키고 선거결과 패배한 경우 패자가 패배를 인정할 가능성이 낮다. 이 점은 대통령직 자체가 고도의 자원가동이 가능하기 때문에 현직 대통령은 이를 이용하여 권력기반을 강화할 위험이 있기 때문이다.

첫째와 둘째 이유가 이질적 선호와 정치적 안정의 관계를 지적한 것이라면 셋째는 대의정치에서 발생하는 주인-대리인 관계의 문제와 관련된다.

그러나 첫째 및 둘째의 지적은 정확하지 않다. 대통령제가 의회제에 비해 다수주의 정치를 낳고 정당체제와 투표자를 양극화시킨다는 주장은 맞지 않다. 의회중심제에서도 동일한 지적이 가능하다. 한편 세 번째 비판은 해당 사회의 사회적 구조에 따라 다르다. 개방사회에서 자산의 자유로운 이동이 가능하다면 민주주의적 책임성은 유지되지만 폐쇄체제에서 고정자산이 지배적인 경우 민주적 체제가 붕괴될 수 있다. 현직 대통령이 권력을 이용하여 사회의 자산을 사유화할 경우 시민은 고정자산을 도피시킬 방법이 없다.

대통령제는 대통령 개인이 권력을 사인화할 가능성을 안고 있다. 남미의 경험은 대통령제가 사인화와 후견인적 정치를 만든다는 점을 보여주었다.[16] 의회제의 총리는 의원과의 연합세력을 기반으로 한다는 점에서 총리나 수상이 연합 전체의 선호에서 지나치게 이탈하면 연합세력이 투표를 통해 총리를 제거할 수 있다. 그러나 대통령은 임기가 보장되고 특별사유가 아니면 탄핵되지 않기 때문에 사회의 자산에 영향을 행사할 수 있는 자율성이 더 많다. 대통령은 초법적 권력을 행사하여 결국에는 독재자가 될 수 있다.

대통령의 권한은 의회가 취약할 경우 더욱 강력해진다. 메인스프링과 슈가트(Mainspring & Shugart 1997)는 대통령의 자율성은 두 가지 국면에서 더욱 증가한다고 말한다. 첫째, 대통령이 막강한 대통령령을 행사할 수 있는 경우와 둘째 의회의 정당체제가 분절화되어 대통령을 견제할 다수를 형성할 수 없을 때 대통령의 자율성은 증가한다.

대통령의 권력은 의회와의 관계만이 아니라 사회의 자산분포가 어떤 형태인가에 따라 달라진다. 자산분포가 대통령의 자율성에 영향을 준다(Adsera & Boix 2006). 사회의 자산이 그 사회에 특유하게 고정적일 경우 대통령은 권력을 이용하여 타인의 자산을 몰수할 수 있다. 토지는 대표적으로 고정

---

16) 키첼트의 남미정치를 후견인주의(clientalism)의 각도에서 분석한 적용은 한국정치에도 시사하는 바가 크다(Kitschelt 2007; 2010).

된 자산이다. 석유 또한 국토에 부속되어 대통령이 과도한 과세를 부과하더라도 정부의 과세를 피할 방법이 없다. 정치적 수단을 이용한 렌트 추구는 자산의 이동이 가능할 경우 불가능하다. 과도한 규제가 시작되면 자산이 다른 곳으로 탈출하기 때문이다. 지하자원이 풍부한 사하라이남 아프리카나 남미에서 대통령중심제를 채택하면 권위주의가 바뀔 가능성이 농후하다. 그러나 같은 대통령제라도 선진국처럼 주식과 같이 이동 가능한 자산이 주류를 이루면 대통령제와 정치적 안정은 관련이 없다. 한국의 대통령은 물리적 자산을 보유하지 않으나 지역주의라는 자산분포에 의존하여 손쉽게 권력자가 된다. 지역주의의 포로가 된 투표자는 후견인주의에 쉽게 연루될 수 있다.

5. 결론: 제도개혁의 역사적 의미

한국정치는 분단 이후 보수 중심으로 운영되었다. 그 이유는 외적으로 냉전질서와 남북분단이다. 그리고 민간인 백만 명을 희생시킨 한국전쟁은 분단국가 한국에게 쉽게 치유될 수 없는 거대한 트라우마를 남겼다. 이는 한국으로서는 어쩔 수 없는 외적인 환경이다. 보수 중심의 국가는 신속한 경제발전에 기여했다. 그러나 경제발전이 보수 중심으로 이루어진 결과 1997년 외환위기 이후 분명하게 드러난 바처럼, 재분배에 대한 배려는 매우 취약했다. 다수제와 대통령제는 보수중심의 정치경제를 떠받히는 제도적 기둥이다. 이 기둥이 바뀌지 않으면 냉전구도 등 외적 환경이 바뀌더라도 복지국가의 규모는 커지지 않는다. 여기에 제도개혁이 필요한 것이며 정치제도가 바뀌지 않으면 한국정치의 재배치(realignment)는 가능하지 않다.

앞에서 살펴본 바처럼, 2012년 대선에서 가장 눈길을 잡는 부분은 후보 모두가 일반적으로 진보가 추구했던 정책을 제시했다는 사실이다. 여기서 좌우의 차이는 공적 부분의 크기나 역할에 대한 입장에서 나온다. 좌파는 정부의 공적 역할을 주장하며 재분배 면에서 적극적인 복지국가를 지향한다. 한편 우파는 최소한의 사회안전망 외에는 개인의 책임을 강조한다. 사민 정당이 집권하거나 오랜 동안 그랬던 경험이 많은 서유럽에서 복지국가가 발전한 반면 미국에서는 뉴딜시대가 올 때까지 아무런 사회적 안정장치가 없었다. 미국에는 지금도 인구의 1/5 정도가 의료보험의 혜택을 받지 못하고 있다. 한국은 많은 면에서 미국과 상당히 다른 나라이지만 두 가지 면에서 같다. 양국 모두 대통령제를 갖고 있으며 선거제도는 기본적으로 소선거구제/다수제이다. 18대 대선의 '시대정신'은 복지국가의 확대이다 한국정치는 '시대정신'을 담을 수 있어야 한다. 왜 개혁을 해야 하며 어떻게 해야 목표를 달성할 수 있는가?

민주화 이후 한국정치의 가장 큰 문제점으로 지적되어온 지역주의는 정치제도에 기인하는 바가 많다(강명세 2004). 현행 선거제도 단순다수제는 누가 만들었는가? 그리고 이 제도는 누구의 이익을 보호하는데 호의적인가? 다수제는 정치적 대표성이 취약하기 때문에 사회경제적으로 취약한 집단에게 호의적이지 않다. 한국의 다수제 선거제도 하에서는 미국의 경험이 보여주듯 보편적 사회복지가 발달하지 않고 복지문제가 주변화될 가능성이 높다[17] 다수제는 오히려 일부의 이익을 극대화하며 현상유지에 충실하다. 정치권력을 장악한 기득권층의 이해에는 호의적인 반면 중산층/서민의 요구에는 무관심하다. 선거를 통해 개혁이 가능하지만 기득권 정치가 막고 있다.

---

[17] 미국이 왜 예외적으로 인색한 복지국가가 되었는지에 대해서는 강명세(2013); Gilens(2000); Hacker(2002) 참고. 물론 한국과 미국은 복지체제의 특성 면에서 전반적 동일하지만 구체적 역사경험이 다르다. 가장 핵심적 차이는 인종문제이다. 미국은 인종갈등이 심각하며 복지정책의 수혜자 다수는 흑인이다. 수혜자가 흑인에 집중되기 때문에 백인 중산층은 복지정책에 찬성하길 꺼려한다. 알레시나 외(Alesina et)는 미국의 사례를 확장하여 다인종 사회에서는 사회지출이 단일 인종사회에 비해 적다는 연구결과를 제시했다.

제도개혁은 대통령 선거가 다가오면 등장하는 단골메뉴이다. 그러나 선거 때 등장한 정치개혁에 대한 논의와 주장은 더 없이 무성하나, 아무도 무엇 때문에 무슨 이유로 개혁을 하는지는 말하지 않는다. 2012년 역시 모든 후보는 앞다투어 개혁안을 제시하고 있다. 후보는 다르지만 그 주장의 큰 줄기는 대동소이하며 하나로 수렴한다. 박근혜 후보는 보수정책의 상징적 구호였던 '줄푸세'를 버리고 복지국가의 확대에 동참하는 동시에 대통령 4년중임'을 제시했다. 단순히 국회선거와 주기 맞추고 책임정치의 강화 외에 아무런 동기가 보이지 않는다. 선거의 주기는 사회적 요구와 아무 관련이 없다. 주기가 틀려서 개헌을 하고 주기가 같으면 시민이 요구하는 복지정책은 강화되는가? 이 점에서는 야당도 다르지 않다. 대통령 권한을 축소하고 지방분권화를 제시하는데 이는 이미 노대통령 시절에 했던 내용이다. 한마디로 왜 노대통령은 왜 실패했었는가? 노대통령의 의지나 정보가 취약해서가 아니다. 현 제도에서는 개혁을 추진할 세력이 의회에 진입할 수 없고 따라서 정책결정에 참여할 수 없다. 한편 안철수는 선거 당시의 주장을 굽히지 않고 지금도 정치인 수를 줄이면 개혁이 될 것처럼 주장한다. 의원 수의 감축이 복지를 확대하는데 기여한다는 연구결과는 없다.

개혁의 필요성은 시민의 삶을 좋게 하는 데 있다. 시민의 좋은 삶은 여러 가지가 있으나 지난 몇 년 동안 가장 강력히 표출된 것은 복지국가의 확충이다. 정치인 정당 모두 투표권자의 절대 다수가 복지국가의 확충을 요구한다는 것을 잘 알고 있다. 이 점을 잘 알기 때문에 모든 주자가 복지국가의 구축을 공약으로 내걸었다. 경제민주화와 역시 넓은 의미에서 복지국가의 확대와 궤를 같이한다.

2012년 12월 대선에서두 후보는 약속이나 한 듯 동일한 방향, 즉 득표에 유리한 복지확대정책으로 수렴했다. 정당과 후보의 소신이나 정책과는 아무런 상관이 없었다. 다만 당선 여부가 공약과 정책을 결정했다. 지킬 수 없는 공약을 제시하는 까닭은 선거제도에 있다. 이렇게 만들어진 공약은 당선 후 거짓 공약이 될 수밖에 없다. 당선된 다음에는 정치인과 정당 본래의 의도나 정치적 소신이 작동한다. 김대중-노무현 대통령의 10년 집권 동안에도 소득양극화가 해소되기는커녕 악화된 것은 정책실패의 탓이다. 왜 진보정부가 중산층/서민의 삶을 행복하게 하지 못하고 오히려 더 고달프게 할 수밖에 없었는가? 현재의 선거제도는 제1등 후보만이 당선되는 제도이다. 이는 지역정당구조와 함께 철옹성 양당구도를 만들어냈다. 이 구도에서는 지역주의와 정책이 혼재되어 정책정당이 발전할 수 없다. 소득양극화를 해소하려는 정책을 제시하는 정당이 선거에서 큰 힘을 얻을 수 없다.

여론조사에 의하면 현재 한국 시민이 갈구하는 것은 양극화를 해소하는 데 필요한 복지의 확대이다. 한국정치는 이제 시민이 진정으로 바라는 삶의 향상에 기여하기 위해서는 제도개혁을 해야 한다. 이 개혁은 현상유지의 변화를 꾀하는 점에서 지배층의 양보를 필요로 한다. 새로운 제도는 개혁을 일구어낼 수 있는 정치세력이 권력에 접근하도록 허용해야 할 것이다. 새로운 제도는 비례대표제 개헌을 뜻한다. 비례대표제만이 정책과 비전을 제시하는 정당과 후보에게 당선 가능성을 제공한다. 한국정치에서 선거 때만 되면 늘 발생하는 후보단일화 문제 역시 비례대표제 하에서라면 다시 나타나지 않을 것이다. 각 후보와 정당이 선거에서 획득한 의석을 기반으로 정부를 구성하면 된다. 일당이 과반 의석을 차지하기는 불가능하며 일반적으로 연합정부가 발생한다. 예를 들어 중간 정당은 현행제도에서라면 양대 정당의 일부로 편입되겠지만 비례대표제에서는 독자적 정당을 가지며 자신이 확보한 지지만큼의 의석을 기반으로 연합정부에 참여할 경우 자신의 정책을 추진할 수 있다. 선거 후 비슷한 정책을 가진 정당 간에 모여 연합정부를 만들면 그만이다.

선거제도의 개혁은 정부형태의 개혁과 동시에 이루어지는 것이 바람직하다. 대통령제는 지난 40년 정치사가 말해주듯 '제왕적' 대통령의 권력을 확대재생산하는데 기여했다. 제왕적 대통령은 아무리 대통령 개인이 스스로는 민주적으로 권력행사를 자제하려 해도 제도가 제공하는 권력을 행사하려는 동기로부터 자유로울 수 없다. 이는 한국의 과거 모든 대통령의 가족이 불행해졌다는 점에서 익히 잘 알려진 사실이다. 비례대표제와 의회중심제 하에서 정당은 지지 정도에 따라 의석을 차지하는 점에서 봤을 때 지지층의 요구에 충실하지 않을 수 없다. 현재와 같이 모든 후보나 정당이 중도를 향한 정책을 추구하면 당선될 수 없다. 비례대표제에서 정당은 정책정당이 되는 것이 살아남아 집권할 수 있는 유일한 길이다. 박근혜 정부가 보여주듯 다수제 대통령 선거에서 모든 후보와 정당은 승리하기 위해 자신의 정치적 원칙이나 철학과 상관없이 1등하는 데 필요한 전략, 즉 지난 대선에서는 경제민주화나 복지의 확대를 공약했다. 하지만 선거에서 승리한 후보가 본래 보수적 정책의 신봉자이고 후보의 지지 세력이 부유층이라면 과연 공약을 실천할 수 있을 것인가? 약속(ex ante)은 정작 실행 단계에 와서 약속을 이행하는 것이 진정한 이해와 일치하지 않으면 그것은 지켜질 수 없다(ex post). 오랜 동안 다수제와 대통령제가 실시되고 있는 한국에서 만일 대안제도가 실시되었다면 전혀 다른 정책적 결과가 실현되었을 것이다. 정치제도가 다르면 경제적 이해관계도 달라진다는 정보와 지식이 보다 광범위하게 유포되어 시민과 투표자가 자신의 이익을 위한 결정에 참고할 수 있도록 하는 것이 필요하다.

제10장

보수정부의 복지국가와
한국민주주의의 도전

들어가는 말

제18대 대선이 남긴 가장 특이한 현상은 이제 한국정치에서도 많은 선진민주주의에서 50년 이상 해왔던 것처럼 복지가 선거캠페인의 핵심화두로 등장했다는 점이다. 정치가 '누가 무엇을 어떻게 획득하는가'를 둘러싸고 발생하는 점에서 복지야말로 가장 정치적 현상이다. 복지국가는 소득재분배를 핵심요소로 한다는 점에서 세력과 집단 사이의 힘겨루기이다. 일반적 정치과정과 마찬가지로 이 과정에서 중요한 역할을 하는 집단은 중간계급혹은 중위투표자이다. 이들이 선택에 따라 서민의 복지가 결정되고 부유세도입여부 역시 결정된다. 한국의 중위투표자가 이번 대선처럼 막강한 힘을 발휘한 적은 없다. 선거가 양대 후보로 집약되면서 전면 동원전으로 진행한 탓이다. 집권세력의 이념과 정책은 복지국가의 향배와 진행, 그리고 모습에 중대한 결과를 낳는다.

복지가 정치적 문제라는 점은 역사를 통해 잘 알려져 있다. 흔히 복지를 사회복지행정의 기술적 영역으로 보지만 이는 전달문제에 한정된다. 또한 복지하면 진보의 전유물이거나 적어도 보수와는 친화적이지 않다고 생각한다. 그러나 보수가 복지국가와 반하는 것은 아니다. 민주주의에서 다수의 지지를 얻어야 하는 정치적 이유로 인해 보수는 자신의 이념과 정책에는 반하면서도 사회정책을 주도하곤 한다. 비스마르크는 대표적 사례이다. 비스마르크는 산업화 독일에서 수적으로 증가하는 노동자의 투표권 요구를 앞서서 무마하기 위해 보수이지만 복지정책을 주도했으며 이는 후에 독일은 물론 많은 나라의 모델이 되었다. 사실 박정희 권위주의 정부가 시작한 의료보험이나 직역보험은 비스마르크 모형에 속한다.

박근혜 당선자는 선거과정에서 과거 한국의 과거 보수파 후보와는 달리 복지국가의 실천을 공약했다. 복지국가 공약은 당선의 가장 큰 기여요인이다. 52% 대 48%의 치열한 경쟁에서 중위투표자와 부동층의 선택은 결정적이었다. 복지국가에서 서민은 물론이고 계속되는 경제적 곤란을 겪어온 중산층 또는 중위투표자 역시 강력한 희망이자 일종의 시대정신이 되었다. 중산층과 부유층의 경제적 거리가 지속적으로 벌어져 중산층은 더 이상 복지국가의 재정을 충당할 과세가 자신이 아니라 부유층의 몫이라고 믿는다. 그러나 선거가 끝나고 현실로 돌아오면 복지국가에 대한 기대는 더욱 커진 반면 재정은 취약하기 짝이 없다. 인수위원회에서 현실적 대안으로 복지축소를 제기한 것처럼 현행 틀에서 공약을 담기는 불가능하다. 공약의 축소가 아니라면 복지재정을 담당할 증세는 불가피하다. 선별적 복지라도 마찬가지로 상당한 재원을 필요로 한다. 전에 없던 것을 제공해야 하기 때문이다.

이 글은 세 가지 종류의 자료를 이용할 것이다. 첫째는 룩셈부르크 소득연구(LIS: Luxembourg Income Study)가 제공하는 소득분포 자료를 활용하여 한국의 재분배정책을 비교적 관점에서 살펴본다. 둘째, 복지확장이나 정치개혁과 관련, 현재 한국인이 선호하는 내용이 무엇인지를 경험적으로 분석하고자 한국정당학회가 2012년 11월 실시한 여론조사에 의존하다. 그리고 세 번째는 OECD가 제공하는 사회지출 자료를 통해 한국의 복지국가를 조망한다. 글 순서는 우선 한국복지국가의 현실을 직시하는 것으로 시작한다. 둘째는 소득재분배와 관련한 정부역할을 살펴본다. 셋째, 한국에서 일고 있는 복지국가에 대한 갈구와 수요를 점검한다. 넷째, 왜 보수후보가 복지확대를 핵심공약으로 제시했는지를 분석한다. 다섯째, 박근혜 정부의 역사적

과제가 된 복지건설이 갖는 의미를 제시한다. 여섯째, 복지를 위한 정치개
혁이 무엇인가를 분석한다. 정부형태와 선거제도의 양대 정치제도 가운데
어느 쪽이 빈곤감축정책에 더 강력한 효력을 발휘하는가를 검토한다.

1. 한국복지국가의 현실

복지가 갑자기 정치적 최대 현안으로 부상한 까닭은 무엇보다도 한국복
지국가의 왜소한 역할에 있다. 복지국가의 역할은 복지지출의 정도에 반영
되는데 이를 통해 한국 복지국가의 위상을 보면 〈그림 10-1〉과 같다(강명세
2006; 2012).

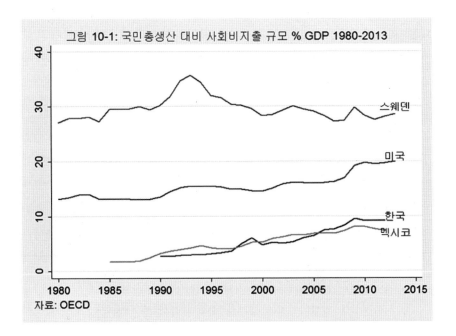

국민총생산 대비 총 사회지출의 비중은 멕시코와 비슷한 수준으로 OECD

회원국 가운데 최하위권에 있다. 2012년 기준 OECD 평균지출은 21.7%이나 한국은 9.3%로서 지난 몇 년 동안 꾸준히 증가했음에도 불구하고 그 절반에도 미달했다. 일본이나 미국의 수준은 평균 정도이다. 한국의 사회지출은 소위 신자유주의의 대명사로 지칭되는 미국과 비교해서도 아주 낮다. 지난 수년 동안 복지요구가 폭발적으로 분출한 것은 이같이 공적 지출이 아주 낮은 수준을 배경으로 한다.

왜소한 복지국가에서 소득양극화와 빈곤은 심각하기 마련이다. 〈그림 10-2〉에서 보듯 지난 20년 이상에 걸쳐 소득불평등은 지속적으로 악화되었고 빈곤층 역시 증가했다. 최근 1-2년 약간 주춤하고 있으나 과거의 누적적 하중을 감내하기에는 너무 약소하다. 교육비 지출은 가구의 복지를 어렵게 만드는 주요인이다. 넓은 의미에서 복지에 포함되는 교육은 한국사회에서 사회적 불평등의 주요 원인이다.[1] 교육은 어느 나라에서든 지대한 관심의 대상이다. 정부재정에서도 최대 비중을 차지하고 있으며 분배적 갈등의 대상이다. 교육은 그 차제로 높은 재정적 비용뿐 아니라 후일 인적 자본의 성장에 미치는 역할로 인해 막대한 정치적 결과를 낳는다. 교육이 파생하는 사회적 결과에도 불구하고 중요성에도 지금까지 특히 한국에서는 학문적으로 교육의 정치에 대해서는 별 관심을 보이지 않았다.[2] 그러나 교육은 경제 외에 민주주의와 높은 상관관계를 갖는다. 교육은 세대 사이의 재분배를 가능하게 한다는 점에서 민주주의를 안정화시킬 수 있다(강명세 2012).

한국의 교육이 다른 나라와 다른 점은 공적 지출에 비해 사교육 지출이 훨씬 많다는 점이다. 높은 사교육비는 교육의 불평등을 낳는다. 한국에서 대학사교육지출은 2007년 현재 공적 지출에 비해 7배 이상이다. 지난 서울

---

1) OECD는 교육을 핵심 정책과제로 선정했다. EU와 미국도 마찬가지로 교육을 통해 노동시장을 활성화시키는 정책을 추진한다. 이에 대해서는 Allmendinger, Ebner, and Nikolai(2010).

2) 언론이 흔히 제기하는 사교육비 '타령'은 교육자체의 비용적 측면을 지적한 반면 그것이 미치는 정치적 결과에 대해서는 별 논의가 없었다.

시장선거에서 촉발된 것처럼 경제불안이 지속되는 가운데 중산층 이하의 가정에서는 대학교육비는 사회문제가 되었다. 한국사회의 복지에 대한 논의가 급격하게 상승하는 데 가장 큰 역할을 한 것은 교육의 불평등이다. 중간계급이 부담하는 교육비 특히 사교육비가 높을수록 복지공급을 요구한다. 총소득에서 차지하는 교육비 부담이 높으면 다른데 필요한 소비수준을 낮추어야 한다. 더구나 노후의 사회보장제도가 취약한 한국적 상황에서 교육비 부담은 중산층을 저항세력으로 만든다.

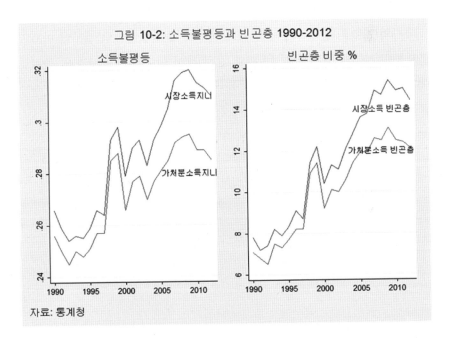

그림 10-2: 소득불평등과 빈곤층 1990-2012

자료: 통계청

2. 소득불평등과 한국복지국가 역할

복지국가의 일차적 기능은 과도한 소득불평등이 사회적 불평등으로 고착하지 않도록 하는 것이다. 시장소득의 분배는 부익부 빈익빈으로 발전하여 결과적으로 사회적 결속을 붕괴시킬 수 있기 때문에 국가는 소득재분배 정책을 통해 사회적 통합을 도모한다(Brandolini and Smeeding 2009). 그러나 재분배 기능은 국가별로 시대별로 많은 편차가 있다. 정치적 및 경제적 요인이 개입하기 때문이다.[3] 〈표 10-1〉은 LIS 자료를 통해 세전 소득과 세후 및 소득지원 이후의 소득을 기초로 하여 얻은 지니계수이다.[4] 지니계수는 소득불평등을 측정하는 값으로 0에서 1 사이에 있으며 값이 1에 가까울수록 불평등 정도가 심각함을 뜻한다. 세전 소득의 불평등은 국가의 개입과 지원을 거치면서 약화된다. 그러나 국가의 역할은 나라마다 다르다.[5]

국가의 역할을 말해주는 네 번째 칸은 세전 소득불평등과 재분배 이후의 불평등의 차이를 표시한다. 네 번째 칸의 값이 클수록 세전 소득의 불평등에 대해 강력한 복지국가가 작동함을 의미한다. 한국의 복지국가는 불평등을 완화하는데 적극적 역할을 하지 않는다.

---

3) 특히 정치적 요인이 복지지출에 중요한 영향을 준다는 연구결과가 지배적이다. 이에 대해서는 다음 문헌이 대표적이다: Esping-Anderson(1990); Pierson(2001); Hacker(2002); Iversen(2005).
4) LIS는 자료를 기반으로 한 연구논문을 제공한다. 재분배 문제와 관련한 논문으로는 다음 글 참조: Scervini(2009); Wong(2013).
5) 한국복지국가의 성격에 대해서는 강명세(2012a; 2012b) 참고

〈표 10-1〉 소득불평등과 복지국가의 역할

국가	세전 불평등	세후 및 지원 후 소득불평등	복지국가 효력
호주	0.453	0.304	0.149
벨기에	0.513	0.341	0.172
브라질	0.6	0.508	0.092
캐나다	0.47	0.311	0.159
중국	0.569	0.563	0.006
체코	0.467	0.233	0.234
덴마크	0.473	0.356	0.117
에스토니아	0.447	0.353	0.094
프랑스	0.446	0.322	0.124
핀란드	0.441	0.227	0.214
독일	0.442	0.266	0.176
그리스	0.541	0.345	0.196
과테말라	0.518	0.493	0.025
아일랜드	0.504	0.417	0.087
이스라엘	0.489	0.333	0.156
이탈리아	0.495	0.327	0.168
룩셈부르크	0.455	0.256	0.199
네덜란드	0.487	0.301	0.186
노르웨이	0.404	0.243	0.161
폴란드	0.516	0.288	0.228
남아프리카	0.696	0.6	0.096
한국	0.338	0.312	0.026
스페인	0.514	0.347	0.167
스웨덴	0.41	0.233	0.177
스위스	0.395	0.287	0.108
대만	0.292	0.281	0.011
영국	0.489	0.323	0.166
미국	0.468	0.351	0.117
평균	0.444	0.328	0.116

자료: Luxembourg Income Study, 2012

아래 그림이 보여주는 것처럼, 복지강국은 시장소득에 내재한 불평등을 완화하는 데 중요한 역할을 한다. 시계열 자료는 나라별로 크게 다르다. 예를 들어 한국은 2006년 일회분밖에 없다면 독일, 영국 및 미국 등은 1969-2010년까지 가능하다.[6] 핀란드, 네덜란드, 스웨덴 등 전통적 복지국가는 사회적 불평등을 해소하는데 기여한다. 한편 탈공산화 국가인 체코와 폴란드는 가장 적극적 역할을 하는 것으로 평가된다. 그러나 이들 탈공산화 국가가 불평등의 완화를 위해 노력하지만 불평등 자체는 다른 나라와 비교해 급속하게 상승하고 있어 국가정책의 지속여부가 관심거리이다.[7] 불평등의 완화와 관련하여 한국의 복지국가 역할은 30개국 가운데 아래에서 4위이다. 과테말라 보다는 크지만 브라질이나 아일랜드보다도 소득불평등을 완화하는 정책은 미미하다.

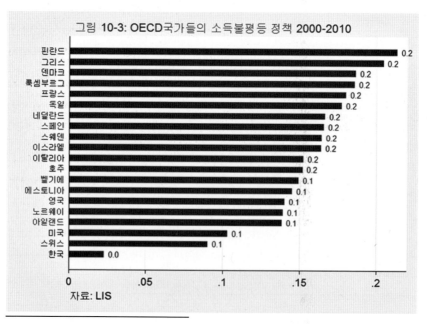

그림 10-3: OECD국가들의 소득불평등 정책 2000-2010

---

6) 한국은 2008, 2010년 자료를 LIS에 제출하고 자료검토의 단계에 있으며 곧 공개될 예정이다.

7) 폴란드와 체코의 마지막 자료는 2004년까지로 그 이후의 자료가 없어 현재로서는 지속여부를 판단할 수 없다

3. 복지국가의 수요

바로 이 같은 왜소한 역할 때문에 지난 18대 대선과정에서 복지국가가
최대의 쟁점으로 부각했던 것이다. 경제가 지속적으로 성장하여 일자리가
만들어지며 신분상승이 가능할 때는 소득불평등은 크게 문제되지 않았다.
그러나 경제침체가 지속되고 과거식의 성장은 더 이상 구조적으로 불가능
한 상황에서 중산층마저 경제적 곤란에 봉착해 있다. 이제 한국사회는 경
제적 불평등 문제에 본격 대면하고 있다.

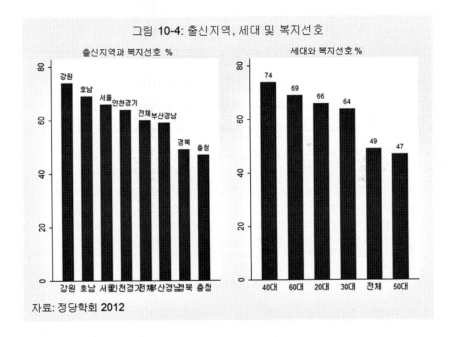

그림 10-4: 출신지역, 세대 및 복지선호

자료: 정당학회 2012

한국에서 복지는 어느 특정 집단이나 계급의 이해를 넘어서 다수의 보편
적 요구가 되었다. 한국사회를 가로지르는 다양한 갈등에도 불구하고 복지
수요는 갈등을 초월하여 모든 계층과 집단에 공통적으로 존재한다. 한국정
당학회 여론조사자료에 의하면 복지선호는 60%로서 성장을 선호한 40%보

다도 20% 높다. 이는 충청지역을 제외하면 모든 출신지역에서 과반수이상을 차지한다(그림 10-3). 한편 세대별 선호에서 보면 50대는 44%, 그리고 60대 이상은 44%가 복지를 선호한 반면 20-40대는 60-70%가 압도적으로 복지를 선호한다(그림 10-3).

시민의 절대 다수가 성장을 완화하더라고 혹은 현 경제수준을 감안해서라도 복지는 확대되어야 한다고 믿는 것이다. 성장과 복지의 우선순위에 관한 설문에서 60%가 복지확대를 40%는 성장정책에 우선순위를 두었다. 이로써 일단 전반적으로 복지에 대한 강력한 선호가 확인되었다. 복지정책의 선호는 지역별 및 세대별로 차이가 있다. 지역별로 보면 호남출신의 69%가 복지의 확대를 선호한 반면 대구/경북 출신의 경우 49% 그리고 대전충청의 47% 만이 복지확대를 선호했다. 다시 말해 충청권과 대구/경북 출신의 과반수이상이 복지보다 경제성장을 지지했다. 세대별 차이는 더욱 뚜렷하다. 20대의 82%가 복지확대를 요구한 반면 60대 이상 응답자는 44% 만이 복지를 다시 말해서 56%는 성장을 선호한다. 복지정책의 강화는 정치적 반대 지역이 선호하는 정책이라는 점에서 사회적 통합과 탕평의 일환으로 작용할 수 있다. 절대 다수가 선호하는 정책이라는 점에서 정치적 부담도 가벼워 실천하기 좋은 재목이다.

4. 왜 보수 후보가 복지공약을 제시했는가?

박근혜 정부가 탄생할 수 있었던 것은 복지공약 덕분이다. 박근혜 후보는 보수후보로서는 한국정치에서 처음으로 본격적으로 복지공약을 제시했다. 그렇다면 왜 박근혜 후보는 복지공약을 내걸었는가? 이는 무엇보다도 과열경쟁의 탓이다. 선거가 막판으로 갈수록 한치 앞이 보이지 않는 치열한 경쟁국면으로 치달으면서 패배할지 모른다는 위기의식이 작용한다. 둘째, 광범한 수요가 존재했다는 점이다. 정치인은 특정 정책에 대한 수요가 압도적일 때 그것에 반응한다. 정책실현 여부보다 당장의 당락이 가장 시급한 과제인 상황에서 투표자가 강력히 희망하는 선호에 부응하지 않을 수 없었다. 셋째, 공약은 제도적 변수의 산물이다. 18대 대선이 보여주는 것처럼 양강 구도로 갈 경우 양대 진영의 공약은 중위 투표자의 선호로 수렴하기 쉽다. 제18대 대선은 잠시 경선불복의 움직임까지 발생했을 정도로 박빙의 게임이었다. 박 후보는 51%를 얻어 48%의 지지를 얻은 민주당 후보를 누르고 당선되었다. 양대 후보는 중간층의 표심을 얻기 위해 경쟁적으로 중위 지점을 공략했다. 경쟁이 치열해짐에 따라 박근혜 후보와 문재인 후보는 서로의 정책을 카피하는 수렴현상을 보였다. 이 점에서 경제민주화와 복지경쟁은 대표적 수렴현상이다. 그러나 이제 공약이 실현되어야 하는 시점이 시작한다. 박근혜 정부의 과제는 다른 보수 정부와는 달리 '진보적' 아젠다를 제시함으로써 이후 그 실행에 대한 부담감을 느낄 것이다. 당초 공약대로 복지국가를 만들어 낸다면 역사적 정부로 기록될 것이며 민주당의 정치적 자리는 더욱 좁아질 전망이다.

5. 박근혜 정부의 역사적 성격과 과제: 복지국가는 가장 탁월한 사회적 탕평이다.

박근혜 대통령은 장기집권했었던 박정희 전 대통령의 딸이다. 박근혜 대통령이 여당 후보로 등장함에 따라 대선 내내 박정희 전대통령의 역사적 평가 문제가 또 다시 불거졌다. 재평가와 관련, 박근혜 후보도 입장을 밝히지 않을 수 없었던 데서 알 수 있는 것처럼 한국사회는 아직도 박정희 시대의 유산의 연장선에 있다. 오늘날 한국정치의 핵심적 균열구조는 박정희 시대의 여진이다. 영호남 갈등은 그 대표적 현상이다. 또한 산업화 대 민주화 대립 역시 마찬가지이다. 세대갈등 역시 박정희 시대의 평가와 직간접으로 관련된다. 이 세 가지 균열은 선거 기간 내내 경쟁의 축을 형성했다. 야당 후보는 물론 박근혜 후보의 공약도 사회적 갈등을 어떻게 해소할 것인가에 대한 해법의 일환이다. 치열한 캠페인 과정과 선거결과는 박근혜 대통령에게 막중한 국가적 아젠다를 각인시켜주었다. 박근혜 당선자는 보수 진영의 후보로서는 한국역사상 처음으로 경제민주화와 복지국가의 확대라는 미래비전을 제시함으로써 중간층의 표심을 얻어 승리할 수 있었다. 이 같은 전향적 공약 제시는 대통령 후보로서의 국정비전의 제시라는 측면 외에 제18대 대선의 과열경쟁에도 크게 작용했다. 그러나 선거의 순기능은 시민의 요구를 투입하는 것이라는 점에서 박근혜 당선인이 약속대로 공약을 추진한다면 새 정부의 정치적 신뢰를 쌓는 데 크게 기여할 것이다. 정치인에 대한 신뢰가 땅에 떨어진 현실에서 공약의 이행 여부는 다시 한번 신뢰를 시험하는 시금석이 될 것이다.

박근혜 후보의 당선은 보수세력으로서는 처음으로 복지공약을 제시한 점에서 새로운 실험이다. 박근혜 정부의 역사적 과제는 박정희 시대에 만들어진 역사적 잔영으로부터 벗어나 국민적 통합을 달성하는 것이다. 박정희의 유산은 18대 대선에서도 어김없이 나타났다. 박근혜 후보는 권역 별로 보면 두 곳 즉 호남과 서울에 패했다. 특히 호남에서의 패배는 지역균열이 얼마나 뿌리 깊은 고질적 균열임을 증명한 셈이다. 이 같은 지역균열 구조 속에서 박근혜 후보가 승리할 수 있었던 것은 역대 어느 보수당 후보보다도 지역적으로 비교적 고른 지지를 얻었던 데 있다. 박근혜 당선자에게 지역균열의 심각성은 18대 대선 결과는 중차대한 과제를 안겨주었다.

48%의 반대세력이 있음을 보여준 이번 선거과정은 한국사회에 존재하는 다양한 사회적 균열을 분명하게 보여주었다. 누가 이기든 승자는 패자의 아픔을 포용하지 않고는 사회적 통합을 이루기 불가능하다. 향후 박근혜 정부가 해야 할 정치적 통합의 핵심은 바로 선거과정에서 적나라하게 표출

되었던 주요한 갈등구조를 치유하는 것이다. 정치적 통합은 박근혜 당선자가 약속했던 복지나 경제민주화 실현을 포괄하는 큰 틀을 포함한다. 박근혜 정부가 약속했던 통합의 정치를 실현시키려면 대선과정에서 드러난 주요 균열구조를 기초로 소수와 반대세력을 포용하는 역사적 대타협의 정치를 시도할 필요가 있다(마인섭 2012). 대타협의 정치는 과거 관습적이며 일회성으로 행해졌던 호남의 엘리트 일부의 '중용'에 머무르는 것이 아니라 과감한 사회적 탕평책을 실행하는 것이다. 전자가 인사탕평책이라면 후자는 중산층을 두텁게 하는 것이다. 사회적 탕평책은 과거 권위주의 정부에서 퍼스트레이디 역할을 했던 박근혜 당선자만이 할 수 있을지도 모른다. 이는 사실 후보로서 약속했던 핵심공약이라는 점에서 좋은 정책이다.

한국의 사회적 갈등은 중첩되지만 분석적으로 보면 크게 네 가지가 가장 큰 얼개를 형성한다. 첫째는 가장 오랜 역사를 갖는 지역적 균열이다. 이는 선거결과가 보여주듯 여전히 가장 강고한 사회통합의 걸림돌이다. 호남지역, 특히 전남광주에서의 박 후보에 대한 지지는 10% 미만에 불과하다. 한편 박 후보가 대구/경북에서 얻은 지지는 80%에 근접하다. 한국정당학회가 2012년 12월 실시한 여론조사에 의하면 13.4%의 응답자가 지역갈등을 가장 중요한 문제라고 지적했다.

두 번째 사회적 균열은 세대 간 갈등에서 비롯된다. 세대균열은 지역균열과는 달리 최근의 현상이지만 고령화 사회의 이행이 가속화되는 상황에서 더 이상 방치하다가는 지역균열처럼 발전할 수 있다는 점에서 확고한 대책을 필요로 한다. 사실 세대간 대립은 압축적 산업화의 부산물로서 이번 대선에서도 초미의 관심을 끌었다. 젊은 층은 상대적으로 야당 후보를 지지하는 경향이 강하다는 점에서 젊은 유권자의 투표증가는 야당 후보에게 유리한 것으로 인식되었었다. 그러나 야당이 추진한 젊은 층에 대한 참여 독려는 노장년층의 대거 참여를 동원하는 역설적 결과를 낳았고 이는 박 후보 당선의 일등공신 역할을 했다. 응답자 13%가 세대갈등의 중요성에 지적했다.

그리고 세 번째 균열은 가장 많은 사람이 걱정한 빈부 혹은 계급대립이다. 정당학회 조사에서 40.8%가 빈부격차를 가장 중요한 사회적 문제로 인식했다. 이런 조건을 고려하면 복지와 경제민주화가 대선의 최대 승부수가된 것은 자연스러운 일이다. 또한 선거가 막판으로 갈수록 결과를 예측하기 힘든 박빙 승부로 흐르면서 양 후보는 경쟁적으로 복지포퓰리즘에 호소했다.

넷째는 이념갈등으로서 응답자의 20.7%가 공명했다. 이념갈등은 정치적통합이 미비한 데서 초래하는 것이기 때문에 향후 박근혜 정부는 정치개혁에 많은 노력을 경주할 필요가 있음을 말해준다. 제18대 대선 과정에서 잘나타난 것처럼 정치개혁은 시대적 요구이다. 민주화 이후 25년이나 지났음에도 정치적 부패와 불신은 거의 나아지지 않고 있으며 안철수 현상에서보았듯이 기성정치에 대한 불신은 대의정치 자체를 위협하는 상황으로 갈수도 있다는 점에서 정치개혁은 더 이상 미룰 수 없는 국가적 과제가 되었다. 위의 네 가지 균열은 앞으로 박근혜 정부가 주도적으로 봉합하고 치유해야 한다. 박근혜 후보는 신뢰의 정치를 전면에 내세워 강조했던 만큼 제시했던 공약을 지키는데 많은 노력을 들일 것으로 예상된다. 선거운동 기간 동안 박 후보가 제시했던 모든 공약과 직간접으로 관련을 갖기 때문에결국에는 위 네 가지 사회문제를 정치적으로 통합한다면 자연스럽게 실천될 수 있다.

6. 어떻게 할 것인가?

앞에서 말한 사회적 갈등을 해소하기 위해서는 복지강화와 경제민주화의 실현, 그리고 정치개혁이 핵심이다. 박근혜 정부에 가장 많은 기대는 무엇일까? 그것은 복지의 확충이다. 박근혜 정부에 대한 기대가 큰 이유는 다음과 같다. 첫째, 박근혜 당선자는 민주화 이후 처음으로 과반 이상의 지지를 획득했다는 점에서 미국식의 맨데이트(mandate)를 받았다고 볼 수 있다. 과반 이상의 지지는 정책의 확고한 추진에 도움이 된다. 둘째 박근혜 대통령은 후보로서 신뢰를 가장 중요한 정치적 자산으로 공약한 바가 있으며 이에 대한 기대가 크다. 셋째, 박근혜 대통령은 보수 후보로는 처음으로 복지정책을 가장 중요한 정책의 하나로서 공약했다는 점에서 중산층과 부동층의 지지를 도출하는데 성공했다. 박 후보는 중산층 70% 재건을 강조했다.

복지국가는 사회적 통합에 기여할 수 있다. 한국의 지역균열은 산업화/민주화 과정에 생겨났다. 호남은 민주화 시기를 거치고 김대중의 등장 및 5.18 항쟁을 겪으면서 한국에서 가장 진보적 지역이 되었다. 반면 대구/경북은 한국에서 가장 보수적 지역이 되었다. 한국인은 58%가 스스로를 중도라고 인식하며 진보와 보수라고 믿는 층은 각각 16%, 26%이다. 한편 호남 출신은 진보/중도/보수 비중은 19%-63%-18%으로 한국에서 가장 진보층이 많다. 반면 대구/경북의 진보/중도/보수 비율은 10%-61%-29%로서 한국에서 가장 보수층이 많고 진보층은 가장 소수이다. 이처럼 지역균열을 해소하는 것은 사회적 통합의 가장 중요한 부분이다. 지역이 정치적 이념 및 정체성으로 발전하고 다른 갈등구조와도 연계하여 작용한다는 점에서 지역문제에 대한 정책은 복합적 처방이 필요하다.

흔히 제시되었던 인사탕평책은 지역 엘리트를 달래거나 위무하는 수준을 벗어나지 못했다. 탕평이 본래의 통합적 기능을 하려면 대중적 필요와 요구를 충족시켜야 한다. 이를 위해서는 빈부격차 해소, 일자리 창출, 중소기업정책 및 복지정책의 강화가 절대적이다. 특히 복지정책의 강화는 취약해진 중산층을 보호하고 육성하는 데 기여하고 이는 다시 사회적 통합으로 연결될 수 있다.

세대 균열이 가장 분명하게 드러나는 분야는 무상복지이다. 무상복지에 대한 입장 차에서 확연히 드러난다. 전반적으로 무상복지의 시행에 대해 과반수이상(60%)이 반대 혹은 유보적이지만 세대별로는 크게 다르다. 젊은 층, 예를 들러 20대와 30대의 과반 가까운 비율(49%)가 무상복지에 찬성하는 반면 60대 이상의 노년층은 72%가 부정적이다. 이처럼, 무상복지의 시행을 다른 세대에 비해 더 많은 사람이 요구하는 반면 나이가 들수록 무상복지에 대한 요구가 약하다. 산업화 시대의 경험에 익숙한 노장년층은 실업과 세계적 불황으로 직접적 고통을 겪는 젊은 세대의 고민을 이해하기 어려울지도 모른다.

무상복지의 수요는 출신지역별로 큰 편차가 존재한다. 출신지역이 중요한 까닭은 광주 등과 같은 특정 지역은 민주주의 변수에 의해 사회화된 영향을 받기 때문이다. 복지의 수요는 자신의 소득과 밀접히 연관될 뿐 아니라 민주주의에 대한 태도에 의해서도 영향을 받기 때문에 민주주의를 신봉하는 집단일수록 무상복지를 요구할 가능성이 많다. 호남출신의 48%가 무상복지를 찬성한 반면 영남출신의 37%만이 찬성한다. 이는 복지정책은 지역문제와 깊숙이 연관됨을 말한다. 무상복지에 대한 강력한 선호를 고려할 때 박근혜 정부의 청년대책은 학자금문제와 청년실업 문제를 해결하는 데 최우선 순위를 두어야 할 것이다.

7. 정치개혁: 합의적 민주주의의 강화

대선과정과 결과에서 관찰된 바처럼, 한국정치는 양극화의 위험을 안고 있다. 잠깐이었지만 대선불복의 조짐이 일기도 했다. 치열한 경쟁으로 정책적 수렴이 보였지만 이념적으로는 극단에 대척했다. 박근혜 후보는 정치개혁을 통해 국민통합을 이룩하겠다고 약속했다. 그렇다면 한국의 투표자는 민주주의에 대해 어떻게 생각하는가를 파악하는 것이 순서이다.

먼저 한국인 다수는 민주주의 운영방식에 대해 부정적이다. 정당학회 여론조사는 정치개혁과 관련 두 가지 핵심 질문을 제시했다. 첫째 민주주의에 대한 평가와 관련 '현재 한국이 정치가 민주적으로 운영되고 있지 않다"는 응답이 55.4%로서 긍정적 응답(38.6%)에 비해 17% 정도 많다. 정치개혁의 필요성이 인지된다. 무응답을 제외하면 87%가 한국민주주의에 대해 부정적이다.

둘째는 민주주의 운영방식으로서 다수제와 합의제를 제시하고 어느 것이 바람직한지를 물었다. 다수제는 현행 제도이다. 소선거구제에서 국회의원, 을 그리고 전국적으로는 대통령을 선출하는 방식이다. 한편 합의제의 제도적 기반은 비례대표제이며 한국은 본격적 비례대표제를 실행하지 않았다.

〈표 10-1〉 민주주의 운영방식에 대한 선호 (%)

세대	합의제	다수제
19-29세	67	33
30대	72	28
40대	59	41
50대	60	40
60세 이상	64	36
평균	64	36

자료: 한국정당학회 여론조사 2012.12

한국정치의 비민주적 성격에 대해서는 모든 세대가 출신지역과 상관없이 동의한다. 이 부분을 더 세밀하게 파악하기 위해 민주주의 운영방식과 관련 "시간이 걸리더라도 합의를 통한 의사결정 또는 다수결 원칙을 통한 신속한 의사결정"의 두 가지를 제시하여 어느 쪽을 선호하느냐고 물었다. 합의제 민주주의는 유럽에서 일반적인 합의제 민주주의이며 다수결주의는 현재 한국과 미국 등 실행하는 다수제 민주주의를 의미한다. 이 설문에 64%가 합의제적 민주주의를 응답함으로써 절대 다수가 합의제 민주주의에 대한 선호를 표출했다.

민주주의 운영체제에 대해서는 세대별 및 출신지역별로 일정하고 중대한 편차가 존재한다. 호남출신 응답자는 71%가 합의제 방식을 선호하는 반면 대구/경북 출신은 57%가 같은 태도를 보인다. 호남과 대구/경북 출신은 합의적 민주주의를 두고 전국 평균 64%로부터 각각 7%의 거리를 갖는다. 세대별로 보면 30대는 72%가 합의제를 선호한 반면 40대는 49%가 같은 선호를 표시하여 비슷한 연령에도 불구하고 민주주의에 대해 다른 입장을 갖는다.

〈표 10-2a〉 소득불평등과 정치제도

	시장지니	세후지니	정책효과
비례대표제	0.45	0.14	0.32
다수제	0.45	0.35	0.10
의회중심제	0.44	0.31	0.14
대통령제	0.45	0.39	0.06
연합정부	0.44	0.32	0.12
단독정부	0.45	0.34	0.11
민주주의	0.45	0.32	0.14
비민주주의	0.42	0.43	-0.01
한국	.338	.312	.026

자료: LIS 2013

소득불평등의 정도는 제도에 따라 다르다.[8] 〈표 10-2a〉에서 보는 것처럼 소득불평등을 뜻하는 지니계수를 보면 가장 초보적인 상관관계에서도 차이는 분명하다. 정부형태와 재분배 효과의 관계를 보면 의회중심제에서 지니계수는 0.458에서 0.307로 0.151 낮아지는 반면 대통령중심에서는 0.449에서 0.377로 0.072 낮아진다. 의회중심제가 소득재분배에 더욱 효과적임을 의미한다.

---

8) 제도적 효과에 대해서는 상당한 연구가 진행 중이다. 다음은 대표적 문헌의 일부이다: Atkinson(2001); Alesina and Glaeser(2004); Boix(2003); Persson and Tabellini(2005); Iversen and Soskice(2008).

<표 10-2b> 재분배 효과와 중산계급

	세전 소득대비	세후 소득차이	재분배효과
전체	4.01	2.97	-1.05
비례대표제	3.95	2.86	-1.09
다수제	3.95	3.12	-0.83
연합정부	3.95	2.91	-1.04
단독정부	4.13	3.08	-1.05
민주주의	3.94	2.80	-1.14
비민주주의	4.27	4.71	0.45
한국	3.10	2.81	-0.29
의회중심제	3.76	2.7	-1.06
대통령제	4.77	3.77	-1.00
	4.018	2.97	-1.05

자료: LIS(2013)

소득재분배의 정도를 평가하는 기준 가운데 중간계급의 변화는 중요하다. 특히 정치적으로 캐스팅보트를 갖고 있다는 점에서 민주주의 체제에서 중간계급에 대한 처우는 무시할 수 없다. <표 10-2b>는 상위 10%의 집단(p9)이 중간 소득집단(p5)과 어느 정도 거리를 유지하는 가를 의미한다. 소득재분배로 인해 이 값이 감소한다면 중간계급에 호의적인 정책이 실현되었음을 의미한다. 반대로 증가하거나 변화가 없다면 중간계급에 대한 재분배가 실현되지 않았다는 뜻이다. 중간소득 집단의 변화는 정치제도에 따라 다르다. 첫째, 가장 확실한 차이는 민주주의 체제와 그렇지 않은 체제 사이에서 드러난다. 민주주의 체제는 중산층에게 우호적이다. 재분배 이후 거리는 크게 줄었으나(-1.14) 비민주주의에서는 역으로 늘어났다.

둘째는 선거제도의 효과이다. 선거제도의 측면에서 보면 비례대표제에서 중간소득과 상위 10% 집단 간의 차이는 다수제에 비해 다소 멀어진다. 연합정부와 단독정부의 차이를 보면 중간계급의 위상은 거의 차이가 없다. 셋째는 정부형태와의 관계이다. 중간계급 대비 상위 10%의 소득비를 보면,

대통령중심제가 4.77로 의회중심제보다 1 정도 높다(표 10-2b). 또한 중간계
급과의 상위 소득과의 거리는 약간이지만 의회제에서 더 벌어진다. 정부형
태는 차별적 효과를 갖는 것으로 알려진다(Persson and Tabellini 2005, 31).
대통령중심제는 의회중심제에 비해 균형과 견제가 작동하기 때문에 과도
한 지출이 억제된다.

〈표 10-3〉 종속변수: 세전 지니 - 세후 지니

독립변수	coef	Std. err.	z
세전 지수계수	0.6196	0.0768	8.07
비례대표제도	0.0161	0.0369	0.44
최저득표율	0.001	0.0062	0.17
선거구 크기	-0.089	0.0004	-0.43
민주주의	0.0899	0.0405	2.22
의회중심제	0.0455	0.0246	1.85
실업률	0.0003	0.001	0.25

Rsqr = 63.8

　선거제도는 재분배에 영향을 준다.[9] 그렇다면 어떤 제도가 복지국가의
확대에 호의적인가? 복지국가의 확대를 위해서는 복지정책의 강화가 필요
하며 이는 정부의 규모가 늘어나는 것과 같다. 복지국가의 규모를 측정하
는 지표가운데 복지지출이 가장 일반적 지표이다.[10] 선거제도와 재분배의
관계를 보면 세전 불평등에서는 단순다수제 하에서 0.439로 비례대표제의
0.455보다 0.01 정도 낮다. 그러나 재분배정책 이후의 불평등지수는 비례대
표제에서 0.319로 다수제의 0.331보다 0.01 낮다. 또한 다수제의 불평등 개
선효과는 0.108이나 비례대표제의 개선효과는 0.136로서 0.03 크다. 다시 말
해 비례대표제에서 재분배정책이 더욱 효력을 갖는다고 할 수 있다.[11] 민

---

9) 이와 관련하여 Boix와 Iversen의 논쟁이 있다.
10) 다른 곳과의 비교측정을 위해서는 가장 흔히 사용되는 것은 GDP 대비 사회지
　　출이다.

주주의와 의회중심제 변수가 유의미한 것으로 나타났다.

제도의 인과적 효과는 〈표 10-3〉과 〈표 10-4〉에서 더 분명히 드러난다.[12] 〈표 10-3〉은 OLS 회귀분석으로 도구변수를 동원하지 않고 곧바로 reduced-form equation을 기반으로 추정한 것이다. 제도적 효과를 보다 정확히 도출하기 위해서는 도구변수의 활용이 적극 추천된다. 내생적 변수가 독립변수로 포함되는 흔한 경우 도구 변수는 인과관계를 포착하는데 효과가 있기 때문이다.[13] 〈표 10-4〉는 몇 가지 점을 말해준다. 첫째, 단독정부는 재분배에 부의 효과를 가져다주며 반대로 연합정부는 재분배에 기여한다. 연합정부에는 재분배정책을 선호하는 투표자의 지지를 받는 정당이 참여하기 때문이다. 한편 단독정부에는 상대적으로 재분배를 선호하는 집단의 지지를 받는 정당이 집권당이 아닐 경우가 더 높다. 둘째, 민주주의 체제에서 재분배가 더 시행될 가능성이 많다. 민주주의 체제가 아닌 경우에 비해 20% 이상 재분배정책이 실현된다.

대통령중심제는 많은 연구가 지적하는 바처럼 제왕적 경향을 갖기 쉽다. 그 중에서도 다수제의 선거제도는 승자독식 구조를 배태하고 있다. 미국처럼 의회와 사법부에게 강력한 견제자의 역할을 허용하지 않으면 남미처럼 대통령제는 권위주의 체제로 변질하기 쉽다. 정치개혁을 위해서는 무엇보다도 먼저 한국의 시민과 유권자는 한국의 민주주의에 대해 어떤 평가를 하

---

11) 실업률, 경제성장률 등이 일반적 통제변수로 이용된다.
12) 정확한 측정을 위해서는 두 가지 길이 존재한다. 첫째는 고정변수를 추가하여 종속변수와 설명변수 모두에 영향을 주는 누락변수의 영향력을 제거하는 것이다. 둘째는 누락변수의 역할을 대행하는 도구변수를 도입하는 방법이다. 도구적 접근이 더 우수한 것으로 평가되지만 도구변수를 찾는 일이 난제이다. 두 가지 방법의 우수성 문제는 논쟁의 대상이다.
13) 선거제도가 재분배정책에 영향을 주는 통로는 직접적이지 않고 정부형태(government-type)를 통해 간접적으로 작용한다. 비례대표제에서는 연합정부, 다수제(majoritarian)에서는 단독과반정부가 일반적이며 이때 정부형태는 공공정책의 차이를 낳는다.

는가를 파악해야 한다. 정치개혁은 국민의 바람을 근거로 해서 추진되어야 하기 때문이다. 정치개혁이 시민/투표자의 정치개혁에 대한 선호를 실현시키기 위해서는 현행의 다수제적 경향을 축소하고 합의제적 요소를 강화시킬 필요가 있다. 합의제 민주주의의 제도화는 비례대표제와 의회중심제로의 전환이다. 한편 부분적 보완은 비례대표제의 요소를 강화하는 것이다.

〈표 10-4〉 두 단계 회귀분석

종속변수: 증감	coef	Std. err.	z
단독정부	-.086	.050	-1.73 *
세전 지니계수	.607	.069	8.79 ***
민주주의	.207	.032	6.47 ***
상수	-.310	.044	-6.98

Rsqr: 55.5%,
도구변수: 민주주의, 진입장벽, 선거구크기

제도에 대한 평가는 책임성과 대표성의 양면을 모두 고려한다. 책임성과 대표성은 종종 상쇄적 관계에 있다. 책임성 문제에서는 다수제와 비례대표제 어느 것이 확실한 우위가 보장되지 않는 반면 재분배와 대표성 측면에서는 비례대표제가 다수제에 비해 강력한 효과를 보여준다. 그렇다면 현재 한국 투표자 다수가 희망하는 복지국가의 확대를 위해서는 비례대표제가 필요하다. 복지국가의 확대를 위해서는 선거제도를 바꿔야 한다. 개혁을 주도하거나 변화에 적극적인 정치세력이 원내에 진출할 수 있는 제도를 만들면 불필요한 논의는 안 해도 된다.[14]

비례대표제는 빈곤감소에도 상대적으로 다수제에 비해 효력을 발휘한다. 빈곤감축을 표방하는 정당이 더 많은 의석을 획득할 가능성이 높기 때문이

---

14) 현재 보도되는 단일화 논의는 일종이 결선투표 때 발생하는 짝짓기와 같다. 짝짓기는 일등만이 승리하는 다수제에서 일어난다. 다당제라면 선거 후에 비슷한 정책을 표방하는 정당 간에 협상을 통해 연합정부를 만든다.

다. LIS 자료에 따르면 35개국을 대상으로 1974-2010년간의 경험를 기반으로 할 때 제도적 차별성이 뚜렷하다(표 10-2). 마지막으로 정부의 당파성이 소득불평등에 영향을 주는 것으로 나타난다. 보수정부가 시장소득의 불평등 25.2% 완화한다면 중도정부는 29.8%, 그리고 좌파 정부는 33.2% 감축한다. 즉 정책적 성향이 소득불평등을 완화하는 요인임을 알 수 있다.

박근혜 대통령은 특유의 리더쉽으로 중산층으로 하여금 자신을 지지토록 하는데 성공했다. 이제 정치적 통합의 리더쉽이 필요한 시점이다. 한국인의 절대 다수가 선호하는 합의적 민주주의를 어떻게 정치개혁에 담아낼 것인가를 고려할 필요가 있다. 박근혜 후보가 정치적 반대를 의식해서 자주 언급한 탕평책은 부분적으로 합의제 민주주의의 일환이다. 이는 현행 대통령제의 틀 속에서 인사정책을 통해 합의적 요소를 수용하는 것이다. 그러나 합의제 민주주의는 사회적 탕평을 제도화한다는 점에서 인사탕평과는 달리 일회적이나 개인의 노력에 의존하지 않고 보다 구조적 효력을 갖는다. 박근혜 대통령이 소신으로 강조하는 신뢰를 구축하려면 사적 노력보다 제도화를 통해 구체적 결실을 거둘 필요가 있다. 제도화보다 강력한 신뢰를 제공하는 장치는 없다.

8. 결론

제10장은 제18대 대선에서 집권에 성공한 보수정부가 과연 복지국가 만들기에 성공할 수 있을 것인지를 논의하려 했다. 평가의 잣대는 제도적 관점이다. LIS(룩셈부르크소득연구)는 세계 40개국의 소득자료를 제공함으로써 소득분포의 분석을 가능하게 한다. 소득분포와 정치제도의 관계를 통해 간접적으로 보수정부의 사회정책 실행여부를 추론하는 것이다. 제도주의적 논의는 보수와 진보 또는 여야를 막론하고 제시하는 복지공약이 얼마나 구

속력을 지니는지를 평가하는데 기여한다. 보수정부가 서민과 중산층을 위한 복지공약을 통해 집권에 성공했다. 다수제 제도에서 중위투표자의 선택은 선거결과에 결정적 영향을 미친다. 중간층은 다수제에서 부유층과 연합하면 잃을 것이 없기 때문에 저소득집단보다는 고소득집단이 지지하는 정당을 선택한다. 제1부에서 상세히 논의한 것처럼 하층과 연대할 경우 일단 집권에 성공한 진보정부가 더욱 진보적 정책을 추진할 경우 부유층은 물론이고 중산층도은 과세 대상이 되기 때문에 저소득층과 연대하려 하지 않는다. 한편 비례대표제에서는 반대의 현상이 발생한다. 이 선거제도 하에서는 어느 정당도 과반의석을 차지할 수 없기 때문에 일반적으로 연합정부가 등장하기 쉽다. 연정을 구성하는 협상과정에서 중간층을 대표하는 중도정당은 노동계급을 대표하는 진보정당과 연합정부를 구성하여 부유세를 도입하여 중산층 이하 모두를 위한 사회정책을 실현한다. 보수당이 최대 피해자가 된다. 비례대표제에서 중도정당과 보수정당이 연합하여 노동계급과 서민을 '착취'하는 것은 역사적으로 불가능하다. 하층에게 과세하여 중도와 상층이 이익을 나누는 것은 민주주의의 마지노선이며 혁명을 부르는 일이다(Acemoglu and Robinson 2005).[15] 제18대 대선에서 한국의 중위투표자는 앞에서 논의한 것처럼 다수제 선거제도에서 예측되는 투표행태대로 보수후보를 지지했다. 이론이 제시하는 대로 중위투표자는 보수지지로 인해 자신에게는 불이익이 없을 것으로 판단했을 뿐 아니라 보수 후보가 공약한 중산층 우대에 끌렸을 것이다. 그러나, 과거에 없던 복지정책을 대대적으로 실시하는 데는 막대한 재원이 필요하다. 그 재원은 어디서 오는가? 복지조세 외에는 기본적 대안이 없다. 복지조세는 중산층에게 과해질 수밖에 없다. 중산층에게 부과되는 조세가 아니라면 공약은 현실적으로 지켜지기 불가능하다.

---

15) 이는 애쓰모글루와 로빈슨이 제시한 '혁명적 제한(revolutionary constraints)'이다.

부 록

2장

〈표 2-1A〉 분석 대상 국가와 년도

국가	I	II	III	IV	V	VI	VII	VIII
호주		1985	1989	1995	2001	2003		
오스트리아					2000	2004		
벨기에			1992	1995	2000			
캐나다	1981	1987	1991	1994	2000	2004	2007	
체코				1996		2004		
덴마크			1992	1995	2000	2004		
에스토니아						2004		
프랑스	1981	1984	1989	1994	2000	2005		
핀란드			1991	1995	2000	2004	2007	2010
독일	1981	1984	1989	1994	2000	2004	2007	2010
그리스					2000	2004	2007	2010
과테말라								
헝가리				1994	1999	2005		
인도								
아일랜드				1994	2000	2004	2007	2010
이스라엘		1986	1992	1997	2001	2005	2007	
이탈리아		1987	1989	1995	2000	2004	2008	2010
일본								
한국								
룩셈부르크			1991	1994	2000	2004	2007	2010
멕시코			1989	1994	2000	2004		
네덜란드		1987	1990	1993	1999	2004	2007	2010
노르웨이		1986	1991	1995	2000	2004		
폴란드			1992	1995	1999	2004		
루마니아				1997				
러시아								
슬로바키아				1996	2000	2004	2007	2010

슬로베니아					1999	2004	2007	2010
스페인			1990	1995	2000	2004	2007	2010
스웨덴	1981	1987	1992	1995	2000	2005		
스위스			1992		2000	2004		
대만		1986	1992	1995	2000	2005		
영국	1979	1986	1991	1994	1999	2004	2007	2010
미국	1979	1986	1991	1994	2000	2004	2007	2010
우루과이								

자료: LIS

4장 자료출처

종속변수:

LIS(Luxembourg Income Study: www.lisdatacenter.org), 시장소득, 가처분소득, 중위
소득, 평균소득

정치제도변수: 정치제도, 연정, 좌파정당의 의석

CDPS III [1990-2010], Klaus Amingeon, David Weisstnner, Sarah Engler, Panajotis
Patolidis, M. Gerber, University of Bern Comparative Welfare Data Set(2004),
University of North Carolina [1960-2000]

Database of Political Institutions (2012) [1976-2012], P. Keefer, 투표율, 좌파정당 의석

노동시장자료

ICTWSS, version 4, Jelle Visser, Amsterdam Institute for Advanced Labour Studies
[1961-2011], 노동조직률, 협상지점

통제변수: 성장률, 일인당 국민소득, 무역, 국민총생산, 교육지출

Penn World Table 8.0, 국민총생산, 실질성장, 일인당실질소득 [1960-2010]

IMF: 수출 및 수입 총액 [1960-2010]

OECD: 실업률, 사회지출, 고등교육지출

The QoG Social Policy Dataset, version 4 April 12, Samanni, Marcus, Jan Teorell,
Stephan Dalberg, Bo Rothstein, University of Gothenburg, 사회지출

8장

〈표 8-1A〉 시장소득 중간계급의 규모

	wave I 1980	wave II 1985	wave III 1990	wave IV 1995	wave V 2000	wave VI 2004	wave VII 2007	wave VIII 2010
호주						20.6		
오스트리아	30.5	27.3	29.1	29.3	30	29	28.3	23
벨기에					23			
브라질						24.6	20.2	23.0
캐나다			34.0	22.9		27.9		
중국		35.3	29.0	31.6	33.4	31.4		
콜롬비아					27.2	28.4		
체코		38.7	35.9	30.9	33.0	30.2		
덴마크	28.4	23.1	31.6	31.2	29.3	29.7	30.5	
에스토니아	36.1	39.3	39.7	36.4	32.6	26.3	24.1	20.5
핀란드				60.7	62.8	62.4	61.5	64.3
프랑스						17.2		
독일			27.9	21.2	23.5	22.0		
그리스								
과테말라		26.9		31.5	32.2	22.8	20.3	14.2
헝가리	31.8	30.2	25.8	25.7	23.3	24.5	24.0	
인도		30.3	31.9	26.9	28.4	27.3	27.4	26.9
아일랜드							58.1	
이스라엘		35.2	32.8	34.0	31.9	27.3	40.9	26.0
이탈리아		24.9	17.5	17.5	19.9	25.1		
일본		31.7	32.6	33.0	35.1	41.1		
룩셈부르크	35.0	42.8	44.2	36.9	42.5	38.4		
멕시코						20.8		
네덜란드		33.0	25.4	25.3	27.6	25.6		
노르웨이				30.0				
페루					21.6	21.0	23.1	24.5
폴란드			32.4	28.9		33.0	32.9	32.6
루마니아				34.0	34.4	34.8	34.4	35.4

러시아							53.7	53.3
슬로바키아						58.3		
슬로베니아	22.8		25.6	25.6	26.8	27.2	27.0	24.2
남아공	37.8	34.9	37.0	30.7	19.8	29.6	30.4	
한국	40.1		27.9		35.9	38.0		
스페인	16.1	16.9	16.1	22.0	23.6	34.8		
스웨덴	30.3	32.1	26.1	27.1	23.4	23.4	21.9	19.0
스위스	30.5	30.7	29.4	28.7	28.2	29.0	29.4	27.0
대만						22.5		
영국						20.6		
미국	30.5	27.3	29.1	29.3	30	29	28.3	23
우루과이					23			
평균	34.4	34.6	32.7	30.4	33.4	31.8	30.2	28.7

〈표 8-2A〉 가처분소득 중간계급의 규모

	wave I 1980	wave II 1985	wave III 1990	wave IV 1995	wave V 2000	wave VI 2004	wave VII 2007	wave VIII 2010
호주	31.5	34.2	33.2	33.4	34.0	33.4		
오스트리아		39.5		34.7	36.1	36.7		
벨기에		28.7	41.2	40.3	45.6			
브라질						20.6		
캐나다	30.4	27.3	30.6	32.9	33.6	33.9	35.3	36.5
중국					24.5			
콜롬비아						27.8	24.9	26.1
체코			27.3	28.7		30.5		
덴마크		46.6	49.1	44.8	45.4	46.0		
에스토니아					32.7	34.8		
핀란드		49.3	47.0	49.8	51.2	47.0		
프랑스	35.9	34.1	34.8	34.4	36.1	38.0		
독일	37.7	47.1	41.5	38.1	40.9	42.1	42.1	42.3
그리스				29.9	28.6	29.3	30.4	29.2
과테말라						20.9		

헝가리			28.9	28.2	33.4	32.6		
인도						21.0		
아일랜드		30.5		34.1	34.4	28.9	27.1	30.5
이스라엘	30.7	29.0	27.3	29.2	31.2	29.8	29.8	
이탈리아		34.3	32.8	32.6	34.6	35.9	38.8	37.5
일본							23.8	
룩셈부르크		34.4	30.5	33.2	31.5	29.4	28.9	31.4
멕시코	17.9	16.5	14.5	14.8	15.7	18.0		
네덜란드		32.4	31.5	33.7	35.5	39.4		
노르웨이	33.3	38.8	44.6	43.5	47.0	51.4		
페루						16.7		
폴란드		62.2	22.5	26.4	24.1	32.3		
루마니아				25.6				
러시아					28.4	22.6	24.0	31.5
슬로바키아			21.8	25.1		31.1	30.5	33.2
슬로베니아				27.5	27.3	32.7	35.9	38.8
남아공							11.3	12.6
한국						24.2		
스페인	21.9		24.4	28.5	30.6	29.2	30.3	32.4
스웨덴	43.7	39.6	48.9	47.6	49.1	41.6	43.7	
스위스	37.6		28.0		33.2	36.0		
대만	14.1	15.1	17.2	19.6	20.9	20.1		
영국	32.8	34.2	33.8	32.0	32.7	32.0	33.1	34.0
미국	32.8	33.5	33.9	33.2	32.9	34.1	34.3	34.1
우루과이						27.8		
평균	34.2	36.9	34.7	35.4	35.8	34.5	31.9	33.4

〈표 8-3A〉 종속변수: 중간계급의 상대적 변화

독립변수	OLS	BE	FE	RE
권력자원				
노동조직률	0.004***	0.005*	0.008**	0.163***
좌파정부참여	0.009***	0.012*	0.034	0.360***
생산레짐	0.03	0.152	0.053	0.607

정치제도				
비례대표	0.035	-0.039	-0.013	-1.313
대통령제	0.077	0.126		0.598
연합정부	-0.056	0.094	-0.066	-1.108
민주주의체제	0.153*	0.176	0.105	2.332
복지국가레짐	0212**	0.286		5.53
통제변수				
시장가격중간계급크기t−1	-0.039***	-0.029***	-0.045***	-0.727***
실업률t−1	-0.007	-0.000	-0.003	0.009
정부지출t−1	0.000***	0.011**	0.009***	0.255***
65세이상인구t−1	1.464***	1.762*	1.961***	46.011***
일인당소득t−1	0**	0	0***	0***
R	72.3	71.9	73.5	64.76

〈표 8-3B〉 각 소득집단의 가처분소득 변동 %, 1979-2010

country	저소득층(75%미만)	중간소득(75-125%)	고소득(125% 이상)
호주	-5.36	-0.29	5.65
오스트리아	0.45	-2.89	2.45
벨기에	-24.54	12.33	12.20
캐나다	-9.58	3.88	5.70
덴마크	3.27	0.56	-3.82
프랑스	-7.59	6.86	0.74
핀란드	0.83	-1.37	0.53
독일	-8.69	-1.25	9.94
그리스	3.13	-0.40	-2.73
헝가리	-5.49	3.63	1.86
아일랜드	0.12	0.67	-0.79
이스라엘	-3.36	-2.18	5.54
이탈리아	-8.06	4.55	3.51
룩셈부르크	0.21	-3.04	2.84
멕시코	-7.54	0.14	7.40
네덜란드	-20.52	11.38	9.15
노르웨이	-9.22	16.59	-7.37
폴란드	-9.10	3.22	5.88

러시아	-0.67	2.64	-1.97
슬로바키아	-6.05	4.55	1.50
슬로베니아	-13.20	9.22	3.98
스페인	-13.73	7.58	6.16
스웨덴	-1.48	4.07	-2.59
스위스	7.04	-1.60	-5.44
대만	-10.99	6.06	4.93
영국	-8.66	-0.24	8.90
미국	-7.06	-0.66	7.72

〈표 8-4A〉 종속변수: 중간계급의 상대적 변화

독립변수	OLS	BE	FE	RE
권력자원				
노동조직률	0.004***	0.005*	0.008**	0.163***
좌파정부참여	0.009***	0.012*	0.034	0.360***
생산레짐	0.03	0.152	0.053	0.607
정치제도				
비례대표	0.035	-0.039	-0.013	-1.313
대통령제	0.077	0.126		0.598
연합정부	-0.056	0.094	-0.066	-1.108
민주주의체제	0.153*	0.176	0.105	2.332
복지국가레짐	0212**	0.286		5.53
통제변수				
시장가격중간계급 크기t-1	-0.039***	-0.029***	-0.045***	-0.727***
실업률t-1	-0.007	-0.000	-0.003	0.009
정부지출t-1	0.000***	0.011**	0.009***	0.255***
65세이상인구t-1	1.464***	1.762*	1.961***	46.011***
일인당소득t-1	0**	0	0***	0***
R	72.3	71.9	73.5	64.76

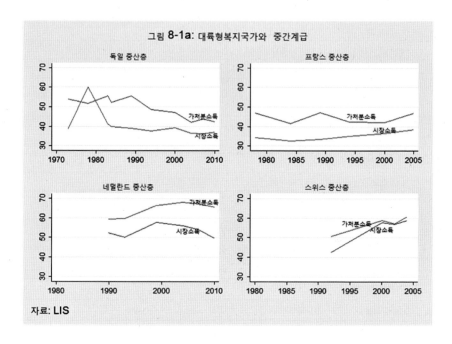

그림 8-1a: 대륙형복지국가와 중간계급

자료: LIS

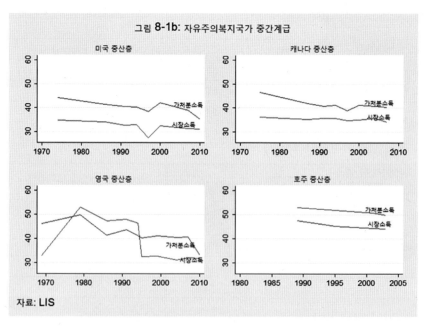

그림 8-1b: 자유주의복지국가 중간계급

자료: LIS

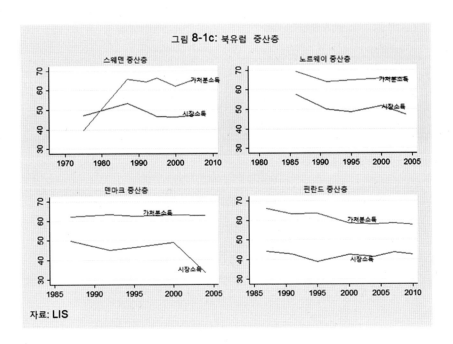

그림 8-1c: 북유럽 중산층

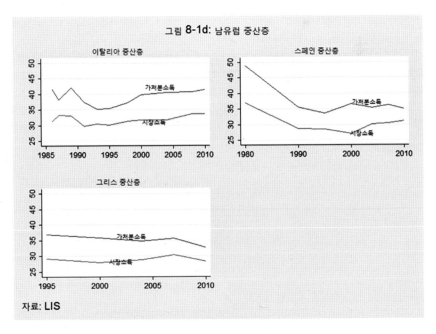

그림 8-1d: 남유럽 중산층

참 고 문 헌

■국내문헌

강명세. 2004. 『한국의 노동시장과 정치시장』. 서울: 백산.
_____. 2008. "한국의 보수화 회귀와 진보세력의 선택." 『동향과 전망』, 7: 182-213.
_____. 2011. "한국정치의 새로운 지평: 향후 복지는 한국정치를 요동칠 것이다.": 한국정치학회 연말학술대회 발표문.
_____. 2012. "불평등한 선거제도와 전국적 정당체제의 도전." 『국가전략』, 18(2): 5-27.
_____. 2012a. "한국정치의 새로운 지평: 향후 복지는 한국정치를 요동칠 것이다." 한국정치학회 특별학술대회 발표문 (2012년 5월).
_____. 2012b. "한국 복지국가를 어떻게 접근할 것인가?" 한국복지국가연구회 편, 『한국복지국가의 정치경제』. 아연출판부: 21-56.
_____. 2013. "박근혜 정부의 복지정책: 쟁점과 과제." 한국정치학회 관훈토론공동 학술대회 (2013년 2월 25일).
_____. 2014. "재분배의 정치경제: 권력자원 대 정치제도." 『한국정치학회보』, 47집 5호: 71-94.
마인섭. 2012. "한국정당의 복지정책과 선거", 『의정연구』 제17집 3호. 30-62
안순철. 1999. 『선거체제비교』. 서울: 법문사.
안재흥. 2013. 『복지자본주의의 형성과 재편』. 서울: 후마니타스.

■해외문헌

Acemoglu, Daron. 2002. "Technical Change, Inequality, and the Labor Market." *Journal of Economic Literature*, XL: 7-72.

_____ and Johnson, Simon and James A. Robinson. 2005a. "Institutions as a Fundamental Cause of Long-Run Growth." In Philippe Aghion, and Stephen Durlauf eds., *Handbook of Economic Growth*. Elsevier: North-Holland.

_____. 2005b. "Constitutions, Politics and Economics: A Review Essay on Persson and Tabellini's The Economic Effects of Constitutions." *Journal of Economic Literature*, 43(4): 1025-1048.

_____. 2006. *Economic Origins of Dictatorship and Democracy*. Cambridge: Cambridge University Press.

_____. and J. Robinson. 2005. *Economic Origins of Democracy and Dictatorship*. Cambridge University Press.

_____. Simon Johnson, and J. A. Robinson. 2008. "Income and Democracy." *American Economic Review*, 98(3): 808-842.

_____, J., Robinson, J. A., and Yared, P. 2009. "Reevaluating the modernization hypothesis." *Journal of Monetary Economics*, 56(8): 1043-1058.

_____. 2012. Why Nations Fail: The Origins of Power, Prosperity, and Poverty. Crown Business.

_____. 2013. "Democracy, Redistribution and Inequality." In A. Atkinson and F. Bourguignon, eds., *Handbook of Income Distribution* (forthcoming).

Adsera, A. and C. Boix. 2002. "Trade, democracy, and the size of the public sector: the political underpinnings of openness." International Organization, 56(2): 229-62.

_____. 2006. "Constitutions and Democratic Breakdowns." Unpublished paper.

Albert, Jens. 2006. "The European Social Model and the United States." *European Union Politics*, 7(3): 393-419.

Alber, J. and N. Gilbert, eds.. 2010. *United in Diversity*. Oxford: Oxford University Press.

_____. and Ulrich Kohler. 2010. "The Inequality of Electoral Participation in Europe and America and the Politically Integrative Functions of the Welfare State." In Alber, J., and N. Gilbert, eds., *United in Diversity*. Oxford: Oxford University Press: 62-90.

Alberts, S., Warshaw, C., and B. R. Weingast. 2011. "Democratization and Countermajoritarian Institutions: Power and Constitutional Design in Self-Enforcing Democracy." Unpublished paper.

Alesina, Alberto, and Glaeser, E. 2004. *Fighting poverty in Europe: A world of difference*. Oxford, UK: Oxford University Press.

_____, and D. Rodrik. 1994. "Distributive Politics and Economic Growth." *Quarterly Journal of Economics*, 109(2): 465-490.

_____, and H. Rosenthal. 1995. *Partisan Politics: Divided Government and The Economy*. Cambridge University Press.

_____, and Edward L. Glaeser. 2004. *Fighting Poverty in the US and Europe*. Oxford University Press.

_____, and Fuchs-Schundeln. 2007. "Good-by Lenin(or not) – The Effects of Communism on People's Preferences." American Economic Review, 97: 1507-1528.

Allan, James P, and Scruggs, Lyle A. 2004. "Political partisanship and welfare state reform in advanced industrial sociieties." *American Journal of Political Science*, 48(3): 496-512.

Allard, Gayle and Lindert, Peter H. 2006. "Euro-Productivity and Euro-Jobs since the 1960s: Which Institutions Really Mattered?." *NBER Working Papers*, 12460.

Alvarez, Pablo Beramendi. 2001. "The Politics of Income Inequality in the OECD: The Role of Second Order Effects." *LIS Working Paper Series*, 284.

Angrist, Joshua D., and Pischke, Jorn-Steffen. 2009. Mostly Harmless Econometrics: An Empiricist's Companion. Princeton: Princeton University Press.

Ansell, B. W. 2008. "Traders, teachers, and tyrants: Democracy, globalization, and public investment in education." *International Organization*, 62(2): 289-322.

_____. 2008. "University Challenges: Explaining Institutional Change in Higher

Education." *World Politics*, 60: 189-210.

_____. 2010. *From the Ballot to the Blackboard: The Redistributive Political Economy of Education*. Cambridge: Cambridge University Press.

Ansolabehere, S. 2006. "Voters, Candidates, and Parties." B.R. Weingast and D. Whitman, eds. The Oxford Handbook of Political Economy. Oxford University Press: 29-49.

Armingeon, Klaus, Weisstanner, David, Engler, Sarah, Potolidis, Panajotis, and Marlène Gerber. 2012. *Comparative Political Data Sets III*. University of Bern.

Arts, W, and J. Gelissen. 2002. "Models of the Welfare State." In F. Castles, et al., The Oxford Handbook of the Welfare State. Oxford: Oxford University: Ch. 39.

_____. 2010. "Models of the Welfare State." In Francis G. Castles, et al., The Oxford Handbook of The Welfare State. Oxford: Oxford University Press: 569-585.

Atkinson, Anthony B, Rainwater, L., and T. M. Smeeding. 1995. "Income Distribution in OECD Countries: Evidence from the Luxembourg Income Study." OECD Social Policy Studies, 18. Paris.

_____. 1999. "Is Rising Inequality Inevitable? A Critique of the Transatlantic Consensus." *WIDER Annual Lecture*, 3.

_____. 2001. *The Economic Consequences of Rolling Back the Welfare State*. MIT Press.

_____. 2003. "Income Inequality in OECD Countries: Data and Explanation." *CESifo Economic Studies*, 49(4): 479-513.

_____, and A. Brandolini. 2011. "On the identification of the 'middle class'" *Society for the Study of Economic Inequality*, September.

_____, and F. Bourguignon. 2007. "Income Distribution and Economics." In A. B. Atkinson and F. Bourguignon, eds., *Handbook of Income Distribution*, Volume I. Elsevier: 1-58.

_____, and T. Piketty 2007. *Top Incomes over the 20th Century*. Oxford: Oxford University Press.

_____. 2011. "On the identification of the 'middle class'." *ECINEQ Working Paper*.

Autor, David H., Katz, Lawrence F., and Melissa S. Kearney. 2008. "Trends in U.S. Wage Inequality: Revising the Revisionists." *The Review of Economics and Statistics*, 90(2): 300-322.

_____. 2006. "The Polarization of the U.S. Labor Market." *American Economic Review*, 96(2): 189-194.

Barro, R. 2000. "Inequality and Growth in a Panel of Countries." *Journal of Economic Growth*, 5(1):5-32.

Baltagi, B. H. 2003. *Econometric Analysis of Panel Data*. Fitthed. Chichester: Wiley.

Bartels, Larry M. 2008. *Unequal Democracy: The Political Economy of the New Gilded Age*. New York: Princeton University Press.

_____. 2009. "Economic Inequality and Political Representation." In Lawrence R. Jacobs eds., The Unsustainable American State. Oxford: Oxford University Press.

_____. 2011. Ideology and Retrospection in Electoral Responses to the Great Recession." Unpublished paper.

_____. 2013. "Political Effects of the Great Recession." Annuals of the American Academy of Poltical and Social Science, 650(1); 47-75.

Bawm, K. and F. Rosenbluth. 2003. "Coalition Parties versus Coalition of Parties: How Electoral Agency Shapes the Political Logic of Costs and Benefits." Unpublished paper.

Becker, Gary 1993. *Human Capital: A Theoretical and Empirical Analysis with Special Reference to Education*. University of Chicago Press.

Beramendi, P. and C. J. Anderson, eds.. 2008. Democracy, Inequality, and Representation. New York: Russell Sage Foundation.

_____. and Thomas R. Cusack. 2009. "Diverse Disparities: The Politics and Economics of Wage, Market, and Disposable Income" *Political Research Quarterly*, 62(2): 257-275.

Bermeo, N, Bartels, L. M., eds. 2014. *Mass Politics in Tough Times: Opinions, Votes,and Protest in the Great Recession*. Oxford University Press.

_____, and Pontusson, J., eds. 2012. *Coping with Crisis: Government Reactions to the Great Recession*. Russel Sage Foundation.

Bigot, Regis. 2012. "The Middle Classes in Europe: Evidence from the LIS Data." *LIS Working Paper Series*, 580.

Blank, Rebecca M. 2011. *Changing Inequality*. Berkeley and Los Angeles: University of California press.

Blau, F. D., and L. M. Kahn. 2011. "Inequality and Earnings Distribution." In W. Salverda, B. Nolan, and T. M. Smeeding, eds., *The Oxford Handbook of Economic Inequality*: 177-203.

Boix, Charles. 1998. Political Parties, Growth and Equality: Conservative and Social Democratic Economic Strategies in the World Economy. Cambridge University Press.

_____. 1999. "Setting the Rules of the Game: The Choice of Electoral System in Advanced Countries." *American Political Science Review*, 93(3): 609-24.

_____. 2003. *Democracy and Redistribution*. Cambridge University Press.

_____. 2006. "Political Institutions and Fiscal Policy." The Political Economist, XIII(1) (2006).

_____. 2007. "Emergence of Parties and Party System." In C. Boix and S. Stokes, eds., *The Oxford Handbook of Comparative Politics*. Oxford University Press: 499-521.

_____. 2009. "Electoral Markets, Party Strategies, and Proportional Representation." American Political Science Review, 104(Summer): 404-13.

_____. 2009. "The Conditional Relationship between Inequality and Development." PS, October: 645-649.

_____. 2010. "A Theory of State Formation and the Origins of Inequality." Unpublished papers.

_____. 2010. "Electoral Markets, Party Strategies, and Proportional Representation." American Political Science Review, 104(2): 404-413.

Bourguignon, F. and T. Verdier. 2000. "Oligarchy, democracy, inequality and growth." *Journal of Development Economics*, 62: 285-313.

Bowles, S. 2012. *The New Economics of Inequality and Redistribution*. Cambridge

University Press.

_____, and Gintis, H.. 1976. *Schooling in Capitalist America: Educational Reform and the Contradictions of Economic Life.* Routledge & Kegan Paul.

Brady, David. 2009. *Rich Democracies, Poor People. How Politics Explain Poverty.* Oxford: Oxford University Press.

_____, Baker, Regina, and Ryan Finnigan. 2013. "When Unionization Disappears: State-Level Unionization and Working Poverty in the U.S.." *LIS Working Paper Series*, 589.

_____, Fullerton, A. S., and J. M. Cross. 2010. "More Than Just Nickels and Dimes: A Cross-National Analysis of Working Poverty in Affluent Democracies." *Social Problems*, 57(4): 550-583.

Bradley, David, Huber, E. Moller, S, Nielsen, F. and John D. Stepens. 2003. "Distribution and Redistribution in Post-Industrial Democracies." *World Politics*, 55(2): 193-228.

Brandolini, Andre, and Timothy M. Smeeding. 2008. "Inequality Patterns in Western Democracies: Cross-Country Differences and Changes over Time." In Beramendi and Anderson, eds., *Democracy, Inequality, and Representation.* New York: Russell Sage Foundation: 25-61.

_____. 2008. "Income Inequality in Richer and OECD Countries." In W. Salverda, B. Noland, and T. M. Smeeding, eds., *The Oxford Handbook of Economic Inequality.* Oxford University Press: 315-341.

Breen, R., and Goldthorpe, J. H. 1997. "Explaining Educational Differentials: Toward a Formal Rational Action Theory." *Rationality and Society*, 9(3): 275-305.

Brown, David S. 1999. "Reading, Writing, and Regime Type: Democracy's Impact on Primary School Enrollment." Political Research Quarterly, 52(4): 681-707.

_____, and Wendy Hunter. 2004. "Democracy and Human Capital Formation: Education Spending in Latin America." *Comparative Political Studies*, 37(7): 842-864.

Busemeyer. 2006. "Patterns of Economic Inequality in Western Democracies: Some Facts on Levels and Trends." *American Political Science Review*, 39(1): 21-26.

_____, Marius R. 2007a. "Social Democrats and Education Spending: A Rejoinder Perspective on Supply-side Strategies." *MPIfG Working Paper*, 07/2.

_____. 2007b. "Determinants of Public Education Spending in 21 OECD Countries: 1980-2001." *Journal of European Public Policy*, 14(49): 589-610.

_____, and C. Jensen. 2012. "The impact of economic coordination and educational institutions on individual-level preferences for academic and vocational education." *Socio-Economic Review*, 10: 525-547.

Cameron, D. 1978. "The Expansion of the Public Economy: A Comparative Analysis." *American Political Science Review*, 72: 1243-1261.

Carnes, H. Matthew, and Isabela Mares "The Welfare State in Global Perspective." In Charles Boix and Susan C. Stokes, eds., *The Oxford Handbook of Comparative Politics*. Oxford University Press: 868-885.

Castles, Francis. 1978. *Social Democratic Image of Society: Study of the Achievements and Origins of Scandinavian Social Democracy in Comparative Perspective*. Routledge & Kegan Paul PLC.

_____. 1998. *Comparative Public Policy: Patterns of Post-War Transformation*. Northhampton. M.A: Edward Elgar.

_____, F. G. ed.. 1993. *Families of Nations: Patterns of Public Policy in Western Democracies*. Dartmouth Publishing Company.

_____. 2010. "Patterns of Public Expenditure." In Jens Albert and Neil Gilbert eds., *United in Diversity?: Comparing Social Models in European and America*. Oxford University Press: 109-32.

_____, Leibfried, S., Lewis, J., Obinger, H., and C. Pierson, eds.. 2010. *The Oxford Handbook of the Welfare State*. Oxford: Oxford University Press.

Checchi, D. and C. Garcia-Penalosa. 2008. "Labour Market Institutions and Income Inequality." *LIS Working Paper Series*, 470.

Collier, R. B.. 2006. "Democratization and the popular interest regime in Latin America" in Crouch, Colin, and Wolfgang Streeck, eds., *The Diversity of Democracy: Corporatism, Social Order, and Political Conflict*, 119-148, London: Edward

Elgar.

Crepaz, Markus M. L. 2008. "Inclusion vs Exclusion: Political Institutions and the Welfare State." *Comparative Politics*, 31: 61-80.

_____. 2006. "Consensus vs. Majoritarian Democracy: Political Institutions and their Impact on Macroeconomic Performance and Industrial Disputes." *Comparative Political Studies*, 29: 4-26.

Cusack, T. R., Iversen, T. and Rehm P. 2006. "Risks at Work: The Demand and Supply Sides of Government Redistribution." Oxford Review of Economic Policy, 22(30): 365-89.

_____, and Soskice. 2007. "Economic Interests and the Origins of Electoral Systems." *American Political Science Review*, 101(3): 373-391.

_____. 2010. "Coevolution of Capitalism and Political Representation: The Choice of Electoral Systems." *American Political Science Review*, 104(2): 393-413.

Dahl, Robert. 1971. Polyarchy: Participation and Opposition. Yale University Press.

_____. 2007. *On Political Equality*. Yale University Press.

Dallinger, Ursula. "Public Support for Redistribution: What Explains Cross-national Differences?" *Journal of European Social Policy*, 20(4): 333-349.

_____. 2013. "The endangered middle class? A comparative analysis of the role played by income distribution." *Journal of European Social Policy*, 23(1): 83-101.

DelliCarpini, Michael X., and Scott Keeter. 1996. *What Americans Know About Politics and Why It Matters*. Yale University Press.

Dion, M. L. and Birchfield, V. 2010. "Economic Development, Income Inequality, and Preferences for Redistribution", *International Studies Quarterly*, 54(2): 315-334.

Downs, Anthony. 1957. *An Economic Theory of Democracy*. Harper.

Duch, Raymond M. and Randolph T. Stevenson. 2008. The Economic Vote. How Political and Institutional Condition Elections Results. Cambridge University Press.

Dur, R. Teuling, C., van Rens, T. 2004. "Should Higher Education Subsidies Depend on Parental Income?." Oxford Review of Economic Policy, 20(2): 284-297.

Duverger, Maurice. 1964. *Political Parties: Their Organization and Activity in the Modern State.* John Wiley.

Easterly, William. 2001. "The Middle Class Consensus and Economic Development." Journal of Economic Growth, 6: 317-335.

Ebbinghaus, Bernhard and Manow, Philip, eds.. 2001. *Comparing Welfare Capitalism : Social Policy and political economy in Europe, Japan and the USA.* Routledge.

Elster, Jon, C. Offe, and U. R. Preus. 1998. *Institutional Design in Post Communist Societies.* Cambridge University Press.

Engerman, Stanley L, and Kenneth L. Sokoloff. 1997. "Factor Endowments, Institutions, and Differential Paths of Growth among New World Economies: A View from Economic Historians of the United States." In Stephen Haber eds., *How Latin America Fell Behind.* Stanford University Press.

_____. 2001. The Evolution of Suffrage Institutions in the New World. NBER *Working Paper Series,* No. 8512.

_____, and Elisa V. Mariscal. 2012. The Evolution of Schooling: 1800-1925. In Stanley L. Engerman, Kenneth L. Sokoloff, S. Haber, and E. V. Elisa, eds., Economic Development in the Americas Since 1500: Endowments and Institutions. Cambridge University Press: 121-167.

Esping-Anderson. 1985. *Politics Against Markets: The Social Democratic Road to Power.* Princeton, NJ: Princeton University Press.

_____. 1990. The Three Worlds of Welfare Capitalism. Princeton University Press.

_____. 1999. Social Foundations of Postindustrial Economies. Oxford: Oxford University Press.

Estache, Antonio and Danny Leipziger 2009. *Stuck in the Middle: Is Fiscal Policy Failing the Middle Class?.* Washington D.C.: Brookings Institution Press.

Estevez-Abe et. Al. 2001. "Social Protection and the Formation of Skills: A Reinterpretation of the Welfare State." In P. A. Hall and D. Soskice, eds., *Varieties of Capitalism: The Institutional Foundations of Comparative Advantage.* Oxford University Press: 145-83.

Fernandez, Raquel, and Richard Rogerson. 1995. "On the Political Economy of Education Studies." *Review of Economic Studies*, 62: 249-262.

Ferrera, Maurizio. 2010. "The South European Countries." In Francis G. Castles, et al. eds.. *The Oxford Handbook of the Welfare State*. Oxford: Oxford University Press: 616-629.

_____. "'The Southern model' of welfare in Social Europe." *Journal of European Social Policy*, 6(1): 17-37.

Finseraas, Henning. 2007. "Voter Turnout, Income Inequality, and Redistribution." Paper represented at the General Conference of the European Consortium for Political Research Pisa, Italy.

Flora, P., and Alber, J. 1981. "Modernization, democratization, and the developmenbt of welfare states in Western Europe", in P. Flora and A. Heidenheimer, eds., *The Development of Welfare States in Europe and America*, New Brunswick, NJ: Transaction Books: 37-80.

Fiorina, Morris P. 1981. *Retrospective Voting in American National Elections*. New Haven: Yale University Press.

Foster, James L, and Wolfson, Michael C. 2010. "Polarization and the decline of the middle classs: Canada and the U.S." *Journal of Economic Inequality* 8: 247-273.

Franzese, Robert J., Jr. 2002. Macroeconomic Policies of Developed Countries. Cambridge: Cambridge University Press.

_____, and J. C. Hays. 2008. "Inequality and Unemployment, Redistribution and Social Insurance, and Participation: A Theoretical Model and Empirical System of Endogenous Equations." In Beramendi and Anderson, eds., *Democracy, Inequality, and Representation*. New York: Russell Sage Foundation: 234-277.

Freeman, Richard B. 2001. "The Rules Tide Lifts⋯?" In S. Danziger and R. Haveman, eds., *Understanding Poverty*. New York: Russell Sage Foundations: 97-126.

Fuest, C., Niehues, J., and A. Peichi. 2010. "The Redistributive Effects of Tax Benefits in the Enlarged EU." Public Finance Review, 38(4): 473-500.

Geddes, B. 2006. "What causes democratization?" C. Boix and S. Stokes, eds. *The Oxford Handbook of Comparative Politics*. Oxford University Press: 90-122.

Gallego, F. A. 2010. "Historical Origins of Schooling: The Role of Democracy and Political Decentralization." The Review of Economics and Statistics, 92(2): 228-243.

Garfinkel, F., Rainwater, L., and T. Smeeding, eds.. 2010. *Wealth & Welfare States.* Oxford: Oxford University Press.

Garrett, Geoffrey. 1998. *Partisan Politics in The Global Economy.* Cambridge: Cambridge University Press.

_____. and Mitchell, D. 2001. "Globalization, government spending and taxation in the OECD." *European Journal of Political Research*, 39(2): 145-177.

Gilens, Martin. 2000. *Why Americans Hate Welfare State? Race, Media, and the Politics of Anti-Poverty Policy.* University of Chicago Press.

Goldin, Claudia. 2001. The Human Capital Century and American Leadership: Virtues of the Past." *Journal of Economic History*, 61(2): 263-292.

_____, and Lawrence F. Katz. 2001. "Decreasing (and then Increasing) Inequality in America: A Tale of Two Half-Centuries." In F. Welch eds., *The Causes and Consequences of Increasing Income Inequality.* Chicago: University of Chicago Press. 37-82.

_____. 2007. "The Race Between Education and Technology: The Evolution of U.S. Educational Wage Differentials, 1890 to 2005." *NBER Working Paper*, 12984.

_____, and Lawrence F. Katz. 2008. The Race Between Education and Technology. Belknap Harvard Press.

Goldthorpe, John H. 2000. *On Sociology.* Oxford: Oxford University Press.

_____. 2010. "Analyzing Social Inequality: A Critique of Two Recent Contributions from Economics and Epidemiology." *European Sociological Review*, 28(6): 781-744.

Goodin, Robert E., Bruce Heady, Rund Muffels, and Henk-Jan Dirven. 1999. *The Real Worlds of Welfare Capitalism.* New York: Cambridge University Press.

Gordon, Colin. 2005. *Dead on Arrival: The Politic of Health Care in Twentieth -Century America.* Princeton University Press.

Gottschalk, Peter, and Timothy M. Smeeding. 1997. "Cross-National Comparisons of Earnings and Income Inequality." *Journal of Economic Literature,* XXXV(June): 633-687.

Gourevitch, Peter. 2003. "The Politics of Corporate Governance Regulation." *Yale Law Journal* 113(May): 1829-80.

Grabka, Markus M., and Joachim R. Frick. 2008. "The Shrinking German Middle Class - Signs of Long-Term Polarization in Disposable Income?" *DIW Berlin Weekly Report,* 4(4): 21-27.

Gradstein, Mark, and Michael Kganovich. 2003. "Ageing Population and Education Finance." *CEPR Discussion Paper,* 3950.

Grieif, Avner. 1998. "Self-Enforcing Political Systems and Economic Growth: Late Medieval Italy." In Robert H. Bates, et al., *Analytical Narratives.* Princeton University Press: 23-63.

Hacker, Jacob S. 2002. *The Divided Welfare State: The Battle over Public and Private Social Benefits in the United States.* Cambridge University Press.

Haggard, S. and Kaufmann, R. R. eds., 2008. *Development, Democracy, and Welfare State: Latin America, East Asia, and Eastern Europe.* Princeton: Princeton University Press.

Hega, Gunther. 2002. "The Welfare State and Education: A Comparison of Social and Educational Policy in Advanced Industrial Societies." *German Policy Studies,* 2(1): 1-29.

Hibbs, D. 1992. "Partisan Theory after Fifteen Years." *European Journal of Political Economy,* 8: 361-73.

Hicks, A. and D. Swank. 1992. "Political Institutions, and welfare spending in industrialized democracies, 1960-1982." *American Political Science Review,* 86(6): 658-74.

_____. and Esping-Anderson, Gosta. 2005. "Comparative and Historical Studies of Public Policy and the Welfare State." In Thomas Jonoski, Robert Alfrod, Alexander Hicks, and Mildred A. Schwarz, eds., *The Handbook of Political Sociology: States, Civil Societies, and Globalization.* Cambridge University Press:

509-525.

Howard, Christopher. 2007. *The Welfare State Nobody Knows: debunking myths about U.S. social policy*. Princeton University Press.

Hsiao, Cheng. 2003. Analysis of Panel Data (2nd ed.). New York: Cambridge University Press.

Huber, E., C. Ragin and J. D. Stephens. 1993. "Social Democracy, Chiristian Democracy, constitutional structure, and the welfare state." *American Sociological Review*, 99(3): 711-749.

Huber, Everlyn, and J. D. Stephens. 2001. *Development and Crisis of the Welfare State: Parties and Policies in Global Market*. Chicago: University of Chicago.

_____, Ragin, Charles, Bradley, David, and Jason Beckfield. 2004. *Comparative Political Data Set*. University of North Carolina.

_____. 2005. "Welfare State and the Economy." In Neil J. Smelser and Richard Swedberg eds., *The Handbook of Economic Sociology*. Princeton University Press: 552-574.

Immergut, E. M. 2010. "Political Institutions." in F. Castles., et. al., eds., *The Oxford Handbook of The Welfare State*. Oxford University Press: 227-240.

Iversen, Torben. 2001. "An Asset Theory of Social Policy Preferences." American Political Science Review, 95(4).

_____. 2005. Capitalism, Democracy, and Welfare. Oxford University Press.

_____. 2006. "Electoral Institutions and the Politics of Coalitions: Why Some democracies Redistribute More than Others." *American Political Science Review*, 100(2): 165-181.

_____. 2009. "Distribution and Redistribution: The Shadow of the Nineteenth Century." *World Politics*, 61(3): 438-486.

_____. 2010. "Democracy and Capitalism." In Francis G. Castles, et al., *The Oxford Handbook of The Welfare State*. Oxford: Oxford University Press: 183-195.

_____. 2010. "Dualism and Political coalitions: Inclusionary versus Exclusionary Reforms in an Age of Rising Inequality." Paper presented at the Annual Meeting of the American Political Science Association, Toronto, September 2009.

_____, and David Soskice. 2006. "Electoral Institutions and the Politics of Coalitions: Why Some Democracies Redistribute More Than Others." *American Political Science Review*, 100: 165-181.

_____. 2008. "Electoral Institutions, Parties, and the Politics of Class: explaining the Formation of Redistributive Coalitions." In P. Beramendi and C. J. Anderson, eds., *Democracy, Inequality, and Representation*. Russell Sage: 93-126; 25-61.

_____. 2009. "Distribution and Redistribution: The Shadow of the Nineteenth Century." World Politics, 61(3): 438-486.

_____, and John D. Stephens. 2008. "Partisan Politics, the Welfare State, and Three Worlds of Human Capital Formation." *Comparative Political Studies*, 41(4/5): 600-637.

_____. 2009. "Partisan Politics, the Welfare State, and Three Worlds of Human Capital Formation." *Comparative Political Studies*, 4(4/5): 600-637.

_____, and Thomas R. Cusack. 2000. "The Causes of Welfare Expansion: Deindustrialization or Globalization?" *World Politics*, 52.

Jaeger, M. M. 2013. "The effect of macroeconomic and social conditions on the demand for redistribution: A pseudo panel approach." *Journal of European Social Policy*, 23(2): 149-163.

Jensen, Carsten. 2011. "Capitalist Systems, Deindustralization, and the Politics of Public Education." *Comparative Political Studies*, 44(4): 412-435.

_____. 2012. "Two sides of the same coin? Left-wing governments and labour unions as determinants of public-spending." *Socio-Economic Review*, 40: 217-240.

Jones, Mark. 1995. *Electoral Laws and the Survival of Presidential Democracies*. University of Notre Dame Press.

Kaeble, Harmut. 1981. "Educational Opportunities and Government Policies in Europe in the Period of Industrialization." In P. Flora and A. J. Heidenherimer, eds.,

The Development of Welfare States in Europe an America, New Brunswick: Transaction Books.

Kammer, Andreas, Niehues, Judith, and Andreas Peichl. 2012. "Welfare regimes and welfare outcomes in Europe." *Journal of European Social Policy,* 22(5): 455-471.

Kandel, I. L. 1934. *The Dilemma of Democracy.* Harvard University Press.

Kang, Miongsei. 2012c. "Unequal Democracy, Inegalitarian Education, and the Politics of Welfare in Korea", Presented at KPSA International Conference, "The Changing Welfare States and the Korean Welfare State at the Crossroads" (29-30 May 2012).

Kang, Shin-Goo, and G. Bingham Powell, Jr. 2010. "Representation and Policy Reponsiveness: The Median Voter, Election Rules, and Redistributive Welfare Spending." Journal of Politics, 72(4): 1014-1028.

Kenworthy, Lane. 1999. "Do Social Welfare Policies Reduce Poverty. A Cross-National Assessment." *Social Forces,* 77: 1119-1130.

_____. 2004. *Egalitarian Capitalism: Jobs, Incomes, and Growth in Affluent Countries,* New York: Russell Sage Foundation.

_____. 2011. *Progress for the Poor.* Oxford University Press.

_____, and J. Pontusson. 2005. "Rising Inequality and the Politics of Redistribution in Affluent Countries." Perspectives on Politics, 3(3): 449-471.

Kim, Hwanjoon. 2000. "Anti-Poverty Effectiveness of Taxes and Income Transfers in Welfare States." *International Social Security Review,* 53: 105-129.

Kitschelt, Herbert, and Wilkinson, S. L. eds. 2007. *Patrons, Clients and Policies: Patterns of Democratic Accountability and Political Competition.* Cambridge University Press.

_____, Hawkins, H. A., Luna, J. P., Rosas, G., and Zechmeister, E. J. 2010. *Latin Americna Party System.* Cambridge University Press.

Kocka, Jurgen. 1995. "The Middle Class in Europe." *The Journal of Modern History,* 67: 783-806.

Korpi, Walter. 1978. *The Working Class in Welfare Capitalism.* London: Routledge and Kagan Paul.

_____. 1983. *The Democratic Class Struggle: Swedish Politics in a Comparative Perspective*. Routedge.

_____, and J. Palme. 1998. "The paradox of redistribution and strategies of equality: welfare state institutions, inequality and poverty in the Western countries." *American Sociological Review*, 63: 661-687.

_____. 2006. "Power Resources and Employer-Centered Approaches in Explanations of Welfare States and Varieties of Capitalism. Protagonists, Consenters, and Antagonists", World Politics, 58: 167-206.

_____. and Palme, J. 2003. "New politics and class politics in the context of austerity and globalization: Welfare state regress in 18 countries, 1975-1995." *American Political Science Review*, 97(3): 425-446.

Krugman, Paul. 2009. *The Conscience of a Liberal*. Norton & Company.

Kruzer, Marcus. 2010. "Historical Knowledge and Quantitative Analysis: The Case of the Origins of Proportional Representation." *American Political Science Review*, 104(2): 369-392.

Kuhnle, S. and Sander, A. 2010. "The Emergence of The Western Welfare State." in F. Castles, et. al. eds., *The Oxford Handbook of The Welfare State*. Oxford University Press: 61-80.

Kwon, Hyeok Young, and Jonas Pontusson. 2010. "Globalization, labour power and partisan politics revisited." *Socio-Economic Review*, 8: 251-281.

Levitsky, S. and Way, L. 2010. *Competitive Authorianism: Hybrid Regime After the Cold War*. Cambridge University Press.

Levy, Glat. 2006. "The Politics of Public Provision of Education." *The Quarterly Journal of Economics*, November: 1507-1534.

Lijphart, Arend. 1994. Electoral Systems and Party Systems: A Study of Twenty-Seven Democracies 1945-1900. Oxford University Press.

_____. and Carlos H. Waisman. Eds. 1996. *Institutional Design in New Democracies*. Westview Press.

_____. 1997. "Unequal Participation: Democracy's Unresolved Dilemma." *American Political Science Review*, 91(1): 1-14.

_____. 1999. *Patterns of Democracy: Government Forms and Performance in Thirty-Six Countries.* Yale University Press.

_____. 2012. *Patterns of Democracy: Government Forms and Performance in Thirty-Six Countries.* Yale University Press.

Lindert. 2003. "Voice and Growth: Was Churchill Right?" *Journal of Economic History,* 63(2): 315-350.

Lindert, Peter J. 2004. *Growing Public. Social Spending and Economic Growth Since the Eighteenth Century.* Cambridge: Cambridge University Press.

_____. 2004. *Growing Public Volume 1. The Story, Social Spending and Economic Growth Since the Eighteenth Century.* Cambridge University Press.

_____. 2009. Growing Public. Volume 2. Further Evidence. Social Spending and Economic Growth since the Eighteenth Century. Cambridge University Press.

_____. 2010. "James Foster and Michael Wllfson's 1992 paper 'Polarization and the decline of the middle class'." *Journal of Economic Inequality* 8: 241-245.

Linz, Juan J. 1994. "Presidential or Parliamentary Democracy: Does It Make a Difference? In J. J. Linz and A. Valenzuela eds., *The Failure of Presidential Democracy: Comparative Perspectives.* Baltimore: Johns Hopkins University Press: 3-87.

_____, and Arturo Valenzuela, eds. 1994. *The Failure of Presidential Democracy. Comparative Perspective.* The Johns Hopkins University Press.

Lipset, S. M. and R. Bendix. 1959. Social Mobility in Industrial Society. University of California.

Lizzeri, A., and Persico, N. 2001. "The provision of public goods under alternative electoral incentives." *American Economic Review* 91: 225-245.

Lohmann, Henning. 2009. "Welfare States, Labour Market Institutions, and the Working Poor: A Comparative Analysis of 20 European Countries." *European Sociological Review,* 25: 489-502.

Luchfora, C., and W. Salverda. 2011. "Low Pay." In W. Salverda, B. Nolan, and T. M. Smeeding, eds., *The Oxford Handbook of Economic Inequality:* 257-284.

Lundell, K. 2010. *The Origins of Electoral Systems in the Post-war Era.* London:

Routledge.

McCarty, Nolan, Poole, Keith T. and Howard Rosenthal. 2006. *Polarized America: The Dance of Ideology and Unequal Riches.* MIT Press.

Mahler, V. A., and D. K. Jesuit. 2006. "Fiscal redistribution in the developed countries: new insights from the Luxembourg Income Study." *Socio-Economic Review,* 4: 483-511.

Mainwaring, Scott. 2006. "The Crisis of Representation in the Andes." *Journal of Democracy,* 17(3): 13-27.

_____, and M. Torcal. 2006. "Party system institutionalization and party system theory after the third wave of democratization." In R. S. Katz & W. Crotty, eds., *Handbook of Party Politics.* Sage: 204-227.

_____, and Perez-Linan, A. 2013. *Democracies and Dictatorships in Latin America: Emergence, Surivval, and Fall.* Cambridge University Press.

Mair, Peter. 2007. "Left-Right Orientation." In Russell Dalton and Hans-Dieter Klingerman, eds., *The Oxford Handbook of Political Behavior.* Oxford University Press: 206-222.

Maloney, Patricia, and Karl Ulrich Mayer. 2010. "The U.S. Educational System: Can it be a Model for Europe?" In Jens Alber and Neil Gilbert, eds., *United in Diversity: Comparing Social Models in Europe and America.* Oxford University Press: 328-358.

Mankiew, N. Gregory. 2012. *Macroeconomics,* 8th Worth Publishers.

Mannow, Philip. 2009. "Electoral Rules, class coalitions and welfare state regimes, or how to explain Esping-Anderson with Rokkan Stein." *Socio-Economic Review,* 7: 101-121.

Mantzavinos, C., North, Douglas, and Shed Shariq. 2004. "Learning, Institutions, and Economic Performance." *Perspectives on Politics,* 2(1): 75-84.

Mares, Isabela. 2003. *The Politics of Social Risk: Business and Welfare State Development.* Oxford University Press.

_____. 2005. "Social protection Around the world: external security, state capacity, and domestic political cleavages." *Comparative Political Studies,* 38(6):

623-51.

_____. 2006. Taxation, Wage Bargaining, and Unemployment. Cambridge University Press.

Mariscal, Elisa, and Kenneth L. Sokoloff. 2000. "Schooling, Suffrage, and the Persistence of Inequality in the Americas, 1800-1945." In Stephen Haber, ed., *Political Institutions and Economic Growth in Latin America, Essays in Policy, History, and Political Economy.* Hoover Institution Press: 159-218.

Marshall, T. H., and Tom Bottomore. 1992. *Citizenship and Social Class.* Pluto Press.

Martin, Cathie Jo. 2006. "Sectional Parties, Divided Business." *Studies in American Political Development,* 20(Fall): 160-184.

_____, and Swank, D. 2012. *The Political Construction of Business Interests: Coordination, Growth, and Equality.* Cambridge: Cambridge University Press.

McKinsey Global Institute. 2013. "Beyond Korean Style: Shaping a New Growth Formula." Seoul(April 2013).

Meltzer, Allan, and Scott Richard. 1981. "A Rational Theory of the Size of Government." *Journal of Political Economy,* 89(5): 914-927.

Milesi-Ferretti, G. M., Perotti, R., and M. Rostagno. 2002. "Electoral Systems and Public Spending." The Quarterly Journal of Economics, 117(2): 609-657.

Milanovic, Branko. 2000. "The median voter hypothesis, income inequality, and income redistribution: An empirical test with the required data." *European Journal of Political Economy,* 16(3): 367-410.

Moene, Karl, and Michael Wallerstein. 2001. "Inequality, Social Insurance, and Redistribution." American political Science Review, 95(4).

_____, and M. Wallerstein. 2003. "Earnings Inequality and Welfare Spending: A Disaggregated Analysis." *World Politics,* 55: 485-517.

Moller, S., Bradley, D., Huber, E., Nielson, F., and J. D. Stephens. 2003. "Determinants of Relative Poverty in Advanced Capitalist Democracies." *American Sociological Review,* 68: 22-51.

Moore, Barrington, Jr. 1967. *Social Origins of Dictatorship and Democracy: Lord and Peasant in the Making of the Modern World*. Beacon.

Mules, Rosa. 2001. *Political Parties, Games and Redistribution*. Cambridge University Press.

Murillo, M.V., Oliveros, V., and M. Vaishna. 2010. "Electoral Revolution Or Democratic Alteration?" *Latin American Research Perspective*, 45(3): 87-114.

Myles, John, and Jill S. Quadagno. 2002. "Political theory of the welfare state." *Social Service Review*, 76(1): 34-57.

Neto, O. A., and G. W. Cox. 1997. "Electoral Institutions, Cleavage Structures, and the Number of Parties" *American Journal of Political Science*, 14(1): 149-174.

Newman, Katherine. 2006. *Chutes and Ladders*. New York: Russell Sage Foundations.

Nolan, B., and I Marx. 2011. "Economic Inequality, Poverty, and Social Exclusion." In W. Salverda, B. Nolan, and T. M. Smeeding, eds., *The Oxford Handbook of Economic Inequality*: 315-341.

North, Douglas C. 1990. *Institutions, Institutional Change, and Economic Performance*. Cambridge University Press.

_____, R. P. Thomas. 1976. *The Rise of the Western World A New Economic History*. Cambridge University Press.

_____, and B. R. Weingast. 1989. "Constitutions and Commitment: The Evolution of Institutions Governing Public Choice in the Seventeenth -Century England." Journal of Economic History, XLIX: 803-832.

Olson, Mancur M. 2000. *Power and Prosperity: Outgrowing Communist and Capitalist Dictatorships*. Basic Books.

_____. 1982. The Rise and Decline of Nations. Yale University Press.

O'Donnell, G. 2001. "Democracy, Law and Comparative Politics", *Studies in Comparative International Development, Vol.* 36, No. 1, 7-36.

Osberg, Lars, Smeeding, Timothy, and J. Schwabish. 2003. "Income Distribution and Public Social Expenditure: Theories, Effects, and Evidence." *LIS Working Paper Series*, 284.

Palier, B. 2010. "Ordering change: Understanding the 'Bismarckian' Welfare Reform Trajectory," in B. Palier, ed., *A Long Goodbye to Bismarck?*, Amsterdam:

Amsterdam University Press: 19-42.

_____, and K. Thelen. 2008. "Dualizing CMEs: Flexibility and change in coordinated market Economies". Unpublished paper.

Palme, Joakim. 2006. "Welfare states and inequality: Institutional designs and distributive outcome." Research in Social Stratification and Mobility, 24: 387-403.

Pampel, Fred., and John Williamson. 1989. *Age, Class, Politics, and the Welfare State*. Cambridge: Cambridge University Press.

Pechar, H., and L. Andres. 2011. "Higher-Education Policies and Welfare Regimes: International Comparative Perspectives." *Higher Education Policy*, 24: 23-52.

Pechmann, Phillipp. 2011. "Welfare Regimes and Structures of Inequality: A Comparative Fuzzy Set Analysis of 23 Countries." *LIS Working Paper Series*, 560.

Perotti, R. 1993. "Political Equilibrium, Income Distribution, and Growth." *Review of Economic Studies*, 60: 755-776.

Persson, Torsten. 2000. Political Economics: Explaining Economic Policy. Cambridge: MIT Press.

_____, and Roland Tabellin. 2003. Economic Effects of Constitution. Cambridge University Press.

_____. 2005. *The Economic Effects of Constitutions*. Cambridge: MIT Press.

_____. 2008. "Electoral Systems and Economic Policy." In Barry R. Weingast and Donald A. Whitman, eds,, *The Oxford Handbook of Political Economy*. Oxford University Press: 723-738.

_____, and G. Tabellini, 2003. The Economic Consequences of Constitutions. MIT Press.

_____. 2007. "Electoral Rules and Government Spending in Parliamentary Democracies." Quarterly Journal of Political Science, 2(2): 158-188.

Pfeffer, Fabian. 2008. "Persistent Inequality in Educational Attainment and its Institutional Context." *European Sociological Review*, 24(5): 543-565.

Pierson, Paul. 1996. "The New Politics of the Welfare State." *World Politics*, 48(2): 143-179.

_____. 1994. *Dismantling the Welfare State? Reagan, Thatcher and the Politics of Retrenchment.* Cambridge University Press.

Pontusson, J, and D. Rueda. 2010. "The Politics of Inequality: Voter Mobilization and Left Parties in Advanced Industrial States. *Comparative Political Studies*, 43: 675-705.

Powell, Bingham, Jr. 1982. *Contemporary Democracies: Participation, Stability, and Violence.* Harvard University Press.

Pressman, Steven. 2006. "The Decline of the Middle Class: An International Perspective." LIS Working Paper Series, 280.

_____. 2009. "Public Policies and the Middle Class throughout the World in the Mid 2000s." *LIS Working Paper Series*, 517.

Pzreworski, Adam, and John Sprague. 1988. *Paper Stones. A History of Electoral Socialism.* Chicago: University of Chicago.

Rehm, Philipp. 2011. "Social Policy by Popular Demand." World Politics, 63(2): 271-299.

Riker, William H. 1986. "Duverger's Law Revisited." In Bernard Grofman and Arned Lijphart, eds., *Electoral Laws and Their Consequences.* Agathon Press: 19-42.

Ringen, S. 2010. "Democratic Quality in America and Europe", in J. Alber & N. Gilbert, eds., *United in Diversity? Comparing Social Models in Europe and America,* Oxford University Press. Chapter 1.

Robinson, James, and R. Torvik. 2008. "Endogenous Presidentialism." Unpublished paper.

Rodrik, Dani. 1997. *Has Globalization Gone Too Far?* Washington, D.C.: Institute for International Economics.

_____. 1998. *Has Globalization Too Far?.* Institute for International Economics.

Rokkan, S. 1970. *Citizens, Elections, Parties: Approaches to the Comparative Study of the Processes of Development.* Oslo University.

Romer, Thomas. 1975. "Individual welfare, majority voting, and the properties of a linear income tax." *Journal of Public Economics,* 14: 163-85.

Rueda, D. 2005. "Insider-Outsider Politics in Industrialized Democracies: The Challenge to Social Democratic Parties." *American Political Science Review,* 99: 61-74.

_____. 2008. *Social Democracy Inside Out: Partisanship and Labor Market Policy in Advanced Industrialized Democracies*. Oxford: Oxford University Press.

Saint-Paul, G. and Verdier, T. 1993. "Education, democracy, and growth." *Journal of Development Economics*, 42: 399-407.

Sartori, Giovanni. 1994. *Comparative Constitutional Engineering: An Inquiry into Structures, Incentives and Outcomes*. Macmillan.

Scervini, Francesco. 2009. "The Empirics of the Median Voter: Democracy, Redistribution and the Role of the Middle Class." *LIS Working Paper Series*, 516.

Scheve, K. and D. Stasavage. 2009. "Institutions, Partisanship, and Inequality in the Long Run." *World Politic*, 61(2): 215-253.

_____. 2010. "Parties," In F. G. Castles, eds., *The Oxford Handbook of The Welfare State*, Oxford: Oxford University Press: Ch. 14.

Schmidt, M. G. 2002. "The Impact of Political Parties, Constitutional Structures and Veto Players on Public Policy," In H. Keman, ed., *Comparative Democratic Politics*, London: Sage Publications: 166-184.

_____. 2007. "Testing the retrenchment hypothesis: educational spending, 1960-2002." In F. G. Castles, eds., *The Disappearing State? Retrenchment Realities in an Age of Globalisation*. Cheltenham: Edward Elgar.

_____. 2008. "Testing the retrenchment hypothesis: educational spending, 1960-2002." In Francis G. Castles, ed., *The Disappearing State: Retrenchment Realities in an Age of Globalization*. Edward Elgar.

Schultz, Theodore W. 1963. *The Economic Value of Education*. Columbia University Press.

Scruggs, Lyle. 2008. "Social Rights, Welfare Generosity, and Inequality." In Bermendi and Anderson, eds., *Democracy, Inequality, and Representation*. New York: Russell Sage Foundation. 62-90.

_____. and James P. Allan. 2008. "Social Stratification and Welfare Regimes for the Twentieth-First Century. Revisiting the Three Worlds of Welfare Capitalism." World Politics, 60(July): 642-664.

Shepsle, Kenneth A. 1979. "Institutional arrangements and equilibrium in multidimensional voting models." American Journal of Political Science, 23: 23-57.

_____, and Weingast, B. R. 1981. "Structure-indueced equiliburium and legislative choice." Public Choice, 37: 503-19.

_____. 2008. "Rational Choice Institutionalism." In R.A.W. Rhodes eds, The Oxford Handbook of Political Institutions. Oxford University Press: 23-38.

Shugart, Matthew Soberg., and John M. Carey. 1992. Presidents and Assemblies: Constitutional Design and Electoral Dynamics. Cambridge University Press.

Slater, Dan. 2010. Ordering Power: Contentious Politics and Authoritarian Leviathans in Southeast Asia. Cambridge University Press.

Smeeding, Timothy. 2006. "Poor People in Rich Nations: The United States in Comparative Perspective." Journal of Economic Perspectives, 20(1): 69-90.

Solimano, Andres. 2009. "Stylized Facts on the Middle Class and the Development Process." In A. Estache and D. Leipziger eds., Stuck in the Middle: Is Fiscal Policy Failing the Middle Class?. Washington D.C.: Brookings Institution Press.

Solt, Fredrick. 2008. "Economic Inequality and Democratic Political Engagement." American Journal of Political Science, 52(1): 48-60.

Starke, Peter. 2008. Radical Welfare State Retrenchment: A Comparative Analysis. Basingstoke: Palgrave-Macmillan.

Stasavage, D. 2005. "Democracy and Education Spending in Africa." American Journal of Political Science, 49(2): 343-358.

Stephens, John D. 1979. The Transition from Capitalism to Socialism. London: Macmillan.

Stiglitz, G. 2012. The Price of Inequality. Penguin.

_____. 2013. The Price of Citizenship: How Today's Divided Society Endangers Our Future. New York: Norton.

Stocke, Volker. 2007. "Explaining Educational Decision and Effects of Families' Social Class Position: An Empirical Test of the Breen-Goldthorpe Model of Educational Attainment." European Sociological Review, 23(4): 505-519.

Streeck, Wolfgang 2006. "The Study of Organized Interests: Before the 'Century' and

After", in Crouch, Colin, and Wolfgang Streeck, eds., *The Diversity of Democracy: Corporatism, Social Order, and Political Conflict*, 3-45, London: Edward Elgar.

Surrender, Rebecca. 2004. "Modern Challenges to the Welfare State and the Antecedents of the Third Way." In Jane Lewis and Rebecca Surrender, eds., *Welfare State Change*. Oxford University Press. 3-24.

Swank, Duane. 2002. *Global Capital, Political Instittuions, and Party Change in Developed Welfare States*. Cambridge: Cambridge University Press.

_____, and S. Steinmo. 2002. "The new political economy of taxation in advanced capitalist democracies." *American Journal of Political Science*, 46(3): 642-655.

_____, and Cathie Jo Martin. 2010. "The Political Foundations of Redistributive and Equality." Unpublished paper.

Swenson, P. 1991. "Bringing Capital Back In, or Social Democracy Reconsidered: Employer Power, Cross-Class Alliances, and Concentration of Industrial Relations in Denmark and Sweden." *World Politics*, 43(4): 513-44.

_____. 2002. *Capitalists Against Markets: The making of labor markets and welfare states in the United States and Sweden*. New York: Oxford University Press.

Tanzi, Vito, and LudgerSchuknecht 2000 *Public Spending in the 20th Century. A Global Perspective*. Cambridge University Press.

Taylor-Gooby, Peter, and Trine P. Larsen. 2004. "The UK-A Test Case for the Liberal Welfare State?." In P. Taylor-Gooby, eds., *New Risks, New Welfare: Transformation of the European Welfare State*. Oxford University Press: 55-82.

Thurow, Lester C. 1984. "The Disappearance of the Middle Class." *New York Times* February 5: F3.

Titmus, Richard M. 1974. *Social Policy*. Open University Set Book.

Van Kersbergen, Kees. 1995. *Social Capitalism: A Study of Christian Democratic and the Welfare State*. London: Routldge.

_____, and P. Manow, eds. 2009. *Religion, Class Coalition, and Welfare States*. Cambridge: Cambridge University Press.

Verba, S. 2004. "Would the dream of political equality turn out to be a nightmare?", *Perspectives on Politics* 1(4), 663-679.

Wallerstein, Michael. 1999. "Wage-setting institutions and pay inequality in advanced industrial societies." *American Journal of Political Science*, 43: 649-680.

_____, and Karl Ove Moene. 2003. "Earnings Inequality and Welfare Spending: A Disaggregated Analysis." World Politics, 55: 485-517.

Weingast, Barry R. 2002. "Rational-Choice Institutionalism." In Ira Katzenelson and Helen V. Milner, eds., *Political Science: State of the Discipline*. Norton: 660-92.

Willemse, N., and R. de Beer. 2012. "Three Worlds of educational welfare states? A comparative study of higher education systems across welfare states." *Journal of European Social Study*, 22(2): 105-117.

Wilensky, Harold. 1975. *The Welfare State and Equality: Structural and Ideological Roots of Public Expenditures*. University of California Press.

Wolf, F. and Zohlnhofer, M. C. 2009. "Investing in human capital? The determinants of private education expenditure in 26 OECD countries." *Journal of European Social Policy*, 19(3): 230-244.

Wong, Mathew Y. H. 2013. "Median Voter and Power Resources Revisited: A Composite Model of Inequality." *LIS Working Paper Series*, 584.

Wooldridge, Jeffrey M. 2010. Econometric Analysis of Cross Section and Panel Data. Cambridge: MIT Press.

Yang, Jaejin. 2013. "Parochial Welfare Politics and the Small Welfare State in Korea", *Comparative Politics*, Vol. 45, No. 4, 457-475.

찾아보기